최신 Management Accounting 관리회계

정재권, 서한결, 곽종민 공저

HB 한빛아카데미
Hanbit Academy, Inc.

최신 관리회계

초판발행 2021년 7월 10일

지은이 정재권, 서한결, 곽종민 / **펴낸이** 전태호
펴낸곳 한빛아카데미(주) / **주소** 서울시 서대문구 연희로2길 62 한빛아카데미(주) 2층
전화 02-336-7112 / **팩스** 02-336-7199
등록 2013년 1월 14일 제2017-000063호 / **ISBN** 979-11-5664-561-0 93320

책임편집 김현용 / **편집** 권오상 / **제작** 박성우, 김정우
영업 이윤형, 길진철, 김태진, 김성삼, 이정훈, 임현기, 이성훈, 김주성 / **영업기획** 김호철, 주희

이 책에 대한 의견이나 오탈자 및 잘못된 내용에 대한 수정 정보는 아래 이메일로 알려주십시오.
잘못된 책은 구입하신 서점에서 교환해 드립니다. 책값은 뒤표지에 표시되어 있습니다.
홈페이지 www.hanbit.co.kr / **이메일** question@hanbit.co.kr

Published by HANBIT Academy, Inc. Printed in Korea

머 리 말

관리회계(management accounting)는 경영계획 및 통제, 의사결정에 필요한 최적화된 정보를 회계학적 관점에서 연구하여 해법을 제시하는 학문 분야입니다. 관리회계 정보는 경영자의 경제적 의사결정에 필수적인 합리적이고 객관적인 정보이며, 기업의 경제적 가치평가에도 유용한 정보입니다.

본 〈최신 관리회계〉 는 최근의 정보통신기술(ICT) 발전, 전략적 의사결정의 중요성 증대, 기술평가 및 기업분석의 발전, 경영 활동의 전문화 및 다양화 등 혁신적 경영환경 변화를 종합적으로 반영하여 다음과 같이 기술하였습니다.

첫째, 관리회계의 분야를 관리회계시스템, 원가분석, 의사결정, 전략적 관리회계의 4부 14장으로 구성하고, 각 장마다 체계적인 설명과 도표를 삽입하여 학습자들의 이해도를 제고할 수 있도록 쉽게 기술하였습니다.

둘째, 각 장의 심화학습에 필수적인 예제 풀이와 함께 주관식 및 객관식 연습문제를 수록하여, 국내 각종 자격시험(공인회계사, 세무사, 경영 · 기술지도사, 전산회계 등)과 공무원 임용시험 등의 종합 수험서로서 활용될 수 있도록 하였습니다.

셋째, 대학에서 강의교재로 활용될 수 있도록 관리회계를 분야별로 심층분석하여 상세하게 설명하였으며, 기업 실무자들의 직무 및 연수교재 등으로도 다양하게 이용될 수 있도록 기술하였습니다.

본 교재가 학습자 여러분들에게 관리회계를 체계적으로 연구하고 학습하는 데 도움을 주고, 미래의 전문경영자로 성장할 수 있는 동반자 역할을 충실히 수행할 수 있기를 기원합니다.

감사합니다.

2021년 7월

저자 씀

차 례

1부 ■ 관리회계시스템

2부 ■ 원가분석

Management Accounting

01

관리회계 시스템

01 관리회계

1절 관리회계의 개념

관리회계(management accounting)는 경영자가 의사결정을 하거나 미래의 경영계획을 수립하고 조직의 목표를 효율적으로 달성하는 데 유용한 정보를 제공하는 회계정보시스템으로 경영 활동의 계획 및 통제, 성과평가, 의사결정 등에 유용한 회계정보를 제공한다.

조직(organization)은 이용 가능한 자원을 최적으로 결합하여 경영목적을 달성하는 경영 활동 단위이다. 자원을 효율적으로 결합하기 위해서는 자원의 조달과 이용에 있어 한정된 자원을 계획 · 조직 · 통제 가능한 회계정보시스템이 구축되어 있어야 한다. 전통적으로 회계는 기업의 경영 활동을 정확히 기록, 분류, 정리하여 주주, 채권자, 투자자, 정부, 소비자 등 기업의 외부 이해관계자들에게 회계정보를 보고하는 재무회계에 중점을 두어 왔다. 그리고 회계정보는 경영자의 경영계획 수립과 통제, 의사결정 등에 있어서도 필수적인 기능을 수행한다. 특히, 관리회계는 기업의 경영 활동이 복잡해지고 경영환경이 혁신적으로 변화하는 가운데, 효율적인 경영관리의 필요성이 증대되면서 경영관리에 유용하게 이용되고, 의사결정에 필요한 핵심 정보를 제공하고 있다.

미국회계학회의 관리회계위원회는 "관리회계는 경영자가 합리적인 경제적 목표에 대한 계획을 수립하고, 그 목표를 달성하기 위한 경영자의 올바른 의사결정을 지원하기 위하여 기업 실체의 역사적 및 계획적인 경제적 자료를 관리하는 방법과 개념을 적용하는 것이다"라고 정의했다.

1. 관리회계의 특성

회계는 정보 이용 및 의사결정의 주체에 따라 관리회계(management accounting)와 재무회계(financial accounting)로 분류한다. 관리회계는 기업 내부의 계획 및 통제 활동, 의사결정 등 관리적 정보요구(managerial needs)에 필요한 의사결정정보를 제공하는 내부보고 회계시스템이다. 이를 위해 관리회계는 관리 및 추정 방법을 이용하고, 의사결정목적에 적합한 합리성 및 경제성 등을 기본 이념으로 한다. 반면에 재무회계는 주주, 채권자, 정부기관 등 기업 외부 이해관계자들의 정보 요구를 충족시키기 위하여 기업의 재무상태와 경영 성과 등의 보고서를 작성하여 보고하는 외부보고 회계시스템이다. 그러므로 회계보고서는 정보 이용목적에 유용하도록 기업회계기준 등 GAAP(일반적으로 인정된 회계기준)에 근거하여 목적적합성 · 비교가능성 · 신뢰성 있게 작성되어야 한다.

결론적으로 재무회계는 기업 내부 및 외부 의사결정자들에게 경제적 의사결정에 필요한 회계정보를 제공하기 위한 것이고, 관리회계는 기업 내부의 경영계획 및 통제 등의 목적에 필요한 의사결정을 내리기 위한 회계정보이다. 관리회계는 재무회계정보를 이용하여 의사결정목적에 따라 회계정보를 분석하는 기능을 수행하며, 대외적으로 공표되지는 않는다.

(1) 관리회계와 재무회계 공통점

관리회계와 재무회계는 다음의 두 가지 측면에서 공통점을 가지고 있다.

첫째, 양자는 모두 조직의 자원을 효율적으로 활용하는 데에 관심을 갖고 있으며, 회계정보시스템을 기반으로 성립된다. 특히 관리회계는 계획의 수립, 통제, 그리고 의사결정 과정에서 재무회계정보를 기초 자료로 활용하고 있다.

둘째, 양자 모두 책임(responsibility)과 수탁관리(stewardship)라는 개념에 의존하고 있다. 관리회계는 기업의 경영자와 관련된 부분적인 수탁관리에 중점을 두고 있는 반면, 재무회계는 기업 외부 이해관계자와 관련된 전반적인 수탁관리를 중시하고 있다.

(2) 관리회계와 재무회계 비교

관리회계와 재무회계는 정보의 이용목적이나 정보의 강조점, 회계기준의 준수 여부, 정보의 속성, 관심 분야, 인접학문 관계 등에서 차이가 있다.

① **정보의 이용목적** 관리회계는 회계정보를 기업의 내부 의사결정목적에 적합하게 이용하나, 재무회계는 외부 이해관계자들에게 정보를 제공하는 데 주안점을 두고 있다. 기업의 경영자가 필요로 하는 정보는 외부 이해관계자들이 원하는 정보와 근본적으로 차이가 있다. 왜냐하면 경영자는 경영 활동의 계획 및 통제, 의사결정 등에서 다양한 형태와 내용의 관리회계정보를 필요로 하기 때문이다.

② **정보의 강조점** 관리회계는 경영 활동과 관련된 미래의 추정 자료(estimated data)를 강조하지만, 재무회계는 기업의 성과에 대한 역사적 자료(historical data)를 강조한다. 경영자의 정보 요

관리회계와 재무회계

구 분	관리회계	재무회계
정보의 이용목적	기업 내부 경영자의 계획, 통제, 의사결정에 유용한 정보 제공	기업 외부의 이해관계자에게 유용한 정보 제공
정보의 강조점	현재 및 미래의 예측 자료	과거의 역사적 자료
이용자	기업 내부 경영관리정보의 이용자 및 CEO	주주, 채권자 등 기업 외부의 이해관계자
회계기준의 준수 여부	일정한 기준이 없으며, 정보이용목적에 적합	국제회계기준(IFRS), 기업회계기준 등 준수
측정 단위	실제 발생하였거나 미래에 발생할 현금흐름 분석을 토대로 측정	화폐단위로 측정할 수 있는 경영 활동 측정
정보의 속성	목적적합성, 합리성	객관성, 검증가능성
관심 분야	부문별 정보	기업 전체의 정보
보고서 빈도	정기(일별, 주별, 월별) 또는 필요에 따라 수시 작성	정기적(분기, 반기 또는 1년 단위)으로 재무제표 작성
인접 학문과의 관계	타학문과의 연계성 강조	고유의 회계체계 강조

구는 미래지향적 특성이 강하므로 과거의 정보보다는 미래의 환경 변화, 수요 변화, 고객의 요구 변화 등이 반영된 미래 예측 자료가 유용한 것이다.

③ **회계기준의 준수** 관리회계는 기업회계기준에 의해 산출된 회계정보를 이용하지만 반드시 기업회계기준을 준수해야 할 필요는 없으며, 내부적 이용목적에 적합한 내용과 형식만을 충족하면 된다. 예를 들면, 의사결정에 필요한 정보를 생산 및 검토하기 위하여 공정가치에 의한 자산평가, 현금주의에 의한 손익 인식 등이 가능하다.

재무회계는 주주나 투자자, 채권자, 정부, 소비자 등 다양한 이해관계를 갖고 있는 이해관계자들에게 정보를 제공하게 되므로 그들에게 제공되는 회계정보는 기업회계기준 등에 준거하여야 한다. 왜냐하면 기업회계기준을 준수함으로써 이해관계자들의 이해를 조정할 수 있을 뿐만 아니라 정보의 유용성과 객관성을 제고할 수 있기 때문이다.

④ **정보의 속성** 관리회계는 경영계획 및 통제, 각종 의사결정 등 경영관리자의 정보이용목적에 적합하고 탄력성 있는 회계정보를 강조하고, 재무회계는 외부 이해관계자에게 제공되는 객관적이며 검증 가능한 정보를 중시한다. 관리회계는 목적적합한 정보가 회계정보로서 가치를 갖지만, 재무회계는 이해관계자들의 의사결정 및 이해 조정 등의 측면에서 정확하고 객관적이며 검증 가능한 정보를 필요로 한다.

⑤ 관심 분야 관리회계는 의사결정목적에 유용하도록 기업의 부문별 정보에 보다 많은 관심을 갖고 있다. 기업의 부문은 공장별 · 부서별 · 제품별 · 지역별 등으로 세분화된 조직단위이다. 재무회계는 주로 기업 전체의 경영 활동을 보고하는 데 주안점을 갖고 있다.

⑥ 인접 학문과의 관계 관리회계는 경영의 효율성 제고, 합리적인 의사결정 등에 목적이 있으므로 인접 학문(경제학, 재무관리, 통계학, 계량경영학, 조직행동론 등)과의 연계성을 강조한다. 예를 들어, 관리회계는 원가함수를 추정할 때에 통계학을 이용하여 보다 합리적인 추정을 하고, 재무회계는 회계정보의 객관성과 검증가능성을 강조하므로 전통적으로 내려오는 회계시스템에서 산출된 정보의 인식과 보고를 강조한다.

2. 관리회계의 기본 이념

관리회계는 국제회계기준, 기업회계기준 등과 같은 표준화된 관리회계 실무지침 및 기준 등이 존재하지 않는다. 관리회계는 회계정보의 목적적합성, 유용성, 경제성 등을 기반으로 의사결정 정보를 생산 및 관리하므로 합리적이고 경제적인 이념에 바탕을 두어야 한다.

(1) 원가 · 효익적 사고

원가 · 효익적 사고(cost-benefit thinking)는 관리회계정보 및 관리회계시스템을 경제적 상품(economic goods)으로 인식하고, 이를 취득하기 위한 기대원가(expected costs)와 취득에 따른 기대효익(expected benefits)을 비교하여 기대효익이 기대원가를 초과하는 경우에만 관리회계정보를 선택하는 것이다.

경영자가 의사결정 시에 기대원가와 기대효익을 정확히 측정한다는 것은 현실적으로 용이하지 않으나, 원가 · 효익적 사고를 기반으로 정보가치(information value)를 평가한 대안 중에서 최적안을 선택하게 된다. 원가 · 효익적 사고는 경제학에서 발전된 이론으로 최근에는 정보의 가치가 정보를 수집하는 데 투하된 원가를 초과한 정보를 선택해야 한다는 정보경제학으로 발전하였다.

(2) 행동적 사고

행동적 사고(behavioral thinking)는 의사결정 시에 관리회계정보 자체가 기업 구성원의 미래 행동에 영향을 미칠 수 있다는 점을 고려해야 한다는 것이다. 관리회계정보의 선택 시에는 기업의 경영 활동에서 영향을 받게 되는 구성원, 집단 등의 반응을 충분히 고려함으로써 기업의 미래 경영 성과의 제고, 구성원과 집단의 동기부여 등과 밀접한 상관성을 갖는다.

예를 들면, 예산제도의 성공적인 도입은 사전에 구성원들의 이해를 구하고 예산편성 과정에 구성원들을 참여시킴으로써 가능한 것이다. 그리고 자동화시스템을 도입하는 경우에도 사전에 구성원들과 시스템 도입의 필요성이나 문제점, 효과 등에 대한 정보를 공유한다면 사후에 발생할 수 있는 구성원들의 불만족, 노사분규 등을 예방할 수 있는 것이다. 그리고 기업의 구성원들에 대한 성과평가를 결정할 경우에 합리적인 평가기준을 설정하고, 공정하게 평가를 수행하는 것이 중요하다. 예를 들어, 부문경영자가 통제할 수 없는 원가를 성과평가에 반영한다면, 부문경영자의 반발을 유발하여 기업 성과의 저하를 초래할 수 있다.

(3) 예외관리

예외관리(management by exception)는 경영자의 경영 활동이 목표와 실제 성과 간에 중요한 차이가 발생한 부분, 항목, 금액 등에 집중되어야 한다는 것이다. 예를 들면, 관리회계 담당자는 관련원가, 예산차이, 원가차이 등의 분석 시에 예외적인 차이가 발생된 항목이나 금액에 집중하여 경영 활동을 수행하는 것이다.

관리회계는 한정된 자원을 효율적으로 활용하는 경제성과 효율성을 기반으로 직무가 수행되므로, 관리회계 담당자는 일상적이고 반복적인 모든 회계정보를 고려하기보다는 예외적인 정보에 보다 많은 관심과 주의를 기울이는 예외관리적 사고를 적극 수용하여야 한다.

(4) 고도의 윤리성

의사결정은 순간의 실수 및 부정행위 등으로 기업을 도산하게 하는 치명적인 위험을 초래할 수 있다. 의사결정의 윤리성 결여로 발생하는 사건의 경우에는 업무 혼란, 구성원의 사기저하 등은 물론, 고객 이탈, 주식 투매 등으로 이어짐으로써 기업에 막대한 손실을 발생시킨다.

엔론(Enron), 월드컴 등의 회계부정 사건 이후 기업의 윤리경영이 강조되고 있고, 특히 엔론사의 파산 및 불법 행위는 윤리경영의 중요성을 깨우쳐준 역사적인 사건이었다. 윤리성이 결여되면 경영 성과가 아무리 좋다 하더라도 사회로부터 신뢰를 상실하게 되고, 결국 도산하게 된다는 역사적 교훈을 재확인하는 결정적 계기가 된 것이다.

관리회계의 기본 이념

구 분	내 용
원가 · 효익적 사고	기대효익이 기대원가 초과
행동적 사고	의사결정은 구성원의 미래 행동에 동기 부여
예외관리	회계정보분석 시에 예외적 항목에 경영 활동 집중
고도의 윤리성	경영 및 회계 부정은 기업에 치명적인 위험 초래

관리회계 직무의 주요 기능이 원가계산, 재무보고, 내부감사, 시스템감사, 세금관리 등 경영 활동의 중추적인 역할인 점을 감안하여 관리회계 담당자는 고도의 윤리의식을 함양하고 철저히 실천해야만 한다.

2절 경영과 관리회계

기업은 재화(용역)를 생산하고 판매함으로써 부가가치를 창출하고, 경영 활동은 회계시스템(accounting system)을 통해 재무정보로 가공되어 정보이용자에게 제공된다.

경영 활동은 영업 활동, 투자 활동, 재무 활동으로 구분된다. 기업은 재무 활동을 통해 자금을 조달하고, 조달된 자금으로 영업 활동 및 투자 활동을 수행함으로써 이익을 창출하여 성장해 나간다. 회계의 기본적인 기능은 경제적 의사결정의 유용성을 제고하기 위하여 기업의 이해관계자들에게 회계정보를 제공하는 것이다.

경영 활동 구분

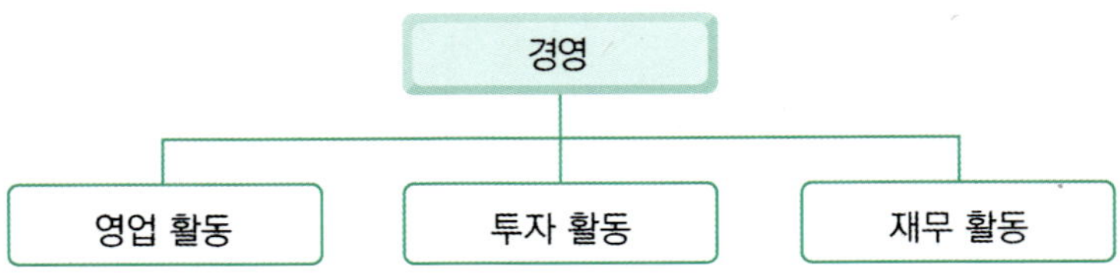

미국회계학회(American Accounting Association: AAA)는 "회계는 정보 이용자가 합리적인 의사결정을 할 수 있도록 경제적 정보를 식별하고 측정하여 전달하는 과정이다."라고 정의했다. 미국회계학회의 정의는 회계를 정보시스템(Information System)으로 인식하고, 회계정보의 수요 측면을 강조하였으며, 회계정보의 범위에 비회계정보, 미래에 대한 정보 등을 포함시켰다. 결론적으로 회계정보의 중추적 기능은 의사결정의 유용성(usefulness of decision-making)을 제고시키는 것으로 정의한 것이다. 현대적 의미의 회계는 의사결정의 유용성 제고를 목적으로 재무제표를 인식하고 회계이론을 전개해 나가고 있다.

경영자는 기업이 보유하고 있는 모든 경제적 자원의 가치 희생을 정확히 인식하고 측정하여 기록할 뿐만 아니라, 경영계획의 수립 및 통제, 장 · 단기 의사결정 등에 관리회계시스템을 효과적으로 활용하여야 한다.

의사결정(decision making)은 경영목적을 달성하기 위한 대체안 중에서 실행 가능한 최적안을 결정하는 것이다. 의사결정은 기업 구성원 및 조직행동의 모든 측면에서 상호 관련되며, 관리기능도 의사결정에 의해서 수행되고 영향을 미치기 때문에 의사결정은 경영자의 직무 중 핵심사항이라고 할 수 있다. 기업에서 경영자와 구성원들의 직무는 의사결정의 연속이다. 그리고 경영관리는 의사결정 과정이며, 관리자의 모든 경영 활동은 의사결정 과정을 통해서 이루어진다.

경영과 회계

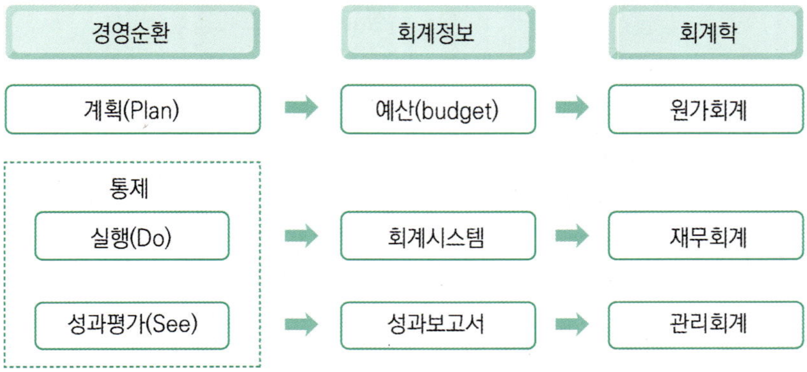

1. 의사결정

기업은 경영 활동에 필요한 의사결정을 내린 후에 계획을 수립하고 실행하며, 실제 성과를 측정 · 기록 · 보고 · 평가하는 일련의 의사결정 과정에서 필요한 정보를 관리한다.

① **제1단계: 정보수집 및 분석** 의사결정은 크게 정규적 의사결정과 예외적 의사결정으로 구분된다. 정규적인 의사결정을 내리는데 필요한 유용한 정보는 통상적으로 예측될 수 있는 것이기 때문에 기업은 이들 정보를 제공받기 위한 관리시스템을 구축하고 있다. 그러나 예외적인 의사결정은 특별한 연구 및 조사 등에 의하여 획득되는 특수한 정보를 필요로 하는 경우가 일반적이다. 기업의 회계정보시스템은 의사결정을 위해 요구되는 모든 정보를 항상 제공할 수 있는 것은 아니며, 의사결정으로 획득되는 효익이 의사결정정보를 입수하는 데 소요되는 비용보다 클 때 효율적인 의사결정이 창출되는 것이다.

경영자는 경제적 의사결정을 함에 있어 이용 가능한 회계정보를 활용한다.

직급에 따른 의사결정 범위

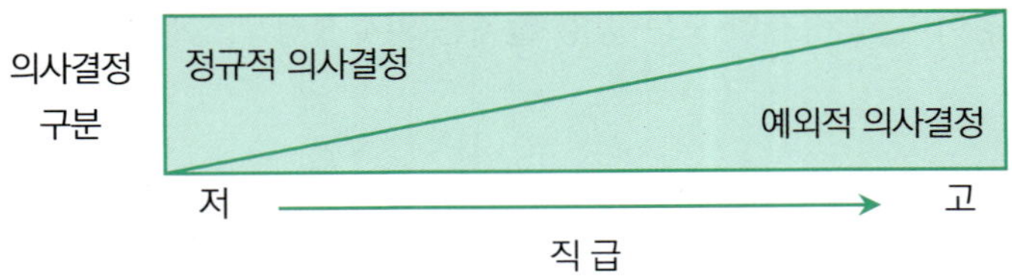

② **제2단계: 대안평가**　경영자는 실행 가능한 대안을 평가하기에 충분한 정보가 축적되면 자료를 분석하여 조직의 목표에 부합하는 최적해를 선택하는 의사결정을 내린다. 만약 자료분석 결과에서 선택할 수 있는 최적해가 발견되지 않으면 1단계로 피드백하여 정보를 추가적으로 수집하고 분석한다.

③ **제3단계: 계획**　종합적이고 체계적인 계획(plan)을 수립하는 과정을 예산편성 과정이라고도 하는데, 이는 기업의 다양한 조직이 협력하여 효율적인 업무를 수행하기 위해 필수적으로 요구되는 과정이다. 예산이 기업의 전체 계획으로 종합되는 것을 종합예산편성이라 하고, 종합예산편성에는 장 · 단기적인 예산계획이 모두 포함된다.

④ **제4단계: 실행**　기업의 경영목표를 효율적으로 달성하기 위해 조직의 각 부문이 종합예산을 편성한 후, 계획이 수립되면 각 부문관리자들은 예산계획을 실행(do)하는 데 최선을 다할 책임이 있으며, 실행된 결과는 통제와 성과평가를 위한 정보로 활용된다.

⑤ **제5단계: 성과평가**　계획의 실제 운영 결과인 성과는 회계시스템에서 기록되고 관리 및 평가(see)된다. 관리회계시스템의 회계기록은 재무회계의 정보보다 포괄적이고 실질적인 정보를 포함한다.

⑥ **제6단계: 계획 대비 성과분석**　예산편성 과정은 조직 내의 각 부서관리자에게 책임을 위양하는 수단이 된다. 기업의 계획수립 과정이 체계적으로 수행되었고, 경영자들이 수립된 계획을 효율적으로 실행하였다면, 이는 기업의 효과적인 통제시스템이 마련되는 계기가 될 수 있을 것이다. 관리회계는 기업의 재무적 통제제도를 구축하는 데 기여한다. 재무적 통제제도는 수립된 계획목표가 실제 얼마나 달성되었는지 여부를 결정(성과평가)하고, 실제 성과와 계획목표 간의 차이를 피드백(feedback)하여 경영 활동의 효율성을 제고하는 기능을 수행한다.

의사결정 순환

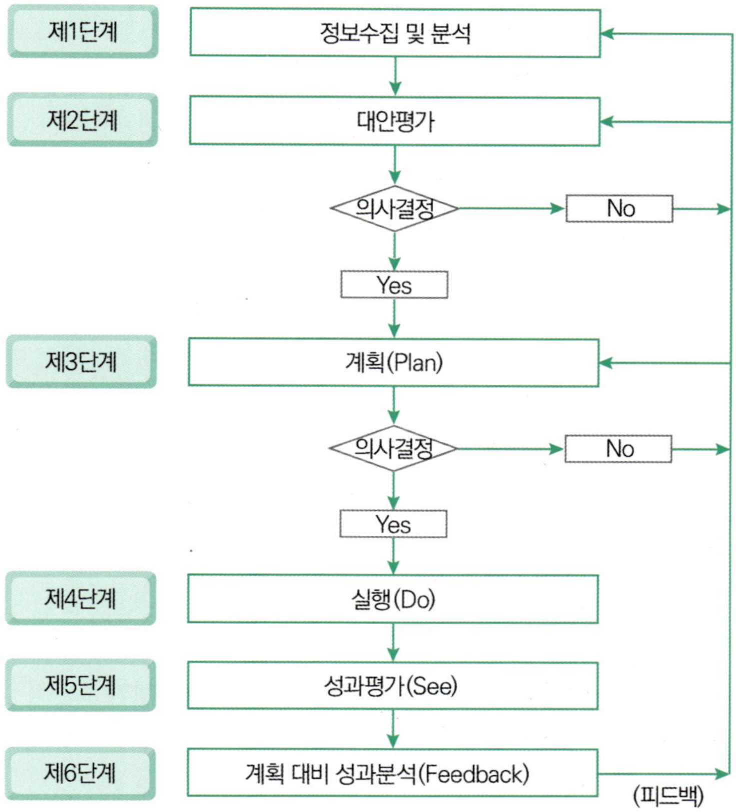

2. 관리회계 직무

기업은 규모의 대형화, 경영 활동의 전문화 등으로 경영계획 및 통제, 의사결정이 중요시되므로 관리회계 담당자(controller)의 역할이 강조되고 있다. 관리회계 담당자는 경영자의 스탭(staff)으로서 경영자에게 의사결정정보를 제공하게 된다.

관리회계 담당자의 기능이 광범위해지고 복잡해지면서 재무 담당자(treasurer)가 수행하는 기능과 구별할 수 있다. 관리회계 담당자의 주된 기능이 원가계산, 재무보고, 내부감사, 시스템감사, 세금관리 등인데, 재무 담당자의 주된 기능은 자본조달, 현금관리, 투자관리, 신용관리, 보험업무 등이다.

관리회계 직무

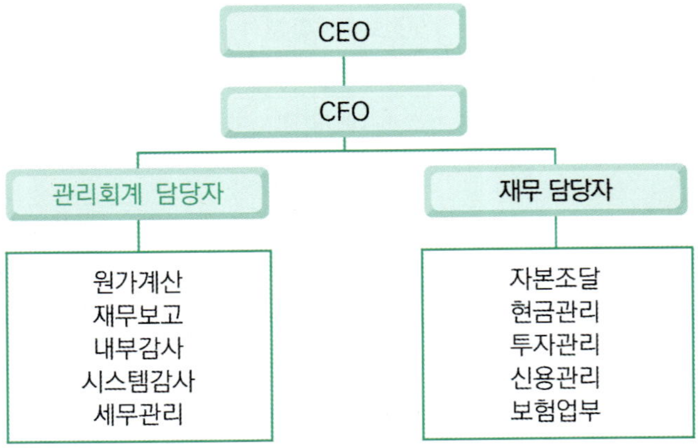

3. 관리회계의 핵심 가치

정보기술 혁명, 경영의 전문화 및 세계화 등의 혁신적인 경영환경에서 기업의 경쟁력 강화를 위해 경영자는 관리회계의 핵심적 가치를 정립해야만 한다. 관리회계의 효율적 운영은 기업의 경영전략 수립과 실행, 장기적인 기업 경쟁력 강화 등으로 이어짐으로써 기업의 성장 및 발전의 원동력이 되기 때문이다.

경영의 근원적 목적은 기업의 성장 및 발전에 있다. 글로벌 경쟁 하에 경쟁 우위를 확보하면서 지속 가능한 성장과 발전을 달성하기 위해서는 고객가치 극대화를 최우선 목표로 삼아야 한다. 경영환경 변화에 효율적으로 적용할 수 있는 관리회계시스템의 핵심 가치는 고객가치, 원가(cost), 품질(quality), 시간(time), 경영혁신(management innovation) 등이다.

관리회계의 핵심 가치

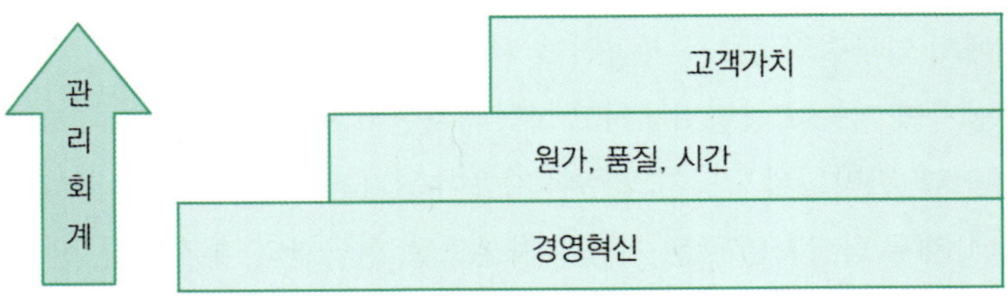

(1) 고객가치

기업은 저비용 · 고품질을 실현함으로써 경쟁기업과 대비하여 절대적 우위의 고객가치를 창출할 수 있으므로 기업이 고객가치를 창출하는 것은 관리회계시스템의 핵심적 과제이다.

고객가치를 높임으로써 지속적인 경쟁우위를 확보하려는 기업은 원가우위전략, 차별화전략 등을 전략적으로 선택하여 경영 활동을 추진하게 된다.

원가우위전략은 경쟁 기업보다 낮은 원가로 고객들에게 제품을 공급하는 전략으로 저 원가전략은 고객의 희생을 줄임으로써 고객가치를 증대시키려는 경영전략이다. 차별화전략은 고객의 인식가치를 높여 고객가치를 증대시키는 전략이다. 경쟁기업이 제공하지 못하는 제품을 고객에게 제공함으로써 경쟁우위를 확보하는 전략으로 차별화전략이 성공하기 위해서는 차별화로 증대되는 고객가치가 차별화를 위해 기업이 투입한 원가를 초과해야만 한다.

(2) 원가

고객은 기업이 제공하는 제품과 서비스의 원가를 낮추어줄 것을 지속적으로 요구한다. 기업의 입장에서도 경영 활동의 결과가 궁극적으로 생산성 향상에 의한 수익성 확대로 연계되어야 진정한 가치가 실현되는 것이기 때문에 원가의 효율성(cost efficiency)이 가장 핵심적인 기업평가의 기준이 된다. 원가 추세, 생산성 변화에 대한 측정치 등은 의사결정의 성과를 평가할 수 있는 유용한 측정치로 원가의 측정 및 배분, 투입원가 대비 산출량, 생산성 변화에 따른 전사적 재무적 영향 등이 효율적으로 측정되어야 한다.

(3) 품질

고객은 기업들에게 더 높은 수준의 품질을 기대하고, 기업들은 작업자들이 완벽한 제품을 만들 수 있는 환경을 조성하는 품질경영(Total Quality Management: TQM)을 수행하게 되었다. TQM은 과거의 적정 허용품질(acceptable quality) 개념을 불식시켰으며, 효과적인 품질관리를 위해 품질에 대한 재무적 혹은 비재무적 정보를 관리회계시스템에서 요구하게 되었다. 관리회계시스템은 제품과 서비스의 품질과 관련하여 불량품 수량, 품질원가보고서, 품질원가 추세보고서, 품질원가 성과보고서 등을 포함한 재무적 · 비재무적 정보를 제공할 수 있어야 한다.

(4) 시간

시간(time)은 기업가치 사슬의 전 과정에서 매우 중요한 경쟁 요소이다. 경쟁우위의 기업은 디자인, 생산 사이클 등의 시간을 단축함으로써 제품의 라이프사이클이 크게 단축되었다. 기업들은 고객가치 창출에 도움이 되지 않는 비 부가가치 시간을 제거함으로써 제품과 서비스를 신속하게 제공하고 품질개선에 총력을 기울이고 있다.

산업의 급속한 기술혁신으로 제품의 수명주기가 매우 짧아지고 경영자가 시장 변화에 신속하게 대응할 수 있는 관리회계시스템의 필요성이 더욱 증대되었다.

(5) 경영혁신

현대의 기업은 무한경쟁과 급속한 경영환경 변화 속에서 기업의 성장과 발전을 위해서 혁신적 제품이나 서비스를 지속적으로 출시하는 것이 필수적이다. 경영자는 기업의 핵심 성공 요인에 대한 성과를 경쟁기업과 비교하여 지속적으로 분석 · 추적하고, 필요한 정보의 수집 및 관리로 경영자가 지속적인 경영환경 변화에 효율적으로 적응할 수 있도록 관리회계시스템을 구축해야만 한다.

현대의 기업은 다른 기업들과 네트워크로 연결되어 있으면서 경영환경 변화에 신속하게 대응하고 계속적으로 진화하고 있다. 그래서 기업들은 사업수행, 경영전략, 경영방식 등에서 획기적인 혁신이 전제되어야만 지속 가능한 경영을 수행할 수 있다.

3절 회계정보시스템

1. 회계정보

회계(accounting)는 기업의 경영 활동에서 발생한 모든 거래를 수집, 기록, 분석, 보고하는 일련의 과정을 의미하고, 분석한 결과를 회계정보(accounting information)라고 한다. 재무제표(financial statements)는 회계정보를 일정한 기준에 의해 기록, 분석, 작성하여 기업의 이해관계인들에게 유용한 정보를 제공하는 것으로 재무상태표, 포괄손익계산서, 현금흐름표, 자본변동표 등이 있다.

경영정보

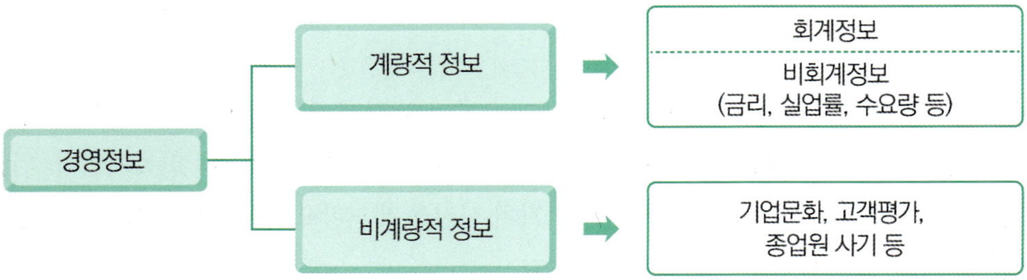

경영자는 한정된 자원의 효율적 활용 측면에서 경제적인 의사결정이 필수적이며, 최적해를 결정하기 위해 의사결정에 유용한 정보를 활용해야만 한다. 경영자가 의사결정에 활용하는 정보가 경영정보이며 계량적 정보와 비계량적 정보로 구분한다. 경영자들이 의사결정을 위해 활용 가능한 가장 객관적이고 과학적인 핵심 정보가 회계정보이다.

회계정보가 의사결정의 핵심 정보로서 유용한 이유는 다음과 같다.

회계정보 유용성

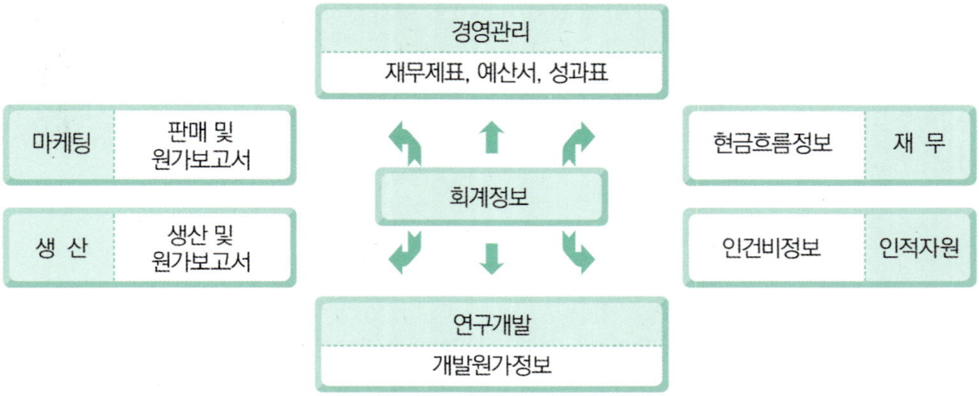

첫째, 회계정보는 화폐단위로 표현되는 구체적인 정보이다. 회계정보는 경영 활동으로 실현된 매출액과 이익 등을 표시하며, 주주에게 배당한 금액을 나타내고 재무상태의 변화를 구체적인 화폐단위로 표현하고 있다.

둘째, 회계정보는 기업의 경영 활동을 표현하는 포괄적인 정보이다. 기업의 경영 활동은 영업 활동, 재무 활동, 투자 활동 등으로 구분하고, 회계정보는 기업의 기획, 생산, 판매, 마케팅, 재무, 인사관리 등 모든 경영 활동에 대한 원가정보와 성과 측정 및 평가에 필요한 포괄적인 정보를 포함하고 있다.

셋째, 회계정보는 기업정보를 분석, 요약한 유용성이 높은 정보이다. 회계정보는 기업의 경제적 거래 내용을 합리적 기준 및 원칙에 따라 기록하고 분석하여 재무제표라는 표준화된 보고서로 정보를 제공함으로써 의사결정의 유용성을 제고한다. 회계는 기업의 모든 경영 활동의 경제적 의사결정에 필요한 핵심 정보를 제공하고 있다.

2. 회계정보시스템

회계정보시스템(Accounting Information System: AIS)은 회계업무에 정보화기술을 접목하여 회계정보를 기록, 처리, 분석하는 통합된 정보시스템이다. 정보시스템으로서의 회계는 정보 이용자들에게 기업 실체에 관한 회계정보를 식별, 수집, 처리하여 전달하는 것을 목적으로 한다.

회계업무 + 정보화기술 = 회계정보시스템

전통적인 회계에 대한 개념은 단순히 회계상의 거래를 처리하여 그 결과를 해석하는 기술로 인식했으나, 현대적 의미의 회계는 정보적 관점이 강조되고 있으며 다음과 같은 특징이 있다.

첫째, 회계는 정보기술의 발전과 함께 정보이용자의 의사결정에 유용한 정보를 제공하는 정보시스템으로 인식되고 있다.

둘째, 회계는 기업의 언어(language of business)로서 정보이용자 간의 이해 조정 기능을 담당한다.

(1) 회계정보와 의사결정

회계정보시스템은 회계정보를 이용하여 의사결정자(decision maker)인 경영자에게 의사결정에 필요한 정보를 제공하는 역할을 한다. 결과적으로 회계정보는 주주, 채권자, 고객, 노조 등 다양한 의사결정자들에게 영향을 미치게 된다. 기업 의사결정은 전략적 계획, 경영통제, 운영통제 등의 정보로 구분할 수 있다.

의사결정 유용성

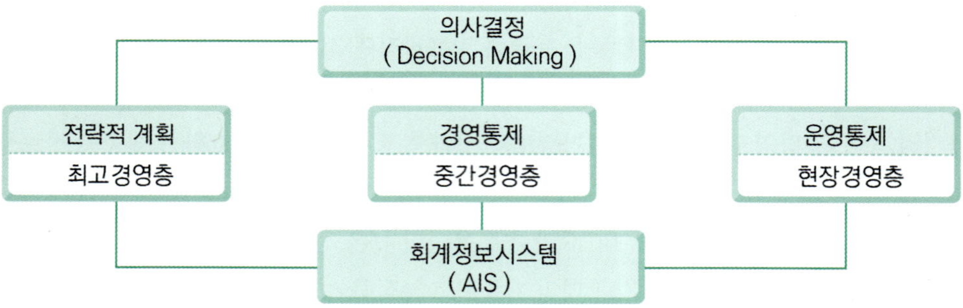

전략적 계획은 최고경영층에 의해 기업의 장기적인 목표 및 전략을 수립하는 결정이다. 전략적인 의사결정을 내리기 위해서는 기업 내부 및 외부 정보가 광범위하게 수집 · 분석되어 제공되어야 한다. 경영통제는 전략적 계획을 달성하기 위해 필요한 세부적인 계획을 수립하여 실행하는 것으로 중간경영층이 전략적 계획에서 설정된 목표나 전략을 달성하는 데 필요한 자원을 획득하여 효율적으로 관리하는 과정을 말한다. 그리고 운영통제는 특정 업무나 작업이 효과적으로 수행될 수 있도록 현장에서 운영 · 통제하는 과정이다.

(2) 회계정보시스템의 구성

회계정보시스템은 회계정보 이용자들에게 경제적 의사결정정보를 종합적으로 제공하는 기능을 갖는다. 회계정보시스템의 기능상 구분은 입력(input), 처리(process), 출력(output)의 3단계로 구분할 수 있다. 입력은 회계상의 거래를 입력하는 것이고, 처리는 전산화된 시스템의 설계에 의해 거래 내용을 기록, 분류, 요약 등으로 데이터베이스화하여 시스템을 구성하는 단계이며, 출력은 의사결정에 필요한 회계보고서를 제공하는 단계이다.

회계정보시스템

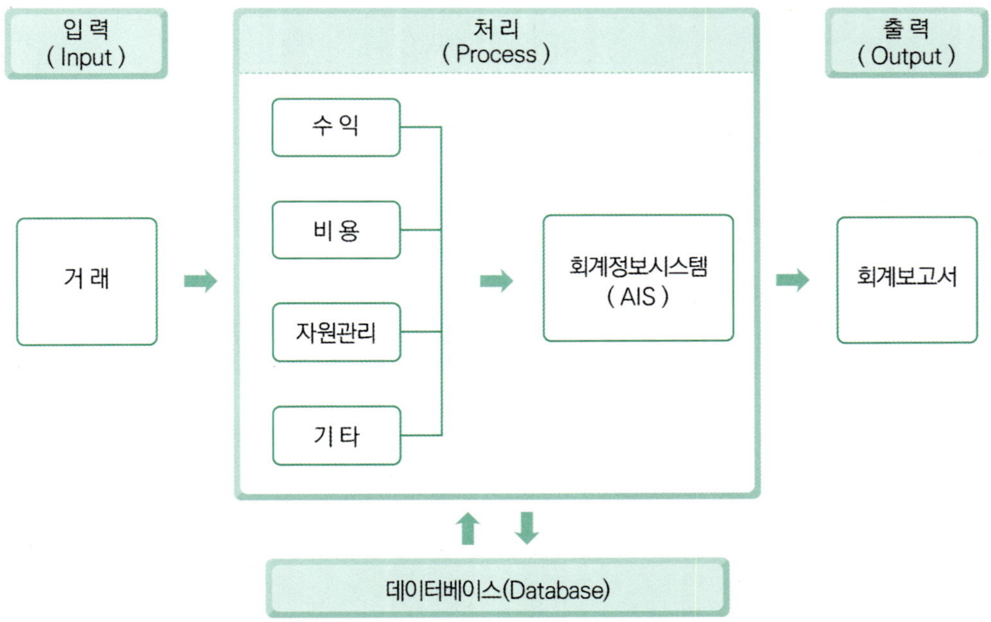

① **회계정보시스템 종류**　회계정보시스템(AIS)은 정보이용자의 주체에 따라 재무회계시스템과 관리회계시스템 등으로 구분한다. 재무회계시스템(financial accounting system)은 기업 외부의 이해관계자인 주주, 채권자, 고객 등에게 의사결정에 필요한 회계정보를 제공하는 시스템이고, 관리회계시스템(management accounting system)은 기업의 내부 이용자인 경영자, 관리자의 경영 활동 수행에 필요한 의사결정정보를 제공하는 시스템이다.

② **회계보고서**　회계정보시스템에서는 재무제표, 관리회계보고서, 세무 등 특별보고서, 특정

회계정보 등을 기업의 이해관계자들에게 제공함으로써 의사결정 및 직무수행 등에 이용된다.

회계정보시스템 구분

구 분	종 류	회계정보
재무회계	재무회계시스템	재무제표
관리회계	예산통제시스템	원가회계, 관리회계
	원가관리시스템	
	투자관리시스템	
기 타	자금관리시스템	관리회계
	세무회계시스템	세무회계
	자산관리시스템	관리회계
	고객관리시스템	

회계정보 이용

재무제표	관리회계	특별보고서	회계정보
↓	↓	↓	↓
이해관계자	경영자	규제 기관	직무 담당자

연습문제

REVIEW EXERCISES

주관식

01 관리회계의 본질적 개념을 설명하시오.

02 관리회계와 재무회계의 특징을 비교하여 설명하시오.

03 경영관리 순환 과정에서 관리회계가 수행하는 역할을 논술하시오.

04 경영 활동에서 관리회계 담당자의 직무 역할을 설명하시오.

05 관리회계의 질적 특성에 대하여 논술하시오.

06 경영순환과 회계의 기능에 대하여 논술하시오.

07 의사결정의 순환 과정을 설명하시오.

08 회계정보가 의사결정의 핵심 정보로서 유용성이 높은 이유를 기술하시오.

09 회계정보시스템(AIS)의 기능을 논술하시오.

10 다음을 설명하시오.

① 관리회계

② 관리순환

③ 회계정보

④ 회계정보시스템

⑤ 원가 · 효익분석

⑥ 의사결정의 유용성

⑦ 피드백(feedback)

⑧ 예외관리

⑨ 성과평가

객관식

01 다음 중 관리회계의 특징으로 볼 수 없는 것은? ▸ 경영지도사

① 과거적 · 미래적 정보
② 내부 이용자
③ 비화폐적 정보도 포함
④ 일정한 기준은 없음(회계학, 행동과학 등을 이용함)
⑤ 외부보고목적

02 다음은 관리회계의 목적에 관한 설명이다. 옳지 않은 것은? ▸ 세무사

① 일반 이해관계자를 위한 회계
② 경영계획을 위한 회계
③ 의사결정을 위한 회계
④ 성과평가를 위한 회계
⑤ 정답 없음

03 다음 중 관리회계의 성격과 거리가 먼 것은? ▸ 전산세무

① 관리회계의 목적은 경영자의 의사결정에 도움을 주기 위한 것이다.
② 정보는 미래지향적 · 주관적 특징을 갖는다.
③ 보고서의 형식은 목적에 적합한 특수보고서를 작성한다.
④ 기업회계기준 및 원가계산준칙 등 일반적으로 인정된 회계원칙을 준거하여 작성한다.

04 관리회계와 재무회계에 대한 설명으로 잘못된 것은?

① 외부 이해관계자를 위해서 이루어지는 회계는 재무회계이다.
② 경영자의 의사결정에 유용한 것은 관리회계이다.
③ 보고서의 형식은 규정에 준거한 요식성이 필요하다.
④ 관리회계정보는 미래지향적 정보이다.

05 관리회계정보의 두 가지 핵심 측면을 잘 요약한 것은?

① 의사결정에의 영향 측면, 이익극대화 측면
② 의사결정의 지원 측면, 재무적 영향 측면
③ 의사결정에의 영향 측면, 원가 최소화 측면
④ 원가 최소화 측면, 이익극대화 측면
⑤ 의사결정의 지원 측면, 의사결정에의 영향 측면

객관식 해답 01 ⑤ 02 ① 03 ④ 04 ③ 05 ⑤

02 관리회계시스템(MAS)

1절 관리회계와 의사결정

경영은 경영자가 경영목표를 설정하고 경영자원을 조달, 배분하여 영업 활동, 투자 활동, 재무 활동 등 기업의 경영 활동을 수행하고 통제하는 일련의 과정이다. 즉, 경영은 계획, 실행, 평가 등의 단계로 순환하면서 경영목표 달성을 위한 피드백(feedback)에 의해 기업이 지속적으로 성장 및 발전함으로써 계속기업(going concern)을 가능하게 한다.

① **계획(plan)**　계획은 경영목표를 달성하기 위해 예산편성, 조직 구성 등의 구체적인 실행 방안을 설정하는 것이다. 경영목표 달성을 위한 의사결정(decision making) 방법은 1차적으로 데이터를 수집 및 분석하여 실행 가능한 대안(alternative)을 설정하고, 경제성을 분석한 후 최적안(optimal solution)을 선택하여 실행하는 것이다. 계획단계에서는 경영목표를 달성하기 위한 방안을 원활히 수행하기 위해 목표 설정, 조직 편성, 인적 및 물적자원을 배치하고 관리하는 작업 등을 총괄적으로 수행하게 된다.

② **실행(do)**　실행단계에서 기업은 경영목표 달성을 위해 구성원들의 과업(task)을 설정하고, 구성원들이 과업을 수행하는 일련의 과정에서 지휘 · 조정 · 통제하는 기능을 수행한다. 실행단계에서 기업은 경영목표를 효율적으로 달성하기 위해 조직구성원들에게 동기부여(motivation)를 제공함으로써 구성원들이 효율적으로 과업을 달성할 수 있도록 인적 및 물적자원을 지원(promotion)한다.

③ **평가(see)**　평가는 기업이 설정한 경영목표 대비 성과를 분석하는 단계로 기업의 미래 성장 및 발전을 위한 필수적 단계이다. 평가단계에서는 경영목표 대비하여 달성된 내용 및 미흡한

회계정보시스템의 기능

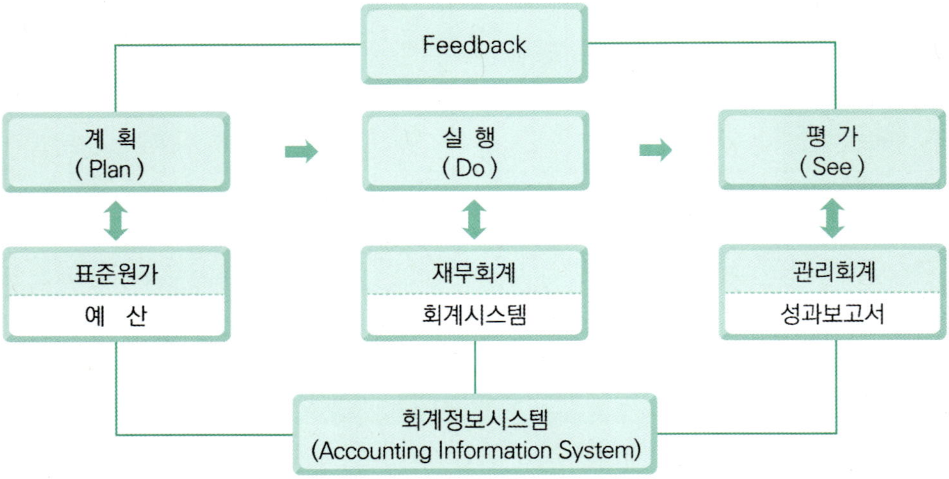

내용 등을 구체적으로 분석하고, 향후 기업의 경영목표를 발전적으로 달성하기 위해 개선해야 될 사항 등을 심층적으로 검토하여 미래의 경영계획에 반영하게 되는데 이를 피드백(feedback)이라고 한다.

1. 관리회계 혁신

회계는 경영자가 기업을 효율적으로 계획(plan), 실행(do), 평가(see)하는 데 필요한 의사결정 정보를 제공하는 시스템으로 경영환경이 변화되면, 회계는 변화하는 환경에 적합한 정보를 제공할 수 있는 시스템으로 재설계되어야만 한다.

현대 기업들의 경영환경은 급속히 변화하고 있으며, 그 특징은 정보기술혁명(IT revolution), 전문화(specialization), 세계화(globalization) 등으로 구분된다.

(1) 정보기술혁명

컴퓨터 중심의 정보기술 발전은 생산기술, 구매 및 판매관리 등 경영정보시스템에 혁신적인 변화를 가져왔다.

생산기술 측면에서는 유연생산시스템(Flexible Manufacturing System: FMS), 컴퓨터 통합생산(Computer Integrated Manufacturing: CIM) 등의 생산자동화기술이 발전되면서 기업의 원가구조가 변경되었고, 전사적 자원관리시스템(Enterprise Resource Planning: ERP)의 도입은 관리회계시스템의 정보수집 및 분석, 의사결정 등의 능력을 제고시켰다.

정보(information)는 사람에 의해 생성되고 수집 및 분석되는 기업의 무형자산이다. 기업의 경영에서 정보의 중요성이 증대되면서 인간 중심 경영이 강조되고 있다. 현대의 경영에 있어 정보기술이 급속하게 발전하면서 경영의 정보화가 경영 활동의 핵심 요소로 자리매김하게 되었다.

정보기술의 발달은 현대 기업의 경영 활동에 가장 많은 영향을 미치고 있고, 기업의 모든 업무가 정보기술의 발전에 따라 변화하고 있는 상황이다. 그 결과 경영정보시스템(management information system)은 의사결정의 핵심 분야로 성장했다.

정보기술은 정보를 생산 및 가공, 전달, 저장, 활용하는 일체의 기술을 의미한다. 최근에는 정보기술에 부가적으로 디지털기술, 인공위성, 각종 전자매체 등의 기술이 동반 발전함으로써 기업의 경영 활동 및 개인의 라이프 사이클을 크게 바꾸어 놓고 있다.

① 경영정보시스템 경영정보시스템(Management Information System: MIS)의 목적은 기업의 의사결정에 유용한 정보를 의사결정자에게 제공함으로써 기업목표를 효율적으로 달성할 수 있도록 지원하는 경영 활동의 종합적인 정보시스템이다.

경영정보시스템은 기업의 경영 활동에서 운영통제 역할, 경영통제 역할, 전략적 계획 역할 등 경영의 모든 측면에서 이용되고, 정보의 활용목적에 따라 임원정보시스템, 의사결정지원시스템, 정보보고시스템, 거래처리시스템 등으로 구분한다.

② 컴퓨터 네트워크 기업은 직원 상호 간, 고객과 거래업체 등과 네트워크 시스템을 구축하여 실시간(real time)으로 정보를 공유하면서 경영 활동을 수행한다. 컴퓨터를 이용한 네트워크 시스템은 인트라넷, 기업포털, 유 · 무선통신망 등을 이용한다. 인트라넷(intranet)은 기업 조직 내의 인터넷을 기반으로 기업 내부의 직원 상호 간에 필요한 정보의 소통을 촉진시키고, 외부 사용자는 방화벽에 의해 접근이 차단됨으로써 정보의 보안성이 제고된다.

포털(portal)은 네이버(naver), 다음(daum) 등과 같이 인터넷 정보를 사용자의 편리성에 맞추어 제공하는 사이트이고, 기업포털은 기업이 보유하고 있는 모든 정보를 이용자가 편리하게 정보를 검색할 수 있도록 지원하는 통합정보시스템이며, 유 · 무선통신망은 LAN, Wi-Fi 등을 설치하여 커뮤니케이션이 가능하도록 구축된 시스템이다.

③ e-비즈니스 정보기술의 발전으로 탄생한 인터넷(internet)은 기업경영 활동의 모든 것을 네트워크로 연결시켰다. 인터넷을 이용하여 실시간으로 정보를 교환할 수 있게 되었고, 모든 정보를 생산 및 관리하고 의사결정을 지원할 수 있는 정보혁명이 전개되었다.

기업은 인터넷을 이용하여 거대한 시장을 만들었으며, 인터넷은 기업과 고객 간의 비즈니스 관계에 큰 변화를 가져왔다. 기업은 새로운 비즈니스 영역을 지속적으로 개발하여 인터넷을 기반으로 한 사업 분야가 크게 확대되었으며, 생산자는 인터넷을 이용하여 소비자와 직접적인 연결이 가능해졌다. 그리고 기업은 지속적인 정보 창조가 가능하게 되고, 새로운 경영기법 개발 등 경영이 혁신되면서 지식창조와 확산이 급속도로 진전되었다.

인터넷을 기반으로 한 e-비즈니스는 고정자산 투자를 최소화할 수 있고, 운영에 있어 시간과 비용을 절감할 수 있어 비즈니스 효율을 높일 수 있으며, 최근에는 스마트 기기 등을 이용함으로써 경영 활동이 혁신적으로 발전되면서 지속적으로 성장 · 발전하고 있다. e-비즈니스의 시장규모가 지속적으로 확대되고 있는 이유는 다음과 같다.

첫째, e-비즈니스는 시간과 공간의 개념을 초월하여 경영할 수 있다. 인터넷 시스템을 이용함으로써 지구촌을 대상으로 24시간 경영 활동이 가능하며, 공간적인 제약을 초월하여 비즈니스를 수행할 수 있다.

둘째, e-비즈니스는 고정원가 등의 투자비용을 절감할 수 있다. 인터넷 사이트는 회선 사용료만 부담하면 무한정 이용할 수 있어 전 세계의 소비자를 대상으로 운영하면서 판매장 및 설비 구축, 광고비 등의 투자비용을 획기적으로 절감할 수 있다.

셋째, 인터넷을 이용하여 소비자 구매정보를 실시간으로 분석하여 마케팅전략에 직접 활용할 수 있는 장점을 보유하고 있다.

④ **정보 보안** 기업이 인터넷을 활용하여 전반적인 경영 활동을 관리하다 보니 데이터 손상, 컴퓨터 바이러스, 정전, 해커(hacker)의 침입 등에 따른 전산 테러 등 정보관리상의 문제점이 노출되고 있다. 기업은 컴퓨터 보안기술에 지출하는 비용이 증가되었고, 최근에는 정보 유출이나 전산 침해로부터 안전을 유지하기 위한 인터넷 보안대책을 강구하는 것이 경영의 핵심 과제로 대두되었다.

(2) 전문화

기업의 규모가 대형화되고, 경영 활동 범위가 광역화 되면서 경영이 다각화되고 전문화(specialization)되었다. 경영의 전문화는 경영정보시스템의 통합과 관리 측면에서 관리회계 전문가의 필요성과 중요성을 제고시켰다.

(3) 세계화

FTA(Free Trade Agreement) 확대 등 국제경제 교류의 활성화로 기업의 경영 활동은 범세계적인 시장을 무대로 무한경쟁 상황에 처해 있다. 기업은 경영의 세계화(globalization)로 효율적인 경영전략이 필요하게 되었고, 의사결정을 지원할 수 있는 경영정보시스템 구축의 필요성도 함께 대두되었다.

세계화의 급속한 진전으로 지구촌 경제가 형성되면서 무한경쟁에 돌입하게 된 개별 기업들은 경영전략의 효율적인 추진에 필수 요소인 관리회계시스템의 구축으로 경영자의 의사결정에 목적적합한 정보를 제공할 필요성이 더욱 높아졌다.

2. 의사결정 방법

의사결정(decision making)은 기업의 경영목표를 달성하기 위한 합리적인 기준에 따른 대안(alternatives) 중에서 경영환경 기준(criteria)에 가장 적합한 최적해(optimal solution)를 선택하는 것이다. 선택은 사람이 의식을 갖게 된 순간부터 지속적으로 수행되어 온 정신적 행동이지만, 의사결정과 두뇌기능을 체계적으로 연구한 것은 최근의 일이다. 합리적 의사결정 연구를 위해 경제학, 심리학, 생물학, 사회학 등의 학문적 성과로부터 의사결정론(decision making theory)이 전문 분야로 태동되었다.

의사결정 접근 방법은 기술적 의사결정과 규범적 의사결정으로 구분한다. 기술적 의사결정(descriptive decision making)은 의사결정자가 의사결정 상황에서 생각과 행동에 관심을 갖는 행동과학 접근법이다. 규범적 의사결정(normative decision making)은 사람들이 합리적 및 이성적으로 생각하는 판단기준을 제공한다. 규범적 분석의 특징은 일관성(coherence)과 합리성(rationality)을 기반으로 의사결정 상황분석과 선택 방법에 대한 최적해를 구한다.

(1) 의사결정 요소

경영(management)의 개념을 이해하기 위해서는 우선 경영자(manager)의 역할을 이해할 필요가 있다. 기업의 경영자(관리자)는 경영 활동에 대한 의사결정 권한을 갖고 있으며, 자신이 결정한 사항과 결과에 대해 책임을 부담한다. 경영 활동은 의사결정의 연속이고, 기업경영은 기업의 성장과 발전을 위해 지속적으로 의사결정을 수행하는 과정이다. 즉, 경영은 의사결정이고, 경영자는 문제 해결을 위해 자료(data)수집 등 현상을 분석하여 대안을 제시하며, 최적해를 선택하고 추진하는 경영 활동의 주체이다.

경영 활동에서 발생하는 의사결정 문제는 경영 활동의 목적에 따라 생산관리, 판매관리, 자금관리, 인사관리 등과 관련한 의사결정으로 구분된다. 의사결정은 전략적 의사결정과 전술적 의사결정으로 나눈다. 전략적 의사결정(strategic decisions)은 기업의 미래 성장과 발전에 장기적으로 심대한 영향을 미치는 의사결정이다. 이러한 의사결정은 보통 자본적 지출이 수반되어 추진 방향이 결정되면 수정하기 어려우므로 신중히 검토해야 한다. 전술적 의사결정(tactical decisions)은 결정사항의 영향이 비교적 단기이고, 결정 내용을 실행하는 과정에서 예상하지 못한 상황이 발생하면 통제가 비교적 용이하다.

의사결정 상황은 복수의 대안 및 가능한 미래 상황, 각 대안의 성과, 가능한 미래 상황의 확실성평가, 의사결정기준 등으로 구성된다.

① **대안** 대안은 의사결정자가 고려하고 있는 상호 배타적 결정 안을 의미한다. 모든 의사결정 문제는 복수의 행동 대안을 포함하고 있으며, 대안은 의사결정 시에 고려해야 할 조건 등을 충족하면서 경영목표를 달성할 수 있는 실행 가능한 방법을 의미한다.

② **미래 상황** 의사결정자가 통제할 수 없는 미래에 발생 가능한 조건(condition) 또는 사건(event)을 말하며, 미래의 상황은 상호 배타적이어야 한다.

예를 들면, 유통회사가 정보관리에 필요한 노트북을 구입할지 여부는 경제 상황에 의존하게 된다. 이 경우에 미래의 상황은 좋은 경제 상황과 나쁜 경제 상황 등 두 가지로 구분하여 검토할 수 있다.

③ **성과** 의사결정자가 문제를 합리적으로 해결하기 위해서는 각 대안과 미래 상황이 발생했을 때 결과인 성과를 측정할 수 있어야 한다. 성과는 이익, 수입, 비용 등 가치의 측정을 말하며, 성과는 예측 값이기 때문에 정확성 정도에 의해 의사결정자의 대안 선정에 정확도가 향상될 수 있다.

위 유통회사의 사례에 의하면 대안의 수가 2개(구입 여부), 상황의 수도 2개(좋은 경제 상황 및 나쁜 경제 상황)이므로 성과의 수는 총 4개이다.

④ **의사결정 방법** 의사결정자가 활용할 수 있는 접근법은 확실성의 정도에 따라 다르다. 의사결정 방법은 확실성의 정도에 따라 확실성 하의 의사결정, 위험 하의 의사결정, 불확실성 하의 의사결정 등으로 구분된다.

⑤ **의사결정기준** 각 대안에서 하나의 대안을 선택하는 과정은 결정기준(decision criterion)에 의해 영향을 받는데, 결정기준은 의사결정자의 결정에 대한 태도와 결정에 영향을 주는 조건의 확실성 정도에 따라 다르게 나타난다. 의사결정기준의 예를 들면 기대 성과의 최대화 또는 기회비용의 최소화 등을 결정하는 것이다.

(2) 경제적 의사결정

경영자는 경영의 효율성 제고, 인적자원개발, 위험관리, 영업전략개발 등 다양한 경영 활동을 추진한다. 경영 활동에서 의사결정은 경영자의 핵심 과제이며, 의사결정능력은 유능한 경영자가 갖추어야 할 기본적인 역량이다.

의사결정 프로세스

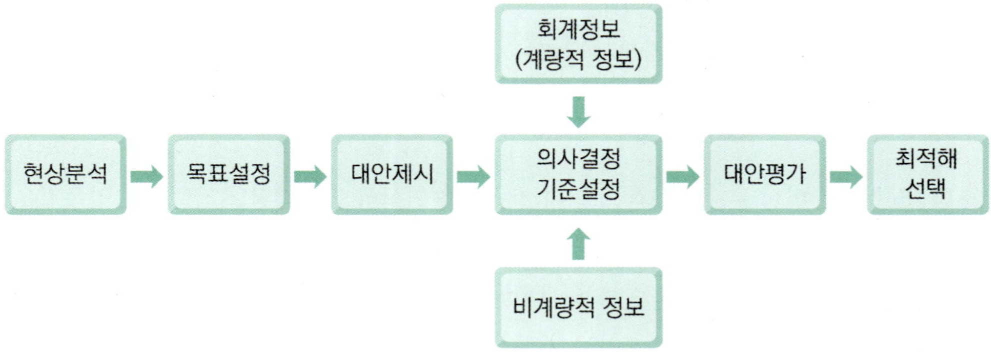

① **현상분석** 의사결정이 필요한 이유는 원인이 되는 배경이 반드시 있기 때문이다. 즉, 어떤 문제에 당면해 있는지, 어떤 환경 변화가 문제를 야기하는지, 원하는 해법은 무엇인지 등을 명확하게 인식하고 분석해야만 한다.

신규 사업의 추진, 기존 사업의 철수, 생산설비 확장, 유통구조 개선, 회사채 발행, 인력 충원 규모 등 경영 활동에서 의사결정이 필요한 사항과 시점 등은 매우 많으며, 그에 따른 전문적인 분석 방법이 필요하다. 의사결정의 첫 단계인 현상분석단계에서는 의사결정에 필요한 경영환경을 이해하고, 의사결정이 전체적인 목표 달성에 유효한 수단으로 작용할 수 있는지 여부를 확인한다.

② **목표설정** 관리회계적인 의사결정의 기본적인 목표는 이익의 극대화 혹은 비용의 최소화이다. 단기적으로 매출액, 가동률, 기술력, 시장개척 등을 경영 활동의 목표로 설정하기도 하고, 이익과 비용 같은 정량적 목표와 품질, 서비스, 신용, 편리성 등의 정성적 목표를 동시에 설정하는 경우도 있다.

의사결정 대안을 설정할 때 고려해야 할 중요한 요소는 실행가능성 혹은 통제가능성이다. 의사결정은 현상분석에 의해 도출된 대안 중에 최적해를 선택하는 것으로 대안이 많을수록 선택 범위가 넓어진다. 의사결정 과정에서 대안설정 과정을 소홀히 하거나, 너무 일찍 대안설정을 중단함으로써 의사결정의 오류를 초래할 수 있다.

③ **모형화** 의사결정모형은 문제분석 및 해결에 대한 통찰력을 제고시킨다. 모형은 복잡한 현실 문제에서 중요하지 않은 부분을 제거하고 현실을 단순화한 것이다.

단순화 과정은 결론에 미치는 영향력이 떨어지거나 개별적으로 변동이 심하여 정형화가 곤란한 사항을 보편성과 논리적 타당성에 비추어 합리적으로 받아들일 수 있는 가정을 통하여 단순하게 처리하는 과정이다.

④ **최적해 선택** 의사결정은 최적해(optimal solution)를 선택하는 과정으로 완벽한 대안을 추구할 수는 없다. 모형을 수립하는 목적은 일정한 기준으로 대안을 비교하거나 주어진 상황에서 최적대안을 도출하는 것이다. 최적해를 선택하기 위해서는 평가모형에 어떤 종류의 자료(data)가 있어야 하는지를 분석하고 필요한 자료를 수집해야 한다.

⑤ **민감도분석** 현실 문제와 모형의 괴리 가능성을 인식하고 선택된 최적해가 경영목적을 달성하는 데 도움을 주는지 여부를 검토하는 과정이다. 민감도분석(sensitivity analysis)은 위험성(risk)분석이며, 이 과정에서 새로운 목표, 대안 등이 도출되기도 하고 모형을 개선하기도 한다.

(3) 의사결정 유형

① **확실성 하의 의사결정** 가장 단순한 의사결정은 완전히 확실한 상황에서 의사결정이 내려지는 경우이다. 확실한 상황에서는 미래에 발생할 수 있는 상황이 하나뿐이기 때문에 성과표에 오직 하나의 상황만이 표시된다. 미래 상황에 대한 정보가 충분하고 확실하다면, 객관적이고 합리적인 의사결정분석이 가능하다.

② **불확실성 하의 의사결정** 의사결정에 있어서의 불확실성은 미래에 발생할 상황과 각 상황에 대한 성과는 인식하고 있지만, 발생 상황과 상황의 발생 확률 등의 정보가 정확하지 않은 경우의 의사결정을 의미한다. 불확실한 상황에서는 완전한 의사결정기준은 없으며, 의사결정자의 마인드, 위험에 대한 태도 등 주관적 판단이 중요시 된다.

불확실성 하의 의사결정기준

구 분	내 용
낙관적 기준(Maximax)	최대 수익이 가능한 대안 선택
비관적 기준(Maximin)	최악의 상황 발생 시에 받는 각 대안의 수익 중에 최대 수익을 제공하는 대안 선택
후회기준(Minimax)	보다 좋은 대안을 선택하지 않음으로써 발생하는 후회가 가장 적은 대안 선택
Laplace기준	각 대안 수익의 평균을 구하고, 최대 평균을 지닌 대안 선택
Hurwice기준	낙관성 정도(degree of optimism)를 측정하여 최선의 대안 선택

의사결정자가 문제를 해결하고자 할 때 고려된 대안의 미래 상황에 대한 분석이 완료되면, 특정한 대안을 선택했을 때 미래의 상황에 따라 얻어지는 성과를 테이블 형태로 작성하는 것이 성과표이다.

성과표의 각 행은 대안을 표시하고, 각 열은 상황을 나타낸다. 대안과 상황에 대한 분석이 완료

되면 기대이익을 계산하여 성과표를 작성한다.

성과표

대안 \ 상황	S_1	S_2	…	S_j
A_1	X_{11}	X_{12}	…	X_{1j}
A_2	X_{21}	X_{22}	…	X_{2j}
⋮	⋮	⋮	⋮	⋮
A_i	X_{i1}	X_{i2}	…	X_{ij}

주: A_i: i 번째 대안, S_j: j 번째 상황, X_{ij}: i번째 대안, j번째 상황의 성과

③ **위험 하의 의사결정** 의사결정에 필요한 완전한 정보는 아니지만 상황이 발생할 확률분포는 예측할 수 있는 경우에 의사결정자를 돕는 기준이 있는데, 기대가치기준과 기대기회손실기준이다. 기대가치기준은 미래 상황이 발생할 확률이 예측 가능하면 각 대안에 대해 기대가치(Expected Value: EV)를 계산하여 가장 큰 값을 갖는 대안을 선택하면 된다. 기대기회손실기준은 기회손실표와 확률을 이용한다. 기회손실표는 성과표에 있는 각 상황별로 특정 대안을 선택함으로써 다른 대안을 선택하지 못하는 데서 발생하는 기회손실을 계산하여 작성한다. 의사결정은 기회손실표에서 확률을 적용하여 기회손실 값이 가장 적은 대안을 선택하면 된다.

2절 관리회계시스템의 특성

관리회계는 IT 기술의 발달 등으로 경영관리를 시스템적으로 개발하게 되면서 경영정보와 의사결정을 연구대상으로 하게 되었다. 관리회계시스템의 목적은 관리회계시스템을 구성하는 각각의 개별 서브시스템을 의사결정목적에 적합하도록 유기적으로 체계화하여 Net Work System으로 통합하여 구축함으로써 경제적 의사결정의 유용성을 높이는 것이다. 관리회계를 통합시스템으로 구축하는 시스템적 접근 방법은 IT 혁명을 기반으로 혁신적으로 발전하고 있다.

1. 관리회계시스템의 질적 특성

① **목적적합성** 관리회계시스템은 시스템을 구성하는 각 서브시스템들이 기업 전체의 경영목표를 효율적으로 달성할 수 있도록 회계정보 등 관련 정보를 체계화해야 한다. 관리회계시스템

관리회계시스템

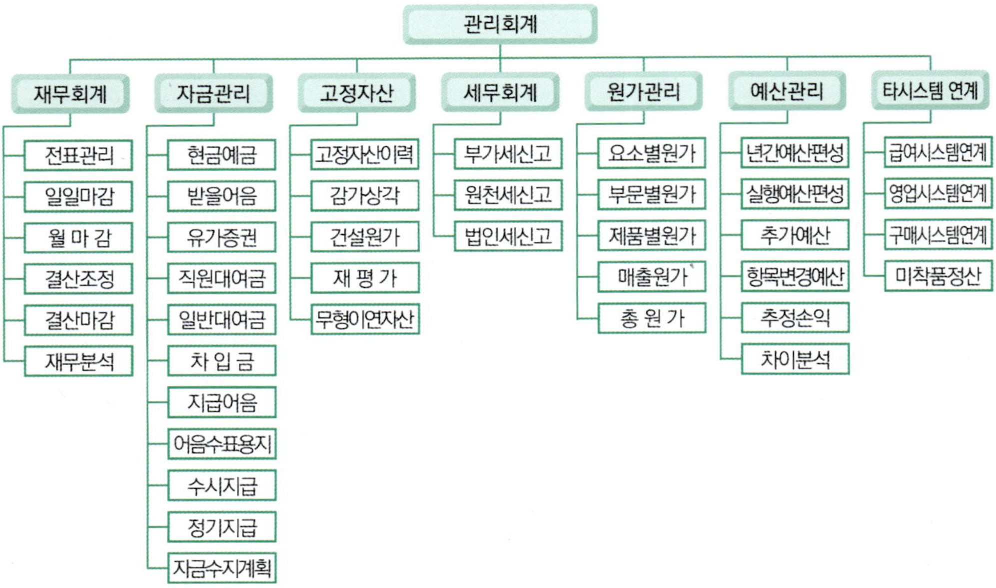

의 목적은 계획 · 실행 · 평가 등의 경영 활동에 수반되는 의사결정 시에 회계정보 등을 경영자에게 제공함으로써 경제적 의사결정의 유용성을 제고하는 것이다.

② **네트워크 시스템** 관리회계시스템을 회계정보시스템(AIS), 경영정보시스템(MIS) 등 의사결정 정보망과 네트워크(net-work)를 구축하여 통합된 종합시스템으로 개발해야 한다. 관리회계시스템을 의사결정 지원 종합시스템으로 개발하고, 서브시스템으로 제조회계시스템, 판매회계시스템, 예산관리시스템, 내부보고시스템 등 다양한 서브시스템을 구축한 후, 종합적인 네트워크로 연결하여 세부적으로 운영할 수 있다.

③ **최적해** 관리회계시스템에 OR(Operations Research)을 적용하여 경영목적을 달성하기 위한 최적해를 선택하는 시스템을 구축해야 한다. OR은 과학적 관리 방법을 경영 의사결정에 적용하여 의사결정자에게 최적안을 제공하는 학문이며, 경영정보시스템과 IT 등이 혁신적으로 발전하면서 연구 영역이 확대되어 경영과학(Management Science)으로 발전하였다. 현대 기업경영의 규모가 대형화되고 전문화되면서 의사결정에 필요한 정보 및 해법을 종합적으로 분석하고 결정해야만 의사결정의 유용성을 제고할 수 있게 되었다. 경영과학은 IT, 회계정보 등을 이용하여 의사결정시스템을 모델화하여 결과를 피드백 할 수 있게 함으로써 과학적인 의사결정을 가능하게 만들었다.

OR의 기능별 적용

구 분	OR
최적해	선형계획법(LP), 동적계획법(DP)
복수 해답	경영 활동 모델화로 컴퓨터 시뮬레이션(simulation)
게임 의사결정	게임이론
일정관리	PERT / CPM
예측	시계열분석, 계량분석, 회귀분석

④ **연동성** 관리회계시스템은 경영정보의 각 서브시스템 간의 상호 연동성과 제어성을 갖게 구축되어야 한다. 시스템은 입력, 정보처리, 출력 등의 3단계로 구축된다. 관리회계시스템의 경우에 투입되는 회계정보가 관리회계기준 및 특성 등을 충족하는 정보처리 과정을 거쳐 의사결정 목적에 적합한 관리회계정보로 생성된다. 생성된 관리회계정보는 피드백(feed-back) 과정을 거쳐 의사결정목적에 맞게 데이터 등을 조정 · 통제한다.

관리회계시스템의 연동성

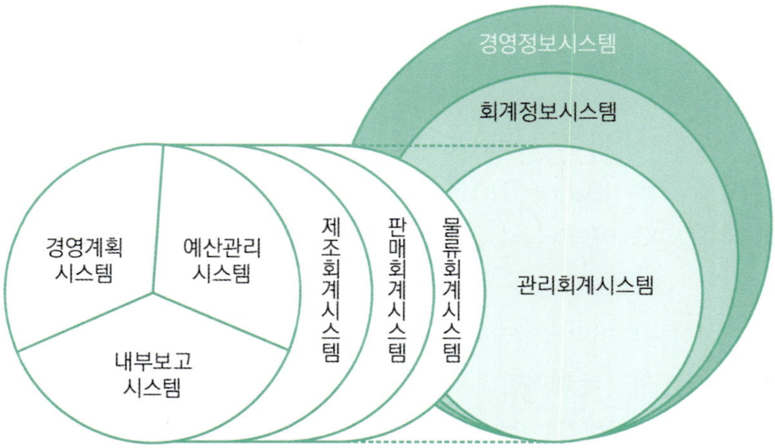

관리회계시스템과 서브시스템인 작업공정시스템의 예를 들면, 관리회계정보는 작업공정시스템의 입력정보로 투입되어 작업이 적정하게 수행되도록 지원하고, 작업공정시스템의 결과는 관리회계정보로 피드백 되어 의사결정정보로 유용하게 이용되는 것이다.

2. 빅데이터(big data)

미국의 시장조사 기관인 IDC에 따르면 최근 전 세계에서 생성되는 연간 디지털 정보량은 약 1.8제타바이트(1.8조 기가바이트)라고 한다. 그리고 최근 연구조사에 의하면 데이터의 생성량이 약 2년마다 2배씩 기하급수적으로 증가할 것으로 추정하고 있다. 정보통신의 발전으로 SNS, 사진, 동영상 등의 다양한 디지털정보가 등장하면서 기업은 보다 규모가 크고, 발생 속도도 빠르며, 종류가 다양하고 복잡한 데이터를 갖게 되었다. 이와 같이 데이터의 양이 기하급수적으로 증가하는 현상을 이른바 "빅데이터"로 명명하였으며, 빅데이터의 기능은 데이터에서 의미 있는 패턴을 찾아내고, 이를 기반으로 미래를 예측하는 것이다.

빅데이터의 의미는 거대한 양적 규모의 데이터와 이를 관리하고 분석하기 위해 필요한 인력과 조직, 기술 등을 종합한 포괄적인 개념으로 정립되었다. 그러므로 빅데이터는 기존의 데이터베이스 관리 도구로 데이터를 수집, 저장, 관리, 분석할 수 있는 역량을 초월하는 대량의 정형 또는 비정형 데이터의 집합과 데이터로부터 가치를 추출하고 결과를 분석하는 기술을 총칭하는 개념이다.

빅데이터는 처음에는 기술 영역에서 출발했지만, 현재는 경영, 경제, 과학, 사회 등 모든 영역에서 시스템화 되어 의사결정의 핵심 정보로 활용되고 있다.

(1) 빅데이터의 특징

빅데이터는 가치(value), 다양성(variety), 속도(velocity) 등의 세 가지 특징을 갖는다. IT 분야의 리서치 전문 기업인 가트너(Gartner Inc.)는 빅데이터를 "데이터의 가치 증대, 변화의 속도가 빠르며, 속성이 매우 다양한 데이터"라는 세 가지 특징을 갖는 것으로 주장하고 있다.

① 가치 빅데이터는 데이터의 규모 및 분석가치가 매우 유용하다. 빅데이터의 가장 기본적인 특징은 단순 저장되는 물리적 데이터의 양뿐만이 아니라 이를 분석, 처리하는데 필요한 네트워크 데이터가 급속하게 증가한다는 것이다.

② 다양성 빅데이터는 데이터가 다양성(variety)을 갖는다. 현대의 디지털혁명 시대에서 분석해야 할 데이터의 형태가 매우 다양하기 때문에 단순히 정보의 규모만으로 빅데이터라고 할 수는 없다. 기업의 재무 데이터처럼 특정 형식에 맞게 잘 정리된 데이터를 정형화된 데이터라고 한다. 반면에 비정형화 데이터는 데이터의 크기와 내용을 통일된 구조로 정리하기 어려운 데이터를 말한다.

각종 SNS 상에 유통되는 내용, 뉴스나 커뮤니티 사이트의 게시물, 유튜브의 동영상, 팟캐스트,

음악, 사진 등은 이용자 각자가 자유롭게 제작하여 제공하는 비정형의 데이터가 전체 데이터의 90% 이상을 차지할 것으로 추정되고 있는 상황이다.

③ **속도** 빅데이터는 데이터의 생성 및 분석 속도(velocity)가 빠르다. 지금 가정용 PC와 유무선 공유기에 연결된 네트워크 장비, 초고속 무선 네트워크 등은 매우 빠른 속도로 데이터를 전송한다. 이에 따라 데이터는 생산, 유통, 소비 주기가 광속으로 이루어지고 있는 상황이다.

(2) 빅데이터와 의사결정

빅데이터는 데이터의 생성에서 활용에 이르기까지 데이터의 수명주기를 거쳐 유용한 정보를 생산하는데, 이 과정에서 다양한 기술을 활용하고 있으며, 데이터의 수명주기는 다음과 같다.

① **데이터생성** 데이터의 생성은 각 부문이 거래를 처리하거나 필요에 의해 축적해 오던 정형화된 데이터뿐만 아니라 스마트폰, 소셜미디어 등에서 생성되는 비정형데이터 등도 거대한 규모로 생성되고 있다.

② **데이터수집** 데이터 수집은 내 · 외부에 분산된 다양한 데이터 소스로부터 필요로 하는 데이터를 모으는 프로세스를 말한다.

③ **데이터관리** 데이터의 저장 및 관리는 데이터를 이용할 목적으로 데이터를 안전하게 보관해 두는 것으로 데이터의 수정 및 삭제, 데이터관리 등을 포함한다.

④ **정보화** 전통적으로 정보는 고객관계 데이터분석, 거래처의 신용도분석 등 고정된 형태의 데이터 분석을 하였으나, 현재는 정보통신기술의 발달로 빅데이터의 분석이 광범위하게 확대하고 있다.

⑤ **의사결정보고서** 빅데이터의 수집 · 처리 · 분석 · 정보화 등의 과정을 거쳐 의사결정에 필요한 보고서를 작성한다. 의사결정보고서는 통계적 수치, 키워드(key word), 그래프 등의 시각적 구조와 정보의 적정한 해석과 의미를 부여하는 스토리텔링 작업을 통해 의사결정에 이용된다.

3. 빅데이터와 관리회계

검색과 전자상거래 등의 기업이 고객의 빅데이터를 분석해 맞춤형 마케팅 활동을 실행하고 있다. 예를 들면, 구글의 자동번역시스템, IBM의 슈퍼컴퓨터 '왓슨', 아마존의 도서추천시스템 등은 대표적인 성공 사례이다. 공공 부문도 위험관리시스템, 탈세 등 부정행위방지, 공공데이터 공개 정책 등의 실행에 있어 빅데이터 정보를 활용하기 위해 다양한 계획을 추진하고 있다.

빅데이터를 이용한 의사결정 사례

구 분	빅데이터	시스템
구글	검색어와 웹페이지 내용의 상관성 지수개발	• 구글 분산파일 • 맵리듀스 • 자동번역시스템
IBM	인간 언어를 기반으로 정보 검색	• 슈퍼컴퓨터 '왓슨' • 의료보험 데이터분석 • 금융 분야 활용
아마존	고객의 도서구매 데이터 분석하여 도서 추천	• 클라우드 서비스
넷플릭스	영화 대여목록 분석으로 새로운 영화 추천	• 시네매치(Cinematch)
유튜브	이용자의 선호 동영상 채널 구성	• 개별 홈페이지 제공
자라(Zara)	현재의 패션 트렌드를 실시간 반영해 단기간에 다품종 소량생산이 가능한 초스피드 전략	• 최적 재고관리
맥킨지	공공 분야의 빅데이터 활용으로 원가절감	• EU의 공공행정 부문
싱가포르	보안과 위험관리 분야 적용	• 국가위험관리시스템
미국 미시간	통합데이터웨어하우스 구축으로 비용 절감	• 의료보험 부정 감시 • 개인 건강관리 개선 • 최적 입양가정 선택

이코노미스트(Economist)가 전 세계 약 600개 기업을 대상으로 실시한 빅데이터에 관한 조사에서 대상자의 10%는 빅데이터가 기존 비즈니스 모델을 완전히 바꿀 것이며, 46%는 기업 의사결정의 중요한 요소로 작용할 것으로 응답했다. 그러나 응답자의 25%는 기업 내부에 사용 가능한 데이터는 충분하지만 대부분의 데이터를 방치하고 있으며, 53%는 일부만 활용하고 있다고 응답해 부가가치 창출을 위해서는 데이터관리에 더 많은 노력이 필요함을 시사하고 있다.

3절 관리회계시스템의 활용

1. 의사결정지원시스템

의사결정지원시스템(Decision Support System: DSS)은 경영의 모든 활동에서 발생하는 사안을 컴퓨터를 이용하여 의사결정자가 효율적으로 의사결정할 수 있도록 지원하는 정보체계이다. 컴퓨터시스템의 확산과 함께 기업들은 업무처리를 효율적으로 수행하고, 경영 활동에 필요한 보고서를 작성하기 위한 정보처리시스템을 구축했다. 기업은 컴퓨터시스템을 바탕으로 경영자의 정형적 혹은 비정형적 의사결정을 지원하는 시스템을 개발하여 의사결정에 이용하고 있다.

DSS는 데이터베이스(data base), 모델베이스(model base), 사용자 인터페이스(user interface) 등으로 구성된다. 데이터베이스는 회계, 재무, 생산, 재고, 판매, 인력 등 경영의 전반적인 내용을 검색하여 정보를 의사결정에 활용할 수 있도록 해 준다. 모델베이스는 의사결정에 필요한 모델을 저장하여 활용하는데 회계모형, 재무모형, 통계분석모형, 그래픽모형 등의 시스템을 구비하여 의사결정 시에 활용하게 된다. 그리고 사용자 인터페이스는 데이터의 입력 및 출력, 정보분석 등에서 사용자와 시스템 간의 의사소통기능을 담당한다.

의사결정지원시스템(DSS) 구성

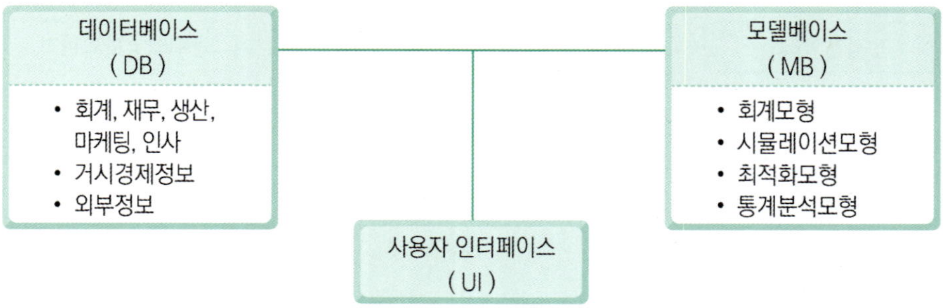

2. 전사적자원관리

전사적자원관리(Enterprise Resource Planning: ERP)는 기업경영의 회계, 생산, 인사 등의 업무프로세스를 총괄적으로 지원하고, 신속한 의사결정을 지원하는 정보시스템이다. 최근에는 고객정보, 상품정보, 기술개발정보 등 기업의 정보 및 자원관리를 포괄하면서 모든 자원의 흐름을 기업 전체 입장에서 최적 관리할 수 있는 통합정보시스템으로 발전하였다.

ERP의 특징

구 분	내 용
범용성	경영의 총괄적 적용이 가능한 개방성(open system) 보유
실시간 처리	데이터의 온라인(on-line) 처리로 정보이용의 적시성(timeliness) 보유
시스템 통합	상호 관련성 보유한 업무는 통합하여 일괄처리시스템으로 운영되므로 최적의 업무 수행
사용자 편의성 제고	정보 이용자의 편의성 보유(정보 조회, 출력 등)
국제성	다국적기업의 특성, 각국의 회계제도 등을 수용한 범세계적 시스템

ERP의 지원 범위는 회계정보, 생산관리, 판매관리, 구매 및 재고관리, 품질관리, 공장관리, 인사관리, 자산관리, 프로젝트관리, 고객관리 등으로 경영을 총괄적으로 관리하는 기능을 갖추고 기업의 통합정보시스템을 효율적으로 구축하고 관리하는 종합적인 경영정보시스템의 기능을 수행하고 있다.

ERP 시스템은 각 부문의 서브시스템이 상호 연동되어 설계되었으며, 각 시스템별로 모듈(module)로 구성되어 기업의 경영환경에 맞추어 시스템을 구축하여 운영할 수 있다

ERP 시스템의 구성

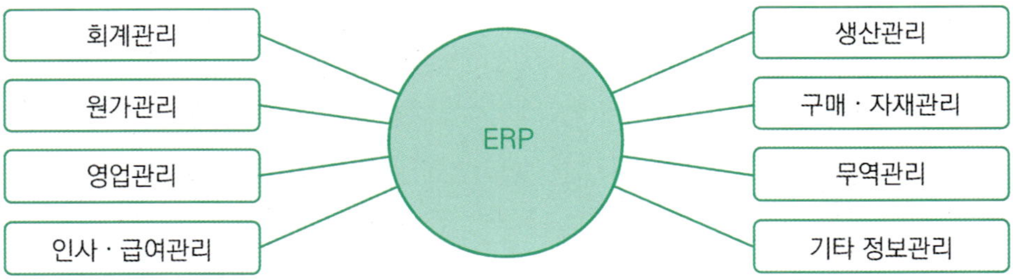

① **회계관리** 재무회계, 관리회계, 자금관리 등으로 구성된다. 재무회계는 총계정원장, 채권 및 채무, 고정자산, 보고서 작성 등 총괄적 기능을 수행하고, 관리회계는 원가관리, 의사결정지원 시스템, 수익성 등을 분석한다. 자금관리는 자금 수지 및 운영, 위험관리 등의 기능을 갖는다.

② **생산관리** 제품 생산, 품질, 설비 등의 관리로 구성된다. 제품 생산은 생산계획 수립, 수요, 자재 구매 및 관리 등 제조 활동에 필요한 계획, 실행 및 통제기능을 수행한다. 품질관리는 품질계획, 품질검사 및 행정지원 등의 기능을 갖고, 설비관리는 설비의 예방점검, 이력관리, 통계분석 등 효율적 관리에 필요한 기능을 수행한다.

③ **영업관리** 고객관리, 배송관리, 판매 및 수주관리, 마케팅관리 등 제품의 유통 과정을 총괄적으로 관리하는 기능을 수행한다.

④ **인사 · 급여관리** 인사관리기능으로 인사계획, 채용, 인사고과, 급여, 경비 등의 업무를 총괄적으로 관리한다.

3. 생산자동화

컴퓨터가 제품의 생산 및 관리시스템에 도입되면서 공장자동화(Factory Automation: FA)로 발전되었다. 공장자동화는 제조시스템과 설계, 공정, 수주 등 생산체계의 관리를 컴퓨터로 일원화함으로써 생산 및 관리 등의 전체 라인을 자동화한 것이다. 국내의 제조기업들은 고도 성장시대에 산업용 로봇과 공장자동화기술 등의 발전으로 고품질 · 저가격의 상품을 대량생산함으로써 국제경쟁력을 강화할 수 있게 되었다. 공장자동화가 발전하여 컴퓨터 통합생산관리시스템인 CIM(Computer Integrated Manufacturing)으로 발전하였다. CIM은 공장자동화시스템과 경영, 판매, 재무, 연구개발, 물류시스템 등의 경영 전체 시스템을 통합하여 운영하는 체제이다. 최근에는 CIM에 판매회사, 물류회사 등의 거래처 정보까지도 통합하여 관리하는 SCM(Supply Chain Management)으로 발전한 공급망관리시스템을 갖추게 되었다. 이와 같이 기업경영의 정보화는 제품 생산기간의 단축, 재고 감소 등의 효과가 있어 품질향상을 실현할 수 있게 되었다. 기업의 정보화는 경영의 합리화 및 원가절감은 물론, 고객의 요구(needs)에 맞는 제품을 생산하는 데도 매우 효과적이다.

기업이 제품(용역)을 생산하여 시장에 판매하기 위해서는 제품생산에 필요한 부품을 적정하게 공급받아야 가능하다. 그리고 해당 부품을 공급하는 업체도 다른 공급회사로부터 부품을 공급받아야 적시생산이 가능한 것이다. 이와 같이 제품 생산기업을 중심으로 일련의 부품 공급체계가 존재하게 되는데, 상호 연결된 공급망을 효율적으로 관리해야 적기에 부품을 공급받아 제품을 원활하게 생산할 수 있다.

인터넷이 활성화된 현대 기업들은 공급망을 전자상거래(인터넷 웹사이트) 시스템을 통하여 관리하고 있다. 이와 같이 인터넷을 통하여 공급망을 관리하는 체계가 SCM이고, 기업의 원가절감과 품질향상 등에 크게 기여하고 있다. SCM은 기업 외부의 협력업체와 정보 공유 및 기업 내부의 경영정보시스템(MIS)과 연동하여 부품 공급의 효율성을 제고한다. SCM은 협력업체의 납품활동이 직접 기업 내부의 시스템과 연동되기 때문에 업무처리 자동화로 경영개선 효과가 기업 전체에 영향을 미치게 된다.

SCM 체계

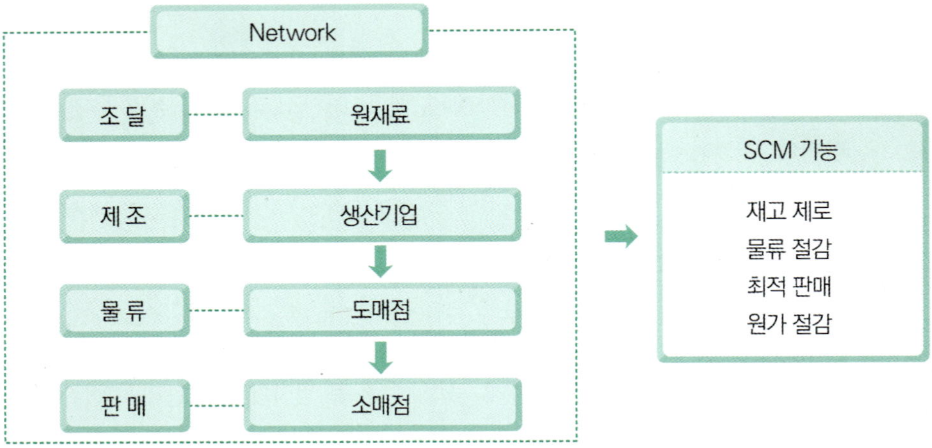

4. CSF(Connected Smart Factory)

CSF는 사물인터넷(IoT) 환경 하에서 미래 지향적인 관점의 경영 형태이며, 경영, 관리, 생산, Net-working 등이 인터넷으로 종합 연결된 Cyber Physical System(CPS)이다. CSF는 고객의 요구로부터 생산전략을 수립하여 맞춤형 생산을 가능하게 하고, ICT 융합을 통하여 제품설계, 생산공정, 서비스 등의 전체 과정을 실시간정보로 관리할 수 있는 기능을 갖게 개발된다.

CSF 구성 요소

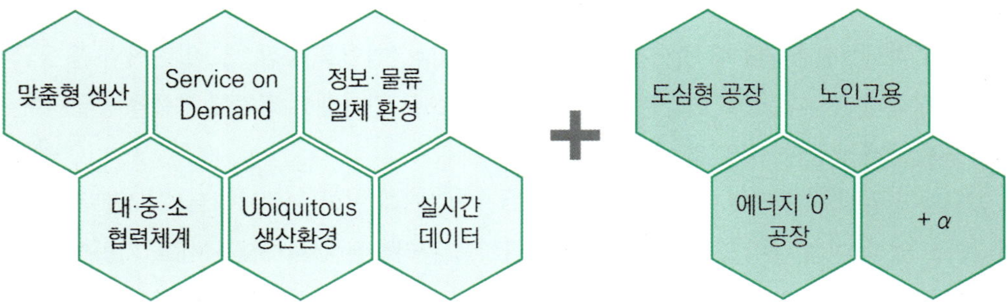

CSF는 제품개발, 제조, 판매, 관리, 회계, 의사결정 등 모든 가치창출 과정(Value Added Network)을 통합한 미래형 스마트 생산관리시스템으로 기업은 경영 활동에서 수직적 통합과 수평적 통합을 이룰 수 있다. 수직적 통합(vertical integration)은 기업 내부에 존재하는 경영 활동을

통합하는 것으로 가치사슬(value chain)의 1차적인 관계를 통합하는 것이고, 수평적 통합(horizontal integration)은 가치사슬 내의 모든 업무 및 관련 업종 등을 통합하여 관리하는 스마트 시스템 구축을 의미한다.

Cyber Physical System 구조

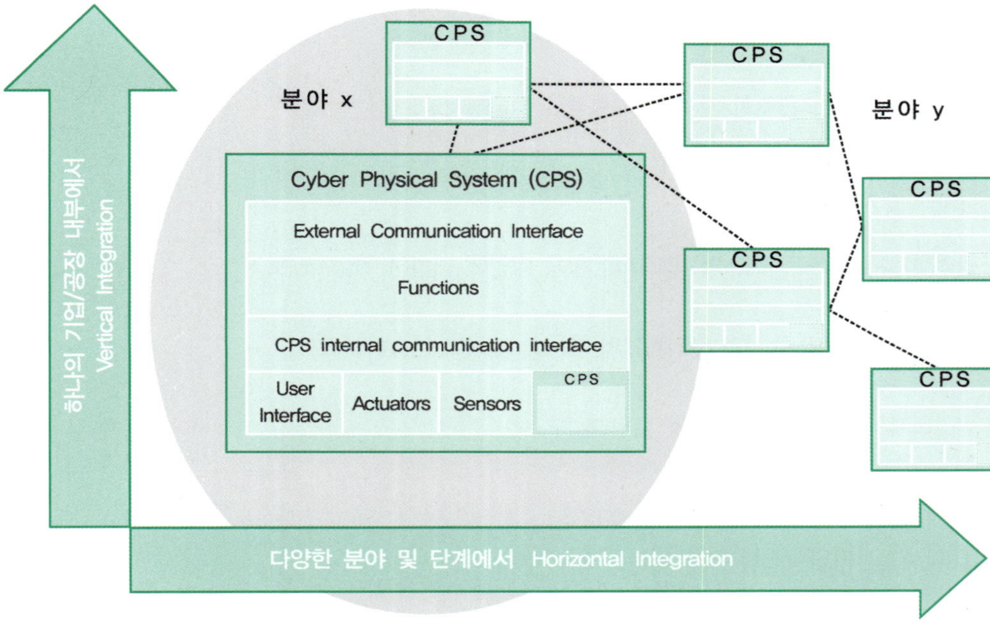

최근 독일에서 ICT 융합의 일환으로 추진하고 있는 인더스트리 4.0이 발표되고 전 세계적으로 추진되고 있다. 인더스트리 4.0의 개념은 제4차산업혁명을 의미하며, 제품의 라이프사이클 전반에 걸쳐있는 가치창출 사슬 조직과 관리를 실시간에 인터넷으로 관리하는 종합적인 자동화관리 시스템이다.

독일의 인더스트리 4.0 플랫폼 조정위원회는 인더스트리 4.0의 개념을 "제품 라이프사이클과 관련된 모든 가치창출 조직 및 관리, 의사결정 등에 대한 새로운 경영 활동을 의미하며, 고객에게 맞춤형 서비스를 가능하게 하는 제품의 아이디어에서부터 주문, 개발, 생산, 유통, 재활용 등 제품과 관련된 모든 부문의 종합 서비스"로 정의하고 있다.

연습문제

REVIEW EXERCISES

주관식

01 관리회계와 경영 성과 간의 상관성을 설명하시오.

02 경영혁신에 따른 관리회계시스템의 특성을 기술하시오.

03 빅데이터가 의사결정에 미치는 영향을 논술하시오.

04 관리회계시스템 구축에서의 빅데이터 활용 방안에 대하여 기술하시오.

05 전사적자원관리의 특성과 관리회계의 활용에 대하여 논술하시오.

06 관리회계시스템의 질적 요소를 설명하시오.

07 다음을 설명하시오.

① 의사결정지원시스템

② 전사적자원관리(ERP)

③ 빅데이터(Big-data)

④ 공급망관리체계(SCM)

⑤ 경영정보시스템(MIS)

⑥ e-비즈니스

⑦ OR(Operations Research)

⑧ 데이터베이스(data base)

03 원가관리

1절 원가 분류

원가는 원가정보의 이용목적에 따라 세부적으로 재무제표 작성, 경영계획 및 통제, 의사결정 등의 목적에 따라 구분할 수 있다.

1. 재무제표 작성 목적상의 분류

원가회계의 목적은 기본적으로 제품의 매출원가 및 재고자산에 대한 정확한 회계정보를 재무회계에 제공함으로써 의사결정에 유용한 재무제표를 작성하는 데 기여하는 것이다.

(1) 제품원가와 기간원가

원가는 수익과의 대응시점에 따라 제품원가와 기간원가로 분류한다. 제품원가(product costs)는 제품이 판매되는 회계기간(당기 또는 차기)에 비용화되는 재고 가능 원가로 직접재료원가, 직접노무원가, 제조간접원가 등의 제조원가를 의미한다. 반면에 기간원가(period costs)는 원가가 발생한 회계기간에 비용으로 처리되는 원가로 판매비와관리비 등의 비제조원가이다.

(2) 제조원가와 비제조원가

원가는 제조 활동과의 관련성에 따라 제조원가와 비제조원가로 구분한다. 제조원가(manufacturing costs)는 제품의 제조 과정에서 발생하는 원가로 제품원가이고, 직접재료원가, 직접노무원가, 제조간접원가 등이 해당된다. 또한 제조원가는 제조 활동의 기본 여부에 따라 기초원가와 가공원가로 분류할 수 있다. 기초원가(prime costs)는 제품 제조의 기본이 되는 직접재료원가와 직접노무원가이고, 가공원가(conversion costs)는 원재료를 제품으로 가공하는 과정에서 발생하는 직접노무원가와 제조간접원가를 의미한다.

비제조원가(nonmanufacturing costs)는 제품의 제조 활동과 관련 없이 발생하는 원가로 기간원가이며, 판매비와관리비가 이에 해당한다. 판매비(selling expense)는 제품을 고객에게 인도하는 활동과 관련된 비용으로 시장조사비, 광고선전비, 판매수수료, 판매원 급여 등이고, 관리비(administrative expense)는 기업경영의 유지 및 관리와 관련된 비용으로 제품 제조 및 판매 활동과는 관련이 없는 임원 급여, 사무직 급여, 본사의 통신비, 본사의 수도광열비, 본사 건물감가상각비 등이 이에 해당된다.

재무제표 작성 목적상의 원가 분류

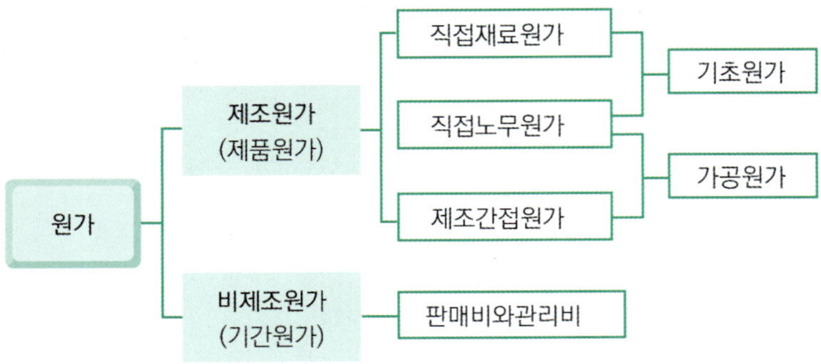

2. 경영계획 및 통제목적상의 분류

원가정보를 경영계획 및 통제목적에 활용하기 위해서는 원가행태, 원가대상의 추적가능성, 원가의 통제가능성 등을 감안하여 분류할 수 있다. 원가는 조업도 변동과의 관련성을 반영하는 원가행태(cost behavior)에 따라 변동원가와 고정원가, 준변동원가와 준고정원가로 구분한다. 변동원가(variable costs)는 조업도의 변동에 비례하여 증감하는 원가로 직접재료원가, 직접노무원가, 변동제조간접원가이고, 고정원가(fixed costs)는 조업도의 변동과 관계없이 총원가가 일정하게 발생하는 원가로 보험료, 감가상각비, 재산세, 임차료, 광고비, 연구개발비 등이 있다.

고정원가는 경영자의 의사결정에 따른 재량권이 부여되는지 여부에 따라 확정고정원가와 임의고정원가로 분류할 수 있다. 확정고정원가(committed fixed costs)는 법률상의 계약이나 의사결정으로 경영자가 일정 기간 동안 임의로 변동시킬 수 없는 원가로 보험료, 감가상각비, 재산세, 임차료, 리스료, 광고비 등이 있다. 임의고정원가(discretionary fixed costs)는 경영자가 의사결정으로 그 총액을 변동시킬 수 있는 고정원가로 연구개발비, 교육훈련비 등이 있다.

(1) 원가행태의 가정

첫째, 원가대상(cost object)이 명확해야 한다. 원가대상이란 원가를 측정하고자 하는 활동이나 항목을 의미하며, 원가는 선택된 원가대상에 대하여 변동원가나 고정원가가 된다.

둘째, 시간의 범위가 명확해야 한다. 예를 들면, 매년 일정하게 증가하도록 계획된 광고선전비의 경우에 시간의 범위를 1년으로 하면 고정원가가 되지만, 시간의 범위를 10년으로 하면 변동원가가 된다.

셋째, 원가 요인이 변동하는 관련범위(relevant range)가 명확해야 한다. 예를 들어, 최대 가동시간이 연간 1,000시간인 기계장치 1대에 대한 감가상각비가 ₩1,000,000이라면 이 감가상각비는 0시간에서 1,000시간의 관련범위에서는 고정원가가 된다. 그러나 회사의 필요한 기계가동시간이 1,000시간을 초과해서 8,000시간이라면, 당연히 기계장치 8대가 필요하게 되며, 이 경우 관련범위 0시간에서 8,000시간에서의 감가상각비는 변동원가가 되기 때문에 원가의 행태를 분류할 때는 명확한 관련범위의 설정이 필요하게 된다.

(2) 원가행태별 원가

① **변동원가(variable costs)** 변동원가는 조업도의 변화에 따라 비례적으로 변동하는 원가이며, 직접재료원가, 직접노무원가, 변동제조간접원가 등이 있다. 조업도가 변동하면 총 변동원가는 비례적으로 변동하나, 단위당 변동원가는 일정하다. 변동원가선($Y=bX$)의 기울기(b)는 단위당 변동원가의 크기를 나타낸다.

변동원가의 행태

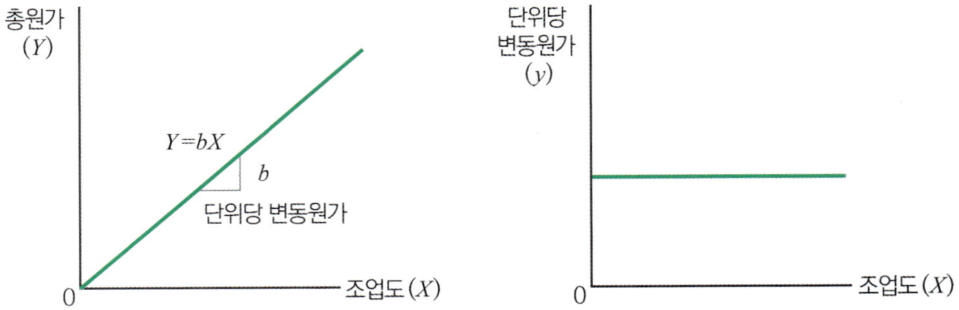

② **고정원가(fixed costs)** 고정원가는 조업도의 변화와 관계없이 일정하게 발생하는 원가이며, 임차료, 보험료, 감가상각비, 광고선전비 등이 대표적인 고정원가이다. 일정 범위 내에서 조업도 수준이 변동하더라도 총 고정원가는 일정하지만, 생산량이 증가할수록 단위당 고정원가는 낮아진다.

고정원가의 행태

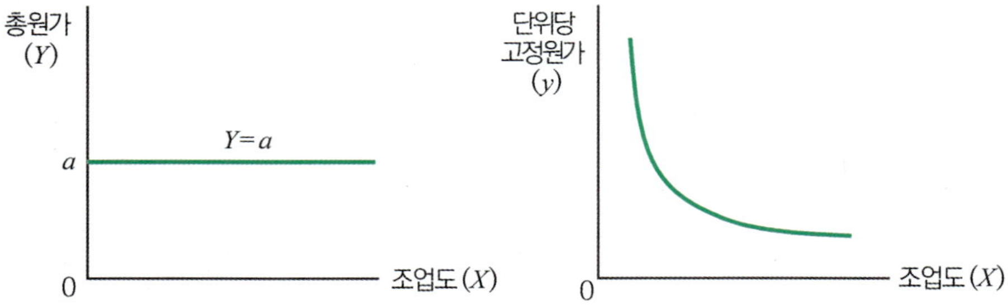

최근에는 전산화, 공장자동화 설비투자 등과 같은 경영환경의 변화로 고정원가의 비중이 높아지고 있으며, 고정원가는 통제 가능 여부에 따라 확정고정원가와 임의고정원가로 구분한다.

확정고정원가(committed fixed costs) 확정고정원가는 현재의 생산이나 서비스의 능력을 유지하기 위해 투자한 설비원가(capacity costs)에 의해 발생하는 원가로 감가상각비, 재산세 등이며 대부분 장기 의사결정으로 발생한다.

임의고정원가(discretionary fixed costs) 임의고정원가는 의사결정에 따라 발생하는 통제가능 고정원가로 연구개발비, 교육훈련비, 광고선전비 등이 있다.

조업도에 따른 원가의 변화

구 분	총원가	단위당원가
변동원가	직접적으로 비례하여 증가	일 정
고정원가	일 정	우하향 곡선의 형태로 감소

③ **준변동원가(semi-variable costs)** 준변동원가는 조업도가 "0"인 상태에서 일정 금액의 고정원가가 발생하고, 조업도가 증가함에 따라 총원가가 비례적으로 변동하는 원가이다. 혼합원가(mixed costs)라고도 하며 수선유지비, 수도료, 전력료, 이동통신요금, 리스료 등이 있다.

④ **준고정원가(semi-fixed costs)** 준고정원가는 일정한 조업도 범위 내에서 고정원가가 일정하게 발생하지만, 조업도의 범위가 변동하면 고정원가가 일정한 폭으로 증가하는 원가로 계단원가(step costs)라고도 한다. 준고정원가는 성과급 형태의 임금, 기계감가상각비 등이 있다.

준변동원가의 행태

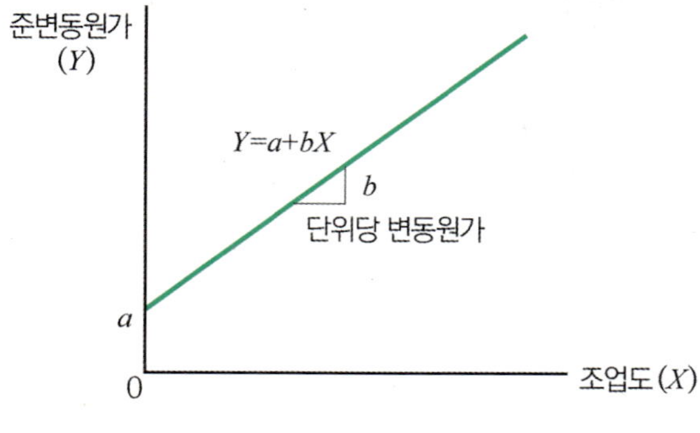

준고정원가의 행태

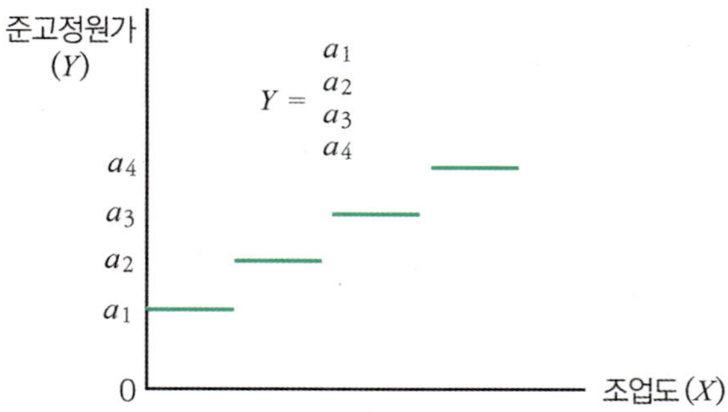

(3) 직접원가와 간접원가

원가는 원가대상에의 추적 가능 여부에 따라 직접원가와 간접원가로 구분한다. 직접원가(direct costs)는 특정 제품이나 부문으로 추적이 가능한 추적가능원가(traceable costs)로 개별원가이며, 직접재료원가, 직접노무원가, 부문의 고유원가 등이 해당된다. 간접원가(indirect costs)는 특정 제품이나 부문에의 추적이 불가능한 추적불능원가(nontraceable costs)로 공통원가이며, 제조간접원가, 연구개발비, 광고비, 부문공통비 등이 해당된다.

직접원가 및 간접원가의 분류는 부문의 성과를 평가하는데 유용하다. 예를 들면, 은행지점 건물의 감가상각비는 지점의 운영과 관련된 직접원가로 지점의 성과를 평가할 때는 포함시켜야 하지만, 은행 본점 건물의 감가상각비는 지점의 성과평가 측면에서는 간접원가에 해당되므로 지점의 성과평가에 포함하는 것은 불합리하다.

(4) 통제가능원가와 통제불능원가

통제가능원가(controllable costs)는 경영자가 당해 원가의 발생에 대하여 통제할 수 있는 권한이 주어진 원가이며, 원가 발생을 통제할 수 없는 원가는 통제불능원가(uncontrollable costs)이다. 통제가능 여부를 결정하는 요인은 조직계층과 통제가능 기간이다. 조직계층에 따라 영향을 받는 원가는 접대비, 감가상각비 등이 있으며, 이들 원가에 대해 최고경영층은 통제 가능하지만, 하위경영층은 통제 불가능하다. 또한 통제 가능 기간에 영향을 받는 원가로는 광고선전비 등이 있으며, 단기적으로 일정 계약이나 정책에 의해 통제가 불가능한 원가이다.

통제가능원가와 통제불능원가의 분류는 부문경영자의 성과를 평가하는 데 유용하다. 예를 들면, 은행지점 건물의 감가상각비는 지점장의 입장에서는 통제불능원가이므로 이를 지점장의 성과평가 시에는 제외시켜야 한다.

성과평가와 관련된 원가분류

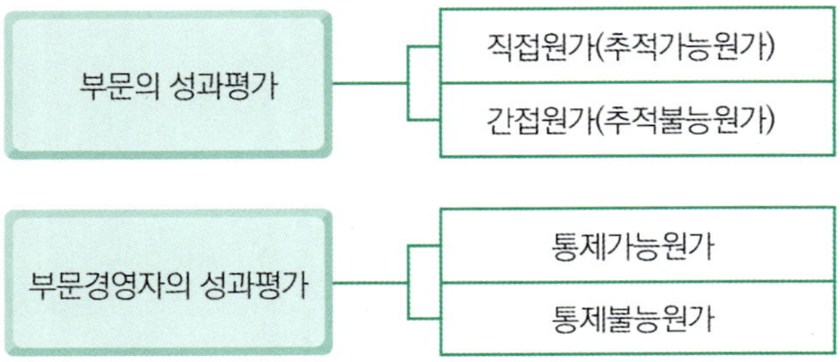

3. 의사결정목적상의 분류

의사결정은 실행 가능한 대안 중에서 최적안을 선택하는 행위로 의사결정자는 수집한 원가정보 중에서 의사결정목적에 적합한 관련원가를 파악하는 것이 중요하다.

의사결정 시 고려해야 할 관련원가(relevant costs)는 의사결정의 본질상 경쟁적 대안 간에 차이가 있는 미래원가를 의미하며, 비관련원가는 의사결정에 영향을 미치지 않는 대안 간에 차이가 없는 원가이다. 다만, 이 경우 의사결정목적이 변경되면 관련원가 해당 여부도 변동되므로 의사

관련원가와 비관련원가

<table>
<tr><th colspan="2">관련원가</th><th colspan="2">비관련원가</th></tr>
<tr><td colspan="2">경쟁적 대안 간에 차이가 있는 미래원가</td><td colspan="2">경쟁적 대안 간에 차이가 없는 미래원가</td></tr>
<tr><th>기회원가</th><th colspan="2">현금지출원가</th><th>매몰원가</th></tr>
<tr><td>최적안의 현금흐름</td><td>미래지출의 차이를
수반하는 원가</td><td>미래지출의 차이를
수반하지 않는 원가</td><td>과거 의사결정으로
발생된 원가</td></tr>
</table>

결정목적에 따라 상이한 원가(different costs for different purposes) 개념을 적용하여야 한다.

관련원가를 고려한 원가분석은 의사결정 대안의 모든 원가를 수집한 후, 수집된 원가 중에 매몰원가 등의 과거원가 제거, 비관련원가 제외 등의 절차를 거쳐서 최종적으로 남게 되는 관련원가를 기초로 의사결정을 하면 된다. 관련원가분석에 필요한 원가의 개념은 다음과 같다.

(1) 기회원가

기회원가(opportunity costs)는 실행 가능한 대안 중에 최적안을 선택함으로써 포기된 대체안의 이익이나 희생된 잠재적 효익을 측정한 금액이다. 기회원가는 모든 대안들이 갖는 원가로 의사결정 과정에서 필히 고려해야 할 관련원가이다. 기회원가는 실제로 지출되지 않으면서 의사결정에 매우 중요하게 이용되는 원가 개념으로 대체적인 용도를 가지는 한정된 자원의 이용에 적용할 수 있다.

(2) 차액원가

차액원가(differential costs)는 의사결정 대안 간에 차이가 발생하는 원가이며, 실행 가능한 대안 간의 모든 원가를 고려하기보다는 차이가 있는 원가만을 이용하여 적시에 효율적인 의사결정을 할 수 있다. 회계학의 차액원가는 경제학의 한계원가 개념과 근본적으로 일치하며, 경제학에서 수익 및 원가의 변동을 한계수익과 한계원가로 표시한다. 한계수익(marginal revenues)은 제품 한 단위를 더 판매함으로써 얻을 수 있는 수익이고, 한계원가(marginal costs)는 제품 한 단위를 더 생산함으로써 소요되는 원가를 의미한다.

(3) 부가원가

부가원가(imputed costs)는 현금지출을 수반하지 않고 재무제표 상에도 기록되지 않은 원가이지만 의사결정 시에 인식해야 할 가치희생이 있는 원가로 기회원가 개념과 유사한 관련원가이다. 부가원가의 대표적인 예는 자기자본이자가 있다.

(4) 현금지출원가

일반적으로 대부분의 가치희생은 현금지출을 수반하는 원가이다. 현금지출원가(outlay costs)는 특정의 의사결정으로 현금지출을 수반하는 원가이다. 예컨대 특별주문을 수락하게 되면 주문을 수락하지 않을 경우 회피할 수 있었던 현금지출원가가 발생하게 된다.

(5) 회피가능원가

회피가능원가(avoidable costs)는 실행 가능한 의사결정 대안 중에 최적안을 선택함으로써 절감되거나 회피될 수 있는 원가이다. 따라서 이는 대안 간에 차이를 가져오는 관련원가로 의사결정 시에 유용하게 이용된다. 예를 들면, 특정 부문을 폐쇄할 경우, 폐쇄 부문과 관련된 노무원가나 제조간접원가는 회피가능원가이다.

(6) 연기가능원가

연기가능원가(postponable costs)는 단기적인 경영능률에 영향을 미치지 않고 미래로 원가 발생을 연기할 수 있는 원가이다. 당기의 수선유지비를 삭감할 경우, 수선의 근본적인 회피가 아니라 차기로 연기하는 것에 불과하다. 연기가능원가는 단기적으로 경영능률을 유지하면서 장기적으로 원가를 배분하는 경우에 유용하다.

(7) 매몰원가

매몰원가(sunk costs)는 이미 발생된 과거의 원가로 의사결정에 영향을 미칠 수 없는 비관련원가이다. 의사결정은 현재와 미래에 영향을 미치는 미래지향적인 특성을 갖고 있으므로 매몰원가는 의사결정 과정에서 배제해야 한다. 매몰원가의 예를 들면, 구 기계를 신 기계로 교체하는 경우에 구 기계의 취득원가는 매몰원가이다.

2절 회계모형의 가격결정

기업경영의 본질적인 목적은 제품(용역)을 생산하여 고객에게 판매하여 부가가치를 창출하는 것이다. 고객에게 판매되는 재화(용역)는 기업 수익의 주된 원천이므로 수익에 영향을 미치는 재화(용역)의 가격결정은 기업의 유지 및 발전에 중대한 영향을 미치는 의사결정이다. 자유시장경제 체제에서 상품의 가격은 시장의 형태, 상품의 공급 및 수요행태 등에 따라 결정된다. 그리고 상품가격은 기업의 수익을 결정하는 중요한 요인이므로 고객, 경쟁업자 등의 시장 상황을 종합적으로 고려하여 전략적으로 결정하게 된다. 예를 들면, 고가정책 및 저가정책, 할인정책, 정가유지정책 등이다. 또한, 회계학적으로 보면 상품가격은 제품 및 용역 생산에 투입된 원가에 적정한 이윤(margin)을 가산하여 결정하게 된다. 결론적으로 상품의 가격결정(pricing decisions)은 기업의 가격정책, 시장 상황, 생산에 투입된 원가 등을 기초로 결정하는 일련의 과정을 의미한다.

1. 경제적 가격결정

경제적 가격은 시장에서 수요와 공급의 균형관계를 통해 결정된다. 완전경쟁시장에서는 수요와 공급이 무한한 것으로 가정하므로 수요자 및 공급자 모두 가격에 대한 영향력을 행사할 수 없는 균형가격에서 형성되나, 불완전경쟁시장에서는 가격이 하락하면 수요가 증가하고, 가격이 상승하면 수요가 감소하며, 수요곡선은 우하향 형태로 나타난다. 이 경우 기업은 총수익에서 총원가를 차감한 이익을 극대화할 수 있는 가격을 최적가격으로 설정한다.

기업의 총수익은 제품의 생산(판매)량이 증가함에 따라 점차 증가하지만, 가격인하로 인해 점차 총수익 증가율이 둔화된다. 반면에 제품 생산(판매)량이 증가하면서 한계원가는 점진적으로 증가하는데, 한계원가보다 한계수익이 크면 기업의 이익은 증가한다. 여기에서 한계원가(marginal costs)는 제품 1단위를 추가로 생산(판매)하는 데 소요되는 원가이며, 한계수익(marginal revenues)은 제품 1단위를 추가로 생산(판매)함에 따라 획득할 수 있는 수익이다.

그러나 일정 생산(판매)량에 도달하면 한계수익과 한계원가는 일치하게 되고 총수익선과 총원가선의 기울기가 같아지는데, 이 교차점이 총수익과 총원가의 차액인 이익을 극대화할 수 있는 최적생산(판매)량이다. 최적생산(판매)량을 판매할 수 있는 가격이 최적가격이다. 제품의 생산(판매)량이 최적점을 초과하면 한계원가는 크게 확대되고, 한계수익은 작아지므로 기업의 이익은 점차 감소한다.

총수익과 총원가

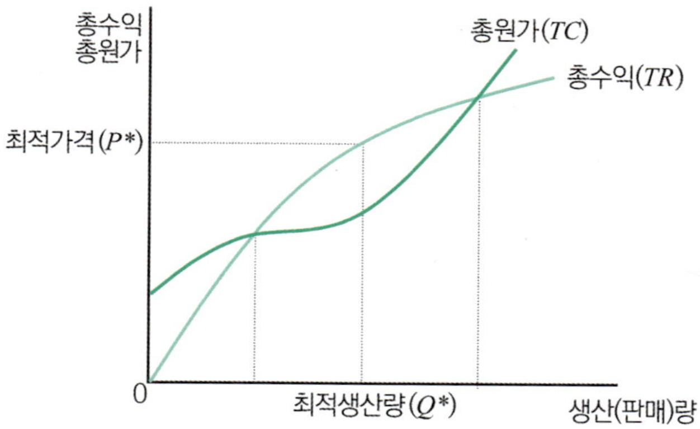

한계수익과 한계원가

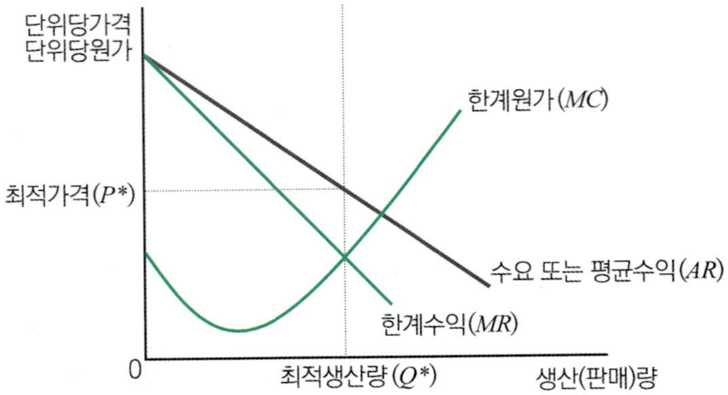

예제

SOLVE PRACTICE PROBLEM

불완전경쟁시장 하에서 삼성기업의 수요함수(Q)는 $400-P$이고, 총원가함수(TC)는 $40+Q^2$이다.
(판매량 = 생산량, Q: 생산량, P: 단위당 판매가격)

물음 1. 최적판매량과 판매가격을 계산하시오.
2. 최적판매량에서의 이익을 계산하시오.

해답

1. TR(총수익함수) $= P \times Q = (400 - Q) \times Q = 400Q - Q^2$
TC(총원가함수) $= 40 + Q^2$이다.
최적판매량(Q^*)은 한계수익(MR)과 한계원가(MC)가 일치하는 판매량이다.
총수익(TR)과 총원가(TC)를 1차 미분하여 한계수익과 한계원가를 계산한다.
$MR = \dfrac{dTR}{dQ} = 400 - 2Q$, $MC = \dfrac{dTC}{dQ} = 2Q$이다.
최적판매량에서 $MR = MC$이므로 $400 - 2Q = 2Q$ $\therefore$ 최적판매량(Q^*) = 100단위
최적판매량(Q^*)을 가격함수에 대입하여 최적판매가격을 계산한다.
즉, 가격함수(P^*) = $400 - Q$ 이므로 이에 Q를 대입하면 P^* = 400 - 100 = 300이다.
$\therefore$ 최적판매량 100단위, 최적판매가격 ₩300

2. 이익(π)은 총수익(TR)에서 총원가(TC)를 차감하여 계산한다.
$\pi = TR - TC$이므로 이에 최적판매량 Q^*를 대입하면
$\pi = \{(400 \times 100) - 100^2\} - (40 + 100^2)$
$\pi = 30,000 - 10,040 = 19,960$
$\therefore$ 최적판매량에서 획득되는 이익 ₩19,960

2. 경제적 가격결정모형의 한계

경제적 가격결정모형은 기업이 이익극대화를 목표로 한다는 전제 하에 특정 제품의 수익함수와 원가함수를 알고 있다고 가정한 것이다. 경제적 가격결정모형의 적용은 다음과 같은 현실적인 한계가 있다.

① 시장에서 제품에 대한 정확한 수익함수와 원가함수를 도출하는 것이 용이하지 않다. 왜냐하면 제품가격 이외에 제품의 품질, 광고, 유통경로 등 많은 요인들이 수요(판매)량에 영향을 미치고 있고, 한계원가의 정확한 측정에는 많은 비용이 소요되기 때문이다.

② 경제적 모형은 과점과 같은 불완전경쟁시장 하의 가격결정을 분석하였으나, 시장에 참여한 기업들의 수가 매우 작은 경우에는 경쟁 제품의 가격변동에 매우 민감하게 반응하므로 앞의 모형을 그대로 적용할 수 없다.

③ 기업은 현실적으로 이익극대화보다 적정이익을 달성할 수 있는 수준에서 가격을 결정하려 한다. 왜냐하면 이익을 극대화할 수 있는 독점상태는 경쟁사의 출현으로 오래 지속될 수 없기 때문이다.

3. 원가가산가격결정모형

가격결정을 위한 회계모형은 제품 생산원가에 일정한 원가가산 금액을 합산하여 목표 판매가격을 결정하는 원가가산가격결정모형(cost-plus pricing model)이다. 원가는 제품 생산에 투입된 경제가치를 화폐가치로 환산한 것이고, 원가에 적정이윤을 가산하여 판매가격을 결정하여 매출함으로써 수익으로 환원된다. 회계적 가격결정은 적용되는 원가의 범위에 따라 변동원가접근법, 전부원가접근법, 총원가접근법으로 구분할 수 있다.

(1) 변동원가접근법

변동원가접근법은 제품(용역)의 생산 및 판매에 투입되는 변동원가를 기초로 판매가격을 결정하는 방법이다. 변동원가접근법의 원가가산금액은 고정원가(고정제조간접원가, 고정판매관리비)와 목표이익이 된다.

변동원가접근법은 원가를 변동원가와 고정원가로 구분하여 계산하기 때문에 공헌이익접근법이라고도 하며, 각종 특수의사결정 시에 가격의 하한선 결정에 유용한 원가정보를 제공해 준다. 특히, 고정원가의 임의배분으로 발생하는 의사결정 오류를 회피할 수 있는 장점이 있다. 그러나 고정원가도 회수되어야 할 제품원가인데 변동원가만을 가격결정의 하한선으로 인식하기 때문에 고정원가와 목표이익을 감안하여 이익가산율을 높게 설정하여야 한다는 문제점이 내포되어 있다.

변동원가접근법에 의한 가격결정

<table>
<tr><td>원가가산금액 {</td><td>목표이익
고정제조간접원가
고정판매관리비</td><td rowspan="2">목표판매가격</td></tr>
<tr><td>직접재료원가
직접노무원가
변동제조간접원가
변동판매관리비</td><td>변동원가</td></tr>
</table>

변동원가접근법에 의한 이익가산율

- 이익가산율 = $\frac{\text{고정원가} + \text{목표이익}}{\text{변동원가}}$
- 단위당 목표 판매가격 = 단위당 변동원가 × (1 + 이익가산율)

예제 SOLVE PRACTICE PROBLEM

삼성기업은 최근에 신제품 5,000개를 생산하였는데, 이에 투자한 금액은 ₩10,000,000이었다. 목표투자이익률은 10%이고 관련된 원가정보는 다음과 같다.

	단위당원가	총원가
직접재료원가	₩100	₩500,000
직접노무원가	60	300,000
변동제조간접원가	20	100,000
고정제조간접원가	40	200,000
변동판매관리비	20	100,000
고정판매관리비	20	100,000

물음 변동원가접근법을 적용하여 이익가산율과 신제품의 단위당 목표 판매가격을 계산하시오.

해답

(1) 이익가산율: $\frac{₩300,000 + (₩10,000,000 \times 10\%)}{₩1,000,000} \times 100 = 130\%$

(2) 단위당 목표 판매가격: ₩200 × (1 + 1.3) = ₩460

(2) 전부원가접근법

전부원가접근법은 제품 및 용역의 생산에 투입되는 전부원가를 기초로 목표 판매가격을 결정하며, 원가가산항목은 판매비와관리비, 목표이익이 된다.

전부원가접근법에 의한 가격결정

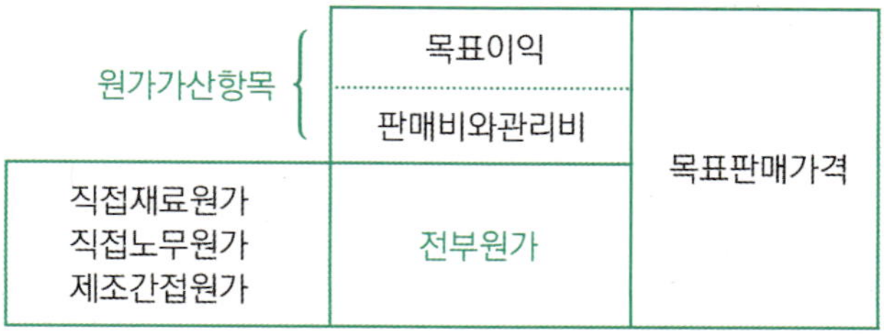

전부원가접근법에 의한 목표 판매가격 결정 시에 판매비와관리비는 여러 제품에 합리적으로 배분하기 어렵기 때문에 전부원가에 포함시키지 않는다.

전부원가접근법에 의한 이익가산율

- 이익가산율 = $\dfrac{\text{판매비와관리비} + \text{목표이익}}{\text{전부원가}}$
- 단위당 목표 판매가격 = 단위당 전부원가 × (1 + 이익가산율)

예제 SOLVE PRACTICE PROBLEM

삼성기업은 최근에 신제품 5,000개를 생산하였는데, 이에 투자한 금액은 ₩10,000,000이었다. 목표투자이익률은 10%이고 관련된 원가정보는 다음과 같다.

	단위당원가	총원가
직접재료원가	₩100	₩500,000
직접노무원가	60	300,000
변동제조간접원가	20	100,000
고정제조간접원가	40	200,000
변동판매관리비	20	100,000
고정판매관리비	20	100,000

물음 전부원가접근법을 적용하여 이익가산율과 신제품의 단위당 목표 판매가격을 계산하시오.

해답

(1) 이익가산율: $\frac{₩200,000 + (₩10,000,000 \times 10\%)}{₩1,100,000} \times 100 = 109\%$

(2) 단위당 목표 판매가격: ₩220 × (1 + 1.09) ≒ ₩460

(3) 총원가접근법

총원가접근법은 제품이나 용역의 생산 및 판매, 관리 활동에 투입된 총원가를 기초로 목표 판매가격을 결정하며, 원가가산항목은 목표이익이다.

총원가접근법에 의한 가격결정

<table>
<tr><td>원가가산항목</td><td>목표이익</td><td rowspan="2">목표판매가격</td></tr>
<tr><td>직접재료원가
직접노무원가
제조간접원가
판매비와관리비</td><td>총원가</td></tr>
</table>

일반적으로 기업들이 총원가접근법을 이용하고 있는 이유는 다음과 같다.

첫째, 기업은 장기적으로 판매가격에서 제품(용역)의 생산 및 판매에 소요된 변동원가와 고정원가를 모두 회수할 수 있어야 한다.

둘째, 판매가격을 총원가를 기준으로 설정하면 판매가격의 타당성을 이해관계자들에게 주장할 수 있고, 이익가산율이 전부원가 및 변동원가 접근법보다 낮게 계산되므로 덤핑 판정 등에 있어서 판매가격의 정당성을 주장하는 데 유리하다.

셋째, 재무제표 작성에 유용한 원가정보를 제공할 수 있다.

총원가접근법에 의한 이익가산율

- 이익가산율 = $\frac{\text{목표이익}}{\text{총원가}}$
- 단위당 목표 판매가격 = 단위당 총원가 × (1 + 이익가산율)

예제

SOLVE PRACTICE PROBLEM

삼성기업은 최근에 신제품 5,000개를 생산하였는데, 이에 투자한 금액은 ₩10,000,000이었다. 목표투자이익률은 10%이고 관련된 원가정보는 다음과 같다.

	단위당원가	총원가
직접재료원가	₩100	₩500,000
직접노무원가	60	300,000
변동제조간접원가	20	100,000
고정제조간접원가	40	200,000
변동판매관리비	20	100,000
고정판매관리비	20	100,000

물음 총원가접근법을 적용하여 이익가산율과 신제품의 단위당 목표 판매가격을 계산하시오.

해답

(1) 이익가산율: $\frac{₩10,000,000 \times 10\%}{₩1,300,000} \times 100 = 76.9\%$

(2) 단위당 목표 판매가격: $₩260 \times (1 + 0.769) ≒ ₩460$

3절 대체가격

대체가격(transfer price)은 기업 내부의 사업부 간에 제품이나 부품의 대체(이전)거래 시에 결정되는 가격으로 이전가격이라고도 한다. 대체가격은 제품의 공급사업부에서는 수익인 반면, 구매사업부에서는 원가이므로 대체가격 결정은 책임중심점 부문 및 경영자의 성과평가에 영향을 미치고, 나아가 기업 전체의 성과평가에도 영향을 준다. 대체가격 결정 시에 고려해야 할 기준은 다음과 같다.

① **목표일치성** 대체가격은 기업 전체의 이익이 극대화되는 범위 내에서 각 사업부의 이익이 극대화되도록 결정한다. 이 기준이 준수되면 준최적화 현상이 발생하지 않는다.

② **성과평가** 대체가격은 각 책임중심점의 성과를 공정하게 평가할 수 있도록 설정해야 한다.

③ **자율성** 책임중심점의 경영자들이 각 사업부의 성과를 극대화할 수 있도록 자율적으로 대체가격을 설정해야 한다. 이 경우 부문의 경영자들이 부문의 성과평가만을 고려한 결과, 기업 전체의 이익이 극대화되지 않는 방향으로 의사결정을 내리는 준최적화 현상이 발생할 수 있다.

1. 대체가격 결정

대체가격 결정 시에 공급사업부와 구매사업부 간의 거래 관계는 성과평가 측면에서 상호 이해가 상충될 수 있다.

대체가격 결정의 이해 상충

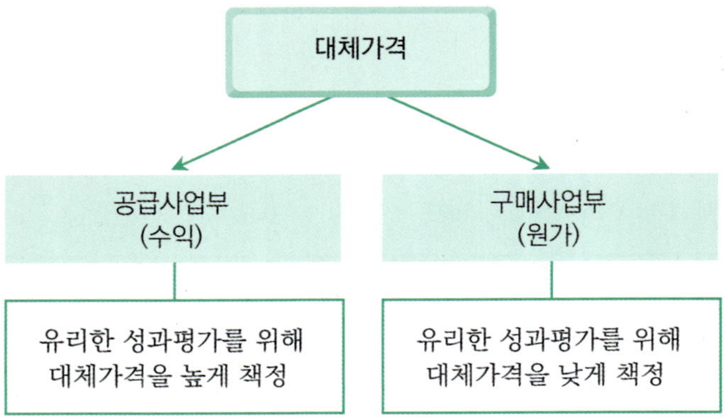

대체가격은 최저대체가격과 최고대체가격의 범위 내에서 결정된다.

최저대체가격(공급사업부 결정) ≤ 대체가격 ≤ 최고대체가격(구매사업부 결정)

대체가격의 결정은 각 사업부의 이익에 영향을 미치지만, 기업 전체의 이익 규모에는 영향을 미치지 않는다. 왜냐하면 대체가격은 공급사업부의 수익 · 구매사업부의 원가를 구성하므로 기업 전체의 회계처리에서 상호 상계되기 때문이다.

① **최저대체가격** 공급사업부는 대체거래 대상의 재화 및 용역을 외부 판매하거나 내부 대체할 수 있으며, 내부 대체거래 시에는 외부 판매의 포기로 인해 상실된 단위당 공헌이익(기회원가)이 발생한다. 따라서 공급사업부의 최저대체가격은 변동원가와 기회원가의 합으로 계산되고, 변동원가는 대체 재화 및 용역의 생산에 따른 증분원가이며, 기회원가는 대체거래에 따라 발생하

는 외부시장 매출감소로 인한 이익 감소분, 유휴설비의 대체 활용의 기회 상실에 따른 이익 상실분 등의 경우에 고려될 단위당 공헌이익이다.

공급사업부 최저대체가격(A) = 단위당 변동원가 + 단위당 기회원가

② 최고대체가격 구매사업부의 대체거래에 대한 최고대체가격(대체가격의 상한선)은 외부의 공급업자로부터 구입하는 외부 구매가격이 된다.

구매사업부 최고대체가격(B) = Min(단위당 지출가능원가 or 단위당 외부 구매가격)

단위당 지출가능원가는 구매사업부의 최종 완제품의 판매가격에서 단위당 추가 가공원가와 판매비와관리비 등을 차감한 값으로 구매사업부 기준으로 내부 대체품의 순실현가치이다.

③ 유휴생산능력의 유무와 기업 전체의 이익 관점 대체가격 결정은 기업 전체의 이익에 미치는 영향을 고려해야 하므로 유휴생산능력이 있는 경우와 유휴생산능력이 없는 경우로 구분하여 분석해야 한다. 각각의 경우에 공급사업부(A)의 최저대체가격과 구매사업부(B)의 최고대체가격을 비교하여 최저대체가격보다 최고대체가격이 더 크면 기업 전체의 이익 관점에서는 대체거래가 유리하다.

	최저대체가격 (A)		최고대체가격 (B)	대체가격(X)	기업 전체 이익
① 유휴생산능력이 있는 경우		<		A ≦ X ≦ B	대체가 유리 단위당(B - A) 차액
② 유휴생산능력이 없는 경우		>		(준최적화)	비대체가 유리 단위당(A - B) 차액

또한 구매사업부의 최고대체가격이 공급사업부의 최저대체가격보다 낮을 경우에는 공급사업부가 대체거래를 반대하고, 공급사업부 최저대체가격이 구매사업부의 최고대체가격보다 높을 경우에는 구매사업부가 대체거래를 반대할 것이므로 비대체가 유리하다. 이를 기업 전체의 기준에서 보면 준최적화(sub-optimization)현상이라고 한다.

준최적화(부문최적화)는 어떤 대안의 선택 여부에 대하여 기업 전체의 입장에서 수락(또는 거절)이 최적의 의사결정임에도 불구하고 각 사업부 입장에서 이러한 결정이 사업부 자신의 성과에 불리한 영향을 미치게 되면, 자율권을 행사하여 기업 전체 입장의 최적의사결정과 상이한 의사결정을 하여 기업 전체적인 기준으로 보면 최적의 상황이 되지 못하게 되는 현상을 말한다.

준최적화

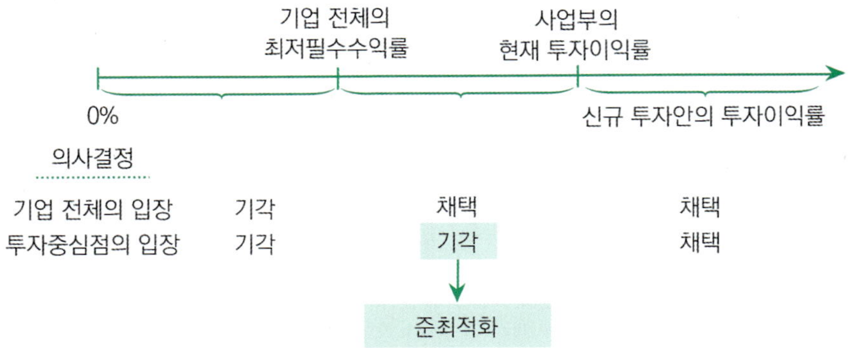

2. 대체가격 결정 방법

(1) 시장가격기준

시장가격기준의 대체가격은 경쟁시장에서 형성된 재화(용역)의 가격을 사업부 간의 대체가격으로 결정하는 방법이다. 대체거래 대상의 재화(용역)에 대한 중간제품 시장이 존재하여 시장가격(market price)을 대체가격으로 결정하면, 책임회계의 사고와 부합하고, 기업 내에 시장경쟁의 원리가 도입되어 공급사업부와 구매사업부 모두의 자율성과 목표일치성, 성과평가 등을 만족시킬 수 있다. 이 경우에 각 책임중심점의 수익성이 증대되며, 기업 전체의 수익성도 제고할 수 있다.

시장가격은 공급사업부에 유휴생산능력이 존재하지 않고 중간제품 시장이 완전경쟁 상태일 때 가장 적합한 대체가격이지만, 유휴생산능력이 존재하고 중간제품 시장이 불완전한 경우에는 적용에 한계가 있다.

예제 SOLVE PRACTICE PROBLEM

삼성기업은 사업부 A와 B를 운영하고 있다. 사업부 A는 중간제품을 외부에 판매할 수도 있고, 내부 대체거래도 가능하다. 중간제품의 생산 및 판매 관련 자료는 다음과 같다.

사업부 A		사업부 B	
외부 판매가격	₩150	외부 구매가격	₩150
단위당 변동원가	100		

물음 1. 사업부 A가 유휴생산능력이 없을 경우 두 사업부 간에 내부 대체거래가 이루어질 수 있는 대체가격을 계산하시오.

2. 사업부 A에 유휴생산능력이 없고, 사업부 B가 외부 시장에서 중간제품을 ₩140에 구매할 수 있는 경우에 대체가격을 계산하시오.

해답

1. 사업부 A(공급사업부)의 최저대체가격 = 단위당 변동원가 + 단위당 기회원가(외부 판매 포기로 상실된 단위당 공헌이익)
   사업부 A의 최저대체가격 = ₩100 + (₩150 - ₩100) = ₩150 (사업부 A와 B의 대체가격 일치)
2. 사업부 A(공급사업부)는 유휴생산능력이 없으므로 최저대체가격이 ₩150이다.
   그러나 사업부 B(구매사업부)의 최고대체가격은 ₩140(외부 구매가격)이다.

∴ 사업부 A는 중간제품을 외부에 판매(비대체)하는 것이 유리하고, 사업부 B도 중간제품을 외부에서 구매(비대체)하는 것이 유리하다.

(2) 원가기준

원가기준의 대체가격은 공급사업부의 외부 판매시장이 존재하지 않거나, 유휴설비의 대체적 용도가 없는 경우에 재화(용역)의 생산에 투입된 원가를 대체가격으로 결정하는 방법이다. 원가기준으로 대체가격이 결정되는 이유는 공급사업부의 기회원가가 발생하지 않기 때문이다. 그리고 원가의 범위를 전부원가로 할 것인지 또는 일부 원가에 국한할 것인지의 결정은 일반적으로 변동원가를 이용하고 있다. 원가기준의 장점은 이해하기 쉽고, 실무적으로 적용하기 용이하며, 대체가격은 근본적으로 기업의 내부가격이라는 점 등을 고려하여 주로 적용되고 있다. 그러나 원가기준의 대체가격은 다음과 같은 문제점이 발생할 수 있다.

첫째, 원가에 의해 대체가격을 설정하는 경우에 공급사업부는 원가를 통제하려는 동기를 상실하게 되고, 구매사업부는 공급사업부의 생산 비능률(자원낭비 등)로 발생한 원가를 부담하게 된다.

둘째, 대체거래로 인한 모든 효익을 구매사업부가 독점하게 되어 역기능적 의사결정이 이루어져 책임중심점의 성과평가가 왜곡될 수 있고, 기업 전체의 이익 성과도 감소할 수 있다.

예제 SOLVE PRACTICE PROBLEM

삼성기업은 사업부 A와 B를 운영하고 있다. 사업부 A는 중간제품을 외부에 판매할 수도 있고, 내부 대체거래도 가능하다. 중간제품의 생산 및 판매 관련 자료는 다음과 같다.

사업부 A		사업부 B	
외부 판매가격	₩150	외부 구매가격	₩150
단위당 변동원가	100		

물음 사업부 A에 유휴생산능력이 있고, 유휴생산시설은 다른 목적으로 사용될 수 없는 경우에 원가기준으로 대체가격을 결정하시오.

해답

사업부 A(공급사업부)는 유휴생산능력을 갖고 있으므로 중간제품을 대체하기 위해 외부 판매를 포기할 필요가 없으므로 기회원가는 ₩0이 된다.

대체가격 = 단위당 변동원가 + 기회원가 (외부 판매의 포기로 상실된 단위당 공헌이익)

= ₩100 + ₩0 = ₩100

∴ 원가기준의 대체가격은 사업부 A, B 모두 ₩100

(3) 협상가격기준

협상가격(negotiated transfer price)은 공급사업부와 구매사업부 간에 상호 합의에 의해 결정한 대체가격으로 대체거래 대상의 재화나 용역의 중간시장이 존재하지 않는 경우에 주로 적용된다. 협상가격의 수준은 두 사업부 간의 합의내용에 따라 결정되지만 공급사업부의 최저대체가격과 구매사업부의 최고대체가격(시장가격) 범위 내에서 결정된다. 협상가격기준의 장점은 독자적인 외부 판매 및 외부 구매를 수행할 수 있는 자율권이 각 사업부에 보장되는 것이고, 단점은 협상에 많은 시간이 소요되며, 대체가격이 각 사업부 경영자의 협상능력에 의해 좌우될 수 있는 문제점이 있다.

대체가격 결정 방법 비교

구분기준	시장가격	원가	협상가격
목표일치성	경쟁시장에서 가능	불가능한 경우 발생	가능
성과평가의 공정성	확보	• 실제원가에 근거한 경우 한계 보유 • 예산에 근거한 경우 가능	공정하나 협상력에 의해 성과평가 좌우
경영 성과에 대한 동기부여	가능	표준원가 적용 시에 가능	가능
자율성 유지	경쟁시장에서 가능	자율성 없음(규정 준수)	가능
적용 용이성	경쟁시장에서 보유	보유	협상시간 소요

연습문제

REVIEW EXERCISES

주관식

01 원가를 의사결정목적상으로 관련원가와 비관련원가로 구분하여 기술하시오.

02 성과평가와 관련된 원가를 기능별로 분류하고, 종류별로 설명하시오.

03 기회원가의 개념을 기술하고, 의사결정에서 중요한 이유를 논술하시오.

04 매몰원가의 개념을 설명하고, 의사결정에서 배제해야 하는 이유를 설명하시오.

05 회계적 가격결정 시 적용되는 원가가산가격결정모형에 대하여 논술하시오.

06 대체가격의 개념을 설명하고, 유휴설비의 대체적 용도가 있을 때 대체가격 결정 방법을 기술하시오.

07 시장가격을 기준으로 한 대체가격 결정 방법을 논술하시오.

08 다음의 개념을 설명하시오.

① 제품원가와 기간원가

② 준고정원가

③ 통제가능원가

④ 관련원가와 비관련원가

⑤ 부가원가

⑥ 한계원가와 한계수익

⑦ 이익가산율

⑧ 전부원가법에 의한 가격결정

⑨ 대체가격

⑩ 원가기준에 의한 대체가격

09 원가의 기본 개념

관리회계에서 이용되는 원가의 개념 설명에 가장 적합한 것을 선택하시오.

A. 제조간접원가	B. 제조원가	C. 제품원가	D. 비제조원가
E. 변동원가	F. 고정원가	G. 직접원가	H. 간접원가
I. 기회원가	J. 차액원가	K. 관련원가	L. 매몰원가
M. 부가원가	N. 통제가능원가	O. 회피가능원가	P. 연기가능원가

① 직접재료원가와 직접노무원가를 제외한 모든 제조원가를 의미하며, 간접재료원가, 간접노무원가, 간접제조경비로 구성된다. ( )

② 조업도의 증감에 비례해서 총원가는 증감하나 단위당원가는 일정하다. ( )

③ 제조 활동과 관련하여 발생하는 모든 생산 요소의 원가(직접재료원가, 직접노무원가, 제조간접원가)이다. ( )

④ 조업도의 변동에 관계없이 총원가는 일정하나, 단위당원가는 조업도의 변동에 따라 증감한다. ( )

⑤ 판매를 목적으로 제조된 제품에 대해 부과되는 원가로 재고가능원가라고도 한다. ( )

⑥ 특정 원가계산 대상에 직접 추적할 수 있는 원가로 제품의 원가계산 과정에서 해당 원가를 직접 부과할 수 있다. ( )

⑦ 제조 활동과 직접적인 관련 없이 발생하는 원가로 판매비와 관리비가 해당된다. ( )

⑧ 특정 원가 집적 대상에 추적이 불가능한 원가로 제품 원가계산 과정에서 원가배분을 필요로 한다. ( )

⑨ 의사결정 시 대안 간에 차이가 나는 미래원가들의 총칭이다. ( )

⑩ 의사결정 시 회계기록은 하지 않지만 원가계산상으로만 가치의 희생을 부가시킨 원가를 의미한다. (예: 신규 투자 시 자기자본에 대한 이자비용, 개인사업자의 보수) ( )

⑪ 경제적 자원을 현재의 용도가 아닌 차선의 용도에 사용했더라면 의사결정 시 얻을 수 있었던 최대효익의 측정원가이며, 회계장부에는 기록되지 않는다. ( )

⑫ 특정 부문의 경영자가 원가의 발생을 관리할 수 있으며, 부문 경영자의 성과평가기준이 된다. ( )

⑬ 의사결정 시 특정 대안과 다른 대안 간에 원가차액이 있을 경우를 의미하며, 관련원가의 대부분이 해당된다. ( )

⑭ 경영자의 선택에 따라 반드시 필요로 하지 않는 원가를 의미하며, 특정 제품의 생산 중단 시에 해당 원가는 회피 가능하다. ( )

⑮ 과거에 발생한 원가로 현재 또는 미래의 의사결정에 관련이 없는 원가를 의미하며, 역사적원가 또는 과거원가가 해당된다. ( )

⑯ 현재 생산 활동의 능률에 거의 영향을 미치지 않기 때문에 장래로 연기할 수 있는 원가를 의미하며, 예로는 기계설비의 수리비와 검사비가 해당된다. ( )

10 원가흐름

(주)세원철강의 20×4년 10월 중 발생한 생산 및 판매 활동에 관한 자료는 다음과 같다.

1) 재고자산 내역

	10월 1일	10월 31일
직 접 재 료	₩3,000	₩2,000
재 공 품	1,500	2,500
제 품	5,000	7,000

2) 원가발생 내역

① 재료투입액 ₩10,000

② 공장에서 발생한 총임금 ₩9,000 (이 중 ₩1,000은 간접임금)

③ 제조간접원가 발생액 ₩8,000 (감가상각비 ₩6,000, 수도광열비 ₩2,000)

3) 판매 관련 내역

① 당월 매출액 ₩30,000

② 판매비와관리비는 매출액의 10%

물음 (1) 10월 중 생산 및 판매 활동의 흐름을 분개하시오.

(2) 재료, 미지급임금, 제조간접원가, 재공품, 제품의 각 계정에 전기하고 마감하시오.

(3) 제조원가명세서와 포괄손익계산서를 작성하시오.

11 제조원가명세서 작성과 포괄손익계산서 수정

제조기업인 한양공업사는 20×4년 5월중의 포괄손익계산서를 작성하였다.

포괄손익계산서

매 출 액			₩300,000
원가 및 영업비용			
재료매입비	₩100,000		
임금 및 급여	50,000	(공장분 60%)	
감가상각비	40,000	(공장분 80%)	
수도광열비	30,000	(공장분 70%)	
여비교통비	8,000	(공장분 80%)	
수선유지비	6,000	(공장분 90%)	
광고선전비	10,000		244,000
순 이 익			₩56,000

총계정원장 확인 결과, 다음과 같은 재고자산에 대한 자료를 파악하였다.

	5. 1	5. 31
재 료	₩10,000	₩20,000
재 공 품	8,000	12,800
제 품	25,000	20,000

물음 (1) 5월의 제조원가명세서를 작성하시오.
(2) 5월의 포괄손익계산서를 작성하시오.

12 T-계정을 이용한 보고서 작성

한일기업의 20×4년 9월의 T-계정과 추가 자료는 다음과 같다.

원 재 료

차변		대변	
기초재고	30,000	재공품	270,000
매 입	300,000	제조간접원가	10,000
		기말재고	50,000
	330,000		330,000

미지급임금

차변		대변	
현 금	100,000	재공품	80,000
미지급	5,000	제조간접원가	25,000
	105,000		105,000

제조간접원가

차변		대변	
원재료	10,000	재공품	127,000
미지급임금	25,000		
감가상각비	50,000		
전력비	30,000		
보험료	12,000		
	127,000		127,000

재공품

차변		대변	
기초재고	60,000	제품	450,000
원재료	270,000	기말재고	87,000
미지급임금	80,000		
제조간접원가	127,000		
	537,000		537,000

제품

차변		대변	
기초재고	100,000	매출원가	430,000
재공품	450,000	기말재고	120,000
	550,000		550,000

▣ 추가 자료

① 매출액 ₩800,000

② 판매비와관리비 ₩110,000

③ 지급이자 ₩40,000, 재고자산평가손실 ₩20,000

④ 재해손실 ₩50,000, 법인세 ₩30,000

물음 (1) 9월의 제조원가명세서를 작성하시오.
(2) 9월의 포괄손익계산서를 작성하시오.

객관식

01 다음 중 변동비와 고정비에 대한 설명 중 잘못된 것은? ▸ 전산세무 2급

① 생산량이 증가함에 따라 총원가가 증가하는 원가를 변동비라고 한다.
② 생산량의 증감과는 관계없이 총원가가 일정한 원가를 고정비라고 한다.
③ 생산량의 증감과는 관계없이 제품의 단위당 변동비는 일정하다.
④ 생산량의 증감과는 관계없이 제품의 단위당 고정비는 일정하다.

02 다음 설명 중 변동원가에 대한 설명으로 틀린 것은?

① 조업도가 증가해도 단위당원가는 변함이 없다.
② 직접재료비는 대표적인 변동원가이다.
③ 변동원가는 일반적으로 단위당 변동원가에 조업도를 곱하여 계산한다.
④ 조업도가 증가하면 총원가는 일정하다.

03 조업도에 따른 원가의 분류 중 고정비에 대한 설명으로 옳은 것은?

① 조업도의 증감에 따라 비례적으로 증감한다.
② 고정비의 전형적인 예로는 직접재료비와 직접노무비가 있다.
③ 생산량이 증가하면 단위당 고정비는 감소한다.
④ 생산량과는 관계없이 단위당 고정비는 항상 일정하다.

04 일반적으로 조업도가 증가하는 경우 변동원가와 고정원가의 행태를 바르게 나타낸 것은?

① 총변동원가는 증가하며 단위당 변동원가는 일정하다.
② 총변동원가는 일정하며 단위당 변동원가는 증가한다.
③ 총고정원가는 일정하며 단위당 고정원가는 증가한다.
④ 총고정원가는 증가하며 단위당 고정원가는 일정하다.

05 다음 그래프의 종축은 총원가를 나타내며, 횡축은 1년간의 생산량을 나타낸다. 다음 중 그래프를 적정하게 설명하지 못한 것은? ▸ 공인회계사

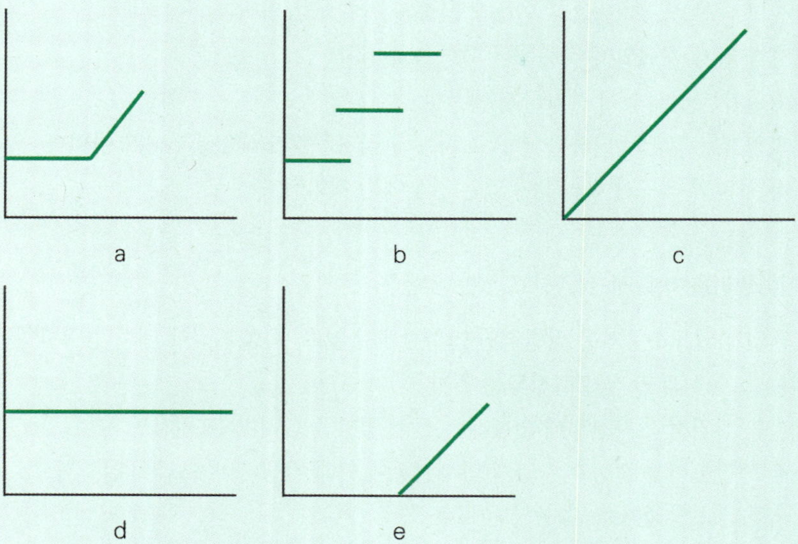

a : 일정량의 kwh까지는 기본요금을 내고 그것을 초과하는 경우에는 변동원가가 추가된다. (kwh는 생산량에 비례하여 증가)
b : 수도요금 청구액은 다음과 같이 계산된다.

100,000 갤런 이하	기본요금	₩100,000
추가 10,000갤런	추가 사용된 갤런당	3
추가 10,000갤런	추가 사용된 갤런당	6

c : 기계사용 기간(생산량에 비례)을 기준으로 계산되는 설비의 감가상각비
d : 정액법에 의한 설비의 연간 감가상각비
e : 어떤 조업도 수준 이상으로 생산되는 매 생산단위마다 ₩100을 관리자에게 지급하는 상여금제도

① a ② b ③ c ④ d ⑤ e

06 의사결정에 필요한 원가로서 의사결정 대안 간에 차이가 나는 미래원가는? ▸ 전산세무회계 1급

① 관련원가 ② 매몰원가 ③ 기회원가 ④ 차액원가

07 원가를 차액원가, 매몰원가, 기회원가로 분류하는 경우의 분류 방법은? ▸ 경영지도사

① 원가대상과의 관련성에 따른 분류 방법
② 원가행태에 따른 분류 방법
③ 자산과의 관련성에 따른 분류 방법
④ 원가의 구성 요소에 따른 분류 방법
⑤ 의사결정과의 관련성에 따른 분류 방법

08 기회원가(opportunity cost)에 대한 다음의 설명 중 틀린 것은?

① 재화나 용역을 현재의 용도가 아닌 차선의 용도에 사용했더라면 얻을 수 있었던 최대금액, 즉 차선의 대안을 포기함으로 인해서 상실한 잠재적 효익이다.
② 의사결정 시 기회원가는 중요한 역할을 수행한다.
③ 기회원가는 장부상에 나타나지 않는다.
④ 기회원가는 현금의 지출을 필요로 하는 현금지출원가(outlay cost)가 아니다.
⑤ 특정 자원의 용도가 하나밖에 없는 경우에는 기회원가는 무한대이다.

09 통제가능원가를 바르게 설명하고 있는 것은?

① 현재의 조업도수준과는 직접적인 인과관계가 없고, 특정 기간에 대한 경영자의 의사결정에 의해서 그 총액의 크기가 결정되는 원가
② 당기의 관리적 의사결정에 의해서는 전혀 영향을 받지 않는 원가
③ 현행 생산능력을 결정지은 과거 의사결정에 의해 발생하며, 조업을 일시적으로 중단하더라도 계속적으로 발생하는 원가
④ 생산설비 이용도가 조금만 변화해도 총액이 항상 즉각적으로 변동하는 모든 원가
⑤ 비교적 단기간에 있어 특정의 경영자가 그 발생에 대하여 영향을 미칠 수 있는 원가

10 다음 원가의 조업도 변화에 대한 설명 중 옳지 않은 것은? ▸ 경영지도사

① 생산량이 증가할 때 총원가는 증가한다.
② 생산량이 증가할 때 단위당 변동원가는 일정하다.
③ 생산량이 증가함에 따라 총변동원가는 증가한다.
④ 생산량이 증가함에 따라 단위당 고정원가는 감소한다.
⑤ 생산량이 증가함에 따라 단위당 총원가는 일정하다.

11 의사결정을 할 때 특정 대안의 선택에 영향을 주지 않는 비관련원가(irrelevant cost)에 해당하는 것은? ▸ 행정안전부

① 매몰원가 ② 차액원가 ③ 증분원가 ④ 기회원가

12 ㈜무역은 칠레에서 와인을 생산하여 한국에서 판매한다. 칠레에는 와인의 생산사업부가, 한국에는 와인의 판매사업부가 존재한다. 한국과 칠레의 법인세율은 각각 20%와 10%이며, 한국은 칠레산 와인 수입에 대해 15%의 관세를 부과해왔다고 가정한다. 관세는 판매사업부가 부담하며, 당해 연도에 수입된 와인은 당해 연도에 모두 판매된다.
와인 생산과 관련된 단위당 변동원가와 단위당 전부원가는 각각 ₩1,000과 ₩4,000이다. 생산된

와인은 원화가격 ₩5,000에 상당하는 가격으로 칠레에서 판매 가능하며 수요는 무한하다. 판매사업부는 한국에서 이 와인을 ₩10,000에 판매하고 있으며, 국내에서 다른 도매 업체로부터 동일한 와인을 ₩7,000에 필요한 양만큼 공급받을 수 있다.
한편 한국과 칠레는 FTA를 체결하고 양국 간 관세를 철폐하기로 했다. ㈜무역의 세후이익을 극대화시키는 대체가격(transfer price)은 FTA 발효 이후에 발효 이전보다 얼마나 증가(또는 감소)하는가? 단, 두 나라의 세무당국은 세금을 고려하지 않았을 때 각 사업부가 이익을 극대화하기 위해 주장하는 범위 내의 가격만을 적정한 대체가격으로 인정한다. 또한 대체거래 여부에 관계없이 각 사업부는 납부할 법인세가 존재한다 ▸ 공인회계사

① ₩6,000 증가
② ₩6,000 감소
③ ₩2,000 증가
④ ₩2,000 감소
⑤ 증감 없음

13 ㈜갑은 분권화된 사업부 1과 사업부 2를 이익중심점(이익책임단위)으로 설정하고 있다. 사업부 1은 반제품 A를 생산하여 사업부 2에 이전(대체)하거나 외부 시장에 판매할 수 있다. 사업부 2가 제품 B를 생산하려면, 반제품 A를 사업부 1로부터 구입하여야 하며 외부 시장에서 구입할 수는 없다.
반제품 A와 제품 B에 관한 단위당 자료는 다음과 같다.

사업부 1: 반제품 A의 생산 · 판매	사업부 2: 제품 B의 생산 · 판매
• 외부판매가격: ₩25 • 변동원가: ₩10	• 외부판매가격: ₩80 • 변동가공원가: ₩30 • 변동판매관리비: ₩5

만약 사업부 1이 유휴생산능력을 보유하고 있지 않다면, 두 사업부 간 이전거래(대체거래)가 이루어지는 반제품 A의 단위당 사내이전가격(사내대체가격)은 얼마인가? ▸ 공인회계사

① ₩10과 ₩15 사이
② ₩10과 ₩25 사이
③ ₩10과 ₩45 사이
④ ₩25와 ₩35 사이
⑤ ₩25와 ₩45 사이

14 다음 중 내부대체가격의 결정 방법에 관한 설명으로 가장 타당하지 않은 것은 어느 것인가? ▸ 공인회계사

① 내부대체가격은 공급 부문과 구매 부문의 성과평가에 영향을 미치며, 각 부문의 자율적인 내부대체가격의 결정은 기업 전체의 이익을 최대화하지 못하는 결과를 초래할 수 있다.
② 전부원가를 기준으로 하는 경우에 공급 부문의 이익을 보고할 수 있도록 하기 위해서는 전부원가에 제품의 단위당 공헌이익을 가산하여 내부대체가격을 결정하여야 한다.
③ 제품의 원가를 기준으로 내부대체가격을 결정하는 경우에는 제품원가의 계산 방법과 공급 부

문의 유휴생산능력 등을 고려할 필요가 있다.

④ 공급 부문에 유휴생산능력이 없고 외부 시장이 완전경쟁적일 경우에는 제품의 시장가격이 기업 전체의 이익을 최대화할 수 있는 내부대체가격이 될 수 있다.

⑤ 공급 부문에 충분한 유휴생산능력이 있는 경우에는 기업 전체의 이익을 최대화하기 위하여 제품의 표준변동원가를 내부대체가격으로 사용할 수 있다.

15 삼성기업은 A사업부와 B사업부로 이루어져 있다. A사업부는 부품을 생산하고 B사업부는 이를 가공하여 완제품을 제조하는데, 이들 부품과 완제품은 모두 시장에서 거래되고 있다. 회사는 사업부별 책임회계제도를 채택하고 있으며, 수익과 원가 자료는 다음과 같다.

완제품 단위당 시장가격	₩700
부품 단위당 시장가격	400
A사업부의 부품 단위당 생산원가(변동비)	200
B사업부의 단위당 추가 가공원가(변동비)	100

A사업부의 최대 생산능력은 월간 3,000단위이고, 부품의 시장수요는 월간 1,000단위이다. A사업부가 B사업부에 나머지 1,000단위를 대체할 때 적용할 수 있는 대체가격이 될 수 없는 것을 선택하시오.

① ₩450 ② ₩300 ③ ₩400 ④ ₩250 ⑤ ₩200

16 밸브 생산능력이 100,000개인 (주)경남의 단위당 자료는 다음과 같다.

밸브 시장가격	₩300
변동비	160
고정비(생산능력기준)	90

(주)경남은 밸브를 이용한 펌프 제작 공장을 보유하고 있다. 이 공장은 현재 연간 10,000단위의 밸브를 ₩290에 외부로부터 조달하고 있다. 회사가 생산하는 밸브의 전량을 외부에 판매할 수도 있고, 사내 대체할 수도 있으며 사내 대체 시 단위당 ₩30의 변동비를 절감할 수 있다. (주)경남의 이익을 극대화할 수 있는 두 부문의 대체가격은 얼마인가? ▸ 공인회계사

① ₩270 ② ₩250 ③ ₩300 ④ ₩310 ⑤ ₩260

17 경주회사는 X사업부와 Y사업부로 구성되어 있다. X사업부가 생산된 부품을 전량 판매하기 위한 변동제조원가와 변동판매비는 각각 단위당 ₩1,650과 ₩200이다. X사업부가 Y사업부에 부품을 판매할 경우 변동판매비를 단위당 ₩60씩 절감할 수 있다. Y사업부는 부품을 X사업부나 외부로부터

구입할 수 있으며, 외부 구입 시 단위당 ₩2,100이 소요된다. 내부 대체 여부와 상관없이 기업 전체의 입장에서 이익이 동일하게 발생한다면 부품의 단위당 외부 판매가격은 얼마이겠는가?

▸ 공인회계사

① ₩1,790　② ₩1,850　③ ₩2,100　④ ₩2,160　⑤ ₩2,240

18 (주)대덕은 A사업부와 B사업부를 운영하고 있다. A사업부는 매년 B사업부가 필요로 하는 부품 1,000개를 단위당 ₩2,000에 공급한다. 동 부품의 단위당 변동원가는 ₩1,900이며, 단위당 고정원가는 ₩200이다. 다음 연도부터 A사업부가 부품 단위당 공급가격을 ₩2,200으로 인상할 계획을 발표함에 따라 B사업부도 동 부품을 외부 업체로부터 단위당 ₩2,000에 구매하는 것을 고려하고 있다. B사업부가 외부 업체로부터 단위당 ₩2,000에 공급받는 경우 A사업부가 생산설비를 다른 생산 활동에 사용하면 연간 ₩150,000의 현금 운영원가가 절감된다.

(1) A사업부가 부품을 B사업부에 공급하는 경우, 대체가격(transfer price)은 얼마인가? 단, 대체가격은 대체시점에서 발생한 단위당 증분원가와 공급사업부의 단위당 기회원가의 합계로 결정한다.

(2) B사업부가 부품을 외부업체로부터 공급받는 경우, (주)대덕의 연간 영업이익 증가(감소)는 얼마인가?

▸ 공인회계사

	(1)		(2)	
①	대체가격	₩2,050	영업이익 감소	₩50,000
②	대체가격	₩2,050	영업이익 증가	₩50,000
③	대체가격	₩2,100	영업이익 감소	₩200,000
④	대체가격	₩2,100	영업이익 증가	₩50,000
⑤	대체가격	₩2,200	영업이익 증가	₩100,000

19 경성회사는 A, B 두 개의 사업부를 가지고 있다. 사업부 A는 부품을 생산하여 사업부 B에 대체하거나 외부에 판매할 수 있다. 완제품을 생산하는 사업부 B는 부품을 사업부 A에서 매입하거나 외부 시장에서 ₩8,500에 매입할 수 있다. 사업부 A와 B의 단위당 자료는 다음과 같다.

사업부 A		사업부 B	
부품의 외부 판매가격	₩9,000	최종 제품 외부 판매가격	₩20,000
변동비	6,000	추가변동비	3,000
고정비	2,000	고정비	5,000

A, B 두 사업부 사이의 대체가격 결정과 관련된 다음의 설명 중 옳은 것은?

▸ 세무사

① 사업부 A는 부품을 외부에 단위당 ₩9,000에 팔 수 있으므로 사업부 B에 ₩9,000 이하로 공급해서는 안 된다.

② 사업부 A에 유휴생산능력이 있을 때에는 ₩6,000 ~ ₩9,000의 범위 내에서 어떤 대체가격을 결정하느냐에 따라 회사 전체의 이익이 영향을 받는다.
③ 사업부 A에 유휴생산능력이 없으면 사업부 B가 외부에서 부품을 단위당 ₩8,500에 매입할 수 있더라도 회사 전체의 이익을 위해서 두 사업부는 거래를 해야 한다.
④ 사업부 B가 사업부 A 이외에서 부품을 구입할 수 없다면 사업부 A는 유휴생산능력이 없더라도 외부 판매를 줄이고 사업부 B에 부품을 공급하는 것이 회사 전체의 이익에 도움이 된다.
⑤ 사업부 B는 사업부 A로부터 부품을 단위당 ₩12,000 미만으로 매입하면 이익을 얻을 수 있으므로 대체가격이 ₩12,000 미만이면 사내 대체하는 것이 유리하다.

20 (주)대한은 무선비행기 생산 부문과 엔진생산 부문으로 구성되어 있다. 엔진생산 부문에서는 무선비행기 생산에 사용하는 엔진을 자체 생산하며, 엔진 1개당 ₩100의 변동비가 발생한다. 외부 업체가 (주)대한의 무선비행기 생산 부문에 연간 사용할 20,000개의 엔진을 1개당 ₩90에 납품하겠다고 제의했다. 이 외부 납품 엔진을 사용하면 무선비행기 생산 부문에서는 연간 ₩100,000의 고정비가 추가로 발생한다. 엔진 생산 부문은 자체 생산 엔진을 외부에 판매하지 못한다. 각 부문이 부문이익을 최대화하기 위하여 자율적으로 의사결정을 한다면 사내 대체가격의 범위에 대한 설명으로 옳은 것은? ▸ 세무사

① 사내 대체가격이 ₩85에서 ₩100 사이에 존재한다.
② 사내 대체가격이 ₩90에서 ₩100 사이에 존재한다.
③ 사내 대체가격이 ₩95에서 ₩100 사이에 존재한다.
④ 사내 대체가격의 범위는 존재하지 않는다.
⑤ 엔진 생산 부문 사내 대체가격의 하한은 ₩95이다.

객관식 해답
01 ④ 02 ④ 03 ③ 04 ① 05 ② 06 ① 07 ⑤ 08 ⑤ 09 ⑤ 10 ⑤
11 ① 12 ③ 13 ⑤ 14 ② 15 ① 16 ① 17 ④ 18 ② 19 ④ 20 ④

Management Accounting

02

원가분석

04 이익계획

1절 원가기획

기업은 적정한 목표이익을 계획하고 달성하기 위하여 경영된다. 이익계획은 기업이 미래의 일정 기간에 달성하고자 하는 목표이익을 설정하고, 목표이익 달성을 위한 경영 활동을 종합적으로 관리 및 통제하는 일련의 재무계획을 의미한다.

기업이 지속적으로 성장하고 발전하기 위해서는 일정 수준의 이익이 뒷받침되어야 하고, 이익은 기업의 경영 활동에 있어 가장 중요한 목표가 되며 경영 성과를 평가하는 종합적인 지표가 된다. 이익계획은 경영이념을 바탕으로 경영전략, 중장기경영계획, 기업이 현재 처한 내외적인 환경 등을 종합하여 목표이익을 설정하고, 목표이익을 달성하기 위한 구체적인 계획을 수립하는 과정이다.

이익계획 수립

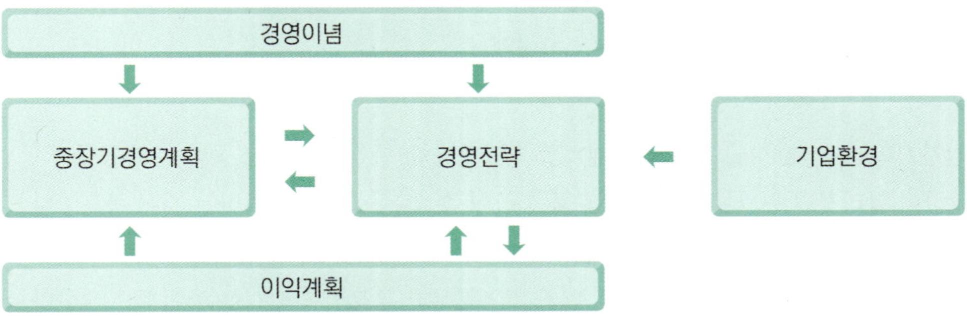

재무회계의 이익은 경영 활동의 결과로 발생한 총수익에서 총비용을 차감한 금액이다. 그러나 이익계획에서는 목표이익을 먼저 설정하고, 목표이익의 관계에서 수익과 비용계획이 완성된 후

에 최종적으로 이익계획을 수립한다. 즉, 목표이익은 계획수익에서 목표비용을 차감하여 설정된다. 기업의 목표이익 수준은 현대 기업경영의 공공성 확대로 기업의 사회적 책임이 강화되고, 고객의 요구(needs)가 다양화되어 품질향상, 고객만족, 사회참여 등이 기업의 경영목적으로 추구되는 점 등을 종합하여 결정되어야만 한다. 이러한 다원적인 경영목적이 단기적으로는 기업의 이익을 감소시키는 영향을 미치지만, 장기적으로는 생산성 향상, 매출증대 등으로 이어져 기업의 이익을 확대시키는 순기능적 결과를 낳게 된다.

목표이익의 설정은 순이익, 자기자본이익률, 경제적 부가가치(EVA) 등 다양한 지표를 활용할 수 있다. 목표이익은 기업의 임직원들에게 달성해야 할 목표를 명확히 부여하고, 동기부여를 제공하기 위해 조직의 각 부문까지 목표를 합리적으로 배분하는 것이 중요하다. 기업은 목표 배정과 성과관리를 위해 목표관리(Management By Objective: MBO)를 이용한다.

목표관리는 목표설정에 있어 개인의 참여와 자기통제를 목적으로 조직목표와 일치하는 개인의 목표를 먼저 세우고, 개인의 목표를 기본으로 기업의 합리적인 이익목표를 설정하여 구성원들을 통제하는 방법으로 드러커(P. F. Drucker)가 창안한 경영기법이다. 목표관리는 집단과 개인의 능력에 완전한 자유를 부여하고, 기업의 경영목표에 일치하는 집단 및 개인의 목표를 갖고 집단이나 개인을 관리하는 것이다.

목표이익과 이익계획

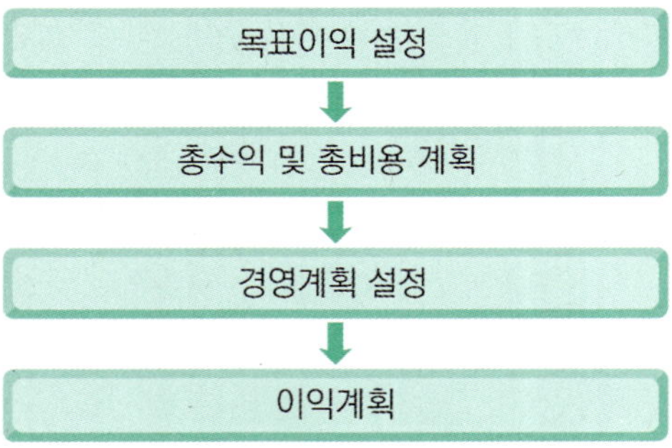

원가기획(cost planning)은 관리회계기법과 가치공학, 품질관리, 산업공학 등의 공학적 방법을 통합하여 합리적인 원가로 고객의 요구를 충족할 수 있는 제품을 개발하는 것이 목표이다. 원가기획은 제품의 개발과 기획, 설계 등 원가가 발생하는 원류에서부터 가치공학 등의 기법을 적용하여 원가를 기획하는 활동을 말하며, 원가절감을 통한 목표이익 달성을 주목적으로 한다. 목표원가(target costing)의 프로세스는 시장가격으로부터 원가를 도출하고, 고객에게 초점을 맞추며, 사전설계를 중시하고, 또한 다기능 통합적(cross-functional)으로 운영되는 전략적 이익계획 및 원가관리시스템이다.

목표원가는 품질, 원가, 타이밍(Quality, Cost, Timing: QCT)을 복합적으로 결합시키는 경쟁전략이고, 원가발생 이전시점부터 원가관리를 시작하는 이익계획 및 원가절감전략이며, 제품 및 제조공정의 지속적인 개선, 기업 외부의 경영환경에 능동적으로 대응할 수 있는 경영전략이다.

소비자들의 요구(needs)가 다양화되면서 제품의 수명주기는 단축되었고, 그 결과 기업은 제품의 연구개발, 기획, 설계, 물류 등 제조 과정 이외의 과정에서도 원가관리에 중점을 두게 되었다. 최근 원가관리의 중요성은 연구개발, 기획, 설계단계 등이 생산단계보다 상대적으로 비중이 증가했고, 최근 IT 기술의 발달로 물류의 중요성도 더욱 확대되고 있는 상황이다.

카플란(Robert S. Kaplan)은 제품수명주기원가는 제품의 기획단계에서 65% 정도가 결정되고, 설계단계를 완료하면 전체 투입 원가의 약 95%의 원가가 확정된다고 밝혔다. 제품 관련 원가의 대부분이 제조 활동 이전에 확정되므로 일단 생산단계에 들어가면 원가절감의 여지는 거의 없어지고 만다. 그러므로 원가절감을 위해서는 제품의 제조 이전단계인 제품기획, 예비설계, 상세설계 등의 활동에서 원가절감을 목표로 연구하고 분석해야만 한다.

원가기획의 필요성은 현대의 기업들이 직면하고 있는 소비자 요구의 다양화, 다품종 소량생산 체제, 제품의 수명주기 단축 등에 기인한 것이다. 원가기획은 경영전략과 연계되고, 중장기 경영계획에서 도출된 목표이익을 달성하기 위한 역할이 더욱 강조되고 있어 현대의 기업들은 종합적인 이익관리 측면에서 원가기획 기능을 중시하고 있다.

제품수명주기원가의 확정

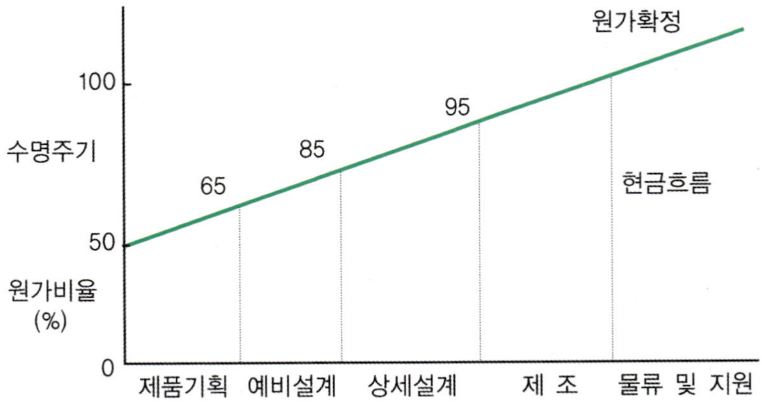

자료: Robert S. Kaplan & Anthony A. Alkinson, *Advanced Management Accounting*, 2nd., Prentice-Hall. Inc., 1989, p. 430.

1. 원가기획의 목적

원가기획은 원가절감의 수단인 동시에 이익목표 달성을 위한 방법이 된다. 원가기획의 주요 목적은 종합적인 원가절감과 경영전략을 실행하기 위한 전략적 이익관리 측면에서 유용성이 높다.

(1) 원가절감

원가기획은 제품(용역)을 기능과의 관계로 연구하는 가치공학(Value Engineering: VE)을 활용하여 기능 및 품질과의 관계로 적정한 원가를 실현한다. 원가절감 활동은 제조원가가 발생하기 이전단계인 기획, 설계 등의 원류단계부터 원가를 관리함으로써 보다 효율적으로 원가를 절감할 수 있게 된다.

① **허용원가** 허용원가는 판매 예정가격에서 목표이익을 차감하여 계상하는 원가이며, 경쟁가격에서 도출되는 이상적인 원가이다. 예를 들면, 새로운 스마트폰의 가격이 100만 원이고 목표이익이 10%이면 허용원가는 90만 원(100만 원 - 10만 원)이 된다.

허용원가는 제품수명주기원가를 기반으로 계산할 필요가 있는데, 그 이유는 최근 원가의 발생요인이 제품의 설계(생산 이전) 및 물류(생산 이후)단계의 비중이 증가하고 있기 때문에 제품수명주기 전체의 관점에서 원가를 관리하고 통제해야 되기 때문이다.

② **견적원가** 견적원가는 개선 목표를 반영하지 않은 현재 상태의 원가로 기준원가라고도 한다. 견적원가는 현상을 기준으로 한 원가로 목표원가의 기준이 되며 기능별 · 원가항목별 · 부품별 · 부문별 등으로 설정된다. 견적원가는 목표치가 아직 포함되지 않은 상태로 현장에서 기술자에 의해 견적되는 원가이다.

③ **목표원가** 목표원가는 허용원가와 견적원가 사이의 수준에서 조정되어 결정된다. 견적원가에 가치공학의 개선목표를 추가하고, 그 결과를 이익계획에서 도출된 허용원가와 조정하여 달성 가능한 수준의 원가를 설정한 것이 목표원가이다.

최종적인 목표원가를 확정하기 위해서는 개별의 목표원가로 세분화하여 기능별 · 부품별 · 담당자별 · 원가항목별로 분해할 필요성이 있으며, 목표원가의 항목은 연구개발비, 기획 및 설계비, 제조원가, 물류비, 일반관리비 등의 기능별로 분류한다.

목표원가 설정 방법

구 분	설정 방법	장 점
누적법	• 현재의 기술수준을 기준으로 설정 • 견적원가 → VE 검토 → 목표원가	• 견적원가에 근접한 원가 설정 • 기술 지향적인 원가기획 가능
공제법	• 당해 제품에 일정한 이익 확보 • 목표원가 = 목표판매가격 - 목표이익	• 허용원가에 근접한 원가 설정 • 시장 지향적인 원가기획 가능
통합법	• 절충법(기술성과 이익계획 간의 관련성 중시) • 허용원가 = 예정판매가격 - 목표이익 • 견적원가 → VE 검토 → 목표원가	• 허용원가와 견적원가 간의 갭을 메우도록 설정 • 현실적인 목표원가 설정

④ **원가기획 과정** 원가기획 활동은 제품기획단계인 구상 및 설계에서부터 기본설계, 상세설계, 제조 준비단계 등을 거치면서 단계별로 목표원가와 견적원가를 상호 비교한다. 만일 견적원가가 목표원가를 초과하면 다시 이전단계로 피드백(feedback)하여 공학적인 검토를 통해 목표원가를 달성할 수 있는 견적원가가 도출되었을 때 다음 단계를 진행한다. 이러한 과정을 거치면서 최종적으로 표준원가의 설정과 제조 과정이 준비된다.

⑤ **가치공학에 의한 원가절감** 가치공학은 최저의 비용으로 최고의 기능을 달성하기 위한 방법을 분석하여 연구하는 것으로, 이는 개발설계 프로세스에서 활용됨으로써 고객이 요구하는 기능을 구체적인 형태로 조성하게 한다. 즉, 가치공학은 제품 또는 서비스의 기능이나 목적을 체계적으로 명확하게 분석하여 새로운 가치 제고 기법을 적용함으로써 원가관리 측면에서 고객만족을 얻을 수 있도록 품질을 향상시키고 개선하는 관리기법이다.

가치(V) = U(효용) / C(원가)

가치공학을 적용하는 과학적 절차는 물품 선택, 기능 연구, 원가 조사, 대체품 탐색, 원가 비교 등이며, 작업계획은 일반적으로 평가, 분석, 거래처와의 협의, 기술적 연구 등으로 진행되고, 가치공학이 성공하기 위해서는 경영자의 강력한 지지와 조직구성원들의 투철한 원가의식이 필요하다.

(2) 전략적 이익관리

원가기획에서는 목표 매출가격과 허용원가 간의 관계에서 목표이익을 달성하기 위한 계획이 설정된다. 원가절감을 위한 제반 활동은 기업이 경영전략으로 설정한 목표이익을 달성하는 것을 목적으로 하고 있다. 경영전략은 중 · 장기계획으로 구현되고, 중 · 장기계획에서 도출된 이익계획과 밀접하게 연계되어 원가기획이 실행된다.

2. 원가함수의 의의

원가함수(cost function)는 원가동인 변수인 조업도(독립변수)의 변화에 따라 원가(종속변수)가 변동하는 행태를 나타내는 함수이다. 원가동인(cost driver)은 원가를 유발하는 요인으로 생산량, 판매량, 노동시간, 기계 작업시간, 기계 수리시간 등의 조업도를 의미한다.

원가함수에서 관련 범위 내에 선형을 이룬다고 가정하는 이유는 비선형 원가함수의 추정이 어려울 뿐만 아니라, 추정을 하더라도 이를 통한 효익이 크지 않기 때문이다. 회계학에서는 일정한 기간 동안 달성 가능한 최고조업도와 최저조업도 범위 내에서 원가함수에 관심을 갖고 분석하는데, 이를 관련범위(relevant range)라고 한다.

(1) 경제학의 원가함수

경제학의 원가함수는 비선형함수(non-linear function)로 고정원가(capacity costs)는 조업도가 “0”인 상태에서 Y축과 총원가 곡선이 만나는 절편이며, 변동원가는 조업도의 증가에 따라 체감적 · 비례적 · 체증적인 행태가 복합적으로 나타난다. 초기에 조업도가 증가하면 준비원가(setup costs)나 유휴시간(idle time) 등으로 인해 단위당 한계원가가 높아 총원가는 체감적으로 증가하나, 조업도가 안정되면 비례적으로 증가한다. 그리고 조업도가 과다한 경우에는 노후화된 설비 등으로 능률이 저하되어 단위당 한계원가가 급증하고, 총원가는 체증하게 된다. 경제학의 원가함수는 다음과 같은 3차 함수(cubic function) 형태가 된다.

$$Y = a + bX + cX^2 + dX^3$$

Y: 총원가, X: 조업도, a: 고정원가, b, c, d: 각 변수의 기울기(단위당 변동원가)

(2) 회계학의 원가함수

회계학에서는 원가함수를 선형함수(linear function)로 가정한다. 고정원가는 조업도가 “0”인 상태에서 Y축과 총원가선이 만나는 절편이고, 변동원가는 Y축의 절편에서 조업도의 변화에 비례하여 선형으로 증가하는 총원가 선을 의미한다.

$$Y = a + bX$$

Y: 총원가, X: 조업도, a: 고정원가, b: 기울기(단위당 변동원가)

경제학의 원가함수에서 정상조업도(normal operation) 범위 내의 한계원가곡선은 거의 선형에 가까워 총원가는 거의 비례적으로 증가한다. 물론 경제학의 원가함수가 관련범위 내에서 완전한 선형성을 보이는 것은 아니나, 이는 회계학의 개략적인 원가함수 추정에 타당성을 제시해 주는 것이다. 그러므로 선형성을 가정하는 회계학 원가함수에서 조업도가 관련범위(relevant range)를 벗어나는 경우에 상당한 주의를 기울여야 한다.

경제학 및 회계학의 원가함수

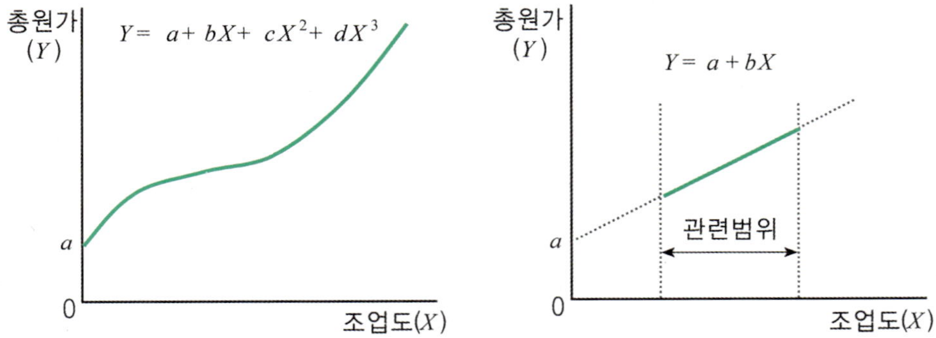

2절 원가추정

원가추정(cost estimation)은 원가행태를 종합적으로 분석하여 원가동인을 파악하고, 고정원가와 단위당 변동원가를 예상하여 총원가를 추정하는 것이다. 원가추정은 원가를 행태별로 분석하여 제품가격결정, 손익분기점분석, 입찰가격결정 등 경영 활동 의사결정에 유용하게 이용되고 있다.

1. 원가추정 절차

① 추정할 원가(종속변수)의 선택
  총원가, 제조원가, 제조간접원가, 판매관리비 등

② 원가동인(독립변수)의 선택
  생산량, 판매량, 직접노동시간, 기계가동시간 등

③ 종속변수와 독립변수에 대한 현재 및 과거의 자료 수집

④ 원가추정 방법의 선택

⑤ 원가함수의 추정 및 결과치의 경제적 타당성, 적합도 등의 평가

1단계 : 추정대상원가(종속변수) 선택

↓

2단계 : 조업도(독립변수) 선택

↓

3단계 : 관련범위 선택(회계학적 추정의 타당성)

↓

4단계 : 원가추정 방법 선택

↓

5단계 : 원가함수 추정

↓

6단계 : 추정된 원가함수의 타당성 평가

2. 비선형원가함수의 추정

조업도와 원가 간에 선형관계를 갖지 않는 원가함수를 비선형원가함수라고 한다. 예를 들어, 종업원들이 일정한 작업을 반복하여 수행함으로써 경험을 쌓으면 숙련도가 높아져서 생산성이 향상되어 단위당 작업시간이 감소하므로 원가와 독립변수인 누적 생산량의 관계는 비선형을 이루게 된다.

(1) 학습곡선

학습곡선(learning curve)은 생산량의 증가에 따라 노동생산성이 증가함으로써 단위당 평균노동시간이 체계적으로 감소하는 원가함수이다. 결국 학습곡선은 노동생산성과 관련이 있으므로, 이 곡선은 노동생산성의 증가와 관련이 있는 직접노무원가나 변동제조간접원가에서 주로 발생한다.

(2) 학습효과 발생 원인

- 반복생산을 통한 노동의 효율성 제고
- 제조기술의 향상으로 새로운 공정과 제조 방법의 개선
- 불필요한 작업의 제거에 따른 효율적인 제품 재설계

- 제품 표준화로 작업 준비원가의 감소
- 규모의 경제 달성

3. 원가추정 방법

원가추정은 산업공학적 방법과 회계정보분석법으로 구분한다. 산업공학적 방법(industrial engineering method)은 시간연구, 동작연구, 작업측정 등 산업공학적 조사를 토대로 생산공정에 대한 물리적 투입과 산출 간의 관계를 계수화 하여 원가함수를 추정하는 방법으로 직접재료원가나 직접노무원가의 추정에 이용된다. 회계정보분석법은 계정분석법, 고저점법, 산포도법, 회귀분석법 등이 있다.

회계정보분석법은 기업의 생산 활동 등에서 나타난 조업도와 원가 간의 관계를 분석하여 미래 원가를 추정하는 방법으로 과거의 원가기록이 합리적이고 제조공정에 중대한 변동사항이 없는 경우 유용한 원가추정법이다. 회계정보분석법에는 계정분석법, 고저점법, 산포도법, 회귀분석법 등이 있다.

원가추정 방법의 구분

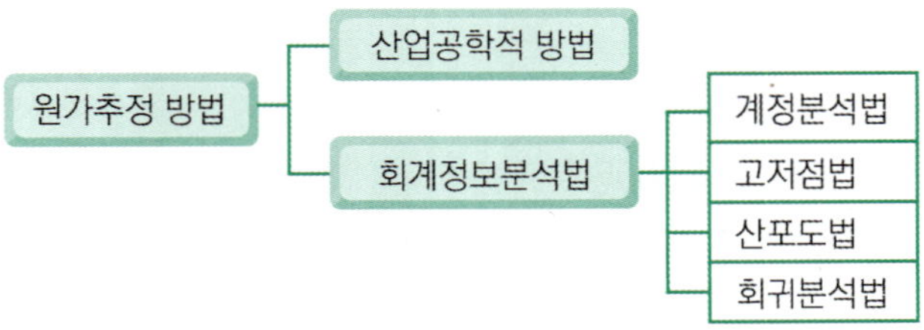

(1) 계정분석법

계정분석법(accounts classification method)은 모든 원가를 변동원가와 고정원가로 분류한 후 원가방정식으로 추정하는 방법이다. 계정분석법에서 총 고정원가(a)는 일정 기간의 추정고정원가이고, 단위당 변동원가(b)는 추정 변동원가를 조업도로 나누어 계산한다.

장점	• 원가추정이 신속하고 경제적이다. • 제한된 자료만으로 원가추정이 가능하므로 신제품이나 기술수준이 급격히 변동하는 제품에 적용 가능하다. • 원가분석 시에는 관리자들을 참여시켜 원가행태에 대한 이해를 높일 수 있다.

단점	• 과거의 비능률적 및 비정상적 요인들이 포함된 역사적원가 자료를 이용하는 경우 미래원가의 추정이 왜곡될 수 있다. • 분석자의 주관성이 개입되므로 분석자의 판단이나 능력에 따라 원가추정이 달라질 수 있다. • 준변동원가를 고정원가와 변동원가로 분류하기 어렵고, 조업도 변동에 따른 원가함수의 변동가능성을 무시한다.

예제 SOLVE PRACTICE PROBLEM

삼성기업은 20×4년 한 해 동안 3,000단위의 제품을 생산하였으며 원가 자료는 다음과 같다.

	변동원가	고정원가	합 계
직접재료원가	₩300,000		₩300,000
직접노무원가	120,000		120,000
제조간접원가			
수선유지비	20,000		20,000
감가상각비		₩50,000	50,000
연구개발비		20,000	20,000
수도광열비	10,000	5,000	15,000
합 계	₩450,000	₩75,000	₩525,000

물음 1. 계정분석법을 적용하여 연간 총제조원가에 대한 원가함수를 추정하시오.

2. 20×5년에 생산량을 4,000단위로 증가시킬 계획이다. 원가구조에는 변동이 없다는 전제하에 총제조원가와 단위당 제조원가를 추정하시오.

해답

1. 단위당 변동원가$(b) = \dfrac{₩450,000}{3,000\text{단위}} = ₩150$

∴ 총제조원가함수: $\hat{Y}$ = ₩75,000 + ₩150X

2. 총제조원가함수 추정식에 생산량 대입

• 총제조원가 = ₩75,000 + (₩150 × 4,000단위) = ₩675,000

• 단위당 제조원가(@) = ₩675,000 ÷ 4,000단위 = ₩168.75

(2) 고저점법

고저점법(high-low method)은 관찰 가능한 두 개 이상의 원가 자료 중에서 최고조업도와 최저조업도의 두 개 원가 자료만을 직선으로 연결시켜 고정원가와 변동원가의 원가함수를 추정하는 방법이다. 고저점법에서는 고정원가를 순수고정원가로 간주하고, 두 조업도 사이의 원가차이를 변동원가 차이로 본다.

- 단위당 변동원가$(b) = \dfrac{\text{최고조업도의 원가}(Y_H) - \text{최저조업도의 원가}(Y_L)}{\text{최고조업도}(X_H) - \text{최저조업도}(X_L)}$
- 고정원가(a) = 최고조업도의 원가(Y_H) - 단위당 변동원가(b) × 최고조업도(X_H)
  또는 최저조업도의 원가(Y_L) - 단위당 변동원가(b) × 최저조업도(X_L)

장점	• 비교적 객관적인 원가추정 방법이다. • 표본이 제한된 경우에도 적용 가능하다.
단점	• 조업도와 원가의 비례성을 가정하여 최고(최저)조업도 수준의 원가를 이용하고 있으나, 조업도와 원가가 반드시 비례관계에 있는 것은 아니다. • 최고와 최저의 조업도의 일부 원가 자료만을 이용하여 원가방정식을 계산하므로 중간수준의 조업도와 원가를 무시하게 된다. • 최고(최저)조업도가 관련범위(relevant range)에서 벗어나 있는 경우에는 잘못된 원가추정을 할 위험이 있다.

고저점법에 의한 원가추정

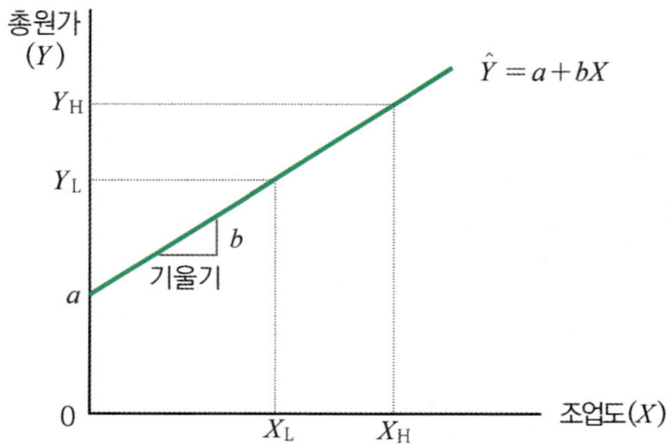

예제 SOLVE PRACTICE PROBLEM

삼성기업의 과거 20×4년의 기계가동시간과 제조간접원가는 다음과 같다.

월	기계가동시간(X)	제조간접원가(Y)
1월	100시간	₩180,000
2월	120	220,000
3월	130	240,000
4월	130	240,000
5월	150	260,000
6월	170	300,000
7월	200	350,000
8월	300	460,000
9월	190	320,000
10월	160	280,000
11월	130	250,000
12월	140	260,000
합계	1,920시간	₩3,360,000

물음 고저점법을 적용하여 제조간접원가의 원가함수를 추정하시오.

해답

기계가동시간당 변동제조간접원가(b) $= \dfrac{₩460,000 - ₩180,000}{300시간 - 100시간} = ₩1,400$

고정원가(a) = ₩460,000 - (₩1,400 × 300시간) = ₩40,000

추정 제조간접원가함수: $\hat{Y}$ = ₩40,000 + ₩1,400X (단, X는 기계가동시간)

(3) 산포도법

산포도법(scatter graph method)은 과거의 원가 자료와 조업도의 관계를 그래프에 점으로 표시하여 원가와 조업도의 상관관계인 점을 직선으로 연결하여 원가추정선(회귀선)을 그려 원가함수를 추정하는 목측법(visual method)이다.

원가추정선을 도출하는 방법은 각 조업도에서 발생한 원가들을 점으로 나타낸 산포도를 그린 다음 원가함수가 산포도상의 최다빈도를 형성하는 부분을 지나도록 원가함수를 그린다. 산포도법에서 산출된 원가추정선은 상하에 있는 점들의 수들을 대략 동일하게 해주는 평균의 직선인 것이다.

장점	• 자료를 획득하기 쉽고 이해하기 쉬우며 원가추정에 비용이 적게 소요된다. • 비효율적 · 비정상적 상황의 자료를 구분해 내는데 용이하다.
단점	• 분석자에 따라 서로 다른 원가방정식이 도출될 수 있어 객관성이 떨어진다. • 과거 자료에 비효율성이나 비정상적인 상황이 포함되어 있는 경우에 원가구조가 왜곡될 가능성이 있다.

예제

SOLVE PRACTICE PROBLEM

삼성기업의 과거 20×4년의 기계가동시간과 제조간접원가는 다음과 같다.

월	기계가동시간(X)	제조간접원가(Y)
1월	100시간	₩180,000
2월	120	220,000
3월	130	240,000
4월	130	240,000
5월	150	260,000
6월	170	300,000
7월	200	350,000
8월	300	460,000
9월	190	320,000
10월	160	280,000
11월	130	250,000
12월	140	260,000
합계	1,920시간	₩3,360,000

물음 기계가동시간을 독립변수로 하고, 제조간접원가를 종속변수로 하여 산포도를 작성하시오.

해답

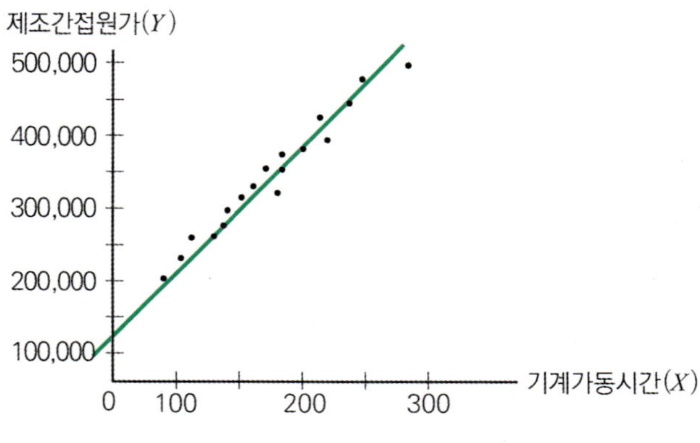

(4) 회귀분석법

회귀분석법(regression analysis method)은 조업도를 독립변수로 하고, 원가를 종속변수로 하여 조업도와 원가 간의 함수관계를 통계적 모형으로 나타낸다.

장점	• 가장 체계적이고 이론적으로 우월하며 객관적인 방법이다. • 독립변수가 여러 개일 경우에도 적용 가능한 방법이다.
단점	• 엄격한 통계적 가정이 만족되지 않을 경우에는 그 결과가 무의미할 수 있다. • 추정 방법이 복잡하고 이해하기 어렵다.

회귀분석은 단순회귀분석과 다중회귀분석으로 구분하고, 회계학상의 원가추정 시에는 선형원가함수를 가정하므로 주로 단순회귀분석을 이용한다. 단순회귀분석은 독립변수가 하나인 경우의 함수를 추정하는 것으로 기본적인 모형은 다음과 같다.

$$Yi = a + bXi + ei$$

단, Yi: 실제 관찰값　　a: 고정원가
b: 단위당 변동원가　　Xi: 조업도
ei: 잔차(오차)　　i: 관찰횟수(1, 2, 3, $\cdots$, n)

잔차(ei)는 독립변수에 의해 설명되지 않는 종속변수의 변동을 의미하는데 표본회귀식은 잔차를 최소화할 수 있는 식이다.

$$\hat{Y}i = a + bXi$$

회귀분석에 의한 원가함수 추정

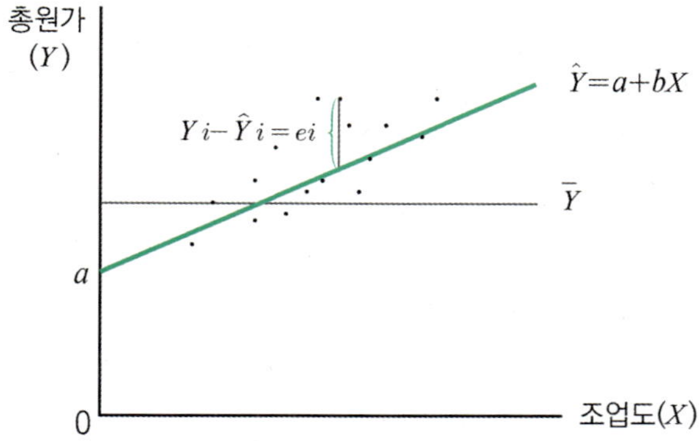

(단, $\bar{Y}$= Yi (실제관찰치)의 평균)

회귀분석에서는 원가의 실제관찰치(Yi)를 원가추정식($\hat{Y}$)에 일치시키기 위하여 최소자승이라는 수학적 기준을 적용한다. 최소자승법(least square method)은 실제관찰치와 원가함수에 의한 추정치와의 차이, 즉 잔차의 제곱의 합이 최소화되도록 회귀식을 계산하는 방법으로 다음 조건을 충족시켜야 한다.

$$\text{최소화} \sum_{i=1}^{n}(Yi-\hat{Y}i)^2 = \text{최소화} \sum_{i=1}^{n} ei^2$$

$$\text{최소화} \sum_{i=1}^{n}(Yi-a-bXi)^2$$

이 조건을 충족시키는 a와 b는 각각에 대해 편미분한 값이 "0"이 되는 값이고, 이 두 식을 정리하면 다음과 같은 정규방정식(normal equation)을 만들 수 있다.

$$\frac{\partial \sum ei^2}{\partial a} = 2\sum(Yi-a-bXi)(-1)$$

$$= -2\sum(Yi-a-bXi)=0$$

$$\frac{\partial \sum ei^2}{\partial b} = 2\sum(Yi-a-bXi)(-Xi)$$

$$= -2\sum Xi(Yi-a-bXi)=0$$

$$\sum Yi = na + b\sum Xi$$
$$\sum Xi\, Yi = a\sum Xi + b\sum Xi^2$$

$$\therefore\ a = \overline{Y} - b\overline{X}$$
$$b = \frac{\sum(Xi - \overline{X})(Yi - \overline{Y})}{\sum(Xi - \overline{X})^2}$$

예제

SOLVE PRACTICE PROBLEM

삼성기업의 과거 20×4년의 기계가동시간과 제조간접원가는 다음과 같다.

월	기계가동시간(X)	제조간접원가(Y)
1월	100시간	₩180,000
2월	120	220,000
3월	130	240,000
4월	130	240,000
5월	150	260,000
6월	170	300,000
7월	200	350,000
8월	300	460,000
9월	190	320,000
10월	160	280,000
11월	130	250,000
12월	140	260,000
합계	1,920시간	₩3,360,000

물음 단순회귀분석법(최소자승법)에 의하여 제조간접원가의 원가함수를 추정하시오.

해답

$$b = \frac{\sum(X_i - \overline{X})(Y_i - \overline{Y})}{\sum(X_i - \overline{X})^2} = \frac{₩41,700,000}{30,600\text{시간}} = ₩1,362.75$$

$a = \overline{Y} - b\overline{X} =$ ₩280,000 - (₩1,362.75 × 160시간) = ₩61,960

$\therefore\ \hat{Y} =$ ₩61,960 + ₩1,362.75X

월	기계가동시간(X)	제조간접원가(Y)	$X_i - \overline{X}$	$Y_i - \overline{Y}$	$(X_i - \overline{X})(Y_i - \overline{Y})$	$(X_i - \overline{X})^2$
1월	100시간	₩180,000	-60	-100,000	₩6,000,000	3,600시간
2월	120시간	220,000	-40	-60,000	2,400,000	1,600시간
3월	130시간	240,000	-30	-40,000	1,200,000	900시간
4월	130시간	240,000	-30	-40,000	1,200,000	900시간
5월	150시간	260,000	-10	-20,000	200,000	100시간
6월	170시간	300,000	10	20,000	200,000	100시간
7월	200시간	350,000	40	70,000	2,800,000	1,600시간
8월	300시간	460,000	140	180,000	25,200,000	19,600시간
9월	190시간	320,000	30	40,000	1,200,000	900시간
10월	160시간	280,000	0	0	0	0시간
11월	130시간	250,000	-30	-30,000	900,000	900시간
12월	140시간	260,000	-20	-20,000	400,000	400시간
합계	1,920시간	₩3,360,000			₩41,700,000	30,600시간

원가추정 방법의 장 · 단점 비교

구 분	추정 방법	장 점	단 점
산업공학적 방법	산업공학적 조사를 토대로 투입 및 산출 간의 관계를 계수화하여 원가함수 추정	① 신제품 생산과 같은 과거의 자료를 이용할 수 없는 경우에도 적용 가능 ② 투입과 산출 간의 물량적 관계를 쉽게 계량화할 수 있는 직접원가의 경우 추정 정확성과 효익 보유	① 시간과 비용이 많이 소요 ② 투입과 산출 간의 물량적 관계가 명확하지 못한 제조간접원가에는 적용하기 어려움
계정분석법	각 계정에 기록된 원가를 변동원가와 고정원가로 분류하여 원가함수 추정	① 자료 획득 용이 ② 신속한 원가추정 가능 ③ 비용 적게 소요	① 분석자의 주관이 개입되어 객관성 저하 ② 비정상적 및 비효율적인 상황이 원가추정에 반영
고저점법	최고조업도와 최저조업도의 원가 자료를 선형으로 연결하여 원가함수 추정	① 간편하며, 객관성이 높음 ② 소수의 자료만으로 원가함수 추정	① 비정상적인 원가 자료가 최고조업도 또는 최저조업도로 선택되어 원가함수 결정에 이용 ② 이용 가능한 자료 중 두 개의 표본만 이용되므로 다른 자료는 모두 무시
산포도법	그래프에 과거의 원가 자료들을 점으로 표시하고 이 점들의 특성을 가장 잘 대표하는 원가함수를 육안으로 찾아내는 목측법	① 간단하고 이해하기 쉬우며, 시간과 비용이 적게 소요 ② 비정상적인 원가 자료의 제외 가능 ③ 개략적인 원가함수 작성목적에 유용	① 개략적 추정이므로 객관성 저하 ② 원가의 질적 특성 무시
회귀분석법	독립변수와 종속변수 간의 관계를 통계적 모형을 이용하여 분석	① 통계 자료 많이 제공 ② 이용 가능한 모든 자료 고려 ③ 객관적 ④ 독립변수가 여러 개일 경우에도 적용 가능	① 계산 과정이 복잡하고 이해하기 어려움 ② 여러 가지 통계적 가정이 충족되지 않을 경우에 무의미한 결과 도출될 가능성 보유

3절 이익계획과 손익분기점

손익분기점(Break Even Point: BEP)은 일정 기간의 매출액 금액과 원가 금액이 일치하여 이익 또는 손실이 발생하지 않는 좌표점으로 손익이 좌표점을 기준으로 분기된다는 의미이다. 손익분기점을 기준으로 매출액이 분기점을 상회하면 이익이 발생하고, 분기점을 하회하면 손실이 발생하므로 손익분기점을 이용하여 매출액 및 판매수량을 계획하고, 미래 이익수준을 추정하여 기업의 경영 성과를 예측할 수 있다.

손익분기점을 결정하는 기본 요소는 매출액, 고정원가, 변동원가 등이고, 매출액은 판매단가에 판매수량을 곱해서 계산하고, 손익분기점은 영업이익이 "0"일 때의 매출액 또는 판매수량을 의미한다.

1. 손익분기도표

손익분기도표는 매출액, 원가, 손익 간의 관계를 표시하는 도표이다. 손익분기점은 총수익(TR)과 총원가(TC)가 일치되는 점이고, 총원가는 고정원가와 변동원가로 구분되므로 총수익, 고정원가, 변동원가는 손익분기점을 결정하는 요소이다.

① **총수익** 총수익(Total Revenue: TR)은 총매출액을 의미하며, 판매수량에 단위당 판매가격을 곱하여 산출한다.

$$TR(\text{총수익}) = q(\text{판매수량}) \times p(\text{판매단가})$$

② **고정원가** 고정원가(Fixed Costs: F)는 판매수량 또는 생산수량과 관계없이 고정적으로 발생하는 비용으로 생산량(조업도)에 따라 변동하지 않는 비용이다. 건물감가상각비, 공장장 급료, 임차료 등이 해당된다. 그리고 준고정원가는 일정한 조업도 범위 내에서는 총원가가 고정적으로 발생하다가 그 범위를 벗어나면 불연속적으로 증가하여 다시 일정한 조업도 범위 내에서 총원가가 고정적으로 발생하는 원가를 말한다. 작업반장 급료, 기계감가상각비 등이 이에 해당한다.

③ **변동원가** 변동원가(Variable Costs: V)는 판매수량 또는 생산수량에 따라 증감하는 비용으로 비례적 변동원가, 체증적 변동원가, 체감적 변동원가로 구분한다. 일반적으로 비례적 변동원가를 의미하며, 직접재료원가와 직접노무원가가 전형적인 변동원가이다. 그리고 준변동원가는

조업도가 "0"인 상태에서도 일정한 금액의 비용이 발생하고 조업도가 변화함에 따라 총원가가 비례적으로 변동하는 원가를 말한다. 전력비, 수도료, 수선유지비 등이 이에 해당한다.

손익분기도표

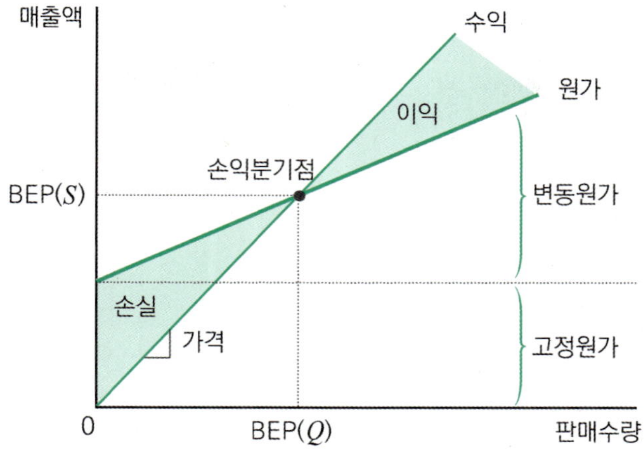

2. 손익분기점 유형과 개선 방안

(1) 손익분기점 유형

A형: 손익분기점(40% 전후)

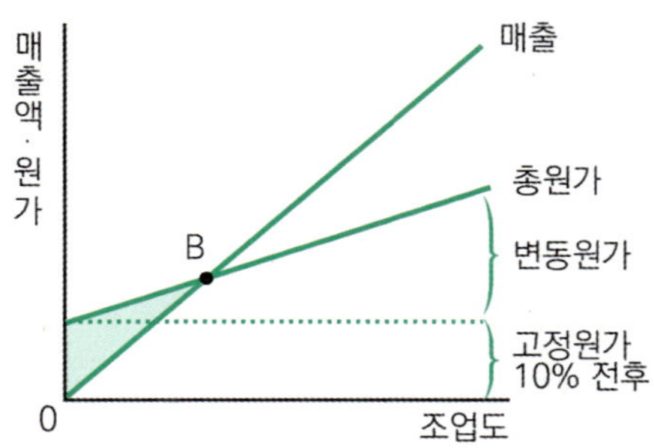

〈저 고정원가 · 저 분기점형〉

특성	건전 경영형
전략 대책	중장기 투자 전략 필요 (공정의 기계화 · 자동화, 재료 · 부품의 VA관리 등)

C형: 손익분기점(60% 전후)

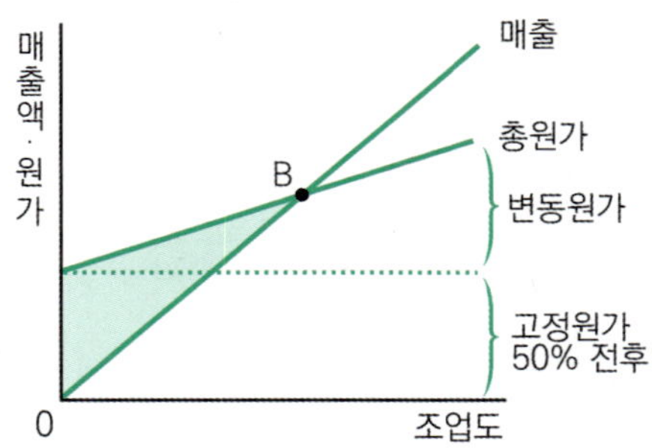

〈고 고정원가 · 저 분기점형〉

특성	불안 요소 없는 형
전략 대책	적극적인 혁신 전략 필요 (신상품개발, 유휴설비 매각 등)

B형: 손익분기점(90% 전후)

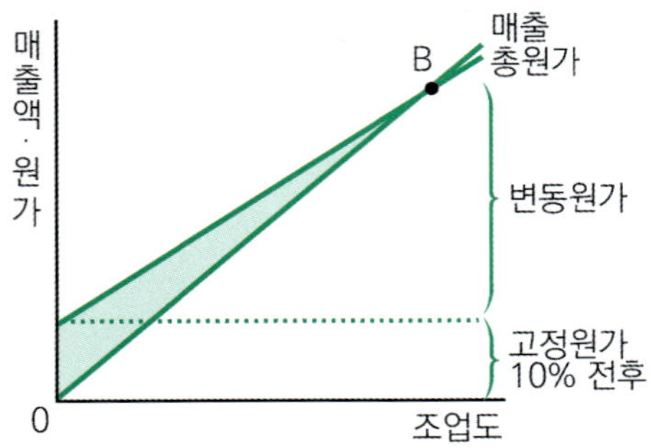

〈저 고정원가 · 고 분기점형〉

특성	음성적인 적자형 (빈혈증에 걸려 노쇠해지는 형)
전략 대책	전사적인 변화와 변동원가 인하 대책 필요(인력규모 축소, 공헌이익이 낮은 품종의 생산 중단 등)

D형: 손익분기점(90% 전후)

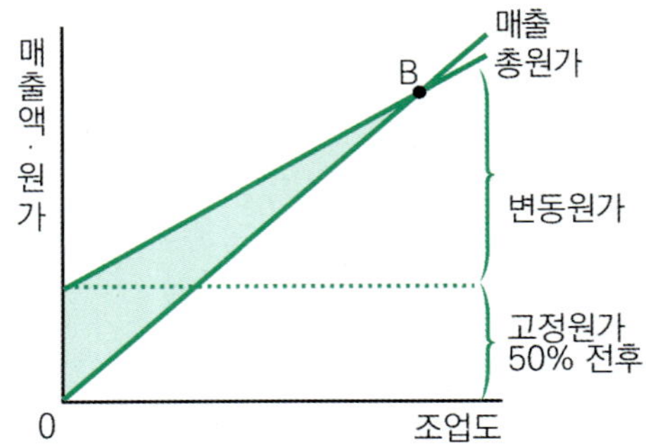

〈고 고정원가 · 고 분기점형〉

특성	경영 고전형 (조업도 조금 하락 시 큰 손실 가져오는 소위 도산형)
전략 대책	대폭적 구조 개혁 필요(인원정리, 유휴고정자산 처분, 판매력 강화, 고금리부채 상환 등)

(2) 손익분기점 개선 방안

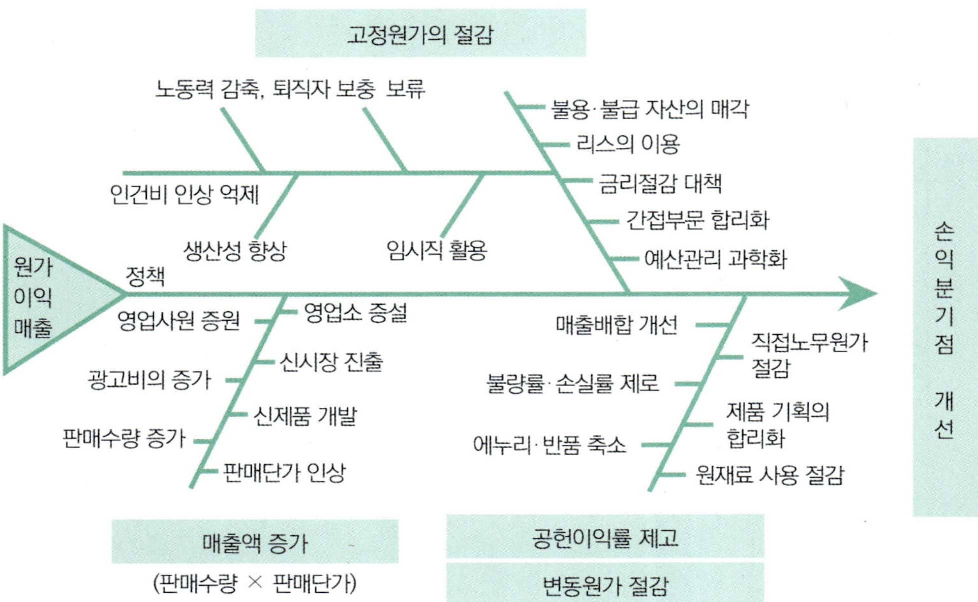

연습문제

REVIEW EXERCISES

주관식

01 원가기획의 목적과 과정을 기술하시오.

02 원가추정의 절차와 필요성을 설명하시오.

03 손익분기점의 유형과 개선 방안을 논술하시오.

04 VE에 의한 원가절감 방법과 절차를 설명하시오.

05 계정분석법의 원가추정 방법과 장 · 단점을 논술하시오.

06 고저점법의 원가추정 방법과 유용성을 기술하시오.

07 회귀분석법에 의한 원가추정 방법과 유용성을 설명하시오.

08 기업의 이익계획 수립 및 절차에 대하여 설명하시오.

09 원가기획의 필요성을 제품수명주기원가와 관련하여 논술하시오.

10 다음의 개념을 설명하시오.

① 원가함수

② 비선형함수

③ 산포도법

④ 이익계획

⑤ 목표관리(MBO)

⑥ 허용원가

⑦ 목표원가 설정

⑧ VE(Value Engineering)

⑨ 손익분기도표

⑩ 안전한계율

⑪ 비선형손익분기점

11 계정분석법

삼성기업은 단일제품만을 생산 · 판매하는데, 20×4년에 발생한 제조원가는 다음과 같다.

직접재료원가	₩60,000
직접노무원가	40,000
변동제조간접원가	20,000
고정제조간접원가	45,000

삼성기업은 20×4년에 1,000단위의 제품을 생산하였다. 20×5년에 직접재료원가는 단위당 10%, 직접노무원가는 단위당 5%, 변동제조간접원가는 단위당 5% 증가할 것으로 예상되나, 고정제조간접원가는 일정할 것으로 예상된다. 20×5년에는 1,500단위의 제품이 생산될 것으로 예상하고 있다.

물음 (1) 계정분석법을 이용하여 20×4년의 연간 총제조원가에 대한 원가함수를 추정하시오.

(2) 20×5년의 생산량은 20×4년에 비해 증가하나, 원가구조는 변동이 없다는 전제 하에 제품의 총제조원가와 단위당 제조원가를 추정하시오.

(3) 20×4년의 단위당 제조원가를 계산하고, 20×5년의 단위당 제조원가를 추정하시오.

12 고저점법

삼성기업의 지난 6개월간의 조업도에 따른 총제조원가는 다음과 같다.

	작업시간	총제조원가
1월	1,000시간	₩100,000
2월	1,200	132,000
3월	1,400	154,000
4월	1,300	156,000
5월	1,500	180,000
6월	1,600	178,000

물음 (1) 고저점법을 적용하여 총제조원가에 대한 원가함수를 추정하시오.

(2) 경영자는 7월 중에 특별주문의 수락 여부를 결정하고자 한다. 특별주문을 수락하면 작업시간은 1,800시간으로 증가하며 ₩30,000의 추가 수익을 얻을 수 있다. 고저점법에 의해 특별주문의 수락 여부를 결정하시오.

13 단순회귀분석

삼성기업은 단일제품을 생산하고 있다. 지난 6개월간 기계시간과 총원가는 다음과 같다.

월	기계시간	총원가
1	50시간	₩500
2	60	580
3	50	520
4	40	450
5	30	300
6	40	440

물음 (1) 회귀분석을 적용하여 총원가함수를 계산하시오.

(2) 회귀분석 결과를 이용하여 80기계시간에 대한 총원가를 추정하시오.

(3) 결정계수의 값을 계산하고 그 의미를 설명하시오.

(4) 추정의 표준오차와 회귀계수의 표준오차를 계산하시오.

(5) 회귀계수의 값을 계산하고 그 의미를 설명하시오.

14 학습곡선 추정

삼성기업은 제품 1단위를 생산하는데 필요한 변동제조원가를 다음과 같이 추정하였다.

직접재료원가	₩2,500 / 단위
직접노무원가	₩30 / 시간
변동제조간접원가	₩200 / 단위 + 시간당 직접노무원가의 80%

처음 1단위를 생산하기 위해서는 100시간의 직접노동시간이 소요된다. 직접노동시간은 90%의 누적평균시간 학습모형을 따르고 있다.

물음 (1) 위의 자료에 의하여 누적평균시간 학습곡선을 추정하시오.

(2) 2단위와 4단위를 생산하는데 소요될 총변동제조원가를 계산하시오.

객관식

01 원가행태의 분석기법으로 사용하지 않는 것은? ▸ 경영지도사

① 고저점법 ② 최소자승법 ③ 계정분석법 ④ 산포도법 ⑤ 민감도분석 방법

02 다음 중 원가추정 방법에 관한 설명으로 옳지 않은 것은? ▸ 세무사

① 회귀분석법은 결정계수(R)가 1에 가까울수록 만족스러운 추정을 달성한다.
② 고저점법은 원가 자료 중 가장 큰 원가 수치의 자료와 가장 작은 원가 수치의 자료를 사용하여 추정하는 방법으로 두 원가 수치의 차이는 고정비라고 가정한다.
③ 계정분석법을 사용하면 각 계정을 변동원가와 고정원가로 구분하는 데 자의성이 개입될 수 있다.
④ 산업공학분석법(또는 공학분석법)은 간접비 추정에 어려움이 있다.
⑤ 산업공학분석법(또는 공학분석법)은 과거 자료 없이 미래원가를 추정하는 데 사용된다.

03 다음은 원가분류 및 원가추정과 관련된 문장들이다. 올바른 또는 타당성을 갖는 문장만을 모은 것은?

> a. 원가추정이란 활동수준(조업도)과 원가 간의 과거 또는 현재의 관계를(함수형태 등으로) 파악하는 것인 반면, 원가예측이란 이들 두 변수 간의 과거 또는 현재에 기초하여 미래원가를 예측하는 것이다.
> b. 원가대상에의 추적가능성 여부에 따라 원가는 직접원가와 간접원가로 나뉜다.
> c. 비목별(즉 요소별) 3대 원가는 재료비, 노무비, 경비이다.
> d. 제품원가는 특정 생산단위에 추적 가능한 원가만을 포함한다.

① a, c ② b, c ③ b, c, d ④ a, b, c, d ⑤ a, b, c

04 다음은 (주)소백의 20×7년 전반기 생산 활동 자료이다. 이 자료를 이용하여 고저점법을 적용할 때 단위당 변동원가가 ₩40이다. 3월의 발생원가는 얼마인가? ▸ 주택관리사

월	생산량	발생원가
1월	240개	₩14,600
2월	210개	₩13,600
3월	200개	?
4월	230개	₩14,200
5월	220개	₩13,900
6월	250개	₩15,000

① ₩12,900 ② ₩13,000 ③ ₩13,100 ④ ₩13,200 ⑤ ₩13,300

05 대한회사의 지난 6개월간 전력비 지출 내용은 다음과 같다. 기계시간이 전력비에 대한 원가동인이라면 32,375기계시간이 예상되는 7월의 전력비는 고저점법에 의해 얼마로 추정되는가?

▸ 세무사

월 별	기계시간	전 력 비
1월	34,000	₩610,000
2월	31,000	586,000
3월	33,150	507,000
4월	32,000	598,000
5월	33,750	650,000
6월	31,250	575,000

① ₩259,000 ② ₩338,000 ③ ₩595,000 ④ ₩597,000 ⑤ ₩600,000

06 다음 설명 중 원가추정 방법에 대한 설명으로 적정하지 않은 것은 무엇인가?

① 단위당 변동비는 조업도에 따라 증감한다.
② 원가함수는 $y = a + bx$로 추정하며, 이때 a는 고정원가, b는 변동원가이다.
③ 원가행태는 관련범위 내에서 선형이다.
④ 산업공학분석법은 과거 자료가 없이도 분석할 수 있다.
⑤ 종속변수에 영향을 미치는 독립변수는 단 하나이다.

07 (주)백두는 다음과 같은 최근 2년간의 생산량과 총제조원가를 이용하여 고저점법으로 원가함수를 추정하였다.

▸ 지방직 9급

	생 산 량	총제조원가
20×6년	100개	₩50,000
20×7년	200개	₩70,000

그러나 20×8년도에 새로운 시설투자로 인하여 고정원가가 20% 증가하고 단위당 변동비는 50% 감소하였다. 새로운 조건에서 300개를 생산할 때 발생할 것으로 추정되는 총제조원가는?

① ₩56,000 ② ₩60,000 ③ ₩66,000 ④ ₩90,000

[해설] (1) 원가함수 추정(단위당 변동비) = (70,000 − 50,000) ÷ (200 − 100) = @200
(2) 총고정비 = 50,000 − @200 × 100 = ₩30,000
(3) 20×8년 고정비 추정 = ₩30,000 × 1.2 = ₩36,000
(4) 20×8년 단위당 변동비 = @200 × (1 − 0.5) = @100
(5) 원가함수(20×8년): Y = 36,000 + @100
(6) 300개의 추정제조원가 = 36,000 + @100 × 300 = ₩66,000

08 (주)한강의 월평균 기계운전시간과 전력비의 관계가 다음과 같이 추정된다. ▸ 행정안전부 9급

$$y = 10{,}000 + 8x$$

추정 원가함수를 기초로 한 전력비에 대한 설명 중 가장 옳지 않은 것은?
(단, (주)한강의 월평균조업도는 5,000 기계운전시간이다)

① 전력비의 월평균 고정원가는 ₩10,000이다.
② 전력비의 변동원가는 기계운전시간당 ₩8이다.
③ 조업도가 4,000 기계운전시간일 때 추정 총전력비는 ₩42,000이다.
④ 기계운전시간이 800시간 증가하면 전력비는 ₩16,400 증가한다.

09 (주)감평은 제품 B 800단위에 대한 계약의 입찰에 참여할 것을 고려하고 있다. 약 일주일 전에 제품 A를 생산하였으며 고정제조간접원가 ₩5,000은 제품 A에 전부 배분하여 보상받았다. 제품 B 800단위를 생산하여도 고정제조간접원가는 변동이 없다. 제품 B의 200단위 생산에 소요되는 변동제조원가는 다음과 같다.

직접재료원가	₩10,000
직접노무원가(1,000시간 × ₩30)	30,000
변동제조간접원가	8,000
기 타	6,000
합 계	₩54,000

변동제조간접원가는 직접노무원가에 비례하여 발생하고, 기타 원가는 일반관리비 및 이윤보상 목적으로 직접노무원가의 20%를 일정하게 설정한다.
(주)감평은 제품 B의 생산과 관련하여 200단위 묶음으로 80%의 누적평균시간 학습곡선을 사용하고 있다. 총제조원가의 120%를 입찰가격으로 제시한다고 할 때, 800단위의 계약에 입찰하기 위해 제시할 예상금액은 얼마인가? ▸ 감정평가사

① ₩147,360 ② ₩152,640 ③ ₩159,264 ④ ₩183,168 ⑤ ₩194,400

10 작년도에 경주(주)는 ₩750,000의 매출(25,000 단위)로부터 ₩25,000의 영업이익을 달성하였다. 손익분기점에서의 총공헌이익은 ₩500,000이다. 이와 같은 상황에서 다음 중에서 옳은 것은? ▸ 세무사

① 공헌이익률은 40%이다.
② 손익분기점은 24,000단위이다.
③ 단위당 변동비는 ₩9이다.
④ 변동비는 매출액의 60%이다.
⑤ 정답 없음.

11 나주(주)의 손익분기점 매출액은 ₩360,000이고 공헌이익률은 30%이다. 이 회사가 ₩84,000의 영업이익을 달성하고자 한다면 총매출액은 얼마이어야 하는가? ▸ 세무사

① ₩280,000 ② ₩640,000 ③ ₩480,000 ④ ₩560,000 ⑤ ₩660,000

12 현대상사는 20×4년의 실적을 토대로 다음과 같은 원가함수 추정 데이터가 도출되었다. 제품 한 단위를 생산하는데 3시간의 직접노동시간이 소요되고, 20×5년에 현대상사는 1,000단위를 생산한다면 총원가는 얼마로 추정됩니까?

• 직접재료원가	₩200 / 1단위
• 직접노무원가	₩100 / 1시간
• 제조간접원가	₩50,000 + ₩150x
• 결정계수(R^2)	0.90

단, x는 직접노동시간

① ₩1,000,000 ② ₩900,000 ③ ₩1,100,000 ④ ₩500,000 ⑤ ₩450,000

13 삼성기업의 지난 2년간 생산량과 총제조원가는 다음과 같다.

	20×3년	20×4년
생산량	2,000개	3,000개
총제조원가	₩5,000,000	₩6,500,000

지난 2년간 총고정비와 단위당 변동비는 변화가 없었다. 20×5년에 총고정비가 20% 증가하고, 단위당 변동비가 10% 감소할 것으로 예상된다면, 생산량이 2,000개일 때 총제조원가는 얼마로 예상되는가? ▸ 공인회계사

① ₩3,600,000 ② ₩5,100,000 ③ ₩5,600,000 ④ ₩4,000,000 ⑤ ₩6,000,000

14 다음은 (주)강릉의 조업도수준에 따른 원가 자료이다.

	조업도수준	
	낮 음	높 음
생산량	25,000단위	30,000단위
총제조원가	₩575,000	₩680,000
단위당 직접재료비	5	5
단위당 직접노무비	6	6

고저점법을 사용하여 제조간접비의 원가행태를 분석할 경우 다음 중에서 옳은 것은? ▸ 세무사

	기간당 고정제조간접비	단위당 변동제조간접비
①	₩50,000	₩10
②	50,000	20
③	50,000	20
④	105,000	20
⑤	105,000	10

15 36개월간의 수선유지비에 대한 원가를 추정한 결과 다음과 같은 두 가지 원가추정 함수식을 구하였다.

$\hat{y}$ = ₩3,000,000 + ₩2,625x_1	$\hat{y}$ = ₩2,900,000 + ₩2,930x_1
단, x_1: 기계작업시간	단, x_1: 직접노동시간
y: 월간 수선유지비	y: 월간 수선유지비
결정계수: 0.8	결정계수: 0.6

어느 달의 기계작업시간이 1,500시간이고, 직접노동시간이 1,400시간일 때보다 설명력이 높은 원가추정 함수식을 이용한 수선유지비의 변동예산액은 얼마인가? ▸ 공인회계사

① ₩6,937,500 ② ₩7,002,000 ③ ₩3,937,500 ④ ₩6,337,500 ⑤ ₩6,150,000

16 사업개시 후 2년간인 20×3년과 20×4년의 손익 자료는 다음과 같다.

	20×3년	20×4년
매출액	100	300
직접재료원가	40	120
직접노무원가	10	22.4
제조간접원가	20	50
판매관리비	15	15
영업이익	15	92.6

20×3년부터 20×5년까지의 단위당 판매가격, 시간당 임률, 단위당 변동제조간접원가, 총고정제조간접원가, 총판매관리비는 일정하다. 직접노무시간에는 누적평균시간 학습모형이 적용된다. 매년 기초 및 기말재고는 없다. 20×5년의 예상매출액이 400만 원이라면 예상영업이익은 얼마인가? ▸ 공인회계사

① ₩1,327,700 ② ₩1,340,800 ③ ₩1,350,300 ④ ₩1,387,700 ⑤ ₩1,398,900

17 대한회사는 신제품을 개발하여 첫 25단위를 생산하였는데 이와 관련된 원가는 다음과 같이 발생하였다.

직접재료비	₩1,000,000
직접노무비(500시간 @5,000)	2,500,000
변동제조간접비(직접노무비의 20%)	500,000
고정제조간접비	625,000
계	₩4,625,000

대한회사는 직접노동시간이 90% 누적평균시간 학습곡선을 따른다고 가정하고 있다. 추가로 75단위를 생산하는 경우 제조원가는 얼마나 더 발생하겠는가? 단, 고정제조간접비는 추가로 발생하지 않는 것으로 가정한다. ▶ 세무사

① ₩9,500,000 ② ₩9,720,000 ③ ₩10,345,000 ④ ₩10,800,000 ⑤ ₩11,100,000

18 ㈜갑의 신제품개발팀은 신제품을 위한 다양한 제품 사양을 개발하였다. ㈜갑은 개발한 제품 사양이 모두 포함된 신제품 A를 제조할 것인지 아니면 제품 사양들 중 일부가 제외된 신제품 B를 제조할 것인지를 결정하고자 한다. 어느 신제품을 생산하여 출시하더라도 생산 및 판매와 관련된 예상고정원가 총액은 ₩2,000,000이며, 신제품의 목표이익률은 판매가격의 30%이다.
신제품 A와 신제품 B의 생산 및 판매와 관련된 추가 자료는 다음과 같다.

	신제품 A	신제품 B
단위당 예상판매가격	₩5,000	₩4,000
단위당 예상변동원가	₩2,500	₩1,900
예상생산 · 판매량	?	2,500단위

다음 설명 중 옳지 않은 것은? ▶ 공인회계사

① 신제품 A의 단위당 목표원가는 ₩3,500이다.
② ㈜갑은 신제품 A의 단위당 목표원가를 달성하기 위해 최소한 2,000단위 이상을 생산 · 판매하여야 한다.
③ 신제품 B의 단위당 목표원가는 ₩2,800이다.
④ 신제품 B를 생산 · 판매하면 목표이익률을 달성할 수 있다.
⑤ 만약 신제품 A의 예상생산 · 판매량이 2,000단위 이상이면, ㈜갑은 신제품 B 대신 신제품 A를 생산 · 판매하는 것이 유리하다.

19 ㈜한해는 당기 초부터 고객에 대한 신용매출 기간을 3개월에서 6개월로 연장하는 판매촉진정책을 실시하였다. 그 결과 당기에는 전기에 비해 매출액과 세후이익이 모두 증가하였고, 재고자산과 매출채권은 각각 ₩4,000과 ₩3,500만큼 증가하였다. 회사가 제시한 비교손익계산서와 법인세율 및 자본비용(cost of capital)은 다음과 같다.

항목	당기	전기	증감
매출액	₩275,000	₩250,000	10% 증가
차감			
매출원가	₩192,500	₩175,000	
판매관리비	55,000	50,000	
이자비용	1,400	1,400	
세전이익	₩26,100	₩23,600	
법인세비용	9,135	8,260	
세후이익	₩16,965	₩15,340	10.6% 증가
법인세율	35%	35%	
자본비용	15%	15%	

새로운 판매촉진정책의 실시로 인하여 당기의 경제적 부가가치(economic value added: EVA)는 전기에 비해 얼마만큼 증가(혹은 감소)하였는가?
(단, 세후영업이익에 대한 추가적인 조정은 없으며 재고자산과 매출채권 이외에 투하자본(invested capital)의 변동은 없다고 가정한다)

① ₩825 감소 ② ₩1,400 감소 ③ ₩500 증가 ④ ₩1,125 증가 ⑤ ₩1,625 증가

20 ㈜한야의 영업팀은 활동원가에 근거하여 고객의 수익성을 평가한다. 당기에 주문처리와 고객관리를 위해 수행한 활동 및 원가 자료는 다음과 같다. 긴급주문처리를 위해서는 통상적인 주문처리 원가에 추가하여 1회당 ₩100의 원가가 발생한다.

활동 및 원가항목	원가
주문처리	₩70/1회 주문
긴급주문처리를 위한 추가원가	₩100/1회 긴급주문
고객상담	₩450/1회 상담
고객관계관리	₩80,000/고객 1인

상기 원가 이외에 매출원가는 매출액의 80%에 해당한다. 당기 중에 ㈜한야의 주요 고객인 A와 관련하여 매출액 ₩500,000, 주문처리횟수 300회(이 중 70%는 긴급주문임), 고객상담횟수 140회가 발생하였다. 고객관계관리는 모든 고객에게 공통으로 적용된다. 회사가 고객 A로부터 얻은 이익(혹은 손실)은 얼마인가?

① ₩ 5,000 이익 ② ₩76,000 이익 ③ ₩64,000 손실
④ ₩70,300 손실 ⑤ ₩85,000 손실

객관식 해답 01 ⑤ 02 ② 03 ⑤ 04 ② 05 ④ 06 ① 07 ③ 08 ④ 09 ④ 10 ③
11 ② 12 ① 13 ② 14 ① 15 ① 16 ② 17 ② 18 ⑤ 19 ③ 20 ⑤

05 원가 – 조업도 – 이익분석 (CVP분석)

1절 CVP분석 개념

원가 – 조업도 – 이익분석(Cost – Volume – Profit analysis: CVP)은 원가, 조업도, 그리고 이익 간의 상관관계를 분석하는 경영관리 방법이며, 주로 변동원가계산을 이용하여 분석한다. CVP분석은 다음과 같은 유용성 때문에 기업 및 부문의 경영관리기법으로 많이 적용되고 있다.

① 이익계획 설정, 예산편성 등의 기초 자료를 제공한다. CVP분석으로 손익분기점(Break Even Point)을 파악할 수 있고, 목표이익을 반영한 목표매출액 등의 계산이 용이하다.

② CVP분석은 제품의 판매수량, 매출 품목의 결정, 제품가격 결정 등 경영 의사결정에 수반되는 위험을 미리 예측할 수 있는 정보를 제공한다. 신제품 가격결정 시에는 손익분기점 매출액을 분석할 수 있고, 제품결합(product mix) 시에는 제품결합의 변경에 따른 손익분기점 변경 등과 관련된 유용한 정보를 제공해 준다.

③ CVP분석은 지점, 부서, 공장 등 부문별 성과평가에도 유용하다. 특히 기업 및 부문의 목표이익과 실제 성과를 비교 · 분석하는 차이분석 시에 CVP분석을 수행함으로써 차이의 원인을 명확히 규명할 수 있다.

1. CVP분석의 가정과 한계

CVP분석은 여러 가정을 전제로 경영 활동을 분석하므로 현실적으로는 다음과 같은 한계를 갖고 있다.

첫째, 모든 원가는 고정원가와 변동원가로 구분 가능한 것으로 가정하고 있으나, 실제로는 원가를 고정원가와 변동원가로 구분하기 어렵다.

둘째, 고정원가는 관련범위 내에서 일정하다는 가정을 전제로 하고 있으나, 고정원가적 성격을 갖는 원가들도 일정한 조업도 내에서 증가함으로써 준고정적 성격을 갖는 경우가 많다.

셋째, 변동원가는 조업도 증가에 따라 비례적으로 증가하는 것으로 가정하지만, 실제에서는 학습과 경험곡선, 그리고 누적생산량 및 구매량의 증가에 따라 가격할인 등의 영향으로 변동원가가 비례적으로 증가하기보다는 생산량의 증가에 따라 단위당 변동원가가 감소하는 경향을 보인다.

넷째, 제품의 단위당 판매가격이 일정하다고 가정하나, 이는 현실적으로 찾아보기 어렵다. 제품의 판매수량 및 가격할인 등으로 제품가격은 상당한 차이를 보이게 되는 것이 오히려 일반적이다. 그리고 판매수량이 일정한 수준 이상으로 증가하면 원재료의 공급부족이나 노동력의 부족 등에 따라 단위당 변동원가가 체증적으로 상승하지만, 또 한편으로는 기술수준이 향상될 뿐만 아니라 근로자들의 숙련도가 높아짐에 따라 생산성 향상과 규모의 경제 효과를 얻을 수 있어 단위당 변동원가가 체감하는 현상도 나타난다. 따라서 판매수량의 증가에 따른 단위당 변동원가의 감소효과와 상호관계에 따라 단위당 변동원가가 변동된다. 이러한 경우 손익분기점이 비선형으로 나타난다.

다섯째, 기업이 단일품목만 생산 · 판매한다는 가정이다. 그러나 현실적으로는 단일품목을 생산하는 기업보다는 다수의 품목을 생산하는 기업이 일반적이다. 이 경우 제품별 손익분기점을 계산하기가 어렵다는 단점이 있다.

2. 공헌손익계산서

포괄손익계산서는 실제 원가계산을 기초로 외부 이해관계자에 대한 외부 보고용으로 작성되지만, CVP분석에 유용한 공헌손익계산서는 내부 보고용으로 작성되어 경영계획의 수립 및 평가, 기업의 경영 의사결정 등에 유용하게 활용된다.

포괄손익계산서와 공헌손익계산서

포괄손익계산서	공헌손익계산서
매출액	매출액
(매출원가)	(변동원가)
매출총이익	공헌이익
(판매비와관리비)	(고정원가)
영업이익	영업이익

공헌이익(contribution margin)은 매출액에서 변동원가를 차감한 금액으로 고정원가와 이익을 창출하는데 공헌하는 이익을 의미한다. 따라서 공헌이익이 고정원가와 동일한 금액이 되는 교차점(이익이 "0"이 되는)이 손익분기점(BEP)이다. 공헌이익은 CVP분석, 민감도분석, 가격결정 등 경제적 의사결정에 매우 유용하게 적용되는 개념이다.

공헌이익은 총공헌이익, 단위당 공헌이익, 공헌이익률 등으로 구분한다. 총공헌이익(Total Contribution Margin: *TCM*)은 매출액에서 변동원가를 차감하여 계산하며, 단위당 공헌이익(Unit Contribution Margin: *UCM*)은 판매단가에서 단위당 변동원가를 차감하여 산출한다. 그리고 공헌이익률(Contribution Margin Ratio: *CM* Ratio)은 총공헌이익을 매출액으로 나누어 계산하고, 단위당 공헌이익률은 단위당 공헌이익을 판매단가로 나누어 산출할 수 있다.

공헌이익 산출

① 매출액 - 총원가 = 영업이익

매출액 - (변동원가 + 고정원가) = 영업이익

매출액 - 변동원가 = 공헌이익(한계이익)

매출액(S) = 변동원가(V) + 고정원가(F) + 영업이익(I)

② 총공헌이익(TCM) = 매출액(S) - 변동원가(V)

= 판매량(q) × 단위당 공헌이익(UCM)

③ 단위당 공헌이익(UCM) = 판매단가(p) - 단위당 변동원가(v)

$$= \frac{\text{고정원가}(F) + \text{영업이익}(I)}{\text{판매량}(q)}$$

④ 공헌이익률$(CM \text{ Ratio}) = \dfrac{\text{총공헌이익}(TCM)}{\text{매출액}(S)}$

$$= \frac{(\text{매출액} - \text{변동원가})}{\text{매출액}} = \left(1 - \frac{\text{변동원가}}{\text{매출액}}\right) = 1 - \text{변동원가율}\left(\frac{V}{S}\right)$$

$$= \frac{\text{단위당 공헌이익}(UCM)}{\text{판매단가}(p)}$$

예제 SOLVE PRACTICE PROBLEM

삼성기업의 A제품 판매수량은 2,000개, 판매단가는 ₩500, 단위당 변동원가는 ₩300, 고정원가는 ₩200,000이다. 총공헌이익, 단위당 공헌이익, 공헌이익률을 계산하시오.

해답

매출액	₩1,000,000	판매단가	₩500		1	100%
- 변동원가	600,000	- 단위당 변동원가	300	- 변동원가율		60
총공헌이익	₩400,000	단위당 공헌이익	₩200	공헌이익률		40%

2절 CVP분석 방법

1. 공식법

공식법은 이익을 산출하는 방법에서 산출식을 도출하여 손익분기점을 찾아내는 방법으로 총수익과 총원가의 일치에 중점을 둔 등식법(equation method)과 고정원가를 회수할 수 있는 공헌이익의 달성에 주안점을 둔 공헌이익법(contribution margin method)이 있다. 양 방법이 동일한 결론에 도달하며, 일반적으로 공헌이익법을 적용하는 것이 손익분기점 계산이 용이하다.

손익분기점(BEP)은 총수익과 총비용이 일치하여 이익도 손실도 발생하지 않는 판매수량 또는 매출액을 의미하며, 손익분기점에서는 이익이 발생하지 않으므로 법인세도 발생하지 않는다.

(1) 손익분기점 판매수량

회계정보를 기초로 공헌손익계산서의 영업이익 산출 방법을 공식으로 나타내면 "매출액(S) - 변동원가(V) - 고정원가(F) = 영업이익(I)"이다. 그런데 손익분기점은 영업이익이 "0"이므로 위의 공식은 "매출액(S) - 변동원가(V) - 고정원가(F) = 0"으로 계산된다.

손익분기점 산출식에서 판매단가는 p, 판매수량은 q라 하면, "매출액(S) = $p \times q$"이다. 그리고 단위당 변동원가를 v라 하면, "변동원가(V) = $v \times q$"가 된다. 그러므로 위의 공식을 응용하면, 손익분기점 매출액은 "$(p \times q) - (v \times q) - F = 0$"으로 나타낼 수 있다. 이는 "$q(p-v) = F$" 이므로 손익분기점 판매량 q는 다음과 같이 산출된다.

$$\text{BEP } q = \frac{F}{p - v} = \frac{F}{UCM}$$

$$\text{손익분기점 판매수량} = \frac{\text{고정원가}}{\text{판매단가} - \text{단위당 변동원가}} = \frac{\text{고정원가}}{\text{단위당 공헌이익}}$$

(2) 손익분기점 매출액

손익분기점의 매출액은 이익이 “0”이 되는 매출액이므로 이익계획 수립이나 경영 의사결정에 유용한 정보를 제공해 준다. 특히 이 방법은 판매단가나 단위당 변동원가에 대한 정보가 주어져 있지 않거나, 변동원가 및 매출액의 일정 비율로 표시될 수 있을 경우에 유용하게 적용할 수 있는 방법이다. 손익분기점에서의 이익 산출식은 “매출액(S) - 변동원가(V) - 고정원가(F) = 0” 이므로 “$S - V = F$” 이다. 여기서 양변을 S로 나누면 “$1 - V/S = F/S$” 이므로 손익분기점 매출액 S는 다음과 같이 산출된다.

$$\text{BEP } S = \frac{F}{1 - V/S} = \frac{F}{\text{CM Ratio}}$$

$$\text{손익분기점 매출액} = \frac{\text{고정원가}}{1 - \text{변동원가율}} = \frac{\text{고정원가}}{\text{공헌이익률}}$$

손익분기점 판매수량 및 매출액

손익분기점 판매수량	손익분기점 매출액
$\frac{\text{고정원가}}{\text{단위당 공헌이익}}$	$\frac{\text{고정원가}}{\text{공헌이익률}}$

예제 SOLVE PRACTICE PROBLEM

삼성기업의 A제품 판매량은 2,000개, 판매단가는 ₩500, 단위당 변동원가는 ₩300, 고정원가는 ₩200,000이다. 손익분기점 판매수량과 손익분기점 매출액을 계산하시오.

해답

① 손익분기점 판매수량: 1,000개

$$\frac{\text{고정원가}}{\text{판매단가} - \text{단위당 변동원가}} = \frac{\text{고정원가}}{\text{단위당 공헌이익}} = \frac{₩200{,}000}{₩500 - ₩300} = 1{,}000\text{개}$$

② 손익분기점 매출액: ₩500,000

$$\frac{고정원가}{1-\frac{변동원가}{매출액}} = \frac{고정원가}{공헌이익률} = \frac{₩200,000}{1-\frac{₩600,000}{₩1,000,000}} = ₩500,000$$

2. 도해법

(1) 손익분기도표

손익분기도표(Break Even Point graph)는 원가와 조업도, 이익 간의 상관관계를 그래프로 설명함으로써 수익과 원가가 일치하여 이익이 "0"이 되는 손익분기점의 파악을 용이하게 해주고, 조업도의 변동에 따른 원가, 이익 등의 변동을 분석하는 데 유용한 도구이다.

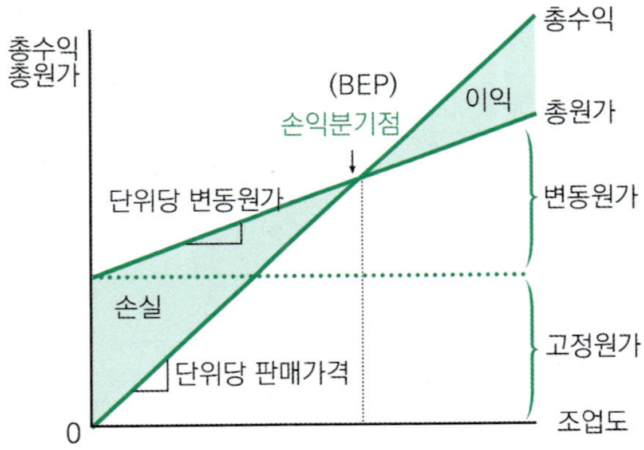

■ 손익분기도표 작성절차

① 1단계　도표의 횡축에 조업도, 종축에 수익과 원가를 표시한다.

② 2단계　원점에서 출발하여 단위당 판매가격을 기울기로 하는 총수익(매출액)선을 선형으로 표시한다.

③ 3단계　고정원가는 조업도의 변동과 관계없이 일정하고, 변동원가는 조업도의 변동에 따라 비례하여 증가하므로 절편(고정원가)과 단위당 변동원가를 기울기로 총원가선을 선형으로 표시한다. 총수익선과 총원가선이 교차하는 점이 손익분기점이다.

(2) 이익 – 조업도도표

이익 – 조업도도표(Profit Volume graph)는 조업도의 변동이 이익에 미치는 영향을 중점적으로 표시하는 도표이며, 고정원가와 공헌이익에 관한 정보만으로 간단하게 CVP분석을 수행할 수 있다. 특히 각 제품마다 이익구조가 다른 매출결합(sales mix)의 경우에 각 제품의 손익분기점을 용이하게 파악할 수 있을 뿐만 아니라 기업 전체의 손익분기점도 용이하게 계산할 수 있다.

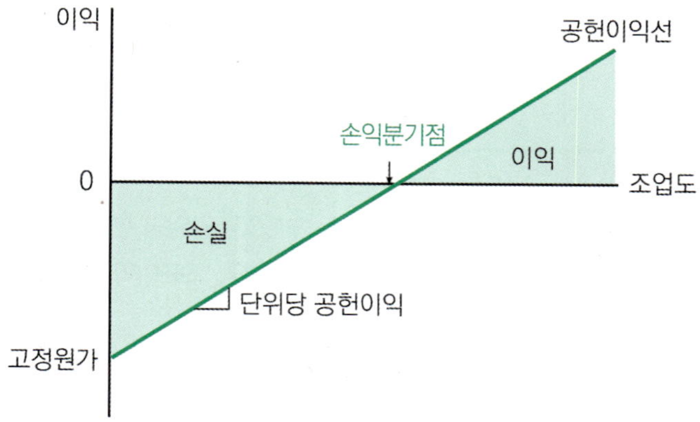

■ 이익 - 조업도도표 작성절차

① **1단계**　도표의 횡축에 조업도, "0"을 기점으로 종축의 상단에 이익, 하단에 고정원가를 각각 표시한다.

② **2단계**　도표의 종축 하단의 고정원가를 절편으로 하고, 단위당 공헌이익 혹은 단위당 공헌이익을 기울기로 하는 제품별 및 기업 전체의 공헌이익선을 선형으로 표시한다. 여기서 공헌이익선과 조업도를 나타내는 횡축의 교차점이 손익분기점이다.

3절 CVP분석 활용

1. 이익계획 수립

이익계획은 목표이익을 달성하기 위해 수립된 경영계획으로 경영 활동의 근본이 되는 수익창출과 관련된 계획이다. 이익계획은 CVP분석에서 산출되는 손익분기점을 기초로 수립되며, 이익계획 수립 시에 목표이익(target income)을 달성하기 위한 판매수량과 매출액은 다음과 같이 계산할 수 있다.

$$\text{목표이익을 달성하기 위한 판매수량}(TIq) = \frac{\text{고정원가} + \text{목표이익}}{\text{단위당 공헌이익}}$$

$$\text{목표이익을 달성하기 위한 매출액}(TIs) = \frac{\text{고정원가} + \text{목표이익}}{\text{공헌이익률}}$$

예제 SOLVE PRACTICE PROBLEM

삼성기업의 A제품 판매수량은 2,000개, 판매단가는 ₩500, 단위당 변동원가는 ₩300, 고정원가는 ₩200,000이다. 목표이익을 ₩100,000이라고 가정할 경우, 목표이익을 달성하기 위한 판매수량과 매출액을 계산하시오.

해답

$$\text{목표이익을 달성하기 위한 판매수량} = \frac{₩200,000 + ₩100,000}{₩200} = 1,500\text{개}$$

$$\text{목표이익을 달성하기 위한 매출액} = \frac{₩200,000 + ₩100,000}{0.4} = ₩750,000$$

손익분기점에서는 이익이 "0"이므로 법인세는 고려할 필요가 없다. 그러나 이익계획 수립 시에는 목표이익을 달성하기 위해서 법인세는 중요한 고려 요인이다. 법인세를 감안한 목표이익은 다음과 같이 산출할 수 있다.

$$\text{법인세차감 후 목표이익} = \text{법인세차감 전 목표이익} \times (1 - \text{법인세율})$$
$$\text{법인세차감 전 목표이익} = \text{법인세차감 후 목표이익} \div (1 - \text{법인세율})$$

법인세를 감안할 경우 목표이익을 달성하기 위한 목표판매수량과 목표매출액은 다음과 같이 계산할 수 있다.

$$\text{목표이익을 달성하기 위한 판매수량}(TIq) = \frac{\text{고정원가} + \dfrac{\text{법인세차감 후 목표이익}}{(1 - \text{법인세율})}}{\text{단위당 공헌이익}}$$

$$\text{목표이익을 달성하기 위한 매출액}(TIs) = \frac{\text{고정원가} + \dfrac{\text{법인세차감 후 목표이익}}{(1 - \text{법인세율})}}{\text{공헌이익률}}$$

예제

SOLVE PRACTICE PROBLEM

삼성기업의 A제품 판매수량은 2,000개, 판매단가는 ₩500, 단위당 변동원가는 ₩300, 고정원가는 ₩200,000이다. 법인세차감 후의 목표이익은 ₩120,000, 법인세율은 20%라고 가정할 경우, 목표이익을 달성하기 위한 판매수량과 매출액을 계산하시오.

해답

$$\text{목표이익을 달성하기 위한 판매수량} = \frac{₩200{,}000 + \{₩120{,}000 \div (1 - 0.2)\}}{₩200} = 1{,}750\text{개}$$

$$\text{목표이익을 달성하기 위한 매출액} = \frac{₩200{,}000 + \{₩120{,}000 \div (1 - 0.2)\}}{0.4} = ₩875{,}000$$

2. 민감도분석

민감도분석(sensitivity analysis)은 독립변수의 변동에 따른 종속변수의 반응 정도를 사전에 분석하는 방법이며, 미래 상황의 변동 및 위험에 미리 대처할 수 있는 유용한 분석 방법이다. 민감도분석을 이용하면 제품의 판매수량, 판매단가, 변동원가, 고정원가 등의 변동에 따른 손익분기점의 변동을 쉽게 파악할 수 있다.

민감도분석 시에는 차액분석(differential analysis)이 총액분석보다 유용하다. 차액분석은 독립변수의 변동에 따라 영향을 받는 종속변수만을 계산하여 분석하는 방법으로 의사결정 시에 간편하게 적용할 수 있는 것이 장점이다. 예를 들면, 매출은 관련범위 내에서 변동원가에만 영향을 미치므로 단위당 공헌이익이나 공헌이익률을 알고 있다면, 제품 판매수량 및 매출액의 증감에 따른 영업이익의 변동을 쉽게 파악할 수 있는 것이다.

예제

SOLVE PRACTICE PROBLEM

삼성기업의 A제품 판매수량은 2,000개, 판매단가는 ₩500, 단위당 변동원가는 ₩300, 고정원가는 ₩200,000이다.

물음 1. 만일 판매단가를 20% 낮추고 판매수량을 50% 증가시킬 경우, 손익분기점 판매수량과 매출액을 계산하시오. 단, 단위당 변동원가는 변동이 없다.

2. 만일 변동원가가 ₩100,000의 감소로 고정원가가 ₩100,000 증가한다면, 손익분기점은 어떤 영향을 받는지 설명하시오.

해답

1. 손익분기점 판매수량 $= \frac{₩200,000}{₩100} = 2,000$개

손익분기점 매출액 $= \frac{₩200,000}{0.25} = ₩800,000$

∴ 판매단가(₩500 → ₩400)와 판매수량(2,000개 → 3,000개)의 변동으로 손익분기점 판매량은 1,000단위 증가하고, 손익분기점 매출액은 ₩300,000 상향

2. 손익분기점 판매수량 $= \frac{₩300,000}{₩250} = 1,200$개

손익분기점 매출액 $= \frac{₩300,000}{0.5} = ₩600,000$

∴ 변동원가의 감소와 고정원가의 증가로 손익분기점 판매수량은 변동 전에 비해 200개 증가하고, 손익분기점 매출액은 ₩100,000 상향

3. 안전한계

기업 재무구조의 안전도는 실제 매출액이 손익분기점 매출액을 초과하는 정도에 따라 달라지는데, 이를 안전한계(Margin of Safety: MS)라고 한다. 안전한계는 실제 매출액에서 손익분기점 매출액을 차감하여 계산하며, 판매수량으로도 표시할 수 있다.

안전한계율(Margin of Safety ratio)은 안전한계 매출액(판매수량)이 실제 매출액(판매수량)에서 차지하는 비율이며, 안전한계율은 매출액(판매수량) 중 몇 %가 안전한계인지를 나타내 주며, 기업의 안정성을 측정하는 지표로 이용되고 있다. 손익분기점률은 손익분기점 매출액을 실제 매출액으로 나누어 계산하고, 안전한계율은 "1 - 손익분기점률"로 계산된다. 재무구조의 안전성을 확보하기 위해서는 안전한계율을 높여야 하는데, 이를 위해 기업은 매출액(판매수량) 증대, 생산원가 절감 등을 통해 손익분기점을 낮추어야 한다.

$$\text{안전한계 매출액} = \text{실제 매출액} - \text{손익분기점 매출액}$$

$$\text{안전한계율}^{1)} = \frac{\text{실제 매출액} - \text{손익분기점 매출액}}{\text{실제 매출액}}$$

$$= \frac{\text{안전한계 매출액}}{\text{실제 매출액}} = 1 - \text{손익분기점률}$$

$$= \frac{\text{영업이익}}{\text{공헌이익}} = \frac{1}{\text{영업레버리지도}}$$

예제 SOLVE PRACTICE PROBLEM

삼성기업의 A제품 판매수량은 2,000개, 판매단가는 ₩500, 단위당 변동원가는 ₩300, 고정원가는 ₩200,000이다. 삼성기업의 안전한계율을 계산하시오.

해답

$$\text{안전한계율} = \frac{₩1,000,000 - ₩500,000}{₩1,000,000} = \frac{2,000\text{단위} - 1,000\text{단위}}{2,000\text{단위}} \times 100 = 50\%$$

4. 영업레버리지

레버리지효과는 영업레버리지(operating leverage)와 재무레버리지(financial leverage)로 구분하며, 기업의 재무위험을 나타내는 지표로 활용된다. 영업레버리지는 고정원가로 인해 매출 변동이 확대되어 영업이익에 반영되는 효과(고정원가의 손익확대효과)를 의미하며, 총원가 중에 고정원가 비율이 높을수록 영업레버리지가 높아진다. 재무레버리지는 타인자본의 변동으로 매출 변동이 확대되어 이익에 반영되는 효과(타인자본의 손익확대효과)이다. 레버리지 효과는 고정원가 및 차입금이 지렛대 역할을 하여 이익이 일정 배수로 증가하는 것을 의미한다.

---

1) $\frac{S-BEPs}{S} = \frac{S-F/CM\text{비율}}{S} = \frac{S-\frac{F}{\frac{CM}{S}}}{S} = \frac{S-\frac{F \cdot S}{CM}}{S} = \frac{S\left(1-\frac{F}{CM}\right)}{S} = 1-\frac{F}{CM} = \frac{CM-F}{CM} = \frac{O}{CM} = \frac{1}{DOL}$

S: 실제매출액, $BEPs$: 손익분기점 매출액, F: 고정원가, CM: 공헌이익
CM율: 공헌이익률, O: 영업이익, DOL: 영업레버리지도

레버리지 효과

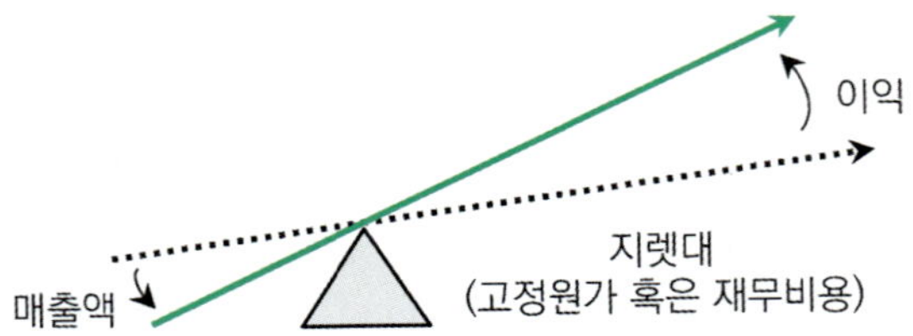

영업레버리지도(Degree of Operating Leverage: DOL)는 매출액의 변화에 따른 영업이익의 변화를 측정하는 지표이다.

$$\text{영업레버리지도(DOL)}^{2)} = \frac{\text{영업이익 증감률}}{\text{매출액 증감률}} = \frac{\text{공헌이익}}{\text{영업이익}}$$

영업레버리지도가 높을수록 매출액의 증감률에 영업이익의 증감률은 더 크게 영향을 받는다.

$$\text{영업이익 증감률(\%)} = \text{영업레버리지도} \times \text{매출액 증감률(\%)}$$

영업레버리지도가 높다는 것은 매출액이 확대되면 영업이익이 크게 증가하는 것을 의미하므로 매출이 증가하는 호경기에서는 높은 영업레버리지도를 유지하고, 매출이 감소하는 불경기에는 낮은 영업레버리지도가 유지되도록 원가구조(cost structure)전략을 선택해야 한다.

① 자본집약적 산업

고정원가↑ 직접노무원가↓ ➡ 변동원가율↓ ➡ 공헌이익률↑ ➡ 영업레버리지↑

② 노동집약적 산업

고정원가↓ 직접노무원가↑ ➡ 변동원가율↑ ➡ 공헌이익률↓ ➡ 영업레버리지↓

---

2) $\frac{\Delta O/O}{\Delta S/S} = \frac{\Delta O}{\Delta S} \cdot \frac{S}{O} = \frac{\Delta CM^*}{\Delta S} \cdot \frac{S}{O} = \frac{CM^{**}}{S} \cdot \frac{S}{O} = \frac{CM}{O}$

* 매출액 증감에 따른 영업이익 증감액은 곧 공헌이익 증감액이다.

** 가격과 원가구조가 변하지 않는 한 공헌이익률은 일정하다.

S: 매출액, ΔS: 매출액 증감, O: 영업이익, ΔO: 영업이익 증감, CM: 공헌이익, ΔCM: 공헌이익 증감

산업적 측면에서 원가구조를 분석하면, 자본집약적 산업의 영업레버리지도가 노동집약적 산업의 영업레버리지도보다 높게 나타난다. 기업은 손익분기점을 상회하는 매출이 예상되는 호경기에는 고정설비투자 확대를 통한 원가구조 개선으로 이익을 확대하는 전략을 선택해야 하는 반면, 자본집약적 산업이 불경기를 맞으면 고정설비투자에 의한 고정원가 부담이 가중되어 도산위험에 빠질 수도 있다.

예제

SOLVE PRACTICE PROBLEM

다음은 삼성기업과 현대산업의 공헌손익계산서이다.

공헌손익계산서

	삼성기업	현대산업
매 출 액	₩1,500,000	₩1,500,000
변동원가	900,000	300,000
공헌이익	₩600,000	₩1,200,000
고정원가	200,000	800,000
영업이익	₩400,000	₩400,000

물음 1. 삼성기업과 현대산업의 영업레버리지도를 각각 계산하시오.

2. 최근 호경기를 맞아 두 기업이 매출액이 30%씩 증가한다면, 영업이익은 각각 몇 %씩 증가하는지 계산하시오.

해답

1. 삼성기업의 영업레버리지도 = $\frac{₩600,000}{₩400,000} = 1.5$

   현대산업의 영업레버리지도 = $\frac{₩1,200,000}{₩400,000} = 3$

2. 삼성기업의 영업이익증가율 = 30% × 1.5 = 45%

   현대산업의 영업이익증가율 = 30% × 3 = 90%

∴ 현대산업은 자본집약적 산업을 영위하는 기업으로 영업레버리지도가 삼성기업의 2배이므로 매출 확대에 따른 영업이익증가율 증가도 삼성기업의 2배이다.

5. 매출배합분석

매출배합(sales mix)은 총매출액(총판매수량) 중에서 각 제품의 매출액(판매수량)이 차지하는 비율이다. 복수의 제품을 생산 및 판매하는 매출배합의 경우에 각 제품마다 수익과 원가구조가 상이하므로 각 제품별로 CVP분석을 행하여 최적의 매출배합을 결정해야 한다.

경영자는 최적 매출배합으로 복수 제품의 총공헌이익을 극대화시켜야 한다. 따라서 기업 전체의 손익분기점을 계산하기 위해서는 복수 제품의 매출배합비율을 고려한 가중평균공헌이익을 산출해야 한다. 예를 들어, 회사가 A제품 2,000단위와 B제품 3,000단위를 매출하고 있다면, 제품 A와 B의 매출배합비율은 2 : 3이다. 가중평균공헌이익을 계산하는 방법에는 가중평균공헌이익법과 패키지법이 있다.

(1) 가중평균공헌이익법

가중평균공헌이익법(weighted average contribution margin method)은 여러 제품의 상대적 판매수량에 따른 가중치를 계산한 후, 단위당 공헌이익을 곱하여 단위당 가중평균공헌이익을 산출하는 방법으로, 기업 전체의 손익분기점 총판매수량은 고정원가를 단위당 가중평균공헌이익으로 나누어 계산한다.

① 손익분기점 총판매수량 $= \dfrac{\text{고정원가}}{\text{단위당 가중평균공헌이익}}$

단위당 가중평균공헌이익 $= \dfrac{\text{가중평균총공헌이익}}{\text{총판매수량}}$

② 손익분기점 총매출액 $= \dfrac{\text{고정원가}}{\text{가중평균공헌이익률}}$

가중평균공헌이익률 $= \dfrac{\text{가중평균총공헌이익}}{\text{총매출액}}$

예제 SOLVE PRACTICE PROBLEM

삼성기업의 A제품 판매수량은 2,000개, 판매단가는 ₩500, 단위당 변동원가는 ₩300이다. 그리고 삼성기업의 B제품 판매수량은 3,000개, 판매단가는 ₩400, 단위당 변동원가는 ₩300일 경우에 삼성기업의 가중평균공헌이익과 손익분기점 총판매수량 및 제품별 판매수량을 각각 계산하시오.(고정원가는 ₩200,000)

해답

① 가중평균공헌이익

제품	매출배합	가중치	단위당 공헌이익	단위당 가중평균공헌이익
A	2,000개	0.4	₩200	₩80
B	3,000	0.6	100	60
합계	5,000개			₩140

② 기업 전체 손익분기점 총판매수량

₩200,000 ÷ ₩140 = 약 1,429개

③ 제품별 손익분기점 판매수량

A제품: 1,429개 × 0.4 = 572개

B제품: 1,429개 × 0.6 = 857개

(2) 패키지법

패키지법(package method, 총공헌이익법)은 기업이 매출하는 여러 제품을 한 패키지(package)로 인식하여 패키지공헌이익(composit units contribution margin)을 계산한 후, 패키지공헌이익을 총판매수량으로 나누어 평균공헌이익을 산출한다. 여기서 패키지공헌이익은 매출 배합된 복수 제품의 공헌이익을 합산하여 계산한다. 패키지법에 의한 기업 전체의 손익분기점은 고정원가를 평균공헌이익으로 나누어 계산할 수 있다.

예제 SOLVE PRACTICE PROBLEM

삼성기업의 A제품 판매량은 2,000개, 판매단가는 ₩500, 단위당 변동원가는 ₩300이다. 그리고 삼성기업의 B제품 판매량은 3,000개, 판매단가는 ₩400, 단위당 변동원가는 ₩300일 경우에 패키지법을 적용하여 가중평균공헌이익과 손익분기점 판매수량을 계산하시오.(고정원가는 ₩200,000)

해답

① 가중평균공헌이익

패키지공헌이익: (2,000단위 × ₩200) + (3,000단위 × ₩100) = ₩700,000

가중평균공헌이익: ₩700,000 ÷ 5,000단위 = ₩140

② 손익분기점 판매수량: ₩200,000 ÷ ₩140 ≒ 1,429개

6. 현금흐름분기점분석

기업의 경영자와 이해관계자들은 이익목표의 달성뿐만 아니라 현금흐름에도 많은 관심을 갖는다. 그 이유는 이익 성과가 좋다 하더라도 현금과 같은 자금흐름에 문제가 발생하면 흑자도산에 빠질 위험이 존재하기 때문이다.

흑자도산 방지를 위한 최소한의 현금수준은 현금의 유입액과 유출액이 일치되는 매출액(판매수량)인 현금흐름분기점을 산출함으로써 분석할 수 있다. 현금의 유입과 유출을 일치시키는 현금흐름분기점은 다음과 같이 계산할 수 있다.

현금유입 = 현금유출 매출액 = 변동원가 + (고정원가 - 현금유출이 없는 고정원가)

여기서 판매단가는 p, 판매수량은 q, 단위당 변동원가는 v, 고정원가는 F, 현금유출이 없는 고정원가는 F'라 하면 "$q(p-v)=(F-F')$"이다.

따라서 현금흐름분기점은 "$(p \times q)-(v-q)-(F-F')=0$"로 나타낼 수 있다. 이는 $q(p-v)=(F-F')$이므로 현금흐름분기점 판매수량 q는 다음과 같이 산출된다.

$$\text{현금흐름분기점 } q = \frac{F - F'}{p - v}$$

$$\text{현금흐름분기점 판매수량} = \frac{\text{고정원가} - \text{현금유출이 없는 고정원가}}{\text{단위당 공헌이익}}$$

일반적으로 현금흐름분기점은 손익분기점보다 낮게 나타나는데, 그 이유는 현금유출이 없는 고정원가는 원가구조에 있어 고정원가의 절감과 같은 결과를 가져 오기 때문이다. 예를 들면, 감가상각비는 고정원가지만, 기업 외부로 현금이 유출되지 않는 원가로 기업의 현금흐름에 공헌하고 있는 것이다.

예제

SOLVE PRACTICE PROBLEM

삼성기업의 A제품 판매수량은 2,000개, 판매단가는 ₩500, 단위당 변동원가는 ₩300, 고정원가는 ₩200,000(감가상각비 ₩20,000 포함)일 때, 현금흐름분기점 판매수량을 계산하시오.

해답

$$\text{현금흐름분기점 판매수량} = \frac{₩200,000 - ₩20,000}{₩500 - ₩300} = 900\text{개}$$

7. 불확실성 하의 CVP분석

전통적인 CVP분석에서는 제품의 판매수량, 공헌이익, 고정원가 등의 발생이 확실한 것으로 가정한다. 그러나 현실적으로 상황의 복잡성 및 다양한 변화 등으로 기대이익에 영향을 미치는 변수들을 정확히 파악한다는 것은 거의 불가능하다.

이러한 경우에 불확실성 하의 CVP분석은 손익분기점에 도달할 확률이나 특정 목표이익을 달성할 확률, 이익 및 손실이 발생할 확률 등의 정보를 제공함으로써 이익계획뿐만 아니라 신제품의 경제성분석 등의 의사결정에 유용하게 이용할 수 있다.

(1) 통계적 분석

정규분포를 이루는 하나의 독립변수(예: 판매수량)가 불확실성 하에 있고, 그 불확실성의 정도를 사전에 알 수 있다면, 표준화된 통계분석 절차를 적용하여 독립변수의 불확실성이 이익과 같은 종속변수에 미치는 영향을 설명할 수 있다.

기대판매수량은 기대공헌이익과 기대영업이익에 영향을 미치는데, 기대공헌이익(expected contribution margin)은 제품의 단위당 공헌이익에 기대판매수량을 곱하여 계산한다.

$$E(C) = (p - v) \cdot E(X)$$

단, $E(C)$: 기대공헌이익, $p-v$: 단위당 공헌이익, $E(X)$: 기대판매수량

기대영업이익(expected operating income)은 기대공헌이익에서 고정원가를 차감한 금액으로 계산한다.

$$E(\pi) = E(C) - F = (p - v) \cdot E(X) - F$$

단, $E(\pi)$: 기대영업이익, F: 고정원가

기대영업이익과 기대영업이익의 표준편차를 이용하면 손익분기점을 초과할 확률(probability) 및 목표이익을 달성할 확률을 계산할 수 있다. 기대영업이익의 표준편차는 제품의 단위당 공헌이익에 기대판매수량의 표준편차를 곱하여 산출할 수 있는데 이를 수식으로 나타내면 다음과 같다.

$$S(\pi) = (p - v)Sx$$

단, $S(\pi)$: 기대영업이익의 표준편차, Sx: 기대판매수량의 표준편차

예제

SOLVE PRACTICE PROBLEM

삼성기업의 매월 제품 판매수량은 평균 1,000개이며 표준편차가 200개인 정규분포를 보이고 있다. 제품단위당 판매가격은 ₩200이며, 단위당 변동원가는 ₩150이고 매월의 고정원가는 ₩42,000이다.

물음 1. 월 매출액이 손익분기점에 도달할 확률을 계산하시오.
2. 월 영업이익이 ₩12,000 이상일 확률을 계산하시오.

해답

1. ① 기대영업이익$E(\pi)$: {(₩200 - ₩150) × 1,000개} - 42,000 = ₩8,000
   ② 기대영업이익의 표준편차$S(\pi)$: (₩200 - ₩150) × 200개 = ₩10,000
   ③ 정규분포의 확률변수값 Z를 구하고, 〈부표 5〉의 정규분포표를 이용하여 계산한다.

   $Z = \dfrac{0 - E(\pi)}{S(\pi)}$ 이므로 $Z = \dfrac{0 - ₩8,000}{₩10,000} = -0.8$

   확률$P(Z \geq -0.8) = 1 - 0.2119 = 0.7881$

   ∴ 월 매출액이 손익분기점에 도달할 확률은 78.8%

2. $Z = \dfrac{₩12,000 - ₩8,000}{₩10,000} = 0.4$

   〈부표 5〉의 〈정규분포표〉를 이용하면 $P(Z \geq 0.4) = 0.3446$

   ∴ 월 영업이익이 ₩12,000 이상일 확률은 34.46%

(2) 의사결정수

의사결정수(decision tree)는 독립변수와 종속변수 간의 가능한 모든 결과와 그 결과에 대한 결합확률(joint probability)을 가시적으로 보여 주는 표이며, 불확실한 독립변수가 소수일 경우 종속변수에 대한 기대가치 및 확률정보를 쉽게 파악할 수 있어 의사결정에 유용하다. 그러나 불확실한 독립변수의 수가 증가하면 의사결정수를 이용한 분석이 불가능해 질 수도 있다.

예제 SOLVE PRACTICE PROBLEM

삼성기업은 신제품의 판매수량과 단위당 공헌이익이 불확실하여 다음과 같은 주관적 확률을 예상하고 있다. 반면에 고정원가는 ₩700,000이 발생될 것이 확실하다.

판매수량	확률	단위당 공헌이익	확률
100,000개	0.6	₩10	0.4
80,000	0.4	8	0.6

물음 1. 기대영업이익을 계산하시오.
2. 이익이 발생할 확률을 계산하시오.
3. 손실이 발생할 확률을 계산하시오.

해답

1. 기대영업이익

판매수량 (확률)	단위당 공헌이익 (확률)	공헌이익	고정원가	영업이익	결합확률	기대영업 이익
100,000개 (0.6)	₩10 (0.4)	₩1,000,000	₩700,000	₩300,000	0.24	₩72,000
	₩8 (0.6)	₩800,000	₩700,000	₩100,000	0.36	₩36,000

판매수량 (확률)	단위당 공헌이익 (확률)	공헌이익	고정원가	영업이익	결합확률	기대영업 이익
80,000개 (0.4)	₩10 (0.4)	₩800,000	₩700,000	₩100,000	0.16	₩16,000
	₩8 (0.6)	₩640,000	₩700,000	₩(60,000)	0.24	₩(14,400)
						₩109,600

∴ 기대영업이익 = ₩109,600

2. 이익이 발생할 확률은 공헌이익이 고정원가를 초과할 경우의 결합확률을 합하여 구한다.
   (0.24 + 0.36 + 0.16) = 0.76 (76%)

3. 손실이 발생할 확률: 1 − 0.76 = 0.24 (24%)

보론 매출배합분석

다품종 생산 기업의 CVP분석에서 가장 어려운 문제는 각 제품별로 변동원가와 고정원가를 분류하여 계산하는 것이다. 특히 각 제품에 공통적으로 투입되는 고정원가는 각 제품별로 투입원가를 구분하는 것은 매우 어렵다. 다품종 생산에 따른 공통원가인 고정원가를 각 제품별로 배분하지 않고 기업의 손익분기점을 계산하는 방법은 개별법, 평균법, 기준법 등이 있다.

① **개별법** 개별법은 각 제품별로 공헌이익과 공헌이익률을 계산하고, 순차적으로 누계를 합산해 나가면, 공헌이익의 누계액이 고정원가와 일치하는 점이 손익분기점이다.

개별법으로 손익분기점을 계산할 때 각 제품의 매출액 구성 및 제품의 순서를 달리하면 전혀 다른 결과가 도출되므로 일정한 제품별 순서를 정하는데 일반적으로 공헌이익률이 큰 것부터 순차적으로 공헌이익을 누계한다. 개별법을 설명하기 위해 다음과 같은 사례를 계산해 보자.

제품별 공헌이익률과 공헌이익

(단위: 만원)

제품	매출액	고정원가	변동원가	공헌이익률	공헌이익	공헌이익 누계	이익 누계
A	600	400	60%	40%	240	240	- 160
B	400		70%	30%	120	360	- 40
C	400		80%	20%	80	440	40
D	200		90%	10%	20	460	60
합계	1,600				460		

위 표에서 보면 제품 A에서 240만 원의 공헌이익이 발생했으나, 고정원가가 400만 원이기 때문에 전체적으로는 160만 원의 손실이 발생한다. 제품 B에서 120만 원의 공헌이익이 실현되어 총공헌이익은 360만 원(A제품 240만 원 + B제품 120만 원)이 되므로 손실은 40만 원으로 축소된다. 제품 C에서 80만 원의 공헌이익이 실현되어 총공헌이익은 440만 원이 되어 고정원가 400만 원을 차감하면 40만 원의 이익이 발생한다.

그러므로 고정원가 400만 원을 충당하는 손익분기점을 달성하기 위해서 제품 A와 B를 전량 매출하고, 잔여 손실액 40만 원이 충당될 때까지 제품 C를 매출하면 된다. 이를 계산하면 다음과 같다.

손익분기점 매출액(개별법)
= 제품 A의 매출액 + 제품 B의 매출액 + 제품 C의 손익분기점
= 600만 원 + 400만 원 + {40만 원(고정원가) / 0.2(공헌이익률)}
= 1,200만 원

② **평균법** 평균법은 각 제품을 하나의 큰 제품으로 가정하고, 각 제품의 구성비율이 언제나 동일하다는 전제 하에 공헌이익의 합계를 제품별 매출액 합계로 나누어 가중평균공헌이익률을 계산한 후, 가중평균공헌이익률을 기초로 하여 손익분기점을 계산한다.

가중평균공헌이익률 = 공헌이익 합계 / 매출액 합계
가중평균공헌이익률 = Σ{제품별 공헌이익률 × (제품별 매출액 / 매출액 합계)}

위 사례로 가중평균공헌이익률과 손익분기점 매출액을 계산하면 다음과 같다.

- 가중평균공헌이익률(평균법) = 460만 원 / 1,600만 원 ≒ 29%
- 손익분기점 매출액(평균법) = 400만 원 / 29% ≒ 1,379만원

평균법에 의한 CVP분석은 계산이 용이한 것은 장점이나, 계산된 손익분기점 매출액을 각 제품별로 분배하는 방법에 대한 기준이 없는 것이 단점이다.

③ **기준법** 기준법은 생산 제품 중에서 주력 제품을 선정하고, 주력 제품을 기준으로 손익분기점을 계산하는 방법이다. 위 사례에서 공헌이익이 가장 큰 A제품을 주력 제품으로 선정하면 손익분기점 매출액은 다음과 같다.

손익분기점 매출액(기준법) = 고정원가 / 기준제품(A)의 공헌이익률
= 400만 원 / 0.4 = 1,000만 원

A제품을 기준으로 한 환산매출액

(단위: 만원)

제 품	매출액	공헌이익률	환산지수	환산매출액
A	600	40%	40 / 40	600
B	400	30%	30 / 40	300
C	400	20%	20 / 40	200
D	200	10%	10 / 40	50
합 계	1,600			1,150

주: 1. 환산지수는 각 제품의 공헌이익률을 기준 제품의 공헌이익률로 나눈 값이다.
2. 환산매출액은 각 제품의 매출액에 환산지수를 곱하여 계산한다.

위의 표에 의하면 B제품의 매출액 400만 원이 A제품의 매출액 300만 원과 같다는 것이고, 제품 A, B, C, D 등에서 1,400만 원 매출한 결과는 A제품 1,000만 원(매출액 1,400만 원 - 고정원가 400만 원)을 매출한 것과 같다는 것을 보여주고 있다. 그러므로 A제품을 기준으로 한 손익분기점 매출액은 1,000만 원이며, 이를 달성하기 위한 각 제품별 매출조합은 다음과 같다.

1,000만 원 = A 매출액 + (B 매출액 × 3/4) + (C 매출액 × 2/4) + (D 매출액 × 1/4)

연습문제

REVIEW EXERCISES

주관식

01 CVP분석의 개념과 유용성을 논술하시오.

02 공헌손익계산서의 이론적 설명과 산출식을 설명하시오.

03 손익분기점 판매수량 및 매출액을 설명하고 산출식을 기술하시오.

04 CVP분석의 가정과 한계를 논술하시오.

05 민감도분석의 개념 및 활용 방법을 논술하시오.

06 영업레버리지의 유용성과 원리를 기술하시오.

07 매출배합분석의 개념과 분석 방법을 설명하시오.

08 다음의 개념을 설명하시오.

① 관련범위(relevant range)

② 공헌이익률

③ 이익 - 조업도도표

④ 목표이익

⑤ 안전한계

⑥ 재무레버리지

⑦ 가중평균공헌이익법

⑧ 기대영업이익

09 원가－조업도－이익분석의 종합

삼성기업의 지난해 영업 성과는 다음과 같다. 제품의 판매량은 2,000단위이었다.

매 출 액	₩1,000,000
변 동 원 가	600,000
공 헌 이 익	₩400,000
고 정 원 가	200,000
영 업 이 익	₩200,000

물음 (1) 단위당 공헌이익과 공헌이익률을 계산하시오.

(2) 손익분기점 판매수량과 매출액을 계산하시오.

(3) 지난해보다 두 배의 영업이익을 얻는데 필요한 목표판매수량과 목표매출액을 계산하시오. 단, 원가구조는 변하지 않는다고 가정한다.

(4) 제품 단위당 ₩50의 변동원가를 절감할 수 있는 경우의 손익분기점 판매수량과 매출액을 계산하시오.

(5) 안전한계율과 영업레버리지도를 계산하시오.

(6) 금년의 매출액이 작년에 비해 10% 증가할 것으로 예상되는 경우, 영업이익은 몇 % 증가할 것인지 계산하시오.

(7) 고정원가에는 감가상각비 ₩40,000이 포함되어 있다. 현금흐름분기점 판매수량을 계산하시오.

10 매출배합

삼성기업은 X, Y, Z의 세 종류의 제품을 판매하고 있다. 각 제품의 판매가격은 ₩2,000, ₩3,000, ₩5,000이며 단위당 변동원가는 ₩1,000, ₩1,800, ₩3,000이다. 이 회사의 사장은 다음해에 200,000단위를 판매할 계획인데 X는 80,000단위, Y는 100,000단위, Z는 20,000단위이다. 단, 고정원가는 ₩48,000,000으로 가정한다.

물음 (1) 주어진 매출배합으로 회사 전체의 손익분기점 판매수량과 매출액을 계산하시오.

(2) 고정원가가 ₩6,000,000 증가하는 경우, 회사 전체의 손익분기점(판매수량)은 얼마인지 계산하시오.

(3) 200,000단위를 판매하는 경우 회사 전체의 공헌이익은 얼마이며, 순이익은 얼마인지 계산하시오.

(4) 법인세차감 후 목표이익 ₩12,000,000을 얻기 위한 회사 전체의 목표판매수량과 매출액은 얼마가 되어야 하는지 계산하시오. (단, 법인세율은 20%로 가정한다.)

(5) 만일 X 60,000단위, Y 80,000단위, Z 60,000단위가 판매될 경우에 순이익은 얼마가 되는가? 만일 이 매출배합이 내년도에도 유지될 경우, 새로운 손익분기점(단위)은 어떤 수준인가? 그리고 이와 같은 매출배합의 변경이 바람직한 것인지를 논하시오.

11 매출배합의 변경 (Ⅰ)

삼성기업은 세 가지 제품을 생산 판매하고 있다. 이들 제품에 대한 각각의 단위당 판매가격과 변동원가는 다음과 같다.

	제품 A	제품 B	제품 C
판매가격	₩20	₩15	₩30
변동원가	10	6	18

연간 총고정원가는 ₩705,000이다. 이 회사의 매출배합은 판매수량비율로 할 때, 제품 A가 30%, 제품 B가 20%, 제품 C가 50%로 구성되어 있다.

물음 (1) 손익분기점의 판매수량을 계산하고, 손익분기점에 판매되는 각 제품의 판매수량을 계산하시오.

(2) 현재의 매출배합 하에서 총판매수량은 70,000단위라고 가정한다. 만일 각 제품의 매출배합이 제품 A가 20%, 제품 B가 20%, 제품 C가 60%로 변경될 경우 ₩10,000의 광고비를 추가적으로 지출하여야 한다. 이 매출배합의 변경에 동의하겠는가? 단 매출배합이 변경되더라도 총판매수량은 변동이 없다.

12 매출배합의 변경 (Ⅱ)

삼성기업은 과자와 초콜렛을 생산, 판매하고 있다. 올해의 판매 및 생산과 관련된 제품별 정보는 다음과 같다.

구 분	과 자	초콜렛
판매수량	5,000개	3,000개
단위당 판매가격	₩1,000	₩600
단위당 변동원가	400	300

기타 관련 사항은 다음과 같다.

① 기업 전체의 총고정원가는 ₩2,730,000이다.

② 과자 제품에 대한 시장경쟁이 매우 심화되어 내년에는 과자 제품의 가격을 ₩800으로 인하하고자 한다. 이로 인하여 과자 매출액과 초콜렛 매출액의 비율은 4 : 3이 되리라 예상된다. 내년도

에 이 이외의 다른 변화는 없다.

③ 법인세율은 20%이다.

물음 (1) 당기의 제품별 손익분기점 판매수량을 계산하시오.

(2) 내년도의 제품별 손익분기점을 계산하시오.

(3) 내년도의 법인세차감 후 순이익이 당년도의 순이익수준을 달성하기 위해서는 내년도에 각 제품을 몇 개씩 판매하여야 하는지 계산하시오.

13 매출배합의 변경 (Ⅲ)

삼성기업은 A, B, C 세 가지 종류의 제품을 생산 · 판매하고 있다. 경영자는 이 세 가지 제품에 대한 내년도의 판매예측을 영업부장으로부터 보고받았다. 한편, 이 회사는 과거 2년 동안 판매수량과 변동원가에 대하여 상당히 많은 변화를 경험하였다. 따라서 회계담당자는 미래의 판매예측은 CVP분석 관점에서 신중하게 평가되어야 한다고 주장하였다. 다음 자료는 내년도의 예산 관련 정보이다.

제품	판매수량	단위당 판매가격	단위당 변동제조원가	단위당 변동판매관리비
A	10,000개	₩66	₩26	₩10
B	20,000	82	24	8
C	20,000	96	50	11

내년도의 고정제조간접원가 예산액은 ₩800,000이며, 고정판매관리비 예산액은 ₩240,000이다. 법인세율은 20%이다.

물음 (1) 삼성기업의 내년도 예산순이익을 계산하시오.

(2) 예산매출배합이 그대로 유지될 경우, 손익분기점 판매수량을 계산하시오.

(3) ₩182,400의 법인세차감 후 목표이익을 달성하기 위한 회사 전체의 목표총판매수량을 계산하시오.

(4) 위의 예산정보는 다음과 같이 변경될 수 있으며, 그 이외의 변경은 없다고 가정하자.

① 제품 B의 단위당 변동판매관리비가 ₩5, 제품 C의 단위당 변동제조원가가 20% 증가할 것이다.

② 제품 B는 30,000개, C는 10,000개로 판매수량이 변경될 수 있다.

이와 같은 변경된 상황 하에서 내년도의 손익분기점 판매수량을 계산하시오.

14 불확실성 하의 원가－조업도－이익분석

삼성기업은 신제품 판매의 타당성을 검토하고 있다. 신제품의 판매수량과 단위당 판매가격, 단위당 변동원가는 불확실하여 다음과 같은 주관적 확률을 예상하고 있다. 반면에 연간 고정원가는 ₩400,000이 발생될 것이 확실히 예측된다.

판매량	단위당 판매가격	확률	단위당 변동원가	확률
40,000개	₩20	0.3	₩5	0.4
30,000	18	0.4	4	0.4
20,000	16	0.3	3	0.2

물음 (1) 의사결정수를 이용하여 기대영업이익을 계산하시오.

(2) 손익분기점에 도달할 확률(즉, 이익이 날 확률)을 계산하시오.

객관식

01 일반적으로 손익분기점분석에서 고려하지 않는 가정은? ▸ 세무사

① 판매가격은 일정 범위 내에서는 변동하지 않는다.
② 모든 원가는 고정비와 변동비로 나누어질 수 있다.
③ 수익과 원가형태는 관련범위 내에서 곡선이다.
④ 원가 요소, 능률, 생산성은 일정 범위 내에서 변동하지 않는다.
⑤ 단위당 판매가격은 판매량에 관계없이 일정하다.

02 다음 중 원가－조업도－이익분석의 가정이 아닌 것은? ▸ 경영지도사

① 원가는 변동원가와 고정원가로 정확하게 구분된다.
② 매출액은 판매량에 관계없이 일정하다.
③ 매출배합은 일정하다.
④ 재고는 손익분기점계산에서 변동하지 않는다.
⑤ 원가에 영향을 미치는 유일한 요인은 조업도이다.

03 변동비와 판매가격이 일정할 때 고정비가 조업도 증가에 따라서 추가된다면 공헌이익과 손익분기점은 어떻게 변화하겠는가?

	〈공헌이익〉	〈손익분기점〉		〈공헌이익〉	〈손익분기점〉
①	증가	감소	②	감소	증가
③	불변	증가	④	불변	불변
⑤	불변	감소			

04 (주)동진은 단일제품을 생산 및 판매하고 있으며, 매 년도 기초와 기말의 재고자산은 없다. 20×1년도의 매출 및 원가 자료는 다음과 같다.

매 출 액	₩4,000,000	변동원가	₩2,000,000
공헌이익	₩2,000,000	고정원가	₩1,000,000
영업이익	₩1,000,000		

20×2년도에도 고정원가와 제품 단위당 판매가격은 20×1년도와 같을 것으로 예상된다. 또한 20×2년도의 제품 판매량은 20×1년도보다 20% 증가하고 20×2년도의 손익분기점 매출액은 20×1년도보다 25% 증가할 것으로 예상된다. 20×2년도 (주)동진의 영업레버리지도(degree of operating leverage)는 얼마로 예상되는가? (단, 영업레버리지도는 소수점 셋째 자리에서 반올림하여 계산하라.)

① 1.99 ② 2.09 ③ 2.19 ④ 2.29 ⑤ 2.39

05 영업레버리지도(Degree of Operating Leverage)에 대한 다음의 설명 중 옳지 않은 것은? 단, 모든 경우에 영업이익은 0보다 크다고 가정한다 ▸ 공인회계사

① 단위당 변동원가가 증가하면 영업레버리지도는 높아진다.
② 고정원가가 감소하면 영업레버리지도는 낮아진다.
③ 안전한계율(margin of safety ratio)이 높아지면 영업레버리지도는 낮아진다.
④ 단위당 판매가격이 증가하면 영업레버리지도는 낮아진다.
⑤ 판매량이 증가하면 영업레버리지도는 높아진다.

06 다음은 원가-조업도-이익(CVP)분석에 관한 설명이다. 이 중 적합하지 않은 표현은 어느 것인가? ▸ 공인회계사

① 손익분기점에서는 순이익이 0이므로 법인세가 없다.
② 공헌이익이 총고정원가보다 클 경우에는 이익이 발생한다.
③ 생산량과 판매량이 다른 경우에도 변동원가계산의 손익분기점은 변화가 없다.
④ 총원가 중에서 고정원가의 비중이 클수록 영업레버리지도는 작아진다.
⑤ 안전한계율에 공헌이익률을 곱하면 매출액순이익률이 계산된다.

07 이익-조업도(P/V chart) 이익선 기울기가 작아지는 효과로 나타나는 경우는? ▸ 경상북도 공무원

① 단위당 판매가격 하락 ② 단위당 변동비 감소
③ 고정비 증가 ④ 고정비 감소

08 원가-이익분석의 그래프에서 다음 중 이익직선의 기울기를 증가시키는 것은? ▸ 인천시 공무원

① 총고정비의 증가 ② 총변동비의 증가
③ 단위당 변동비의 감소 ④ 판매량의 증가

09 다음은 원가-조업도-이익분석(CPV분석)에 관련된 공식이다. 완전히 틀린 것은? ▸ 경영지도사

① 안전한계율(margin of safety ratio) = $\frac{\text{공헌이익}}{\text{영업이익}}$

② 손익분기점 판매량(Q) = $\frac{\text{고정원가}}{\text{단위당 공헌이익}}$

③ 목표이익 판매량(Q) = $\frac{\text{고정원가} + \text{목표이익}}{\text{단위당 공헌이익}}$

④ 세후목표이익 판매량(Q) = $\frac{\text{고정원가} + \frac{\text{세후목표이익}}{1 - \text{세율}}}{\text{단위당 공헌이익}}$

⑤ 현금흐름분기점 판매량(Q) = $\frac{\text{고정원가} - \text{감가상각비}}{\text{단위당 공헌이익}}$

10 원가-조업도-이익(CVP)분석에 대한 다음 설명 중에서 가장 타당하지 않은 것은? ▸ 공인회계사

① 고정비가 ₩300,000이고, 변동비율이 80%인 회사가 납세 후 순수익(법인세율 20%) ₩112,000을 벌었다면, 매출액은 ₩2,200,000이었을 것이다.
② 장기적인 관점에서 비선형 손익분기도표에는 조업도수준이 0인 점을 포함하여 손익분기점이 3군데 나타날 수 있다.
③ 원가함수를 조업도에 대한 1차함수로 추정하는 것은 관련 범위 내에서 원가함수가 선형이라는 가정에 따른 것이다.
④ 이익 규모가 비슷한 경우 고정비용의 비중이 큰 원가구조를 가지고 있는 기업일수록 레버리지 효과가 커져서 불경기에도 큰 타격을 입지 않을 것이다.
⑤ 이익-조업도 도표(profit-volume chart)에서 이익선의 기울기는 단위당 공헌이익에 의해서 결정된다.

11 인천(주)의 2/4분기 매출수량과 생산수량에 대한 예산 자료가 다음과 같다.

	4월	5월	6월
매출수량	100,000단위	120,000단위	?
생산수량	104,000단위	128,000단위	156,000단위

인천(주)의 4월 1일 현재 제품의 재고량은 20,000단위이다. 회사의 정책에 따르면 매월 말 제품의 재고로 다음달 판매수량의 20%를 반드시 보유하여야 한다. 7월의 매출은 140,000단위가 될 것으로 예상하고 있다. 6월의 예상 판매수량은 얼마인가? ▸ 세무사

① 188,000단위 ② 160,000단위 ③ 128,000단위 ④ 184,000단위 ⑤ 180,000단위

12 ㈜대한은 한복 A와 한복 B를 생산하여 판매하고 있다. 한복 A와 한복 B의 제작에 사용되는 재료인 명주와 염료는 1년에 각각 100kg과 150리터만 확보가 가능하다. 한복 A에 대한 시장수요는 무한하나, 한복 B에 대한 시장수요는 연간 70단위이다. 단위당 공헌이익 및 생산 관련 재료 사용량이 다음과 같을 때 최적 제품배합에 의한 총공헌이익은 얼마인가? ▸ 공인회계사

구분	한복 A	한복 B
단위당 공헌이익	₩3,000	₩1,000
단위당 명주 사용량	1kg	1kg
단위당 염료 사용량	2리터	1리터

① ₩225,000 ② ₩200,000 ③ ₩160,000 ④ ₩150,000 ⑤ ₩100,000

13 (주)태백의 제품생산 및 판매 관련 정보는 다음과 같다. (주)태백이 목표이익을 달성하기 위한 판매량은 몇 단위인가? (단, 법인세는 없는 것으로 가정함) ▸ 주택관리사

(1)

생산량	고정비
1,000개 이하	₩100,000
1,000개 초과	₩120,000

(2) 단위당 판매가격 ₩500
(3) 변동비율 80%
(4) 목표이익 ₩50,000

① 1,300개 ② 1,500개 ③ 1,700개 ④ 2,000개 ⑤ 2,500개

[해설] 목표이익을 달성한 손익분기점 판매량을 구하면 다음과 같다.

(1) 생산량 1,000개 이하

손익분기점 판매량 = (₩100,000 + ₩50,000 / ₩500 × 0.2 = 1,500개 ⇒ 관련범위를 벗어남(×)

(2) 생산량 1,000개 초과

손익분기점 판매량 = (₩120,000 + ₩50,000) / ₩500 × 0.2 = 1,700개 ⇒ 관련범위에 적합(○)

따라서 목표이익을 달성하기 위한 판매량은 1,700개이다.

14 (주)고성의 11월 예산 자료는 다음과 같다. ▸ 주택관리사

	예 산
매출	₩240,000
변동원가	₩142,500

11월 중 기대 판매수량은 1,500개이며, 실제 판매수량은 1,800개이다. 동 기간 중 예산과 실제 단위당 공헌이익은 동일하다. 또한 고정제조원가와 고정판매비의 예산과 실제발생액도 동일하다. 11월의 실제 영업이익은 기대 영업이익보다 얼마나 증가하는가?

① ₩4,500 ② ₩12,500 ③ ₩19,500 ④ ₩28,500 ⑤ ₩29,500

[해설] (1) 예상(기대) 공헌이익 = ₩240,000 － ₩142,500 = ₩97,500
* 고정제조간접원가와 고정판매비를 0으로 가정하면 기대 영업이익은 ₩97,500이다.
(2) 단위당 공헌이익 = ₩97,500 / 1,500개 = ₩65 / 개
(3) 실제 영업이익 = ₩65 × 1,800개 = ₩117,000
따라서 실제 영업이익은 기대 영업이익보다 ₩19,500(₩117,000 － ₩97,500) 증가한다.

15 (주)경진은 한 가지 제품만을 생산하며 매월 생산한 제품은 당해 월에 모두 판매한다. (주)경진의 법인세율은 40%의 단일세율이며, 20×8년도 1월과 2월의 원가 자료는 다음과 같다.

구 분	1월	2월
제품 단위당 판매가격	₩500	₩450
제품 단위당 변동비	300	270
총 고정비	500,000	600,000

(주)경진의 20×8년 1월과 2월의 당기순이익이 각각 ₩60,000과 ₩72,000이라면, 1월과 2월의 제품 매출액은 각각 얼마인가? ▸ 공인회계사

	1월 제품 매출액	2월 제품 매출액		1월 제품 매출액	2월 제품 매출액
①	₩1,400,000	₩1,680,000	②	₩1,400,000	₩1,800,000
③	₩1,500,000	₩1,680,000	④	₩1,500,000	₩1,800,000
⑤	₩1,500,000	₩2,000,000			

16 대한회사는 단위당 ₩50에 제품을 생산 · 판매한다. 대한회사의 단위당 변동비는 직접재료비 ₩14, 직접노무비 ₩5, 변동제조간접비 ₩3, 변동판매관리비 ₩2이다. 연간 총고정비는 고정제조간접비 ₩55,000, 고정판매관리비 ₩80,200이다. 대한회사가 단위당 판매가를 ₩50에서 ₩48으로 인하할 경우, 기존의 연간 손익분기점 판매량을 유지하려면 연간 총고정비를 얼마나 줄여야 하는가? ▸ 세무사

① ₩10,400 ② ₩13,200 ③ ₩15,300 ④ ₩124,800 ⑤ ₩135,000

17 김철수 씨는 버스정류장 근처에서 조그만 컨테이너 박스를 임대하여 김밥을 판매하고 있다. 김밥은 개당 ₩1,000에 구입하여 ₩2,000에 판매하고, 매월 임차료 등 고정비용은 ₩600,000이다. 김철수 씨는 최근 임차료 ₩180,000의 인상을 통보받았다. 또한 김밥의 구입단가도 ₩1,200으로 인상되었다. 김철수 씨는 종전과 같은 월 손익분기매출수량을 유지하기 위해 김밥의 판매가격 조정을 고려하고 있다. 새로 조정될 김밥 판매가격은? ▸ 국가직 9급

① ₩1,500　② ₩2,000　③ ₩2,500　④ ₩3,000

[해설] ■ **조정 전**

고정비 ₩600,000, 단위당 판매가격 @₩2,000, 단위당 변동비 @₩1,000

• 단위당 공헌이익 @₩1,000　• 손익분기점 매출수량 600개

■ **조정 후**

고정비 600,000+180,000=₩780,000, 단위당 변동비 @₩1,200

• 조정 후의 단위당 공헌이익(조정 전 손익분기점 매출수량과 일치하는 조건)
= 단위당 공헌이익 @₩1,300

• 단위당 공헌이익 @₩1,300 = (단위당 판매가격 X - 단위당 변동비 @₩1,200)

즉, 단위당 판매가격은 @₩2,500이다.

18 (주)한국은 판매량이 증가함에 따라 할인된 가격을 구간별로 달리 적용하는 판매정책을 채택하였다. 판매량에 따른 단위당 가격은 다음과 같다. ▸ 감정평가사

판매량 구간	단위당 가격
5,000단위 이내	₩50
5,001단위 ~ 10,000단위	40
10,001단위 ~ 20,000단위	30

(예) 판매량이 6,000단위인 경우 매출액은 ₩290,000(5,000단위× ₩50 + 1,000단위 × ₩40)이다. 단위당 변동비는 ₩20이며 고정비는 ₩240,000이다. 회사 생산설비의 능력상 20,000단위 이상의 생산 · 판매는 불가능하다. 손익분기판매량은 몇 단위인가?

① 4,500단위　② 8,000단위　③ 9,000단위　④ 9,500단위　⑤ 11,000단위

19 단일제품을 생산 · 판매하는 (주)한국의 당해 연도 공헌이익 손익계산서는 아래와 같다. ▸ 감정평가사

매출액(1,000개 × ₩800)	₩800,000
변동비	480,000
공헌이익	₩320,000
고정비	200,000
영업이익	₩120,000

내년에는 당해 연도의 단위당 판매가격과 원가구조가 동일하게 유지되나 판매수량의 감소가 예상

된다. 내년도에 영업손실이 발생되지 않으려면 판매수량이 최대 몇 개까지 감소하여도 되는가?

① 325개 ② 350개 ③ 375개 ④ 400개 ⑤ 425개

20 (주)남산의 단위당 판매가격은 ₩100, 총고정원가는 ₩1,100, 단위당 변동원가는 ₩10이며, 법인세율은 40%이다. 법인세차감 후 순이익 ₩1,500을 실현하는 데 필요한 매출액은? ▸ 서울시 9급

① ₩1,000 ② ₩2,000 ③ ₩3,000 ④ ₩4,000 ⑤ ₩5,000

[해설] (1) 공헌이익률 = 1 - 변동비율(10/100)= 0.9
(2) 세전순이익 = ₩1,500 ÷ (1 - 0.4) = ₩2,500
(3) 목표이익 매출액 = (₩1,100 + ₩2,500) ÷ 0.9 = ₩4,000

객관식 해답

01 ③	02 ②	03 ③	04 ②	05 ⑤	06 ④	07 ①	08 ③	09 ①	10 ④
11 ②	12 ②	13 ③	14 ③	15 ④	16 ①	17 ③	18 ④	19 ③	20 ④

06 관리원가

1절 목표원가계산

목표원가계산(target costing)은 사전에 설정된 이익목표를 달성할 수 있도록 목표원가를 계산하는 절차이다. 목표원가(target costs)는 특정 제품 생산 시에 목표이익을 달성할 수 있는 범위 내에서 허용되는 원가를 말하며, 허용원가(allowable costs) 또는 장기추정원가(estimated long-run costs)라고도 한다.

목표원가(허용원가) = 예상판매가격 - 목표이익
= 예상판매가격 - (예상판매가격 × 목표이익률)
= (1 - 목표이익률) × 예상판매가격

전통적 원가계산에서는 제품의 원가분석에 의한 추정원가에 이익을 가산하는 원가가산가격결정방식(costs-plus pricing)으로 가격을 결정하였다. 이는 공급자가 제품의 판매가격을 결정하고 수요자는 이를 수용하는 판매자 중심의 시장(sellers' market) 환경에서만 타당한 방법이다.

그러나 경쟁이 치열한 시장 상황 하에서 형성되는 소비자 중심의 시장(buyers' market)에서 공급자는 시장가격을 기준으로 소비자 요구에 맞는 전략적 가격으로 제품가격을 결정해야만 한다. 그러므로 목표원가계산에서는 경쟁적인 시장에서 결정된 시장가격에서 목표이익을 차감함으로써 목표원가를 설정한다.

	고정 요소		변동 요소
전통적 접근 방법	원 가 + 목표이익	=	판매가격
목표원가 접근 방법	판매가격 - 목표이익	=	목표원가

목표원가계산은 불연속적인 제조공정이나 비교적 제품수명주기가 짧은 제품에 초점을 맞춘 원가기획[1]방법이다. 따라서 목표원가계산은 제품의 기획, 설계 등 제조 이전단계에서 주로 행해진다.

목표원가계산은 운송장비, 정밀장치, 전자, 기계 등의 산업을 중심으로 경영되는 기업에서 널리 적용되고 있는 관리회계기법이다. 기업들은 적시생산시스템의 성공적인 적용으로 생산단계에서는 더 이상의 원가절감이 어려워지자 원가절감의 초점을 생산 이전단계에 맞추어 목표원가계산을 적용하게 되었다. 목표원가계산은 단순한 원가통제 방법이 아니라 원가 및 이익관리의 종합적인 관리 측면의 접근 방법이다.

전통적 원가계산과 목표원가계산 비교

	전통적 원가계산	목표원가계산
관리방식	• 생산 현장 중심 관리 • 일상적이고 단기적인 활동 • 예산, 표준원가관리	• 시장 · 고객 중심 관리 • 프로젝트별 중 · 장기 활동(신제품개발 등) • 전략적인 원가관리
관리대상	• 제조 활동 • 현재의 발생원가 • 생산자 부담 원가	• 개발 · 설계 등 제조 이전 활동 • 미래의 예상발생원가 • 생산자 및 사용자 부담 원가
성과의 측정	표준원가와 실제원가의 차이	목표원가와 견적원가의 차이

1. 목표원가계산 목적

목표원가계산은 이익계획과 원가계획을 동시에 수립함으로써 목표이익을 달성시켜 줄 수 있

1) 원가기획(cost planning)은 제품의 연구, 기획, 설계단계에서부터 가치공학(Value Engineering: VE), 전사적 품질관리(Total Quality Control: TQC), 원가분석표(cost table) 등을 이용하여 원가를 계획하고 관리하는 활동으로 목표원가계산을 포함하는 광의의 개념이다.
원가기획은 제품 생산단계에서의 원가절감 활동, 기획 및 설계단계 등에서 목표원가를 설정하고, 이를 달성하려는 원가유지 활동으로 구분한다. 원가기획의 초기단계에는 원가절감 활동이 중시되었으나, 오늘날에는 시장경쟁 심화, 고객요구 다양화, 공장자동화 등으로 기획이나 설계단계에서의 원가관리와 유지 활동이 더 중시되고 있어 목표원가계산의 중요성이 강조되고 있다.

는 추정원가를 계산하는 것으로 다음과 같은 목적을 갖고 있다.

① 기업의 안정적인 이익목표 달성 전통적 원가계산에서는 수익에서 비용을 차감하여 이익을 계산하였으나, 목표원가계산은 예상수익에서 목표이익을 차감하여 허용원가(목표원가)를 계산한다. 그러므로 목표이익을 효율적으로 달성하기 위한 원가관리와 원가유지 활동이 수반된다.

② 제품의 시장경쟁력 향상 목표원가는 제품의 기획 및 설계단계에서 설정되므로 제품원가 절감, 품질 안정 및 향상 등으로 제품의 가격 및 품질경쟁력을 강화시키고, 고객의 요구 변화에 적극적이고 능동적으로 대처할 수 있게 한다.

③ 구성원들의 명확한 목표 제시 및 동기유발 제품 제조 이전에 달성하여야 할 목표원가를 설정함으로써 각 부문이나 부문 구성원들에게 명확한 목표 의식과 원가 의식을 고취시킬 수 있고, 원가관리에 있어 적극적인 협조를 유도해 낼 수 있다.

2. 목표원가계산 절차

목표원가계산은 기업이 적정한 목표이익을 달성하기 위한 목표원가를 설정하고 그 달성방안을 강구하는 것이다. 이는 구체적으로 다음과 같은 절차에 의해 진행된다.

(1) 예상판매가격 추정

목표원가는 예상판매가격에서 목표이익을 차감하여 계산하므로 예상판매가격의 추정은 목표원가계산의 출발점이다. 제품의 예상판매가격은 시장에서 수용 가능한 가격으로 고객이 제품의 구매 대가로 지급할 수 있는 가치이다. 이를 추정하기 위해서는 과거의 판매실적에 대한 분석뿐만 아니라 철저한 시장조사로 경쟁업자의 동향, 수요의 변동추이, 고객의 요구 변화 등을 심층적으로 파악해야 한다.

(2) 목표이익 추정

목표원가계산의 두 번째 단계는 목표이익의 추정이다. 전통적인 원가계산에서의 기간이익은 기간수익에서 기간비용을 차감하여 산출하는데, 이는 일정 기간의 경영 순성과를 의미한다. 목표원가계산에서의 목표이익은 사전에 달성 가능한 이익목표로 이익계획이나 경영전략에 근거하여 추정하게 된다. 목표이익은 투하 자본에 대한 성과를 나타내는 목표자본이익률에 반영되는데, 이는 목표매출이익률과 목표자본회전율로 세분하여 분석해야 한다.

$$\text{목표자본이익률} = \text{목표매출이익률} \times \text{목표자본회전율}$$

$$\frac{\text{목표이익}}{\text{자본}} = \frac{\text{목표이익}}{\text{매출}} \times \frac{\text{매출}}{\text{자본}}$$

또한 기업 전체의 목표이익은 제품별 목표이익으로 세분화해야 한다. 왜냐하면 대부분의 기업들은 단일제품이 아닌 복수 제품을 생산 · 판매하고 있어서 제품결합(product mix)이 되므로 제품결합의 구성에 따라 기업 전체의 목표이익이 다르게 측정되기 때문이다.

(3) 목표원가계산

목표원가계산의 세 번째 단계는 목표원가를 계산하는 것이며, 공제법과 가감법이 있다. 공제법은 예상판매가격에서 이익계획에 의한 목표이익을 차감하여 목표원가를 계산하는 방법으로 신제품을 개발할 때 적용 가능한 방법이다. 그리고 가감법은 제품의 현행원가 및 추가원가에서 절감 가능 원가를 차감하여 목표원가를 계산하는 방법이다. 새로운 기능을 추가하거나 개선함으로써 발생하는 추가원가는 현행 제품원가를 전제로 계산한 원가이며, 절감 가능 원가는 제품원가 중에 비능률 요인 및 낭비 요인으로 발생하는 원가로 원가절감을 전제로 계산한 원가이다.

① **공제법**: 예상판매가격 − 목표이익 = 목표원가

② **가감법**: 현행 제품원가 + 추가원가 − 절감 가능 원가 = 목표원가

목표원가계산

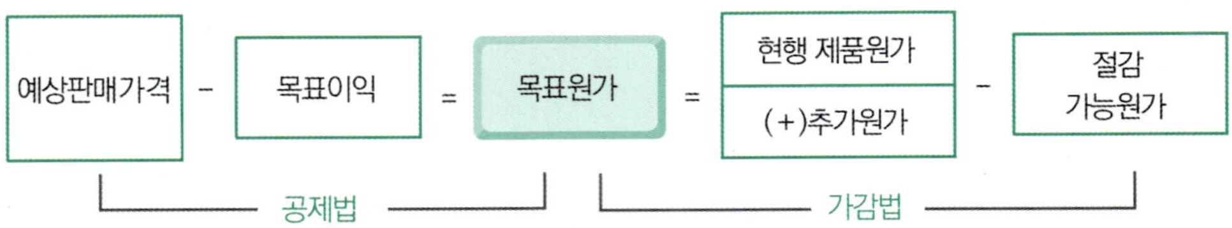

예제 SOLVE PRACTICE PROBLEM

삼성기업은 신제품의 목표매출이익률이 10%이고, 목표자본회전율은 2회전이다. 그리고 시장에서의 예상판매가격은 ₩40,000이다.

물음 신제품의 목표원가를 공제법으로 계산하시오.

해답

- 목표이익률 = 목표매출이익률 × 자본회전율
  = 10% × 2회전 = 20%
- 목표원가 = 예상판매가격 - 목표이익
  = ₩40,000 - (₩40,000 × 20%)
  = ₩32,000

(4) 목표원가 달성

목표원가를 달성하기 위해서는 제품의 기능 및 효용과 목표원가 간에 균형을 이루도록 해야 한다. 즉, 제품의 기능을 유지하면서 원가구조를 개선할 수 있는 방법을 검토해야 하는데 가치공학(Value Engineering: VE)을 주로 이용하고 있다.

$$V(\text{가치}) = \frac{F(\text{기능})}{C(\text{원가})}$$

가치공학 활동은 제품기획단계, 개발 · 설계단계, 설계 완료 후 단계 등 여러 단계에 걸쳐 이루어지는데, 우선 활동이 행해지는 각 부문에 목표원가를 배분하고 목표원가의 절감액과 기능 향상 간의 관계를 감안하여 가치를 증대시켜야 한다. 즉, 가치증대는 동일 원가수준에서 기능을 향상시키거나, 동일 기능수준에서 원가를 절감하는 것이다. 구체적으로는 제조공정에 투입되는 원재료 대체, 생산 방법 변경, 생산공정 재설계, 제품설계 변경 등을 통해 원가를 절감하고 제품의 기능을 향상시키는 것이다.

3. 목표원가계산의 유용성과 한계

목표원가계산은 목표이익을 계획적이고 조직적으로 달성하기 위한 활동으로 시장 지향적인 사전원가계산이다.

(1) 목표원가계산의 유용성

① 조직이나 조직구성원들에게 목표 의식을 고취시켜 경영 활동을 활성화시킬 수 있고, 원활한 의사소통으로 개인과 조직의 목표가 일치되어 동기유발과 성과 증대를 이룩할 수 있다.

② 목표원가계산은 시장에서 달성 가능한 이익목표를 우선적으로 설정한 후에 원가를 계산하

므로, 제반 환경의 변화를 능동적으로 반영하게 되어 기업의 경쟁력을 높이게 된다.

③ 목표원가계산은 기업의 각 부문 및 구성원들에게 원가개선과 유지 활동이 전사적으로 강조되고, 특히 제품기획이나 설계단계에서부터 원가관리가 중시되어야 한다는 원가 의식의 변화를 꾀할 수 있다.

④ 목표원가계산을 통해 가치증대를 이룩하기 위해서는 기능의 향상이 필수적이므로 연구개발을 통한 제품의 기능개선, 품질향상, 관리기술 등의 발전을 유발시킨다.

(2) 목표원가계산의 한계

① 목표원가계산은 달성 가능하며 현실성 있는 목표이익의 설정을 전제로 하는데, 이것이 과도하게 설정될 경우 조직구성원들의 갈등 유발로 사기를 저하시킬 수 있다.

② 목표원가가 설정되고 각 부문 및 제품에 배부되어 가치공학 활동이 전개되는데, 이 경우 각 부문 및 제품의 책임자가 목표원가를 수용하지 않을 경우 기업 전체의 가치 저하와 경쟁력 저하를 가져 올 수 있다.

③ 목표원가계산에 의한 가치증대는 목표원가와 기능 향상 간의 균형으로 이루어 질 수 있는데, 목표원가를 달성했다 하더라도 기능이나 품질개선 등에 많은 시간이 소요될 경우에 제품 출시의 적시성을 상실할 수 있다.

2절 품질원가계산

품질(quality)은 기업이 생산하는 제품이나 서비스가 보유하고 있는 속성이나 기능으로 고객의 기대요구를 충족시키는 상대적인 척도이다. 무한경쟁시장에서 기업은 양질의 제품을 고객이 수용 가능한 적정 가격에 공급해야만 한다.

1. 품질결정

품질은 일반적으로 설계품질과 적합(가공)품질의 두 요인에 의해 결정된다. 설계품질(quality of design)은 고객의 기대를 충족시킬 수 있는 기능이나 모양 등 제품 사양의 설계와 관련된 품질 요인이며, 적합품질(quality of conformance)은 실제로 생산되어 제공된 제품이 이미 제시된 설계품질에 얼마나 부합되는지 여부와 관련된 품질 요인이다. 품질실패(quality failure)는 기업이 제공하는 제품이나 서비스의 품질수준이 고객의 기대에 부합하지 못하는 것으로 설계품질실패와

적합품질실패로 구분할 수 있다.

품질원가(costs of quality)는 제품의 전체 수명주기에 걸쳐 발생하는데 대부분 적합품질실패에 기인한다. 따라서 품질원가계산은 제품이나 서비스의 품질수준이 미흡할 경우 발생하는 품질원가를 측정하여 보고하는 전략적 원가관리시스템 중의 하나이다.

품질결정 요인

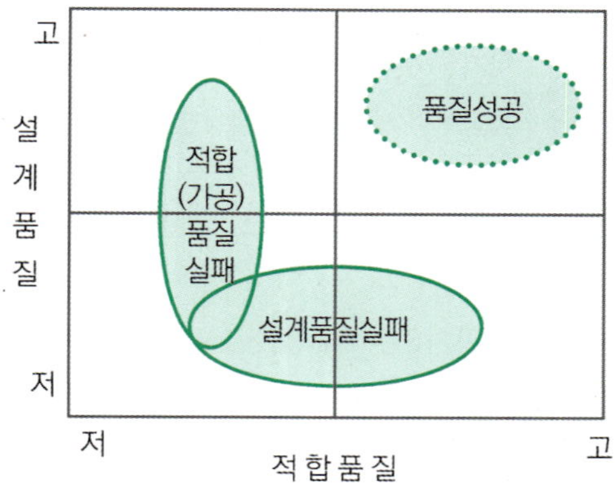

2. 품질원가계산 목적

첫째, 품질원가계산은 조직의 각 부문 및 구성원들로 하여금 전통적인 원가계산 하에서 인식하지 못했던 품질원가를 인식하고 측정, 보고함으로써 품질원가 절감 및 지속적인 품질개선을 유도할 수 있다.

둘째, 총품질원가에서 유형별 품질원가가 차지하는 비중에 대한 분석으로 품질원가의 적정성과 개선해야 할 품질원가를 파악하는 데 도움을 준다.

셋째, 품질성과보고서를 작성하여 유형별 품질원가의 예산과 발생액 간의 차이분석으로 차이 발생 원인을 규명하여 효과적으로 품질원가를 관리하고, 추세적으로 품질원가를 비교 · 분석함으로써 기간별 품질원가 변동추이를 파악할 수 있다.

3. 품질원가 종류

품질원가는 품질실패가 발생했거나 발생할 가능성이 있어 지출되는 원가로, 제품이나 서비스의 품질수준이 고객의 기대에 부합한다면 발생하지 않을 회피가능원가이다.

품질원가 분류

품질원가	구 분	정 의
통제원가	예방원가	불량품 발생을 사전에 예방하고 품질수준을 높이기 위해 지출하는 원가
	평가원가	불량품이 고객에게 전달되는 것을 방지하고자 생산된 제품이나 서비스가 적합품질 요건을 갖추고 있는가를 검사하고 평가하기 위해 지출하는 원가
실패원가	내부실패원가	제품이나 서비스가 고객에게 전달되기 이전인 생산공정 중 불량 부품이나 불량 재공품이 발견되어 발생하는 실패원가로, 만약 불량률이 발생하지 않는다면 발생하지 않는 원가
	외부실패원가	제품이나 서비스가 고객에게 이전된 이후에 결함이 발견되어 이의 처리와 관련해 발생되는 원가로, 내부실패원가 같이 불량률이 발생하지 않는다면 발생하지 않는 원가

품질원가는 그 성격에 따라 예방원가(prevention costs), 평가원가(appraisal costs), 내부실패원가(internal failure costs), 외부실패원가(external failure costs) 등으로 분류한다. 예방원가와 평가원가(발견원가)는 불량품의 발생가능성을 사전에 방지하고, 품질수준을 높이는데 기여하는 원가로 통제원가(control costs)라고 한다. 내부실패원가와 외부실패원가는 실제로 불량품이 발생함으로써 지출하게 되는 원가로 품질수준과 역의 관계에 있어 실패원가(failure costs)라고 한다.

예제

SOLVE PRACTICE PROBLEM

다음의 품질원가 항목들을 예방원가, 평가원가, 내부실패원가, 외부실패원가로 각각 구분하시오.

시스템개발비	품질검사비	품질관리교육비	재검사비
품질수요검사비	고객불만처리비	보증수리비	디자인변경비
디자인 분석비	반품 및 에누리	포장작업검사비	공급능력평가비
제품성능검사비	폐기물처리비	판매기회의 상실비	작업중단비
납품원재료의 검사비	재작업비		

해답

① 예방원가

시스템개발비 품질관리교육비 디자인분석비 공급능력평가비 품질수요검사비

② 평가원가

품질검사비 포장작업검사비 제품성능검사비 납품원재료의 검사비

③ 내부실패원가

재검사비 디자인변경비 폐기물처리비 작업중단비 재작업비

④ 외부실패원가

고객불만처리비 보증수리비 반품 및 에누리 판매기회의 상실비

(1) 품질원가관리

기업에서 생산하는 제품이나 서비스의 품질실패와 관련해 발생하는 총 품질원가는 불량률의 증감에 따라 영향을 받게 된다. 총품질원가는 예방원가 및 평가원가와 같이 불량품의 발생을 방지하기 위한 통제원가와 내부실패원가 및 외부실패원가와 같이 불량품의 발생과 관련된 실패원가로 구성된다.

통제원가는 불량률과 역의 함수관계가 있어 예방원가 및 평가원가의 지출이 증가할수록 불량률이 낮아지고, 반면에 실패원가는 불량률이 높으면 증가되는 함수관계에 있기 때문에 내부실패원가 및 외부실패원가는 불량률이 높을수록 많이 지출된다.

전통적인 품질원가 개념에서는 통제원가와 실패원가 사이에 총 품질원가가 최소가 되는 최적균형점(최적 품질원가)이 존재할 것으로 가정하여 이 균형점을 기업이 허용할 수 있는 불량률로 인식(허용 가능 품질 관점)하여 왔다.

전통적인 품질원가

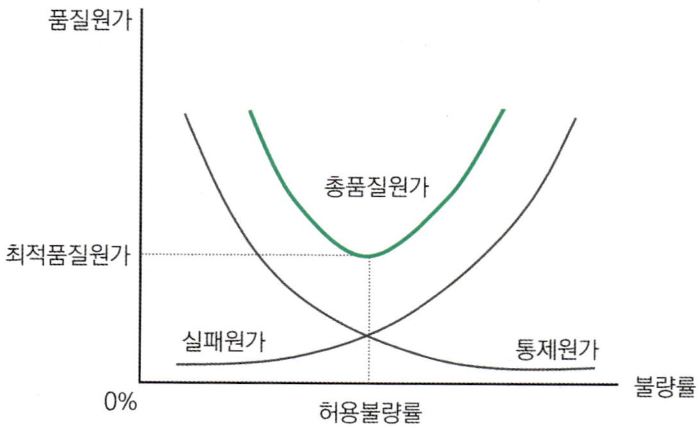

품질 관련 프로그램의 실행으로 통제원가의 지출이 높아지면 불량률이 낮아지고, 실패원가 발생이 감소하여 총 품질원가는 균형점에서 최적이 된다. 그러나 균형점 이후 불량률이 허용 불량

률을 초과하게 되면, 통제원가를 적게 투입함으로써 실패원가가 급속히 증가하고 총원가도 큰 폭으로 증가한다.

전사적품질관리(TQC) 원가

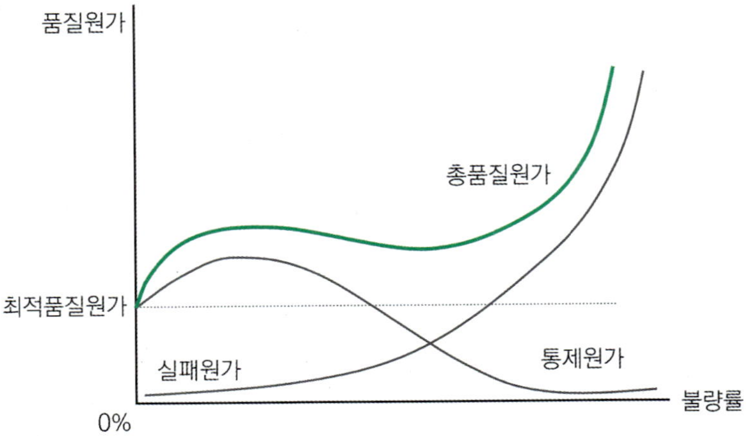

고도의 기술혁신을 거듭하고 있는 현대의 기업들은 제품의 품질수준과 관련해 과거에는 어느 정도 허용되었던 불량률을 인정하지 않고, 무결점인 불량률 "0"인 상태를 지향하는 전사적품질관리(Total Quality Control: TQC)기법 등을 적용하여 총 품질원가와 불량률을 동시에 감소시키고 있다. 이 경우 불량률이 감소하면서 실패원가는 급속히 감소하지만, 통제원가는 조금 증가하다가 다시 감소하여 총 품질원가는 불량률이 "0"인 상태에서 최적이 된다.

(2) 품질원가분석

품질원가정보는 품질원가의 관리나 통제에 유용할 뿐만 아니라 품질개선에도 기여할 수 있다. 특히 경영 활동 목표인 고객만족경영을 달성하기 위해서 품질원가정보에 대한 분석과 평가가 필수적이라 할 수 있다. 기업이 양질의 제품을 저렴한 가격에 판매하기 위해서는 제품원가에 대해 철저히 분석해야 한다.

첫째, 품질원가와 기업의 수익성 간의 관계를 분석하기 위해 매출액에 대한 품질원가의 구성비중을 유형별로 분석한다.

둘째, 총 품질원가는 예방원가, 평가원가, 내부실패원가, 외부실패원가 등으로 구성되므로 각 유형별 품질원가가 총 품질원가에서 차지하는 비중을 분석하여 기업 고유의 품질원가 특성을 파악하고 주로 관리해야 할 품질원가 대상을 선정하여 분석한다.

셋째, 추세법을 적용하여 품질원가의 연도별 변동추이를 파악한다. 이는 중 · 장기적인 품질원가의 관리에 유용하며, 미래의 품질원가 변동 예측에도 유용하다.

품질원가보고서는 목표품질원가와 실제 발생한 품질원가를 비교 · 분석하여 원가차이를 계산하고, 차이의 발생 원인을 분석하는 보고서이다.

품질원가보고서

구　분	목표품질원가	실제품질원가	차　이
예 방 원 가			
품질관리교육	₩30,000	₩35,000	₩(5,000)
시스템개발	20,000	15,000	5,000
예방활동감독	10,000	8,000	2,000
합　계	₩60,000	₩58,000	₩2,000
평 가 원 가			
품질검사	₩25,000	₩24,000	₩1,000
포장작업검사	10,000	11,000	(1,000)
검사장비보수비	15,000	15,000	-
합　계	₩50,000	₩50,000	-
내부실패원가			
재작업비	₩15,000	₩16,000	₩(1,000)
작업폐물	5,000	6,000	(1,000)
재검사비	10,000	12,000	(2,000)
합　계	₩30,000	₩34,000	₩(4,000)
외부실패원가			
보증수리	₩10,000	₩12,000	₩(2,000)
고객불만처리	15,000	14,000	1,000
반품및에누리	10,000	10,000	-
합　계	₩35,000	₩36,000	₩(1,000)
총품질원가	₩175,000	₩178,000	₩(3,000)
실제매출액 대비 백분율*	8.75%	8.9%	0.15%

* 실제 매출액은 ₩2,000,000으로 가정

4. 품질원가계산의 유용성과 한계

품질원가계산은 품질원가의 규모나 본질을 파악함으로써 품질이 갖는 재무적 중요도를 파악할 수 있으며, 기업이 직면한 품질 문제의 상대적 중요도를 평가할 수 있으므로 지속적 개선 활동이나 리엔지니어링 활동을 추진할 수 있게 된다. 그리고 품질원가를 성과평가시스템과 연계하면 품질개선에 도움을 주며, 품질개선을 통해 기업의 수익성을 제고할 수 있는 장점이 있다.

그러나 품질원가계산은 품질불량 원인에 대한 개선 대책의 마련 없이 문제 제시에 그칠 가능성이 있고, 품질원가의 산정에 많은 시간과 비용이 소요되며, 수치로 표현할 수 없는 중요한 품질원가 항목이 누락될 가능성이 있는 등의 단점을 감안하고 적용해야 한다.

예제 SOLVE PRACTICE PROBLEM

삼성기업은 지난 3년간 품질을 개선하기 위한 노력을 기울여 왔으며, 20×5년에 품질개선프로그램에 대한 평가를 하고자 다음 자료를 수집하였다.

	품질원가 지출액		
품질원가	20×2	20×3	20×4
예 방 원 가	₩200,000	₩400,000	₩600,000
평 가 원 가	300,000	600,000	500,000
내부실패원가	900,000	500,000	300,000
외부실패원가	600,000	300,000	100,000
합 계	₩2,000,000	₩1,800,000	₩1,500,000

20×2년, 20×3년, 20×4년의 매출액은 각각 ₩20,000,000, ₩21,600,000, ₩22,500,000이었다.

물음 1. 각 연도별로 품질원가의 분포보고서를 작성하고 평가하시오.

2. 각 연도별로 매출액 대비 품질원가보고서를 작성하시오.

해답

1.

품질원가 분포보고서

품질원가	20×2년 지출액	20×2년 비율	20×3년 지출액	20×3년 비율	20×4년 지출액	20×4년 비율
예 방 원 가	₩200,000	10%	₩400,000	22%	₩600,000	40%
평 가 원 가	300,000	15	600,000	33	500,000	33
내부실패원가	900,000	45	500,000	28	300,000	20
외부실패원가	600,000	30	300,000	17	100,000	7
합 계	₩2,000,000	100%	₩1,800,000	100%	₩1,500,000	100%

- 품질원가 분포를 살펴보면 20×2년에는 예방 및 평가의 통제원가는 전체 품질원가의 25% 비중이지만, 실패원가는 75%이다. 품질원가보고서에 따르면, 품질개선프로그램의 도입 초기에는 품질원가의 투자비중이 낮고, 품질개선효과도 미흡한 것으로 분석되었다.
- 그러나 20×3년과 20×4년으로 시간이 경과하면서 예방 및 평가의 통제원가 비중이 각각 55% 및 73%로 확대된 반면, 실패원가의 비중은 각각 45%와 27%로 현격히 낮아졌다. 이는 지속적인 품질개선 투자 및 경영 활동의 결과로 분석된다.
- 결론적으로 전체 품질원가 지출액도 20×2년도 ₩2,000,000에서 20×4년도에는 ₩1,500,000으로 ₩500,000이 감소(감소율 25%)한 점을 감안하면 기업의 품질관리프로그램이 성공적으로 정착되고 있음을 알 수 있다.

2.

품질원가보고서

품질원가	20×2년 지출액	20×2년 비율	20×3년 지출액	20×3년 비율	20×4년 지출액	20×4년 비율
예 방 원 가	₩200,000	1.00%	₩400,000	1.85%	₩600,000	2.67%
평 가 원 가	300,000	1.50	600,000	2.78	500,000	2.22
내부실패원가	900,000	4.50	500,000	2.31	300,000	1.33
외부실패원가	600,000	3.00	300,000	1.39	100,000	0.45
합 계	₩2,000,000	10.00%	₩1,800,000	8.33%	₩1,500,000	6.67%

- 매출액 대비 품질원가의 투자 비중이 20×2년도 10%, 20×3년도 8.33%, 20×4년도 6.67% 등으로 지속적으로 낮아지고 있어 품질원가에 대한 투자가 수익성 향상에 기여하고 있음을 알 수 있다.
- 매출액에 대한 세부적인 품질원가의 구성도 20×2년도에는 실패원가의 비중이 높지만, 20×4년도에는 통제원가의 비중이 높아진 점 등을 감안하면 성공적인 품질관리가 이루어진 것으로 분석된다.

3절 수명주기원가계산

제품의 수명주기원가계산(product life-cycle costing)은 제품의 수명주기 전체에 걸쳐 발생하는 기획, 연구개발, 설계, 생산, 유통, 폐기 등의 모든 원가를 측정하여 관리하는 원가절감시스템이다.

전통적인 원가계산은 제품 생산단계에서의 정확한 원가 측정과 배분만을 고려하고, 생산 이전 및 이후단계에서 투입된 원가는 전혀 인식하지 않았다. 현대 기업의 생산환경은 공장자동화, 전산화 등으로 생산단계의 원가는 감소하고 있는 반면, 생산 이전의 제품기획, 설계, 연구개발 등의 원가는 지속적으로 증가하고 있다. 그리고 컴퓨터, 전자, 자동차 등의 산업에서 제품의 수명주기가 과거에 비해 크게 단축되고 있고, 이들 자산의 운용, 보수, 철거, 폐기 등과 관련된 원가가 증대되고 있어 제품의 전체 수명주기에 걸쳐 원가를 수집하고 측정할 필요성이 제기되고 있다.

1. 수명주기원가계산 목적

첫째, 제품의 기획에서부터 폐기까지 제품수명과 관련된 모든 원가를 파악하고 관리함으로써 효율적인 원가절감을 꾀할 수 있다.

제품원가는 과거에는 생산원가를 의미하였으나, 현대에는 급속한 기술혁신, 제품수명의 단축, 시장경쟁의 심화 등으로 생산 이전과 이후에 투입되는 원가의 비중이 확대되고 있는데, 전체의 수명주기원가를 기획하고 확정하는 생산 이전단계에서 원가를 효율적으로 관리함으로써 생산 및 생산 이후단계의 원가를 절감할 수 있다.

둘째, 제품원가를 정확히 계산할 수 있다.

제품의 수명주기원가에는 생산원가 이외에 생산 이전 및 이후의 원가를 모두 측정하고 인식하므로 전통적인 제품원가보다 원가계산이 정확해진다. 이와 같이 제품원가의 정확한 측정은 제품 가격 결정에 유효한 의사결정정보를 제공하고, 원가절감의 동기를 제공하기도 한다.

셋째, 제품별 수익성을 정확하게 평가할 수 있다.

제품별 수익성은 기업 전체의 수익성을 결정짓는 중요한 요인이다. 전통적 원가계산 하에서 수익성이 높은 것으로 분석되었던 제품이 수명주기원가계산 하에서는 수익성이 낮은 것으로 파악될 수도 있다. 이는 전통적으로 생산원가만을 제품원가로 인식하는 경우에는 수익성이 과대평가될 수 있기 때문이다. 그리고 제품별 수익성에 대한 올바른 평가는 기존의 제품결합(product mix)을 변경시키며, 기업의 수익성 증대에도 기여하게 된다.

넷째, 고객 중심의 원가계산을 지향하게 한다.

전통적으로 원가계산의 주된 대상은 생산 활동 중심이었으나, 수명주기원가계산은 그 범주를 생산 이전과 이후로 확대하였다. 특히 제품의 생산 이전에 확정되는 원가(전체 원가의 약 90%)를 절감하고자 하며, 생산 이후에 고객이 제품을 구입하여 사용하는 과정에서 발생되는 원가도 인식함으로써 제품 및 용역에 대한 고객만족을 극대화하고 시장경쟁력을 제고시킬 수 있다.

2. 수명주기원가 구성

수명주기원가는 생산 이전단계원가, 생산단계원가, 생산 이후단계원가로 구성된다. 따라서 광의의 수명주기원가에는 제품이나 용역의 생산과 관련하여 생산자가 발생시키는 원가뿐만 아니라 제품이나 용역의 설치, 운영, 유지, 보수, 폐기 등과 같은 소비자 측면에서 발생하는 원가도 포함된다.

생산 이전단계원가에는 제품기획비, 연구개발비, 제품설계비, 시험비 등이 있고, 생산단계원가에는 직접재료원가, 직접노무원가, 제조간접원가 등이 있다. 그리고 생산 이후단계원가에는 마케팅비, 배송비, 보증비, 고객 서비스비, 철거 및 처분비 등이 있다.

수명주기원가 구성

구 분	원가의 내용
생산 이전단계원가	제품기획비, 연구개발비, 시험연구비, 예비설계비, 상세설계비
생산단계원가	직접재료원가, 직접노무원가, 제조간접원가
생산 이후단계원가	마케팅비, 배송비, 우송비, 보증비, 고객서비스비, 소비자의 유지 · 보수비, 폐기 및 처분비

수명주기원가관리(life-cycle cost management)는 제품의 수명주기원가를 회수하고 목표이익을 달성하기 위한 원가관리 방법을 의미한다. 수명주기원가는 시장경쟁의 심화, 급속한 기술혁신 등으로 제품수명 단축, 고객만족경영 등의 경영이념이 등장하면서 발생한 원가 개념이다. 수명주기원가를 수명주기 단계별로 분석하면, 제품의 생산 이전단계에서 수명주기원가의 약 90%가 확정원가로 결정되고, 생산 및 생산 이후단계에서 발생되는 확정원가는 약 10%로 매우 낮은 구성을 나타내고 있다. 현대의 시장 상황에서와 같이 제품수명이 지속적으로 단축될 경우에는 생산단계에서 제품결합의 변경, 제품 재설계, 원가절감, 가격변동 등이 어려우므로 생산 이전단계에서 전체 수명주기원가를 효율적으로 관리하여 목표이익 달성에 효율적으로 대응해야 한다.

예제

SOLVE PRACTICE PROBLEM

삼성기업이 최근에 개발 검토 중인 두 제품의 수명주기 단계별 예상 발생 원가는 다음과 같다. 두 제품의 연간 판매량은 각각 4,000개로 예상되며, 할인율(현재가치)은 8%이다.

연도	단 계	제품 A	제품 B
1	기 획	₩500,000	₩400,000
2	연구개발	600,000	300,000
3	설 계	600,000	200,000

연도	단 계	제품 A	제품 B
4 ~ 7	생 산	@₩30	@₩60
	물 류	@₩15	@₩25
	고객서비스	@₩10	@₩20

물음 1. 제품별 수명주기원가를 계산하고, 어느 제품을 개발하여 판매하여야 하는가를 현재가치를 기준으로 결정하시오.

2. 제품 A와 B의 단위당 판매가격이 동일하게 ₩250이 될 것이 예상되는 경우의 수명주기 이익을 현재가치를 기준으로 계산하시오.

해답

1. ① 수명주기원가

연도	단 계	제품 A 금 액	제품 A 현재가치*	제품 B 금 액	제품 B 현재가치*
1	기 획	₩500,000	₩463,000	₩400,000	₩370,400
2	연 구 개 발	600,000	514,200	300,000	257,100
3	설 계	600,000	476,400	200,000	158,800
4~7	생 산	220,000[1]	161,700	420,000[2]	308,700
	물 류	220,000	149,820	420,000	286,020
	고객서비스	220,000	138,600	420,000	264,600
		220,000	128,260	420,000	244,860
합 계		₩2,580,000	₩2,031,280	₩2,580,000	₩1,890,480

1) 연간 판매량 4,000개 × (생산 @₩30 + 물류 @₩15 + 고객서비스 @₩10) = ₩220,000

2) 연간 판매량 4,000개 × (생산 @₩60 + 물류 @₩25 + 고객서비스 @₩20) = ₩420,000

* 금액 × 현가계수 (할인율 8%, 기간 n 년일 경우)

② 제품 A는 제품수명주기의 초기인 기획, 연구개발, 설계단계에서 많은 원가가 소요되지만, 후기에는 생산, 물류, 고객서비스의 원가는 적게 소요된다. 그러나 제품 B는 수명주기의 초기에는 적은 원가가 소요되지만, 후기에는 많은 원가가 소요된다. 이 경우 두 제품의 수명주기 기간 동안의 총원가는 ₩2,580,000으로 동

일하나, 현재가치는 제품 B가 제품 A보다 ₩140,800만큼 적으므로 제품 B를 선택하여 개발 · 판매하는 것이 유리하다.

2. 수명주기이익의 현재가치 = 수명주기수익의 현재가치* - 수명주기원가의 현재가치
₩1,000,000(A, B의 연간 매출액) × 2.629(할인율 8%, 4~7년의 현가계수 합계)
= ₩2,629,000
* 제품 A의 수명주기이익 = ₩2,629,000 - ₩2,031,280 = ₩597,720
제품 B의 수명주기이익 = ₩2,629,000 - ₩1,890,480 = ₩738,520
제품 A와 B의 판매가격이 동일하므로, 두 제품의 수명주기이익의 차이는 수명주기원가의 현재가치 차이와 동일한 ₩140,800이 된다.

3. 수명주기원가의 종류

제품의 수명주기는 제품이 고안된 시점부터 폐기되는 시점까지를 포함한 제품의 존속기간을 의미하는 것으로 생산자 관점과 사용자 관점으로 구분하여 정의할 수 있다.

(1) 생산자 관점의 수명주기원가

생산자 관점의 수명주기는 수익창출에 기여하는 수명주기(revenue-producing life-cycle)로 생산 이전단계, 생산단계, 생산 이후단계 등으로 구분할 수 있고, 사용자 관점의 수명주기는 제품이 사용자의 요구를 충족시키는 기간으로 사용 가능 수명주기(consumable life-cycle)라 하는데, 제품의 최초 구입과 운영, 유지, 폐기, 처분 등으로 구분할 수 있다. 전체 수명주기원가는 고객의 관점까지 반영하는 원가 개념으로 제품수명주기원가에 고객이 구입 후에 지급하게 되는 원가를 포함한다.

전체 수명주기원가 = 생산자 관점의 제품수명주기원가 + 고객의 구입 후 원가

① 마케팅 측면의 수명주기 마케팅 측면의 제품수명주기는 시장에서 판매되는 제품의 수명주기로 도입기, 성장기, 성숙기, 쇠퇴기 등으로 구분한다.

마케팅 측면의 제품수명주기

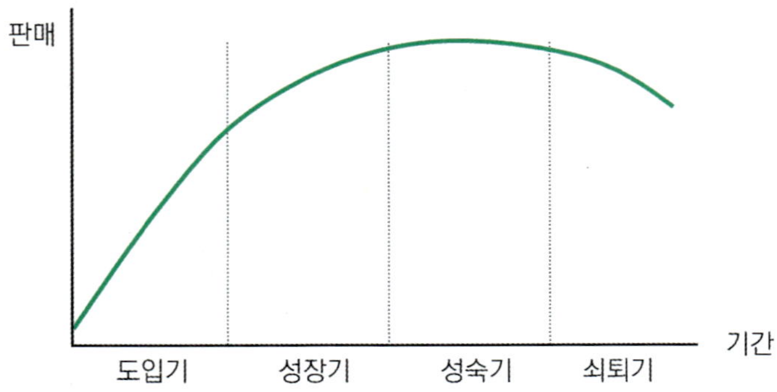

• 1단계: 도입기

제품이 시장에 출시되는 단계로 경쟁이 심하지 않고 판매가 점차 증가한다. 가격전략은 저가격을 설정하는 시장침투가격(penetrating price)이나, 고가격을 설정하는 고가가격(skimming price) 중에서 하나를 선택하게 된다. 도입기의 제품 수익성은 초기의 거액 설비투자비, 연구개발비, 시장개척비 등의 마케팅 비용으로 낮은 편이므로 조속히 시장점유율을 확보하는 경영전략이 필요하다.

• 2단계: 성장기

제품의 수요 증가로 판매가 확대되는 시기로 대량생산, 기술개발, 공정개선 등으로 제조원가는 낮아지고, 시장점유율 및 제품의 수익성이 개선되는 시점이다. 그러나 성장기 후반부터는 많은 기업들이 시장에 참여하게 되어 제품가격이나 서비스의 경쟁이 심화되고, 결국 제품의 수익성이 악화될 수 있으므로 차별화된 제품가격, 품질향상, 서비스 개선 등의 대응전략을 마련하는 것이 중요하다.

• 3단계: 성숙기

판매는 증가하지만 시장점유율은 경쟁자의 출현으로 정체되고, 제품수익률은 가격인하로 인해 완만하게 감소하는 시기이다. 이 시기에는 제품차별화전략보다는 신제품의 개발이나 다품종 소량생산 방식을 도입하여 고객의 요구에 부응해야 제품의 수익성을 유지할 수 있다.

• 4단계: 쇠퇴기

시장에서의 판매가 급감하는 시기이지만 경쟁자의 수도 감소하기 시작하므로 다시 제품차별화전략을 채택하는 것이 바람직하다. 이 단계까지 생존하고 있는 기업은 제품과 관련된 고정비 등을 모두 회수한 상태이므로 변동원가를 회수할 수 있는 최저 가격으로 판매하는 기업이 발생한다. 따라서 쇠퇴기에는 판매경쟁이 가속화되는 단계이기 때문에 새로운 시장 및 수요의 개척, 제품개선 등으로 시장유지전략을 구사하면서 기존 시장에서 철수하는 방안 등도 다각적으로 검토해야 한다.

② **생산 측면의 수명주기** 생산 측면의 제품수명주기는 생산 이전단계, 생산단계, 생산 이후단계 등으로 구분한다. 전체 제품원가 중에 기획, 연구개발, 설계 등 생산 이전단계에서 결정되는 확정원가의 비중이 매우 높기 때문에 수명주기원가를 절감하기 위해서는 기획, 설계 등 생산 이전단계의 활동에 관심을 갖고 많은 노력을 기울여야 한다.

확정원가(committed cost)는 계약원가라고도 하는데 제품기획, 연구개발, 예비설계, 상세설계, 제조준비 활동 등과 관련되어 제품원가 결정에 공헌하게 된다. 이 원가들은 대부분 생산 이전단계에서 발생하므로 통제를 함으로써 많은 원가절감을 꾀할 수 있다. 발생원가는 실제 발생된 제품원가로 생산 이전단계에서는 원가 발생 비중이 적지만, 생산단계 이후에서는 원가 발생 비중이 급격히 증가하는 실제원가이다. 발생원가에는 제품이 고객에게 인도될 때 발생하는 물류비용(유통비, 발송비, A/S비 등) 및 설치비, 고객이 제품을 사용한 이후에 발생하는 폐기원가나 처분원가 등도 포함된다.

생산 측면의 수명주기원가

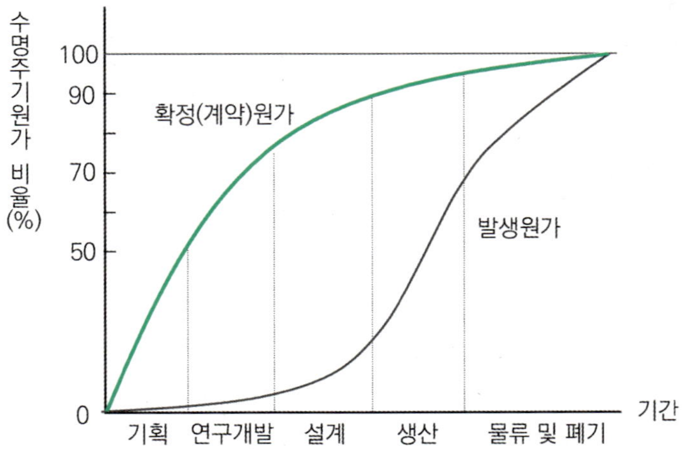

(2) 수요자 관점의 수명주기원가

신규 자본설비에 투자하거나 자동차, 냉장고 등 내구재를 구매하는 수요자 관점에서도 제품의 수명주기를 고려할 수 있다. 사용자의 관점에서 고려하여야 할 수명주기원가로는 최초 투자(구입)액, 구입 이후에 지출되는 운영비, 유지비, 제품수명 종료 시의 폐기비와 처분비 등이 있다.

이 경우 품질이나 성능이 우수한 자본설비나 내구재를 적정가격에 구입하면, 운영 및 유지비나 처분비용 등이 적게 들어 자원의 낭비를 절감할 수 있다. 반면에 품질이나 성능이 낮은 자본설비나 내구재를 저렴하다는 이유로 구입하게 되면, 운영비나 처분비용 등이 시간이 경과되면서 증대되어 결과적으로 자원의 낭비를 초래하게 되는 것이다.

수요자 관점의 수명주기원가

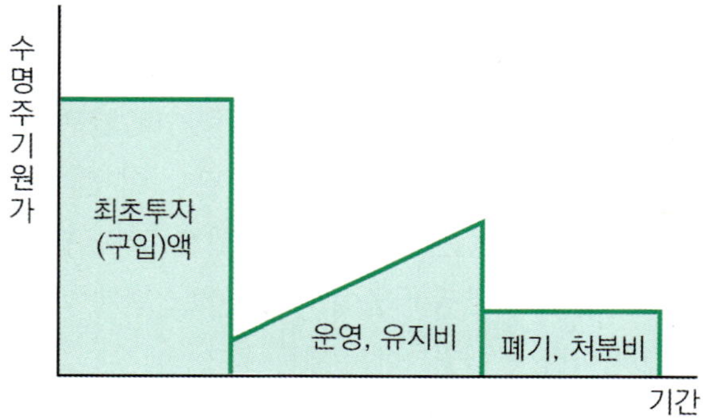

그러므로 사용자 관점에서의 수명주기원가 간에는 다음 그림과 같은 상충관계가 발생한다.

수요자 수명주기원가의 기간별 상관성

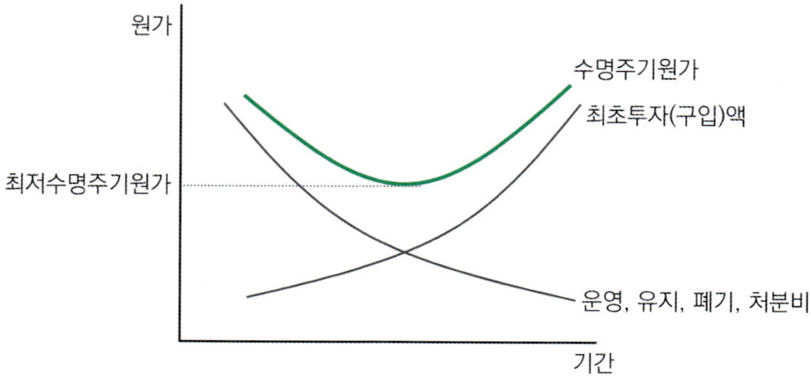

예제

SOLVE PRACTICE PROBLEM

삼성기업은 올림픽 마스코트인 인형의 생산을 계획하고 있으며, 관련 자료는 다음과 같다. 인형의 수명주기는 3년이며, 수명주기 동안 인형의 예상생산 · 판매량은 1,000단위이며, 예상판매가격은 제품 단위당원가에 30%의 이익을 가산하여 결정한다.

수명주기 3년간의 원가발생 예상액	
개발 · 설계단계	₩500,000
제 조 단 계	2,000,000
물 류 단 계	400,000
서비스(A/S)단계	100,000

물음
1. 전통적원가계산 개념 하에서 발생될 단위당 제조원가와 예상판매단가를 결정하시오.
2. 수명주기원가계산 개념 하에서 발생될 단위당 제조원가와 예상판매단가를 결정하시오.
3. 양 개념에 의한 3년 전체의 예상손익계산서를 작성하고, 비교 · 평가하시오.

해답

1. 전통적 원가계산에 의할 경우

① 단위당 제조원가: $\frac{₩2,000,000\,(\text{제조단계})}{1,000\text{단위}} = ₩2,000$

② 예상판매단가: ₩2,000 × 130% = ₩2,600

2. 수명주기원가계산에 의할 경우

① 단위당 제조원가: $\frac{₩500,000 + 2,000,000 + 400,000 + 100,000}{1,000\text{단위}} = ₩3,000$

② 예상판매단가: ₩3,000 × 130% = ₩3,900

3. 양 개념에 의한 예상 손익계산서

	전통적원가계산		수명주기원가계산	
매 출 액		₩2,600,000		₩3,900,000
원가 및 비용				
개발원가	₩500,000		₩500,000	
제조원가	2,000,000		2,000,000	
물류원가	400,000		400,000	
서비스원가	100,000	(3,000,000)	100,000	(3,000,000)
이 익		(₩400,000)		₩900,000

제조원가만으로 일정 이익을 가산하여 판매가격을 결정하는 전통적인 원가계산 방법에 의하면 제품수명주기 기간 동안 손실이 발생한다. 따라서 제품수명주기 전 기간에 발생될 모든 원가 및 비용을 고려하여 예상판매가격을 결정하는 것이 합리적인 계산 방법이다.

4. 수명주기원가계산의 유용성과 한계

(1) 수명주기원가계산의 유용성

① 수명주기원가계산은 기업의 가치사슬원가를 식별하고 인식함으로써 전략적 원가관리에 유용한 정보를 제공한다.

② 수명주기원가계산은 수명주기에서 발생하는 모든 원가를 파악할 수 있기 때문에 제품과 관련된 의사결정에 도움을 준다.

③ 제품개발 및 설계주기에서 대부분의 확정원가가 결정되므로 제품개발 및 설계주기부터 지속적으로 원가절감을 위한 노력을 기울여야 한다는 것을 인식할 수 있다.

④ 수명주기에서 발생하는 원가들 간의 상호관계를 파악할 수 있기 때문에 원가를 절감할 수 있는 방안을 강구할 수 있다.

(2) 수명주기원가계산의 한계

① 수명주기원가계산 시 수명주기원가에는 생산 이전단계의 원가인 연구개발원가, 설계원가 등과 생산원가, 그리고 생산 이후단계의 원가인 유통비, 보증비, 처분비 등이 포함되어 있기 때문에 모든 제품수명주기원가를 각 단계별로 정확히 인식하고 측정하는 것이 곤란하다.

② 수명주기원가계산은 모든 제품에 적용할 수 없다. 특히 제품수명이 길고 기술수준이 높지 않은 제품의 경우에는 그 유용성이 크지 않다.

③ 수명주기원가계산은 객관성이 낮은 생산 이전단계의 원가도 포함시키기 때문에 전통적인 재무회계 범주 내에서는 인정되지 않는다.

연습문제

REVIEW EXERCISES

주관식

01 전통적 원가계산과 목표원가계산을 비교 · 설명하시오.

02 목표원가계산의 목적과 계산절차를 기술하시오.

03 목표원가계산의 유용성과 한계를 설명하시오.

04 품질원가를 유형별로 구분하여 개념을 설명하시오.

05 현대 기업의 품질원가분석을 그래프와 함께 논술하시오.

06 수명주기원가계산의 목적과 구성을 설명하시오.

07 마케팅 측면의 수명주기원가를 단계별로 구분하여 설명하고, 대응전략에 대하여 논술하시오.

08 수요자 관점의 수명주기원가 및 기간별 분석을 기술하시오.

09 다음의 개념을 설명하시오.

① 목표원가

② 목표자본이익률

③ 목표원가계산 방법

④ 적합품질

⑤ 통제원가

⑥ 전사적 품질관리(TQC)

⑦ 원가회피와 원가부착

⑧ 공헌손익계산서

10 목표원가계산

삼성기업은 20×5년에 신제품을 생산 · 판매하기로 하였다. 신제품의 단위당 목표판매가격은 ₩80이고, 예상판매수량은 10,000개이다. 회사 전체의 목표매출이익률은 30%이다.

물음 (1) 신제품의 단위당 목표원가를 계산하시오.

(2) 신제품의 단위당 목표판매가격이 ₩100일 경우 판매수량은 9,000개로 변화가 예상된다. 단위당 목표원가가 ₩60일 경우, 회사 전체의 목표매출이익률을 달성할 수 있는지를 설명하시오.

11 품질원가계산

강남회사는 과거 4년간 품질개선프로그램을 운영해 왔으며, 이와 관련된 자료는 다음과 같다.

연 도	매출액	품질원가
20×1	₩200,000	₩50,000
20×2	220,000	40,000
20×3	250,000	30,000
20×4	300,000	20,000

물음 (1) 각 연도별 매출액에 대한 품질원가의 비율을 계산하시오.

(2) 품질개선으로 인한 각 연도별 이익변동액을 계산하시오.

(3) 각 연도의 품질원가 중 ₩10,000이 고정원가일 경우, 품질개선으로 인한 각 연도별 이익변동액을 계산하시오.

12 품질원가계산과 손익분기점

경기회사는 제품생산과 관련하여 다음과 같은 품질개선 계획을 수립하였다. 20×3년의 매출액은 ₩2,500,000이며, 변동비율과 고정원가는 각각 60%와 ₩800,000이다.

품질개선계획서

	20×3년		20×4년	
	고정원가	변동원가	고정원가	변동원가
예 방 원 가	₩100,000	-	₩300,000	-
평 가 원 가	50,000	₩50,000	100,000	₩100,000
내부실패원가	50,000	150,000	50,000	10,000
외부실패원가	100,000	200,000	100,000	10,000
합 계	₩300,000	₩400,000	₩550,000	₩120,000

물음 (1) 20×3년의 손익분기점 매출액을 계산하시오.

(2) 20×4년의 계획이 달성된다면 손익분기점 매출액은 얼마가 되겠는가? 단, 매출액은 20×3년과 동일하다.

13 품질원가보고서

공주회사의 과거 2년간 품질개선프로그램의 실행과 관련하여 다음과 같은 품질원가가 발생하였다.

	20×3년	20×4년
품질공학	₩200,000	₩400,000
검사설비의 감가상각	100,000	100,000
순폐기원가	300,000	100,000
재작업원가	100,000	40,000
시스템개발	250,000	500,000
수선보증	200,000	20,000
제품검사	100,000	50,000
제품소환	300,000	20,000

물음 (1) 2년간의 품질원가를 비교한 품질원가보고서를 작성하시오. 단, 매출액에 대한 품질원가의 비율을 제시하시오.

(2) 품질원가의 변동에 대해 평가하시오.

14 제품수명주기 이익

천안회사에서 개발 예정인 제품과 관련된 예산을 다음과 같이 편성하였다.

연도	단계	예산
1	연구개발	₩500,000
2	설 계	200,000
3 ~ 5	생 산	@₩40
	+ 유 통	@₩20
	+ 고객서비스	@₩10

이 제품의 예상판매가격은 ₩250이며, 예상연간판매수량은 2,000개이다.

물음 (1) 화폐의 시간적 가치를 고려하지 않을 경우의 제품수명주기 이익을 계산하시오.

(2) 화폐의 시간적 가치를 고려할 경우의 제품수명주기 이익을 계산하시오. 단, 현재가치 할인율은 12%이다.

15 수명주기원가계산과 제품수익성분석

오창회사는 두 제품을 생산 · 판매하고 있는데, 제품별 수익성 및 원가구조를 분석하고자 한다. 경영자는 두 제품에 대한 수명주기수익 및 원가에 관한 정보를 수집하였다.

제품	단위당 판매가격	판매수량	
		1차연도	2차연도
A	₩500	3,000개	3,000개
B	500	3,000	3,200

	제품 A		제품 B	
	1차연도	2차연도	1차연도	2차연도
연구개발	₩200,000	-	₩400,000	-
설 계	100,000	₩300,000	300,000	₩100,000
생 산	400,000	400,000	400,000	300,000
유 통	300,000	200,000	100,000	140,000
고객서비스	200,000	210,000	90,000	100,000

물음 (1) 제품별 · 연도별 수명주기영업이익을 계산하고, 수익성을 분석하시오.

(2) 제품별 원가구조를 분석하고 평가하시오.

객관식

01 목표가격(target price)에 대한 설명 중 가장 적절한 것은? ▸ 공인회계사

① 생산 요소의 시장가격과 목표이익률을 고려해 결정되는 가격이다.
② 변동원가의 회수에 초점을 둔, 기업의 생존을 도모하기 위한 가격이다.
③ 목표원가에 목표영업이익을 가산하여 책정되는 가격이다.
④ 제품디자인에서부터, 공급자가격, 제조조정 등에 이르는 모든 단계에서 원가절감 요인을 도출해 최소의 원가를 달성하여 목표가격을 설정한다.
⑤ 설정된 목표가격 하에서도 목표이익을 실현할 수 있게 하는 원가를 가치공학 등의 수행을 통해 달성하는 것이 중요하다.

02 목표원가관리에 대한 다음의 설명 중 옳지 않은 것은?

① 목표원가관리에서는 신제품에 대한 소비자의 욕구와 원하는 가격을 파악하는 것을 전제로 한다.

② 목표원가관리에서는 가치엔지니어링을 적용하여 제품의 품질과 기능을 유지하면서 원가를 최소화하는 방법을 선택하고 있다.
③ 목표원가관리는 사내의 전부서가 목표한 원가를 달성할 수 있도록 전사적인 협력체제를 유지하는 것이 중요하다.
④ 목표원가관리에서는 신제품의 목표원가를 결정할 때 주로 목표판매가격에서 목표이익을 차감하여 계산한다.
⑤ 목표원가관리는 기술적 측면의 제품개발을 중요한 과정으로 보고 있다.

03 목표원가계산(target costing)에 대한 설명으로 옳지 않은 것은? ▸ 세무사

① 목표원가는 기업이 내부적으로 기술진이나 생산담당자들의 분석평가에 의하여 설정하는 부가가치표준과는 상이할 수 있다.
② 목표원가는 외부 시장환경과 경쟁업체의 대응 정도 등을 고려하여 기업이 목표로 설정한 시장점유율의 유지 또는 목표로 하는 이익을 달성하기 위하여 전략적인 차원에서 책정하는 원가이다.
③ 목표원가는 목표가격에서 목표이익을 차감하여 결정한다.
④ 목표원가계산 기법은 원가우위(cost leadership)전략과 연계하여 실시할 수 있다.
⑤ 목표원가계산은 표준원가계산과 마찬가지로 제조단계에서의 원가절감을 강조한다.

04 품질원가계산에 대한 다음의 설명 중 옳지 않은 것은?

① 품질과 원가는 서로 상충관계에 있다는 전제 하에 출발한다.
② 품질원가계산에서는 품질원가에 대한 정보를 각 부서의 통제 및 성과평가시스템에 적용할 수 있다.
③ 품질개선 과정에서 제품의 품질상의 문제점을 발견할 수 있고 이는 공정관리에도 이용이 된다.
④ 품질원가관리를 통하여 장기적으로 기업의 수익성을 높이는 것을 목표로 한다.
⑤ 품질원가계산은 품질과 관련하여 발생하는 원가를 낮은 수준으로 관리하면서 고품질의 제품생산을 목표로 한다.

05 다음의 연결이 잘못 된 것은?

① 예방원가 - 부품공급업체 인증비용
② 평가원가 - 검사장비 유지비용
③ 예방원가 - 설계엔지니어링비용
④ 외부실패원가 - 판매기회 상실로 인한 기회비용
⑤ 내부실패원가 - A/S 방문비용

06 농업용 양수기를 제조하여 판매하는 (주)대풍의 20×1년도 품질과 관련된 재무적 자료가 아래와 같다. 품질예방원가를 계산하면 얼마인가? ▸ 세무사

과 목	금 액	과 목	금 액
설계엔지니어링	₩ 240	재작업품	₩ 300
품질훈련교육	100	운송비	110
검사	200	손해배상	220
제품시험	150	재수리보장비용	120
공손품	80	품질엔지니어링	130

① ₩470 ② ₩350 ③ ₩430 ④ ₩440 ⑤ ₩550

07 (주)시그마는 품질원가의 측정을 위해 품질 관련 활동원가를 계산하고 있다. 다음에 나열된 품질 관련 활동원가 중 예방원가(prevention cost of quality)에 포함되어야 할 금액은? ▸ 공인회계사

활 동	활동원가 (또는 비용)	활 동	활동원가 (또는 비용)
품질방침기획 및 선포 활동	₩ 10	제품품질검사 및 시험 활동	₩ 60
선적 전에 발견된 부적합품 재작업 활동	20	원 · 부자재공급사 평가 활동	70
반품 재작업 활동	30	반품 · 재검사 활동	80
예방적 설비보수 및 유지 활동	40	품질교육 및 훈련 활동	90
미래 판매 기회상실에 따른 기회비용	50		

① ₩ 50 ② ₩ 80 ③ ₩ 140 ④ ₩ 160 ⑤ ₩ 210

[해설]
- 예방원가: 품질방침기획 및 선포 활동(₩10) + 예방적 설비보수 및 유지 활동(₩40) + 원 · 부자재 공급사 평가 활동(₩70) + 품질교육 및 훈련 활동(₩90) = ₩210
- 평가원가: 제품품질검사 및 시험 활동
- 내부실패원가: 선적 전에 발견된 부적합품 재작업 활동
- 외부실패원가: 반품 재작업 활동, 미래 판매 기회상실에 따른 기회비용, 반품 재검사 활동

08 품질원가에 대한 설명으로 옳지 않은 것은? ▸ 세무사

① 품질원가의 바람직한 분포는 일반적으로 "예방원가 > 평가원가 > 내부실패원가 > 외부실패원가"이다.

② 예방원가와 평가원가를 포함하는 통제원가는 불량품의 발생률과 역의 관계를 갖는다.

③ 제조물책임법에 의한 소송비용, 제품보증수리비용, 불량품으로 인한 회사 이미지 실추에 따른 판매기회상실로 인한 기회비용 등은 외부실패원가에 해당한다.

④ 불량품으로 인한 기계가동중단손실, 재작업원가 등은 내부실패원가에 해당한다.
⑤ 품질관리계획수립원가, 품질관리기술개발원가, 품질개선을 위한 토의원가 등은 평가원가에 해당한다.

09 원가관리기법과 관련한 새로운 접근 방법들에 대한 설명으로서 옳은 것은? ▸ 세무사

① 카이젠원가계산은 제품제조 이전단계에서의 지속적인 원가절감에 초점을 둔다.
② 목표원가계산기법은 기존의 표준원가계산과 마찬가지로 제품제조단계에서의 원가절감을 강조한다.
③ 제품수명주기원가계산은 제품제조단계에서의 원가절감을 강조한다.
④ 가치사슬원가계산에 있어서는 제품생산 이전에 발생된 활동과 관련된 원가는 물론 제품생산 이후에 발생된 활동과 관련된 원가도 분석한다.
⑤ 품질원가분석에 있어서 제품보증수리비용은 내부실패원가에 해당한다.

10 가치사슬 및 수명주기원가계산에 대한 다음의 설명 중 옳지 않은 것은?

① 제품과 관련한 대부분의 원가가 제조단계에서 발생 및 결정된다는 입장이다.
② 연구개발, 제품개발 및 설계 활동을 상위 활동(upstream activities)이라고 한다.
③ 가치사슬과 수명주기원가계산은 연구개발, 제품개발 및 설계의 단계에서부터 제조 및 생산의 단계, 마케팅 · 유통 · 고객서비스 단계까지의 전 범위를 고려하여 원가관리에 적용하자는 이론이다.
④ 치열한 제품경쟁으로 인하여 제조 이전의 단계인 연구개발, 제품개발 및 설계 활동의 중요성이 부각되고, 연구개발 및 제품설계의 단계에서 발생하는 원가의 금액이 커짐에 따라 가치사슬의 개념이 강조되기 시작하였다.
⑤ 마케팅, 유통, 고객서비스 활동을 하위 활동(downstream activities)이라고 한다.

11 다음은 수명주기원가계산의 설명이다. 이 설명 중 옳지 않은 것은?

① 수명주기원가계산을 통하여 제품의 개발단계에서 폐기 시까지의 총원가를 파악할 수 있으므로 개별제품의 수익성을 보다 합리적으로 분석할 수 있다.
② 수명주기 전체의 원가는 대부분 생산주기 이전인 연구 · 개발 및 설계단계에서 결정되므로 연구 · 개발 및 설계단계에서부터 수명주기 전체의 원가를 고려하여 합리적이고 체계적인 원가절감 방안을 모색하도록 한다.
③ 최근의 기업경영환경에서는 제품의 종류가 많아지고 제품수명주기가 짧아지면서 제품원가와 기간비용의 구분보다 특정 부품의 수명주기 전체의 원가를 집계하는 것이 경영자에게 보다 유용한 정보를 제공한다.
④ 공장의 자동화가 이루어지면서 제조주기에서 원가를 절감할 수 있는 여지는 매우 작아졌으며

대부분의 원가가 생산 이전에 결정되어 진다.

⑤ 연구 · 개발 및 제조주기에서 발생하는 원가와 결정되는(committed) 원가의 수명주기 전체원가에 대한 비중이 매우 크므로 이를 잘 고려하여야 한다.

12 ㈜갑의 신제품개발팀은 신제품을 위한 다양한 제품 사양을 개발하였다. ㈜갑은 개발한 제품 사양이 모두 포함된 신제품 A를 제조할 것인지 아니면 제품 사양들 중 일부가 제외된 신제품 B를 제조할 것인지를 결정하고자 한다. 어느 신제품을 생산하여 출시하더라도 생산 및 판매와 관련된 예상고정원가 총액은 ₩2,000,000이며, 신제품의 목표이익률은 판매가격의 30%이다.
신제품 A와 신제품 B의 생산 및 판매와 관련된 추가 자료는 다음과 같다.

	신제품 A	신제품 B
단위당 예상판매가격	₩5,000	₩4,000
단위당 예상변동원가	₩2,500	₩1,900
예상생산 · 판매량	?	2,500단위

다음 설명 중 옳지 않은 것은? ▸ 공인회계사

① 신제품 A의 단위당 목표원가는 ₩3,500이다.

② ㈜갑은 신제품 A의 단위당 목표원가를 달성하기 위해 최소한 2,000단위 이상을 생산 · 판매하여야 한다.

③ 신제품 B의 단위당 목표원가는 ₩2,800이다.

④ 신제품 B를 생산 · 판매하면 목표이익률을 달성할 수 있다.

⑤ 만약 신제품 A의 예상생산 · 판매량이 2,000단위 이상이면, ㈜갑은 신제품 B 대신 신제품 A를 생산 · 판매하는 것이 유리하다.

객관식 해답 01 ⑤ 02 ⑤ 03 ⑤ 04 ① 05 ⑤ 06 ① 07 ⑤ 08 ⑤ 09 ④ 10 ① 11 ⑤ 12 ⑤

07 예산관리

1절 변동원가계산

변동원가계산[1)](variable costing)은 제품원가를 행태(behavior)에 따라 변동원가와 고정원가로 구분한 후, 변동원가만을 제품원가로 하며, 고정원가는 기간비용으로 계산하는 방법이다. 변동원가계산에서는 직접재료원가, 직접노무원가, 변동제조간접원가 등의 변동제조원가만을 제조원가에 포함시키고, 고정제조간접원가는 기간비용으로 회계처리한다.

관리회계 측면에서 실무적으로 변동원가계산을 적용하는 이유는 전통적인 전부원가계산에서 다음과 같은 문제점이 발생했기 때문이다.

① 전부원가계산은 제조간접원가 배부액의 정확성에 한계가 있다. 현대의 기업들이 생산자동화 등으로 제조간접원가의 원가 구성 비율이 높아졌기 때문에 조업도를 기준으로 제품 단위당 제조간접비를 배분하는 방법은 정확한 원가계산에 일정한 한계성을 갖게 되었다. 전부원가계산은 단위당 제조간접비의 부정확성 등으로 판매가격 정책을 수립하는 데 문제가 발생할 개연성이 높아졌다.

② 전부원가계산은 통제 불가능한 고정원가를 배부하게 되는데, 이는 원가통제 및 성과평가 등의 관점에서 문제점을 내포하고 있다.

---

1) 변동원가계산은 변동제조원가만으로 제품 원가계산을 하므로 직접원가계산(direct costing)이란 용어보다 정확한 표현이다. 왜냐하면 직접원가 개념에는 직접재료원가와 직접노무원가 만이 포함되기 때문이다. 변동원가계산은 공헌(한계)원가계산이라고도 부르는데, 이는 손익계산서가 매출액에서 매출원가의 변동원가만을 차감하여 공헌이익을 먼저 계산하고, 기간비용인 고정원가를 차감하여 순이익을 산출하는 계산 과정과 밀접한 관계를 갖고 있기 때문이다.

1. 변동원가계산과 전부원가계산의 차이

첫째, 전부원가계산은 원가의 기능별 구분(재료원가, 노무원가, 경비, 판매비와관리비)을 위주로 하나, 변동원가계산은 원가의 행태별 구분(변동원가, 고정원가)을 위주로 한다.

둘째, 변동원가계산은 매출액에서 변동원가를 차감하여 공헌이익을 계산한 후, 고정원가를 차감하여 영업이익을 계산하므로, 전부원가계산과 수익에 대한 원가 대응 방법에 있어서 상호 차이가 있다.

셋째, 전부원가계산에서 고정원가는 매출원가 및 재고자산의 일부를 구성하나, 변동원가계산에서는 모든 고정원가가 기간비용으로 처리되어 재고자산에 포함되지 않는다.

(1) 원가회피와 원가부착

변동원가계산은 자산을 원가회피(cost avoidance) 개념에 근거하여 정의[2]한다. 원가회피 개념은 자산에는 미래에 다시 발생하지 않는 원가인 변동원가만을 포함하여 계산하고, 고정제조간접원가는 미래원가 회피능력이 없으므로 제품원가에 포함하지 않고 기간비용으로 회계처리해야 한다는 것이다. 반면에 전부원가계산 방법은 제품을 생산하기 위해 투입된 모든 경제적 가치를 자산으로 계상해야 한다는 자산의 원가부착(cost attach) 개념에 근거한다. 원가부착 개념은 생산과정에 투입된 고정제조간접원가도 미래의 수익을 창출할 수 있는 용역 잠재력을 갖고 있으므로 자산성을 인정하여 변동원가와 같이 제품원가에 포함해야 한다는 것이다. 결론적으로 고정제조간접원가의 기간귀속 인식 상의 차이 때문에 양 방법 간에 제품원가를 구성하는 원가 요소가 다르게 적용되고, 그 결과 재고자산 평가액 및 순이익에서 차이가 발생된다.

전부원가계산의 원가흐름

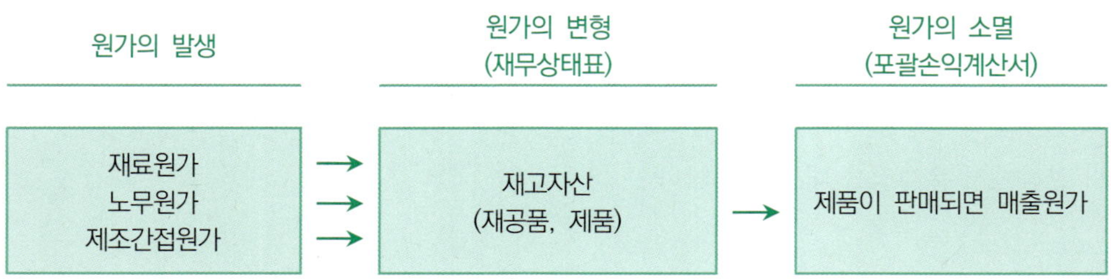

2) 고정제조간접원가를 제품의 원가에 포함시켜야 하는지 여부에 대한 문제는 전부원가계산과 변동원가계산의 특성과 직접적인 관계가 있다. 변동원가계산은 단기적 의사결정의 결과를 평가하는데 유용한 정보를 제공하는 반면, 전부원가계산은 외부 보고 등을 위해 일반적으로 인정되는 회계처리 방법이다.

변동원가계산의 원가흐름

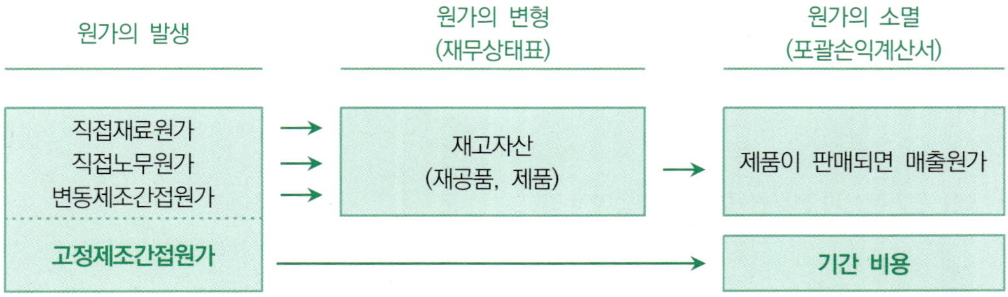

(2) 손익계산

전부원가계산과 변동원가계산은 고정제조간접원가의 회계처리가 각각 다르기 때문에 전부원가계산은 포괄손익계산서를 작성하고, 변동원가계산은 공헌손익계산서를 작성한다.

내부보고목적으로 이용되는 공헌손익계산서는 원가 및 비용을 원가행태별로 구분한 후, 매출액에서 변동원가를 차감하여 공헌이익을 계산하고, 공헌이익에서 고정원가를 차감하여 영업이익을 계산한다. 포괄손익계산서는 일정 기간 동안의 총수익과 총비용을 대응하여 경영 성과를 보고하는데, 매출액에서 매출원가를 차감하여 매출총이익을 계산하고 매출총이익에 기타수익을 가산하고 판매비와관리비, 기타비용 등을 차감하여 영업이익을 산출한다.

포괄손익계산서

Ⅰ. 매출액		×××
Ⅱ. 매출원가		
1. 기초제품재고액	×××	
2. 당기제품제조원가	×××	
3. 기말제품재고액	(×××)	(×××)
Ⅲ. 매출총이익		×××
Ⅳ. 기타수익		××
Ⅴ. 판매비와관리비		(××)
Ⅵ. 기타비용		(××)
Ⅶ. 영업이익		×××

공헌손익계산서

Ⅰ. 매출액		×××
Ⅱ. 변동매출원가		
1. 기초제품재고액	×××	
2. 당기제품제조원가	×××	
3. 기말제품재고액	(×××)	(×××)
Ⅲ. 변동판매비와관리비		(××)
Ⅳ. 공헌이익		×××
Ⅴ. 고정원가		
1. 고정제조간접원가	××	
2. 고정판매비와 관리비	××	(××)
Ⅵ. 영업이익		×××

2. 영업이익 비교

전부원가계산과 변동원가계산의 영업이익에 차이가 발생하는 주된 이유는 재고자산에 포함되어 이연되는 고정제조간접원가의 회계처리(손익 귀속기간) 차이 때문이다. 즉, 전부원가계산의 매출원가는 변동제조원가와 고정제조간접원가 등이 포함되어 계산되지만, 변동원가계산의 매출원가는 변동제조원가는 포함되고, 고정제조간접원가는 기간비용으로 처리되어 공헌이익에 반영되지 않는다.

변동원가계산과 전부원가계산의 영업이익 비교

상 황	재고자산 영향	비용화되는 고정제조간접원가			영업이익		
생산량 > 판매량	기말재고자산 > 기초재고자산	전부원가계산 하에서 비용화 되는 고정제조간접원가	<	변동원가계산 하에서 비용화 되는 고정제조간접원가	전부원가계산 하의 영업이익	>	변동원가계산 하의 영업이익
생산량 < 판매량	기말재고자산 < 기초재고자산	전부원가계산 하에서 비용화 되는 고정제조간접원가	>	변동원가계산 하에서 비용화 되는 고정제조간접원가	전부원가계산 하의 영업이익	<	변동원가계산 하의 영업이익
생산량 = 판매량	기말재고자산 = 기초재고자산	전부원가계산 하에서 비용화 되는 고정제조간접원가	=	변동원가계산 하에서 비용화 되는 고정제조간접원가	전부원가계산 하의 영업이익	=	변동원가계산 하의 영업이익

(1) 생산량이 판매량을 초과할 때(생산량 > 판매량)

생산량이 판매량을 초과하면 초과된 만큼 기말제품재고량이 증가하게 되므로, 전부원가계산의 영업이익이 변동원가계산의 영업이익보다 크게 된다. 그 이유는 변동원가계산과 비교하면 전부원가계산의 기말제품재고액에 포함된 고정제조간접원가가 차기로 이연되어 매출원가가 감소되므로 영업이익의 증가를 가져오기 때문[3]이다.

반면 변동원가계산은 당기에 발생한 고정제조간접원가 전액을 당기의 기간비용으로 회계처리하므로, 전부원가계산에 비해 고정제조간접원가 만큼 기말제품재고액이 감소하므로 매출원가는 증가하고 영업이익은 감소된다.

즉, 양 방법에 의해 계산된 영업이익의 차이는 기말제품재고량에 단위당 고정제조간접원가를 곱한 금액이 된다.

3) 전부원가계산은 판매수량이 동일하더라도 생산량이 증가할수록 영업이익은 증가한다.
생산량 증가 시: 단위당 고정제조간접원가↓ 제품 단위당원가↓ 매출원가↓ 영업이익↑

예제

SOLVE PRACTICE PROBLEM

삼성기업의 20×4년 4/4분기의 생산 및 판매 활동에 관한 자료는 다음과 같다.

(1) 생산 및 판매 자료

	10월	11월	12월	합 계
생산량	1,200개	800개	800개	2,800개
판매량	1,000	900	800	2,700
단위당 판매가격	₩100	₩100	₩100	

(2) 원가 자료

	10월	11월	12월	합 계
변동제조원가	₩48,000	₩32,000	₩32,000	₩112,000
고정제조간접원가	20,000	20,000	20,000	60,000
변동판매관리비	5,000	4,500	4,000	13,500
고정판매관리비	6,000	6,000	6,000	18,000

물음 10월의 변동원가계산에 의한 공헌손익계산서와 전부원가계산에 의한 포괄손익계산서를 작성하고 영업이익의 차이를 조정하시오.

해답

① 공헌손익계산서와 포괄손익계산서

공헌손익계산서

매출액		₩100,000
변동매출원가		
기초제품재고액	-	
당기제품제조원가	₩48,000	
기말제품재고액	(8,000)	(₩40,000)
변동판매관리비		(5,000)
공헌이익		₩55,000
고정원가		
고정제조간접원가	₩20,000	
고정판매관리비	6,000	(₩26,000)
영업이익		₩29,000

포괄손익계산서

매출액		₩100,000
매출원가		
기초제품재고액	-	
당기제품제조원가	₩68,000	
기말제품재고액	(11,340)	(₩56,660)
매출총이익		₩43,340
판매관리비		(11,000)
영업이익		₩32,340*

② 영업이익 조정

전부원가계산 영업이익 = 변동원가계산 영업이익 + 기말제품재고액에 포함된 고정제조간접원가

* ₩32,340 = ₩29,000 + (200개 × @₩16.7)

(2) 판매량이 생산량을 초과할 때 (생산량 < 판매량)

판매량이 생산량을 초과하면 초과된 만큼 기말제품재고량이 감소하게 되므로 전부원가계산의 영업이익이 변동원가계산보다 적게 계산된다. 그 이유는 전부원가계산은 기초제품재고액에 포함되어 전기에서 이연된 고정제조간접원가의 매출원가 포함으로 영업이익이 감소되기 때문이다.

반면 변동원가계산에서는 고정제조간접원가 발생액을 기간비용으로 처리하므로, 전부원가계산에 비해 고정제조간접원가 만큼 기초제품재고액이 감소하여 매출원가는 감소하고 영업이익은 증가된다. 결국 양 방법 간의 영업이익 차이는 기초 및 기말제품재고량에 단위당 고정제조간접원가를 곱한 금액의 차액이 된다.

예제

SOLVE PRACTICE PROBLEM

삼성기업의 20×4년 4/4분기의 생산 및 판매 활동에 관한 자료는 다음과 같다.

(1) 생산 및 판매 자료

	10월	11월	12월	합 계
생산량	1,200개	800개	800개	2,800개
판매량	1,000	900	800	2,700
단위당 판매가격	₩100	₩100	₩100	

(2) 원가 자료

변동제조원가	₩48,000	₩32,000	₩32,000	₩112,000
고정제조간접원가	20,000	20,000	20,000	60,000
변동판매관리비	5,000	4,500	4,000	13,500
고정판매관리비	6,000	6,000	6,000	18,000

물음 11월의 변동원가계산에 의한 공헌손익계산서와 전부원가계산에 의한 포괄손익계산서를 작성하고 영업이익의 차이를 조정하시오.

해답

① 공헌손익계산서와 포괄손익계산서

공헌손익계산서

매출액		₩90,000
변동매출원가		
기초제품재고액	₩8,000	
당기제품제조원가	32,000	
기말제품재고액	(4,000)	(₩36,000)
변동판매관리비		(4,500)
공헌이익		₩49,500
고정원가		
고정제조간접원가	₩20,000	
고정판매관리비	6,000	(₩26,000)
영업이익		₩23,500

포괄손익계산서

매출액		₩90,000
매출원가		
기초제품재고액	₩11,340	
당기제품제조원가	₩52,000	
기말제품재고액	(6,500)	(₩56,840)
매출총이익		₩33,160
판매관리비		(10,500)
영업이익		₩22,660*

② 영업이익 조정

전부원가계산 영업이익 = 변동원가계산 영업이익 − 기초제품재고액에 포함된 고정제조간접원가
+ 기말제품재고액에 포함된 고정제조간접원가

* ₩22,660 = ₩23,500 − (200개 × @₩16.7) + (100개 × @₩25)

(3) 생산량과 판매량이 같을 때 (생산량 = 판매량)

생산량과 판매량이 같을 때는 전부원가계산의 영업이익과 변동원가계산의 영업이익은 일치한다. 고정제조간접원가는 전부원가계산에서 매출원가로 처리되고, 변동원가계산에서 기간비용으로 처리되는 차이가 있을 뿐, 전체적으로는 매출이라는 기간수익에 대응되기 때문이다.

예제

SOLVE PRACTICE PROBLEM

삼성기업의 20×4년 4/4분기의 생산 및 판매 활동에 관한 자료는 다음과 같다.

(1) 생산 및 판매 자료

	10월	11월	12월	합 계
생산량	1,200개	800개	800개	2,800개
판매량	1,000	900	800	2,700
단위당 판매가격	₩100	₩100	₩100	

(2) 원가 자료

변동제조원가	₩48,000	₩32,000	₩32,000	₩112,000
고정제조간접원가	20,000	20,000	20,000	60,000
변동판매관리비	5,000	4,500	4,000	13,500
고정판매관리비	6,000	6,000	6,000	18,000

물음 12월의 변동원가계산에 의한 공헌손익계산서와 전부원가계산에 의한 포괄손익계산서를 작성하고 영업이익의 차이를 조정하시오.

해답

① 공헌손익계산서와 포괄손익계산서

공헌손익계산서

매출액		₩80,000
변동매출원가		
기초제품재고액	₩4,000	
당기제품제조원가	32,000	
기말제품재고액	(4,000)	(₩32,000)
변동판매관리비		(4,000)
공헌이익		₩44,000
고정원가		
고정제조간접원가	₩20,000	
고정판매관리비	6,000	(26,000)
영업이익		₩18,000

포괄손익계산서

매출액		₩80,000
매출원가		
기초제품재고액	₩6,500	
당기제품제조원가	52,000	
기말제품재고액	(6,500)	(₩52,000)
매출총이익		₩28,000
판매관리비		(10,000)
영업이익		₩18,000*

② 영업이익 조정: 필요 없음

* 전부원가계산 영업이익(₩18,000) = 변동원가계산 영업이익(₩18,000)

3. 영업이익의 차이 조정

변동원가계산과 전부원가계산 간의 영업이익 차이는 제품재고액에 포함된 고정제조간접원가의 회계처리 차이에서 비롯된 것이므로, 기초와 기말의 제품재고액에 포함된 고정제조간접원가로 영업이익의 차이를 조정할 수 있다.

변동원가계산의 영업이익을 전부원가계산의 영업이익으로 차이 조정

변동원가계산의 영업이익	×××
기초제품재고액에 포함된 고정제조간접원가 (−)	(×××)
기말제품재고액에 포함된 고정제조간접원가 (+)	×××
전부원가계산의 영업이익	×××

전부원가계산의 제품재고액에 포함되어 자산으로 처리된 고정제조간접원가 금액 만큼 변동원가계산에서 조정하면 된다. 그것은 전부원가계산의 고정제조간접원가가 변동원가계산에서는 당기의 기간비용으로 회계처리 되었기 때문이다.

변동원가계산과 전부원가계산 비교

항 목	변동원가계산	전부원가계산
보고 목적	내부 보고(계획 · 통제)	외부 보고(재무제표)
이론 근거	원가회피 개념	원가부착 개념
원가의 분류	행태별 분류	기능별 분류
제품원가	변동제조원가	총제조원가
기간비용	고정제조간접원가 변동판매비와관리비 고정판매비와관리비	판매비와관리비
고정제조간접원가 비용처리	발생시점에 전액 비용화	제품 판매시점에 부분 비용화
손익 계산	• 매출액 − 변동원가 = 공헌이익 • 공헌이익 − 고정원가 = 영업이익(공헌손익계산서)	• 매출액 − 매출원가 = 매출총이익 • 매출총이익 − 판매비와관리비 = 영업이익(포괄손익계산서)
영업이익 비교 생산량 > 판매량 생산량 < 판매량 생산량 = 판매량 장 기	 포괄손익계산서 대비 적다 포괄손익계산서 대비 많다 동일하다 동일하다	 공헌손익계산서 대비 많다 공헌손익계산서 대비 적다 동일하다 동일하다
이익함수(이익결정 요소)	이익 = f(판매수량)	이익 = f(판매수량 및 생산량)

4. 변동원가계산과 전부원가계산의 유용성과 한계

변동원가계산은 내부 보고 목적으로 작성되고, 전부원가계산은 재무제표를 작성하기 위한 정보로 이용되고 있다. 특히 변동원가계산은 공헌이익에 바탕을 둔 공헌이익접근법을 이용하므로 관리회계 분야에 유용하며, 주로 손익분기점분석, 변동예산, 책임회계, 특별 의사결정, 제품 가격 결정 등에 유용한 정보를 제공한다.

	변동원가계산	전부원가계산
유용성	① 변동원가계산의 영업이익은 생산량과 관계 없으므로 경영자가 생산량 확대를 통한 이익조작의 가능성 감소(바람직하지 않은 재고누적 가능성 감소) ② 계획수립, 의사결정 등에 유용 원가를 변동원가와 고정원가로 분류하므로 이익이 판매수량에만 영향을 받음 ③ 고정제조간접원가가 기간비용으로 처리되므로 고정제조간접원가 배부의 문제가 발생하지 않음 (고정제조간접원가에 대한 조업도 차이가 발생하지 않음)	① GAAP의 재무제표 정보, 세법상 인정 ② 제조간접원가를 변동제조간접원가와 고정제조간접원가로 구분할 필요가 없음 ③ 대규모 시설투자로 고정제조간접원가의 비중이 높아지고 있음 (장기적인 관점에서는 고정제조간접원가도 회수되어야 하므로 장기적인 관점에서 가격정책과 이익계획을 수립하는데 유용)
한계	① 외부 보고 목적으로는 이용할 수 없고 세법상 불인정 ② 모든 비용을 변동원가와 고정원가로 구분하는 것은 현실적으로 어려움 내포 ③ 대규모의 시설투자로 고정제조간접원가의 비중이 높아지고 있음 (장기적인 관점에서는 고정제조간접원가도 회수되어야 하므로 가격정책과 이익계획을 오도할 수 있음)	① 전부원가계산의 영업이익이 생산량에도 영향을 받음. 이 결과 경영자가 생산량 확대를 통한 이익조작의 가능성이 존재하고, 바람직하지 않은 재고 누적 초래 ② 고정제조간접원가가 제품원가에 포함되고 제품 단위당 고정제조간접원가는 생산량에 영향을 받기 때문에 계획수립 및 의사결정 등에 이용하기 어려움 ③ 고정제조간접원가가 제품원가에 포함되므로 고정제조간접원가 배부의 문제 발생(고정제조간접원가에 대한 조업도 차이 발생)

2절 종합예산

예산(budget)은 미래 예산기간의 경영계획을 화폐단위로 표시한 계획이다. 종합예산(master budget)은 기업의 경영 활동을 대상으로 편성하는 예산을 총칭하는 개념으로 일반적으로 1년단위로 편성되는 단기예산이고, 예산 기간 중 기업이 달성해야 할 목표를 구체적인 금액과 수량으로 표시한 고정예산이다. 예산편성은 각 사업 부문의 현재 사업과 미래 사업계획에 대한 환경 및 역량분석을 통해 중장기전략을 수립하고, 이에 근거한 경영목표와 경영방침을 설정하여 각 사업연도의 구체적인 성과목표를 수립하는 것이다.

1. 예산의 기능

예산이 효율적으로 편성 및 운영되기 위해서는 예산목표를 제시하고, 경영목표 달성에 대한 평가에 예산을 활용할 수 있어야 한다. 효율적인 예산편성을 위한 기본 요건은 다음과 같다.

① 예산은 전체적인 기업의 경영목표가 구체적으로 제시되어야 한다.

② 경영목표는 상위목표와 하위목표로 체계화되어 있어야 하며, 하위목표는 기업의 전체 목표와 일치해야 하고, 하위목표 상호 간에도 조화를 이루어야 한다.

③ 예산에 대한 구성원들의 행동적 측면이 고려되어야 한다. 특히 최고경영자의 적극적인 관심과 지원이 필수적이다.

④ 예산은 피드백 및 성과평가시스템 등과 상호 관련성이 있어야 한다.

예산의 순기능은 기업의 미래 경영계획에 대한 기초 자료를 제공하고, 조직 및 구성원들에게 사전에 경영목표와 성과평가기준을 제시하는 것이다. 경영자의 계획을 임직원들이 파악할 수 있게 하는 의사소통 수단이 되고, 조직 각 부문의 계획과 목표를 통합함으로써 기업을 총괄적으로 조정하는 역할을 한다. 경영목표, 성과평가 등과 상호 연계됨으로써 구성원들의 적극적인 참여와 동기유발이 가능해 진다.

그러나 예산은 각 부문의 경영자들에게 경영목표를 달성해야 한다는 심리적 부담을 주게 되고, 재무적 관점에 중점을 둠으로써 구성원들에게 구체적인 행동지침을 제공하기 어려운 가운데, 구성원들이 유리한 성과평가를 받기 위해 예산을 조작할 위험을 내포하고 있다. 그리고 구성원들이 예산이라는 단기적인 목표 달성에만 치중함으로써 기업의 장기적인 목표가 희생되어 경영 전체적으로는 불리하게 작용할 수 있다.

2. 예산편성 방법

예산편성은 현장 관리자의 참여수준에 따라 전제적 예산편성(authoritative budgeting), 참여적 예산편성(participative budgeting), 자문적 예산편성(consultative budgeting) 등으로 구분한다.

① **전제적 예산편성** 경영자가 예산의 규모와 범위를 정하고 일반 관리자에게 편성된 예산을

통보해 주는 방식이다. 전제적 방식은 경영자가 예산을 설정하고 조직 간의 조정을 관장하므로 의사결정이 신속하고 직접적이다.

② **자문적 예산편성** 경영자가 직원들에게 예산에 대한 의견을 개진하지만, 예산편성에 대한 의사결정은 직원들의 의견을 참고로 경영자가 최종적으로 결정하는 방식이다. 규모가 대형화된 조직에선 직원의 완전한 의사결정 참여가 사실상 불가능하기 때문에 자문적 예산편성 방식을 취한다.

③ **참여적 예산편성** 모든 조직 구성원들이 예산목표 설정에 대해 동의하는 합동 의사결정 과정을 거쳐 예산을 편성하는 방식이다. 조직 구성원들이 의사결정에 참여하여 경영목표를 경영자와 합동으로 설정하고, 예산수준을 설정하므로 구성원들의 직무정보를 활용할 수 있는 기회를 제공한다. 참여적 예산편성은 조직 구성원들에게 예산에 대한 중요성을 인식시킬 수 있으며, 예산 범위 내에서 경영목표를 달성하려는 동기부여가 제고된다.

예산편성 절차

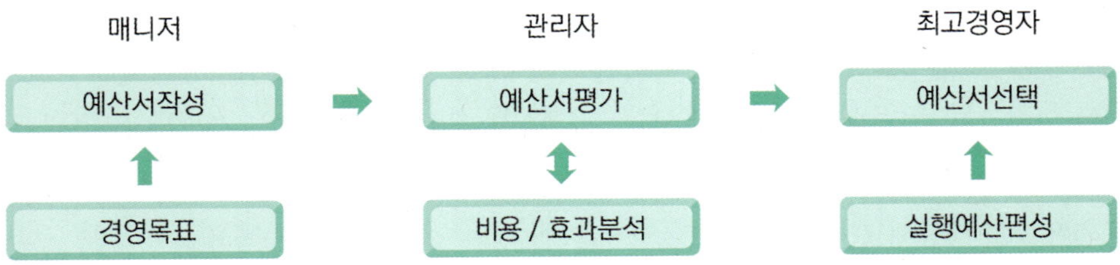

3. 제로베이스예산

제로베이스예산(Zero Base Budgeting: ZBB)은 예산 수립에 있어 모든 계획을 항상 제로 상태에서 출발하여 계획의 실행 타당성을 검토하고 분석하는 예산편성 방법이다. 제로베이스예산 하에서는 과거의 경력과 기득권은 일체 인정되지 않으며, 계획의 타당성을 검토하여 실행할 가치가 있는 계획만을 선택하고, 선택된 계획에 한하여 예산을 배정한다. 타당성 검토에서 계획이 기각되면 예산도 배정되지 않는다.

제로베이스예산의 특성

특 성	내 용
민간기업 계수관리 도구	• 기업에서 개발하여 정부에서 준용
기업의 간접 부문에 적용	• 경영자원의 재분배 가능 • 직접 부문에 적용 불가능(생산공정 등)
매니저 중심으로 전개	• 현장 매니저가 계획 창안, 경영자가 예산 확정 • 참여적 예산관리
프로그램예산 방법	• 선 계획수립, 후 예산편성 • 업무별 예산
원가의 효과분석	• 계획의 효율성 추구 • 계량적 측정, 주관적 평가 등 허용
효율경영의 도구	• “저비용 고효율” 추진으로 경영 효율성 제고

① **매너리즘의 타파** 기업경영은 규모의 대형화 등으로 무사안일주의, 복지부동, 연공서열주의 등 구태의연한 매너리즘에 빠지기가 쉽다. 예산편성에 있어 제로베이스예산은 모든 계획을 제로에서 사업타당성을 검토하여 예산을 배정하기 때문에 현재 추진 중인 업무라 하더라도 직무 추진의 타당성이 낮으면 폐기되고, 신규 계획이라도 타당성이 높으면 채택하게 된다. 기업이 제로베이스예산을 도입함으로써 구태의연한 매너리즘 경영이 타파될 수 있다.

② **경영마인드의 전환** 제로베이스예산의 효과는 임직원의 마인드가 창조적 사고로 전환된다는 점이다. 이는 제로베이스예산 하에서는 경영목표 달성에 필요한 타당성 있는 사업만 채택되어 실행되기 때문에 구성원들이 기업의 성과를 제고할 수 있는 수익사업을 중점적으로 개발하여 추진하게 된다. 미국은 제로베이스의 일환으로 일몰(sunset)법을 실시함으로써 각종 법률 시행 후, 일정 기간이 경과하면 효율성을 분석하여 유용성이 없는 법률은 자동으로 폐기되도록 하고 있다.

③ **참여적 예산관리** 제로베이스예산 하에서는 참여적 예산관리를 실천할 수 있다. 현장 매니저를 예산편성에 참여시킴으로써 매니저의 예산의식을 함양하고, 구성원들에게 예산목표를 달성하고자 하는 동기를 부여하게 된다. 그리고 새로운 아이디어를 사업화할 수 있는 기획력, 실행력 등을 갖춘 임직원들이 참여하게 됨으로써 조직 활성화에 기여하게 된다.

④ **간접원가 절감** 고도 성장기에는 매출액 증대로 수익이 확대되었지만, 안정적 성장기에는 원가절감 노력이 절실히 요구된다. 원가절감은 직접원가 부문에는 크게 관심을 갖고 심층적인

분석을 하지만, 간접원가 부문에서는 원가절감 노력이 다소 미흡한 것이 현실이다.

제로베이스예산은 간접원가 부문에 대한 원가를 절감하는 방법이기 때문에 원가절감의 근본 대책이 될 수 있다. 간접원가 부문에서는 업무추진 방법에 따라 효과는 다르게 나타난다.

예산과 원가절감

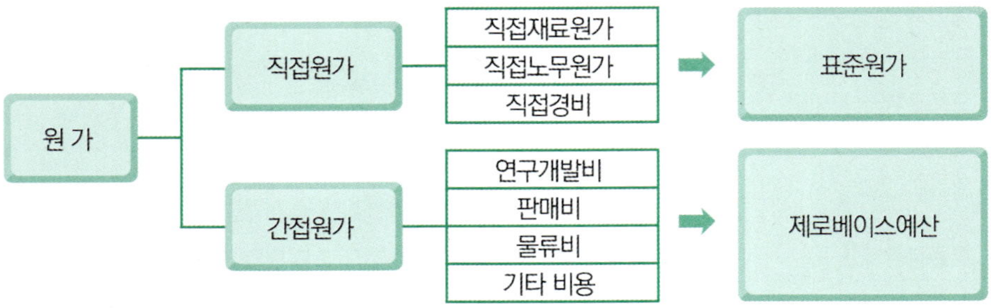

4. 종합예산편성

각 부문은 부문별 예산안을 기업 전체의 관점에서 종합적으로 통합 · 조정하여 전체 경영계획의 수익성과 안전성을 제고시키는 방향으로 편성한다. 종합예산의 편성 결과로 각 부문의 예산안을 종합하여 기업의 예산재무제표를 작성한다. 예산포괄손익계산서는 예산 회계기간에 기대되는 이익의 크기와 발생 원인을 기록하여 기업의 종합적인 계획, 조정 및 통제, 이익관리 등의 기능을 수행하고, 재무안정성 및 현금흐름을 분석 · 통제하기 위하여 예산재무상태표와 예산현금흐름표를 각각 작성한다.

예산편성은 예산관리의 첫 단계로 이익계획의 목표를 반영하여 작성한다. 이는 기업 및 구성원들의 경영목표가 되고, 성과평가의 기준이 된다. 구체적인 예산편성 단계는 다음과 같다.

- 1단계

예산수립 및 관리와 예산조정 및 승인을 위한 조직(예산위원회 등)을 구성한다.

- 2단계

예산편성 방침은 최고경영자의 경영방침, 경영전략, 정책 등을 구체화한 것으로 조직 전체의 목표를 반영하여야 한다. 이는 예산편성 작업을 신속히 경제적으로 추진함에 있어 필수적인 것이다. 이로써 각 하위 부문의 활동을 조직목적에 일치시켜 나갈 수 있으며, 하위 부문 간 활동의 균형도 이끌어 낼 수 있다.

종합예산편성 방법

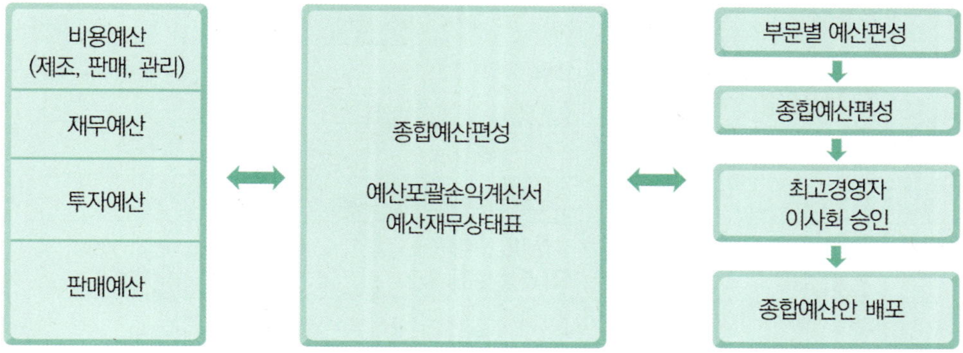

- 3단계

각 부문에서 편성된 예산은 부문 상호 간의 이익에 상충될 수 있는 내용을 포함하고 있을 수 있으므로 기업 전체의 관점에서 조정이 요구된다. 부문 간의 예산조정은 일반적으로 기업의 최고경영진들로 구성된 예산위원회에서 수행한다.

- 4단계

각 부문 예산안에 대한 조정을 거친 후에 종합예산안이 편성된다. 종합예산안에는 각 부문예산에서 반영될 수 없는 최고경영자의 비전, 장기적인 경영전략, 특수 의사결정 등의 사업을 추진할 수 있는 예산을 반영한다.

- 5단계

각 부문의 예산안과 종합예산안을 종합적으로 검토하여 종합예산(master budget)을 최종적으로 확정한다.

- 6단계

종합예산의 평가와 피드백 절차로 예산과 실적의 차이를 분석한다.

종합예산편성 절차

예산위원회 및 예산책임자 선임

- 예산위원회: 예산의 조정 및 심의, 승인
- 예산책임자: 예산수립

⬇

예산편성 방침의 결정 및 통보

- 당해 연도 기업의 경영 활동 평가 및 실적분석
- 환경분석, 경영전략에 의한 예산편성 방침 책정

⬇

판매예산안 편성

- 판매예산의 편성: 예산편성의 출발점
- 부문예산편성의 기초

⬇

각 부문 예산안의 편성 및 조정

- 각 부문별 예산편성
- 기업 전체 목표를 고려한 조정

⬇

종합예산안의 편성

- 종합예산편성
- 경영전략 및 경영 등에 대한 합의와 이해 도출

⬇

평가 및 피드백

- 예산과 실적차이 분석에 의한 평가
- 경영전략 수정 및 차기 연도 예산수립 반영

(1) 종합예산의 회계적 흐름

종합예산편성의 과정은 제품원가계산의 역순으로 이루어진다. 제품원가계산은 제품이 생성되는 순서(원재료 구매 → 제조원가 발생 → 제품 완성 → 제품 판매)대로 진행되지만, 종합예산은 판매예측을 기초로 판매예산을 편성한 다음 이를 기초로 당기 중 생산하여야 할 제품 수량(목표 생산량)을 결정한다. 목표 생산량을 기준으로 직접재료원가예산, 직접노무원가예산, 제조간접원가예산 등 제조원가예산을 편성하고 원재료 매입예산을 편성하게 된다. 종합예산편성 과정이 제품원가계산 과정의 역순으로 진행되는 이유는 종합예산편성은 미래 활동의 재무적 성과를 예측하기 위해 작성되기 때문이다.

종합예산의 회계흐름

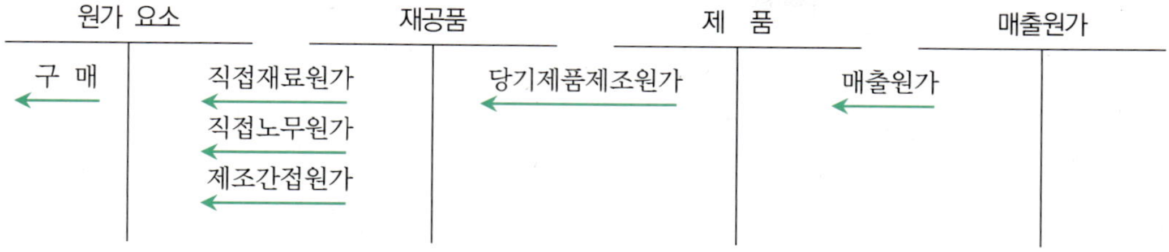

(2) 종합예산편성 단계

종합예산은 보통 1년단위로 편성되며, 기업의 모든 부문예산을 종합하여 기업 전체의 경영계획을 화폐가치로 표현한 것이다. 종합예산은 각 부문의 예산을 근거로 편성한 후에 예산위원회의 심의를 거쳐 확정된다. 종합예산은 구체적으로는 예산포괄손익계산서, 예산재무상태표, 예산현금흐름표 등을 단계적으로 작성하는 것을 의미하며, 일반적으로 다음과 같이 8단계를 거쳐 편성된다.

① 예상판매수량의 예측에 의한 판매예산편성

② 판매예산을 충족시키는 제조(생산량)예산의 편성(재고예산 포함)

③ 제조원가예산의 편성(직접재료원가, 직접노무원가, 제조간접원가로 구분)

④ 매출원가예산의 편성

⑤ 판매비와관리비예산의 편성

⑥ 예산포괄손익계산서 작성

⑦ 현금유입액과 현금유출액을 고려한 현금예산의 편성

⑧ 예산재무상태표와 예산현금흐름표 작성

종합예산편성의 단계적 흐름

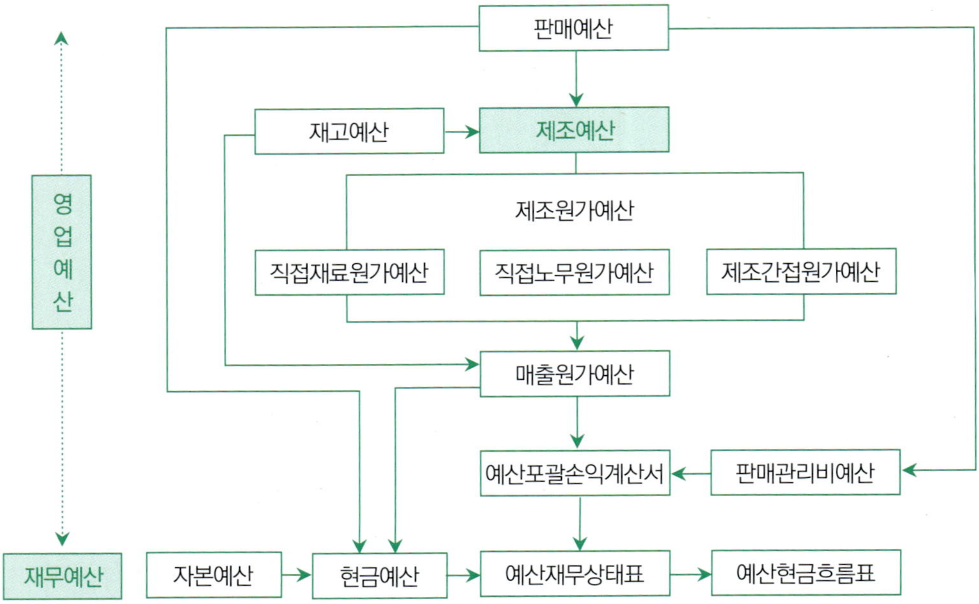

3절 종합예산편성 사례

삼성기업은 20×6년 1월의 종합예산을 편성할 계획인데, 이와 관련된 정보는 다음과 같다. 관련 정보를 이용하여 20×6년 1월의 종합예산을 편성하시오.

① 기초재무상태표

재무상태표

20×5. 12. 31

현금	895,000	외상매입금	500,000
외상매출금	400,000	사채	400,000
재료(1,000kg × ₩15)	15,000	자본금	1,000,000
제품(2,000개 × ₩70)	140,000	자본잉여금	200,000
고정자산	1,000,000	이익잉여금	290,000
감가상각누계액	(60,000)		
	2,390,000		2,390,000

② 제품 단위당 판매가격은 ₩200이며, 예상판매량은 1월에는 5,000개, 2월에는 4,000개, 3월에는 6,000개이다.

③ 제품의 월말 재고량은 차월 예상판매량의 30% 수준이다.

④ 제품 한 단위 생산에는 2kg의 재료가 소요되며, 재료의 월말 재고량은 차월 제품생산에 필요한 재료의 10% 수준을 유지한다. 재료의 단위당 매입가격은 ₩15이다.

⑤ 제품 단위당 변동제조원가는 다음과 같다.

직접재료원가(2kg × ₩15)	₩30
직접노무원가(0.5시간 × ₩20)	10
변동제조간접원가	20
제품 단위당 변동제조원가	₩60

⑥ 1월의 예상 고정제조간접원가(감가상각비 ₩5,000 포함)는 ₩126,000이다.

⑦ 모든 매출은 외상으로 이루어진다. 과거의 경험상 외상매출금 중 80%는 당월에, 나머지는 차월에 회수된다.

⑧ 재료의 매입은 외상이며, 대금은 당월에 60%를 지급하고, 나머지는 차월에 지급한다.

⑨ 1월에 발생이 예상되는 고정판매관리비는 광고비 ₩10,000, 임차료 ₩4,000, 보험료 ₩5,000이고, 판매수수료(변동판매관리비)는 판매 제품 단위당 ₩5을 지급한다.

⑩ 월초와 월말의 재공품은 없다.

1. 판매예산편성

판매예산(sales budget)은 종합예산의 출발점으로 판매예측 자료를 이용한 예산기간 중의 판매량을 예측하고 예상판매량에 예산 판매가격을 곱하여 매출액을 예측하는 예산을 말한다. 판매예측은 예산기간 동안 영업 활동을 제약하는 요인으로 과거의 판매실적, 판매증가 추세, 경제 상황, 기업의 산업 경쟁력, 시장점유율 등을 기초로 행해진다.

판매예산 = 예상판매량 × 단위당 판매가격

판매예산

예상판매량	5,000개
단위당 판매가격	× ₩200
예상매출액	₩1,000,000

2. 제조(생산량)예산편성

제조예산은 예산기간 동안 생산하여야 할 제품의 수량과 금액에 대한 예산이다. 이는 판매예산이 편성된 후에 제품의 생산계획과 관련된 예산으로 예산생산량은 예상판매량에 기말제품재고량을 가산하고, 기초제품재고량을 차감하여 계산한다.

• 예산생산량 = 예상판매량 + 기말제품재고량* − 기초제품재고량
* 재고정책(차기 판매수량의 일정수준 등)

제조예산

	1월	2월	3월
예상판매량	5,000개	4,000개	6,000개
(+)월말제품재고량	1,200	1,800	
(−)월초제품재고량	2,000	1,200	
예산생산량	4,200개	4,600개	

(1) 재료재고예산

재고자산은 원활한 생산 및 판매를 위해 보유중인 자산으로 기업경영에 필수적이지만, 자금의 고정화를 초래하여 경영을 압박하는 요인이 되기도 한다. 재고예산은 구체적으로는 원재료예산, 재공품예산, 제품예산으로 나누어지며, 각각 재고량에 단위당 제조원가를 곱하여 예산(재고예산 = 재고량 × 단위당 제조원가)을 편성한다.

재료재고예산

	1월
월말재료재고량	920kg
단위당 재료원가	× ₩15
월말재료재고예산	₩13,800

(2) 제품재고예산

제품재고예산

	1월
월말제품재고량	1,200개
단위당 제조원가	× ₩90*
월말제품재고예산	₩108,000

* 단위당 변동제조원가 ₩60 + 단위당 고정제조간접원가 ₩30 = ₩90
단위당 고정제조간접원가 $\frac{₩126,000}{4,200개}$ = ₩30

3. 제조원가예산의 편성

(1) 직접재료원가예산

직접재료원가는 제조원가에서 차지하는 비중이 가장 큰 원가 요소로 제품원가에 가장 큰 영향을 미친다. 직접재료원가예산은 제조예산에서 예산기간의 생산량이 확정되면 이에 단위당 재료원가를 곱하여 구한다.

직접재료원가예산 = 예산생산량 × 단위당 직접재료소요량 × 재료 단위당원가

한편 직접재료원가예산에서 중요한 비중을 차지하고 현금예산에 많은 영향을 미치는 예산이 기업 외부에서 매입하는 재료에 대한 재료매입예산이므로 이는 필요시 별도로 작성하여야 한다.

> 재료매입예산 = (재료투입량 + 기말재료재고량 - 기초재료재고량) × 재료 단위당 매입원가

직접재료원가예산

	1월
예산생산량	4,200개
단위당 재료소요량	× 2kg
재료투입소요량	8,400kg
단위당 재료원가	₩15
직접재료원가예산	₩126,000

재료매입예산

		1월
	예산생산량	4,200개
	단위당 재료소요량	× 2kg
	재료투입량	8,400kg
(+)	월말재료재고량	920*
	재료 총소요량	9,320kg
(-)	월초재료재고량	1,000
	목표재료매입량	8,320kg
	단위당 매입원가	× ₩15
	재료매입예산	₩124,800

* 4,600개 × 2kg × 10% (재료유지율) = 920kg

(2) 직접노무원가예산

직접노무원가예산은 예산생산량에 소요될 직접노동시간에 직접노동시간당 임률을 곱하여 결정한다. 직접노무원가예산은 노동력의 조달과 투입에 관한 계획을 반영한 예산으로 기업의 인적자원관리에 유용한 정보를 사전에 제공해 준다.

> 직접노무원가예산 = 예산생산량 × 단위당 직접노동시간 × 직접노동시간당 표준임률

직접노무원가예산

	1월
예산제품생산량	4,200개
단위당 직접노동시간	× 0.5시간
총직접노동시간	2,100시간
직접노동시간당 임률	× ₩20
직접노무원가예산	₩42,000

(3) 제조간접원가예산

제조간접원가예산은 예산기간에 발생이 예상되는 제조간접원가를 원가행태별로 구분하여 변동제조간접원가예산과 고정제조간접원가예산을 편성한다. 변동제조간접원가예산은 예산조업도에 변동제조간접원가 예정배부율을 곱하여 편성하고, 고정제조간접원가예산은 총액으로 편성한다.

- 변동제조간접원가예산 = 예산조업도 × 변동제조간접원가 예정배부율
- 고정제조간접원가예산 = 생산량의 변동과 관계없이 일정액

제조간접원가예산

	1월
예산조업도	4,200개
변동제조간접원가 예정배부율	× ₩20
변동제조간접원가예산	₩84,000
고정제조간접원가예산	126,000
제조간접원가예산	₩210,000

4. 매출원가예산의 편성

매출원가예산은 예산기간에 판매가 예상되는 제품의 원가에 대한 예산으로, 이는 예산기간에 예상되는 제품제조원가에 기초제품재고액을 가산하고 기말제품재고액을 차감하여 편성한다.

매출원가예산은 매출예산에 대응하여 기업이 달성하고자 하는 예산목표이익을 제약하는 중요한 영업비용예산이므로 정확히 계산해야 한다.

매출원가예산 = 예상되는 제품제조원가 + 기초제품재고액 - 기말제품재고액
(또는 예상판매량 × 단위당 제품원가)

매출원가예산

직접재료원가		
기초재료재고액	₩ 15,000	
재료매입액	124,800	
기말재료재고액(920kg × ₩15)	(13,800)	₩126,000
직접노무원가		42,000
변동제조간접원가		84,000
고정제조간접원가		126,000
총제조원가		₩378,000
기초재공품재고액		0
기말재공품재고액		(0)
제품제조원가		₩378,000
기초제품재고액		140,000
기말제품재고액		(108,000)
매출원가		₩410,000

5. 판매관리비예산의 편성

판매관리비예산은 제조 활동 이외의 판매 및 관리 활동으로 발생이 예상되는 비용에 대한 예산으로, 제품원가에서 차지하는 비중이 크지는 않지만 발생항목이 매우 다양하므로 원가행태별로 변동판매관리비와 고정판매관리비로 구분하여 예산을 편성해야 한다. 변동판매관리비는 매출액이나 판매수량을 기준으로 계산하며, 고정판매관리비는 총액으로 파악한다.

변동판매관리비예산 = 예상판매량 × 단위당 변동판매관리비

판매관리비예산

	1월
예상판매량	5,000개
단위당 판매수수료	× ₩5
판매수수료	₩25,000
광고비	10,000
임차료	4,000
보험료	5,000
판매관리비예산	₩44,000

6. 예산포괄손익계산서 작성

예산포괄손익계산서는 예산기간 중의 판매예산, 매출원가예산, 판매관리비예산 등을 기초로 작성되며, 예산기간 동안의 순이익에 대한 예측을 종합적으로 나타낸 재무보고서이다. 이는 종합예산의 종착점으로 기업 손익 활동의 원천을 명시해 주는데, 내부관리의 목적으로 원가를 행태별로 분류하여 예산공헌손익계산서를 작성할 수도 있다.

예산포괄손익계산서

매출	₩1,000,000
매 출 원 가	(410,000)
매출총이익	₩590,000
판매관리비	(44,000)
순이익	₩546,000

7. 현금예산편성

현금예산은 현금의 수입과 지출에 대한 예산이다. 현금은 재무유동성 100%의 자금으로 입출이 빈번하며 관리가 용이하지 않은 당좌자산이다. 현금예산편성을 통해 예산기간의 현금유입 및 현금유출에 대한 계획을 사전에 수립함으로써 기업은 현금자금의 용이한 확보와 계획적인 현금지출로 효과적인 현금관리를 수행할 수 있으며, 유동성 부족으로 발생할 수 있는 흑자도산의 위험을 사전에 예방할 수 있다.

> 예산기말 현금잔액 = 기초현금잔액 + 현금유입액 - 현금유출액 + (현금조달액 - 현금상환액)

현금유입 및 현금유출항목

현금유입	현금유출
• 현금매출	• 현금매입
• 매출채권 회수	• 매입채무 지급
(당기 외상매출액 중 당기회수액	(당기 외상매입액 중 당기지급액
(전기 이전 외상매출액 중 당기회수액	(전기 이전 외상매입액 중 당기지급액
• 고정자산 매각	• 고정자산 취득
• 자금 차입	• 차입금상환
• 사채 발행	• 사채상환
• 주식 발행	• 판매비와관리비 지급
• 이자 · 배당금 수령	• 이자 · 배당금 지급

현금예산

Ⅰ. 월초현금잔액		₩895,000
Ⅱ. 현금유입액		
전월 외상매출금 회수	₩400,000	
당월 외상매출금 회수	800,000[1)]	1,200,000
Ⅲ. 현금 이용 가능액		₩2,095,000
Ⅳ. 현금유출액		
전월 외상매입금 지급	₩500,000	
당월 외상매입금 지급	74,880[2)]	
직접노무원가	42,000	
변동제조간접원가	84,000	
고정제조간접원가	121,000[3)]	
판매관리비	44,000	(865,880)
Ⅴ. 월말잔액(예산 현금보유액)		₩1,229,120

1) 예상매출액 ₩1,000,000 × 80% (당월 회수) = ₩800,000
2) 재료매입예산 ₩124,800 × 60% (당월 지급) = ₩74,880
3) 고정제조간접원가예산 ₩126,000 - 감가상각누계액 ₩5,000 = ₩121,000

8. 예산재무상태표 작성

예산재무상태표는 예산기간의 기초 재무상태표의 회계정보를 반영하여 작성하고, 예산기간 말의 기업의 재무상태를 나타내는 재무보고서로 자산, 부채 및 자본 등 자본의 조달원천과 운용을 반영한 정태적인 보고서이다. 예산재무상태표의 당기순이익과 예산포괄손익계산서의 당기순이익은 항상 일치한다.

예산재무상태표

20×6. 1. 31일 현재

현금	1,229,120	외상매입금	49,920
외상매출금	200,000	사채	400,000
재료(920kg × ₩15)	13,800	자본금	1,000,000
제품(1,200개 × ₩90)	108,000	자본잉여금	200,000
고정자산	1,000,000	이익잉여금	836,000*
감가상각누계액	(65,000)		
	2,485,920		2,485,920

* 기초이익잉여금 + 당기순이익 = ₩290,000 + ₩546,000 = ₩836,000

연습문제

REVIEW EXERCISES

주관식

01 변동원가계산의 유용성과 필요성을 설명하시오.

02 변동원가계산과 전부원가계산의 차이점을 기술하시오.

03 공헌손익계산서 작성 방법을 포괄손익계산서와 비교하여 설명하시오.

04 변동원가계산과 전부원가계산의 영업이익 차이가 발생하는 원인과 조정 방법에 대하여 논술하시오.

05 전부원가계산의 유용성과 한계를 설명하시오.

06 종합예산의 기능 및 편성 방법을 기술하시오.

07 제로베이스예산의 특성과 필요성을 논술하시오.

08 종합예산의 편성절차 및 흐름을 설명하시오.

09 다음 개념을 설명하시오.

① 원가회피

② 원가부착

③ 예산

④ 참여예산편성

⑤ 제로베이스예산(ZBB)

10 변동원가계산

▶ 세무사

삼성기업의 20×4년 포괄손익계산서와 추가 자료는 다음과 같다.

포괄손익계산서

(20×4. 1. 1 ~ 20×4. 12. 31)

매출액(12,000개, 판매단가 ₩5,500)	₩66,000,000
매출원가	45,000,000
매출총이익	₩21,000,000
판매비와관리비	15,000,000
영업이익	₩6,000,000

▣ 추가 자료

① 20×4년도 총생산수량은 15,000개이며, 기초와 기말재공품은 없다.
② 개당 변동제조원가는 ₩2,500이고, 단위당 변동판매관리비는 ₩550이다.

물음 (1) 20×4년 중 발생된 총고정제조간접원가는 얼마인가?

(2) 20×4년 중 발생된 총변동원가는 얼마인가?

(3) 변동원가계산에 의한 20×4년 영업이익은 얼마인가?

(4) 변동원가계산제도와 전부원가계산제도의 중요한 차이는 무엇인가?

(5) 경영자는 내부관리 목적상, 전부원가계산제도보다 변동원가계산제도를 선호하는 이유는 무엇인가?

11 판매예산

삼성기업은 두 종류의 제품을 생산 · 판매하고 있다. 20×4년의 분기별 판매추세는 다음과 같다.

분기	제품 A	제품 B
1/4	20%	30%
2/4	10	40
3/4	30	20
4/4	40	10
합계	100%	100%

20×5년도의 예상 판매량은 제품 A가 200,000단위, 제품 B는 300,000단위이다. 단위당 판매가격은 제품 A는 ₩12, 제품 B는 ₩15이 될 것이다. 20×5년도의 판매추세는 20×4년도와 동일할 것으로 예상된다.

물음 삼성기업의 20×5년도 분기별 판매예산을 편성하시오.

12 제조예산

강남회사는 식료품을 생산, 판매하고 있는데 2/4분기 중 4월의 판매량은 100,000단위이며, 이후 매월 20%씩 판매가 증가할 것으로 예상하고 있다. 제품의 월말 재고량은 다음 달 예상 판매수량의 30% 수준을 유지해야 한다. 3월 말의 제품재고수량은 20,000단위이다.

- 제품 한 단위 생산에는 3kg의 재료가 소요되며, 월말 재료재고량은 차기 예상 생산수량의 10% 수준을 유지한다.
- 재료의 단위당 구입가격은 ₩10이다.
- 제품 한 단위 생산에 소요되는 직접노동시간은 0.5시간, 시간당 임률은 ₩6이다.
- 변동제조간접원가는 직접노동시간을 기준으로 배부되며 표준배부율은 ₩5이다.
- 고정제조간접원가는 분기별로 ₩150,000이 발생될 것으로 예상된다.

물음 (1) 2/4분기의 제조예산을 편성하시오.

(2) 2/4분기의 직접재료원가예산과 재료매입예산을 편성하시오.

(3) 2/4분기의 직접노무원가예산과 제조간접원가예산을 편성하시오.

13 현금예산

현대상사는 제품의 모든 거래를 외상으로 하고 있다. 과거의 경험에 의하면 외상매출금 회수액은 판매한 달에 60%, 판매한 다음 달에 30%, 판매 후 두 번째 달에 9%를 회수하고 나머지는 회수불능이다. 외상매입금은 매입한 달에 60%를 지급하고, 매입한 다음 달에 나머지 전액을 지급하고 있다. 이 회사의 20×5년 3월 말 현금잔액은 ₩100,000이며 4월의 기타 현금지급예상액은 ₩20,000이다. 2월과 3월의 매출 및 매입과 4월의 예상 매출 및 예상 매입은 다음과 같다.

	매 출	매 입
2월	₩250,000	₩160,000
3월	300,000	200,000
4월	400,000	300,000

물음 현대상사의 20×5년 4월의 현금예산을 편성하시오.

객관식

01 다음 중 변동원가계산의 목적 내지 유용성에 해당하지 않는 것은? ▸ 경영지도사

① 원가 - 조업도 - 이익분석(CPV 분석)과 같은 단기의사결정에 유용함
② 순이익이 생산량에 영향을 받지 않고 판매량에 따라 결정됨
③ 제조하려고 하는 제품의 합리적인 평가
④ 판매 부문의 업적에 대한 적정성 평가
⑤ 조업도에 의한 원가배부 차이의 발생을 인정함

02 어떤 회사가 변동원가계산과 전부원가계산을 모두 사용한다. 실제 매출액, 매출총이익 및 총공헌이익은 두 방법 모두 예산과 비슷하였으나 순이익은 예산에 훨씬 미달하였다. 기초 및 기말재고는 없었다. 예산과 비교하여 순이익이 하락한 원인은 다음 어느 것에 기인하고 있는가? ▸ 공인회계사

① 실제 판매가격 및 변동비가 비례적으로 하락하였다.
② 실제 판매가격이 변동비보다 더욱 하락하였다.
③ 실제 고정제조간접비가 증가하였다.
④ 실제 고정판매비 및 관리비가 증가하였다.
⑤ 위 자료로는 원인을 알 수 없다.

03 다음은 변동원가계산과 전부원가계산에 대한 설명이다. 이들을 해당되는 사항들로만 적절히 분류한 것은? ▸ 세무사

> ⓐ 행태별 원가분류가 필요하다.
> ⓑ 기간손익이 재고수준의 변동에 영향을 받는다.
> ⓒ 단기적인 계획과 통제에 유용하지 못하다.
> ⓓ GAAP에서 인정하지 않는다.

	변동원가계산	전부원가계산		변동원가계산	전부원가계산
①	ⓐ, ⓒ	ⓑ, ⓓ	②	ⓑ, ⓒ	ⓐ, ⓓ
③	ⓒ, ⓓ	ⓐ, ⓑ	④	ⓐ, ⓑ	ⓒ, ⓓ
⑤	ⓐ, ⓓ	ⓑ, ⓒ			

04 (주)대연의 당기 원가 자료는 다음과 같다. 변동원가계산과 전부원가계산에 의한 이익차이는?

▸ 공인회계사

기초제품수량	1,000단위	기말제품수량	1,500단위
당기판매량	9,000단위	기준조업도	10,000단위
조업도차이	₩5,000(불리)		

① ₩1,000 ② ₩5,000 ③ ₩10,000 ④ ₩15,000 ⑤ ₩20,000

05 다음의 자료를 이용하여 계산된 변동원가계산의 기말재고액과 전부원가계산의 기말재고액과의 차이는 얼마인가?

▸ 감정평가사

기초재고수량	0개		
생산량	1,200개		
판매량	1,000개	매출액	₩100,000
총변동재료원가			₩12,000
총변동가공원가			₩24,000
총고정제조간접원가			₩18,000
총고정마케팅원가			₩20,000

① ₩3,000 ② ₩2,000 ③ ₩7,000 ④ ₩10,334 ⑤ ₩5,600

06 금년 초에 설립된 미도상사는 상품구매원가의 120%로 상품가격을 책정하고 있다. 미도상사는 매월 구매상품 40%는 현금 구입하고 나머지 60%는 외상 구입한다. 외상 구입 대금은 구입한 달의 다음 달에 지급한다. 미도상사는 매월 기말재고로 그 다음 달 예상 판매량의 30%를 보유하는 정책을 실시하고 있다. 단, 3개월 동안의 판매가격 및 구매단가는 불변이다. 구입대금 지급으로 인한 미도상사의 2월 중 예상 현금지출액은 얼마인가?

▸ 공인회계사

① ₩8,760 ② ₩9,160 ③ ₩10,960 ④ ₩13,152 ⑤ ₩10,512

07 다음은 종합예산의 편성 순서이다. 순서대로 옳게 배열한 것은?

▸ 경영지도사

㉠ 예산대차대조표	㉡ 판매관리비예산
㉢ 판매예산	㉣ 매출원가예산
㉤ 제조예산	

① ㉠-㉢-㉣-㉤-㉡ ② ㉢-㉤-㉣-㉡-㉠
③ ㉡-㉢-㉣-㉤-㉠ ④ ㉣-㉢-㉡-㉠-㉤
⑤ ㉤-㉢-㉣-㉡-㉠

08 다음 중 종합예산에 포함되지 않는 것은? ▸ 경영지도사

① 현금예산 ② 판매예산 ③ 제조예산
④ 매출원가예산 ⑤ 관리비예산

09 다음 중 예산과 관련된 설명으로 옳지 않은 것은? ▸ 세무사

① 운영예산(operating budget)은 다음 예산연도의 운영계획을 나타내며, 예산대차대조표(또는 예산재무상태표)에 총괄된다.
② 종합예산(master budget)편성의 첫 단계는 판매량 예측이다.
③ 연속갱신예산(rolling budget)제도는 예산 기간 말에 근시안적으로 판단하는 것을 방지하는 효과가 있다.
④ 참여예산(participative budget)제도를 운영하는 경우에는 예산수립 참여자의 악용 가능성에 대비하여야 한다.
⑤ 영기준예산(zero-based budget)제도를 운영하는 경우에는 예산편성을 위한 노력이 많이 든다.

10 ㈜한국은 단일의 제품 A를 생산 · 판매하고 있다. 이 회사가 20×1년 3월에 대한 예산을 수립할 목적으로 수집한 자료의 일부는 다음과 같다.

(1) 20×1년 3월, 4월 및 5월에 대한 제품 A의 월별 판매예측은 다음과 같다.

구 분	예상판매량
3월	100단위
4월	120단위
5월	140단위

(2) 제품을 한 단위 생산하는데 소요되는 직접재료원가는 ₩20이며, 이는 계속 유지될 것으로 예상된다.
(3) 이 회사는 20×1년 2월 말 현재 재고자산으로 제품 100단위를 생산할 수 있는 직접재료와 40단위의 제품을 보유하고 있다.
(4) 20×1년 3월부터 이 회사는 제품의 경우 다음 달 예상판매량의 50%에 해당하는 제품을 월말에 재고로 보유하며, 직접재료의 경우 다음 달 생산에 필요한 직접재료의 80%를 월말에 재고로 보유하는 재고정책을 취하고 있다.
(5) 직접재료의 매입은 즉시 현금으로 지급된다.
(6) 월초 재공품과 월말 재공품은 없다.

㈜한국의 20×1년 3월 직접재료 매입예산 금액은 얼마인가? ▸ 공인회계사

① ₩ 2,000 ② ₩ 2,080 ③ ₩ 2,320 ④ ₩ 2,480 ⑤ ₩ 2,640

11 변동원가계산의 유용성에 대한 다음의 설명 중 옳지 않은 것은? ▸ 공인회계사

① 변동원가계산 손익계산서에는 이익계획 및 의사결정목적에 유용하도록 변동비와 고정비가 분리되고 공헌이익이 보고된다.

② 변동원가계산에서는 일반적으로 고정제조간접원가를 기간비용으로 처리한다.

③ 변동원가계산에서는 판매량과 생산량의 관계에 신경을 쓸 필요 없이 판매량에 기초해서 공헌이익을 계산한다.

④ 변동원가계산에 의해 가격을 결정하더라도 장기적으로 고정비를 회수하지 못할 위험은 없다.

⑤ 제품의 재고수준을 높이거나 낮춤으로써 이익을 조작할 수 있는 가능성은 없다.

12 아래 자료에 근거한 다음 설명 중 옳지 않은 것은? ▸ 공인회계사

	실제	표준
기본(기초)원가	₩170,000	₩150,000
변동제조간접원가	₩471,500	₩400,000
기계시간당 변동제조간접원가 배부율	₩23	₩20
제품단위당 기계시간	41시간	40시간

① 변동제조간접원가 표준배부율과 예정배부율이 같다면, 정상(평준화)원가계산에 의한 총변동제조원가는 ₩580,000이다.

② 예상생산량 600개에 대한 예산 총변동제조원가는 ₩660,000이다.

③ 변동제조간접원가 총차이는 ₩71,500(불리)이다.

④ 변동제조간접원가 능률차이는 ₩11,500(불리)이다.

⑤ 기본(기초)원가의 변동예산차이는 ₩20,000(불리)이다.

13 ㈜갑은 단일제품을 생산 · 판매한다. ㈜갑은 표준원가를 이용하여 종합예산을 편성한다. 다음은 ㈜갑의 20×1년 2월 중 생산과 관련된 자료이다.

표준 및 예상 조업도에 관한 자료:
- 직접재료원가: 제품단위당 10kg, kg당 ₩50
- 직접노무원가: 제품단위당 3시간, 시간당 ₩250
- 변동제조간접원가: 직접노무시간을 기준으로 배부하며, 배부율은 직접노무시간당 ₩120
- 고정제조간접원가 월 예산액: ₩132,600
- 예상 조업도: 780직접노무시간

실제원가 및 실제조업도에 관한 자료:
- 직접재료원가: 2,300kg 구입 및 전량 사용, kg당 ₩55
- 직접노무원가: 740시간, 시간당 ₩260

- 변동제조간접원가 발생액: ₩90,000
- 고정제조간접원가 발생액: ₩130,000
- 실제 생산수량: 240단위

㈜갑이 20×1년 2월초 작성한 종합예산의 총제조원가 금액과 20×1년 2월 말 작성한 변동예산의 총제조원가 금액은 각각 얼마인가? ▸ 공인회계사

	2월 초 종합예산 총제조원가	2월 말 변동예산 총제조원가
①	₩551,200	₩519,000
②	551,200	508,800
③	519,000	551,200
④	508,800	519,000
⑤	508,800	551,200

14 단일제품을 생산 및 판매하는 (주)갑을의 개업 첫 달 영업 결과는 다음과 같다.

- 생산량은 450개이며, 판매량은 300개이다.
- 제품의 단위당 판매가격은 ₩7,000이다.
- 판매관리비는 ₩100,000이다.
- 초변동원가계산에 의한 영업이익은 ₩125,000이다.
- 변동원가계산에 의한 영업이익은 ₩350,000이다
- 전부원가계산에 의한 영업이익은 ₩500,000이다.
- 제조원가는 변동원가인 직접재료원가와 직접노무원가, 고정원가인 제조간접원가로 구성되어 있다.
- 월말 재공품은 없다.

당월에 발생한 총제조원가는 얼마인가? ▸ 공인회계사

① ₩1,800,000 ② ₩1,875,000 ③ ₩2,100,000 ④ ₩2,250,000 ⑤ ₩2,475,000

15 태양회사는 제품 단위당 4g의 재료를 사용한다. 재료 1g당 가격은 ₩0.80이며, 다음 분기 재료 사용량의 25%를 분기말 재고로 유지한다. 분기별 생산량은 다음과 같다. 1분기의 재료 구입액은 얼마인가? ▸ 세무사

실제 생산량 (= 목표 생산량): 24,000(1분기), 35,000(2분기)

① ₩84,500 ② ₩85,600 ③ ₩86,400 ④ ₩87,200 ⑤ ₩88,800

16 종업원이 예산편성 과정에 참여하는 참여예산(participative budget)에 관한 설명으로 옳지 않은 것은? ▸ 세무사

① 종업원들의 다양한 관점과 판단을 예산에 반영할 수 있다.
② 종업원은 최고경영층에서 일방적으로 하달하는 예산목표보다 참여예산의 목표를 더 잘 달성시키려는 유인이 있다.
③ 예산여유(budgetary slack)를 발생시킬 위험이 있다.
④ 예산편성을 위한 소요기간이 길어질 수 있다.
⑤ 예산편성 시 조직 전체의 목표는 고려할 필요가 없으며, 각 부서의 목표와 방침에 따른다.

17 단일상품을 구입하여 판매하고 있는 (주)국세는 20×4년 초에 당해 연도 2분기 예산을 편성중에 있다. 20×4년 4월의 외상매출액은 ₩3,000,000, 5월의 외상매출액은 ₩3,200,000, 그리고 6월의 외상매출액은 ₩3,600,000으로 예상된다. (주)국세의 매출은 60%가 현금매출이며, 40%가 외상매출이다. 외상매출액은 판매일로부터 1달 뒤에 모두 현금으로 회수된다. (주)국세는 상품을 모두 외상으로 매입하며, 외상매입액은 매입일로부터 1달 뒤에 모두 현금으로 지급한다. (주)국세는 다음 달 총판매량의 20%를 월말 재고로 보유하며, 매출총이익률은 20%이다. (주)국세가 20×4년 5월중 상품 매입대금으로 지급할 현금은 얼마인가? 단, 월별 판매 및 구입단가는 변동이 없다고 가정한다. ▸ 세무사

① ₩6,000,000 ② ₩6,080,000 ③ ₩6,400,000
④ ₩6,560,000 ⑤ ₩6,600,000

18 20×5년 1월부터 3월까지의 대한회사의 예상 상품 매출액은 다음과 같다.

월 별	예상 매출액
1월	₩3,500,000
2월	4,100,000
3월	3,800,000

매월 기말재고액은 다음 달 예상 매출원가의 25%이다. 상품의 매출총이익률은 30%이다. 2월의 예상 상품매입액은 얼마인가? ▸ 세무사

① ₩2,467,500 ② ₩2,817,500 ③ ₩2,625,000
④ ₩3,010,000 ⑤ ₩4,672,500

19 서울회사는 단일제품을 생산하여 판매하고 있다. 제품 한 단위를 생산하는 데에는 원재료 2Kg이 소요된다. 내년 분기별 예상 판매수량은 다음과 같다.

분 기	예상 매출액
1	6,000단위
2	5,000
3	6,000
4	4,000

회사의 각 분기 말 제품재고량은 다음 분기 예상 판매량의 30%를 유지하는 정책을 취하고 있다. 또한 각 분기 말 원재료재고량은 2,000Kg씩 일정하게 유지하고 있다. 회사가 내년도 두 번째 분기에 구입하여야 할 원재료의 수량은 얼마인가? ▸ 세무사

① 12,600Kg ② 12,000Kg ③ 10,600Kg ④ 11,000Kg ⑤ 13,500Kg

20 가나(주)는 한 종류의 상품을 구입하여 판매한다. 20×5년 1월의 매출액은 ₩100,000이고 2월과 3월의 매출액은 각각 ₩150,000, ₩120,000이 될 것으로 예상하고 있다. 이 회사의 매출원가는 매출액의 60%이며 상품은 현금으로 구매한다. 1월 31일의 재고자산은 ₩18,000이고, 매월 말의 적정 재고량은 다음 달 판매량의 20%이다. 이 회사의 매출액 중 30%는 판매한 달에 회수되고 70%는 판매한 다음 달에 회수된다. 20×5년 2월에 판매관리비로 ₩8,500이 현금으로 지급된다면 2월 중 현금 증감 예상액은 얼마인가? ▸ 공인회계사

① ₩97,500 감소 ② ₩37,500 감소 ③ ₩14,500 증가
④ ₩20,100 증가 ⑤ ₩100,500 증가

객관식 해답 01 ⑤ 02 ① 03 ⑤ 04 ② 05 ① 06 ③ 07 ② 08 ① 09 ② 10 ④
11 ④ 12 ④ 13 ① 14 ④ 15 ② 16 ⑤ 17 ② 18 ② 19 ③ 20 ④

Management Accounting

의사결정

03

08 균형성과표

1절 균형성과표의 본질

균형성과표(Balanced Score Card: BSC)는 경영전략을 평가하기 위한 관점을 재무적 관점, 고객 관점, 경영 프로세스 관점, 학습과 성장 관점 등의 네 가지 관점으로 구분하여 각 관점의 성과평가 지표들이 균형있게 반영된 종합적인 성과평가 관리시스템이다.

전통적인 책임회계에서는 주로 재무적인 관점에서 성과를 평가하기 때문에 전략적인 성과평가에 다음과 같은 한계점을 갖는다.

첫째, 전통적으로 기업의 성과평가는 이익, 투자수익률, 잔여이익 등과 같은 단기적이고 과거 지향적인 재무적 측정치만을 강조하여 왔다. 그러나 오늘날에는 지식이나 정보 등 무형자산가치의 중요성이 강조되고 있어 비재무적 측면의 성과평가가 중요시되고 있다.

전통적 성과평가시스템과 전략적 성과평가시스템

전통적 성과평가시스템		전략적 성과평가시스템	
특 성	내 용	특 성	내 용
재무 중심	재무 지향(과거 중시) 재무 측정 제한된 운영시스템 생산전략과 연계성 미흡	프로세스 중심	고객 지향(미래 중시) 재무 및 고객 측정 유연한 운영시스템 생산전략과 연계
부문 최적화	원가절감 수직적 · 기능적 보고	시스템 최적화	성과 향상 수평적 핵심 프로세스 보고
부분적	원가 · 생산성 · 품질 등을 분리하여 평가 (균형관계 인식 못함)	통합적	품질 · 납기 · 시간 · 원가를 동시에 평가 (균형관계 인식)
개별학습	개인 인센티브	집단학습	조직적 인센티브

둘째, 전통적인 성과평가는 경영전략 및 성과측정치 간의 연계가 미흡하다.

셋째, 기업 이미지, 고객충성도, 경영자의 전략적 경영능력 등과 같은 무형자산의 가치를 반영하지 못하고 있다.

이와 같이 단기의 재무적 성과평가에 치중하고 있는 전통적 성과평가시스템의 한계를 극복하기 위하여 Kaplan과 Norton은 새로운 전략적 성과평가 방법인 균형성과표를 제시하였다.

1. 균형성과표 설계

기업이 성장 및 발전하기 위해서 경영전략의 수립과 실행은 필수적이다. 성과평가에도 경영전략 및 목표달성에 필요한 성과평가지표, 성과측정, 성과에 대한 적정한 보상체계 등의 구체적인 실행 방안이 반영되어야만 한다. 전략적 성과평가시스템을 효율적으로 설계하기 위해 다음 사항을 고려해야 한다.

① 전략적 경영이념을 기초로 성과평가시스템을 설계해야 한다. 전략적인 성과평가시스템은 복합적인 경영환경 하에서 지속 가능한 경쟁력을 확보할 수 있다.

② 전략적 성과평가시스템에 기업 전체 구성원들을 참여시켜 구성원 간의 갈등을 사전에 예방하고, 목표달성에 필요한 동기부여를 제공해야 한다.

③ 기업 비전과 경영전략의 차원에서 과거의 재무적 성과평가지표 외에 비재무적 성과평가지표를 통합하여 균형된 성과평가를 실시하고 피드백(feedback)해야만 한다.

균형성과표 설계 방법

- 재무적 측정치와 비재무적 측정치의 균형
- 단기적 성과와 장기적 성과의 균형
- 외부적 측정치와 내부적 측정치의 균형
- 과거의 노력에 의한 측정치와 미래의 성과를 향상시키는 측정치의 균형
- 선행지표와 후행지표의 균형

2. 균형성과표의 구성

전략적 성과평가를 위해 개발된 균형성과표는 기업의 비전과 경영전략을 달성하기 위해 재무적 성과평가지표와 비재무적 성과평가지표를 통합한 종합적인 성과평가보고서이다. 재무적 성과평가지표는 재무적 측면에서 단기성과를 평가하기 위한 것이고, 비재무적 성과평가지표는 고

객 관점, 내부 경영프로세스 관점, 학습과 성장 관점 등의 중 · 장기적 투자에 대한 성과를 평가하기 위한 것이다.

균형성과표에 의한 전략적 성과평가는 기업경영의 혁신적인 발전을 유도하고 성과를 측정하는 데 필수적이고, 기업 및 부문의 중 · 장기적인 성과평가에도 유용하게 적용할 수 있다.

균형성과표(BSC)의 구성

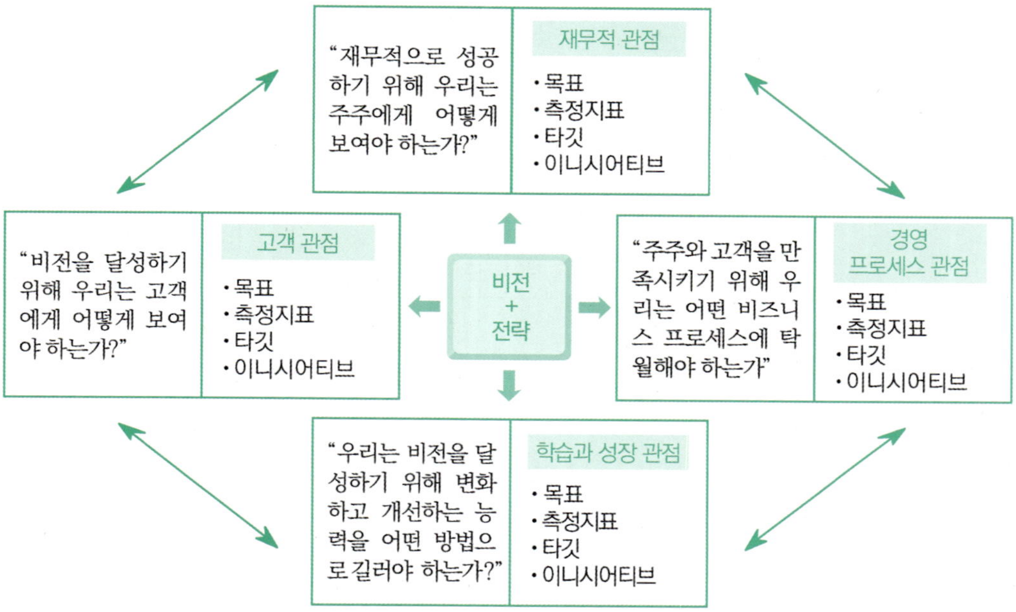

(1) 재무적 관점

재무적 관점의 성과평가는 일정 기간 동안에 달성된 기업의 재무적 성과를 사후적으로 측정하여 평가하는 것이다. 재무적 성과지표는 매출액, 매출총이익률, 투자수익률, 경제적 부가가치, 원가절감률, 제품별 수익성, 당기순이익 등이다.

재무적 성과지표는 경영자 및 각 부문의 성과평가에 유용하게 적용할 수 있고, 최종적으로 기업의 경영 활동에 대한 이해관계자들의 기대치를 반영할 수 있다. 그리고 기업의 미래 비전 및 경영전략을 달성하기 위한 포괄적인 지표를 적용함으로써 기업의 중 · 장기적인 목표달성 및 구성원들의 동기부여 제고에 기여할 수 있다.

(2) 고객 관점

고객 관점의 성과평가는 기업이 판매하는 제품의 목표시장 및 고객만족도, 사후관리 등의 측면에서 성과를 평가하는 것이다. 고객 관점의 성과평가지표는 고객만족도, 고객충성도, 고객확보율, 기존 고객유지율, 신규 고객확보율, 시장점유율 등이 있으며, 이들 지표를 개선할 수 있는 조달기간의 단축, 적기 납품, 신제품 및 서비스의 수, 신규 고객의 수 등도 연계하여 성과지표에 포함시킬 수 있다.

고객 관점 성과지표

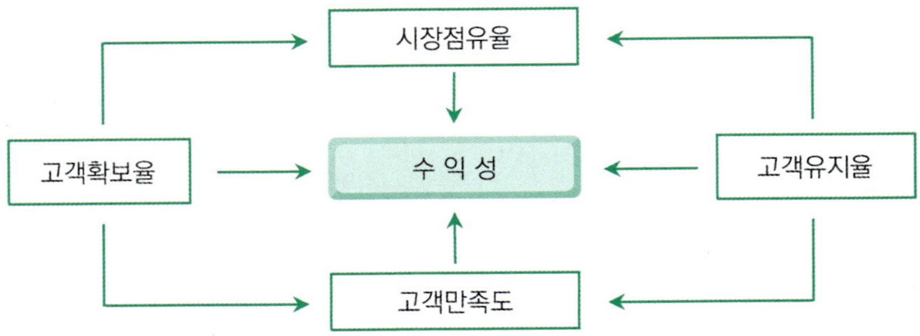

(3) 경영프로세스 관점

경영프로세스 관점의 성과평가는 기업의 내부 운영 측면에서 기업의 재무 성과를 증대시키거나 고객의 요구를 충족시키기 위한 성과 측정치이다.

경영프로세스는 생산에 투입된 원재료, 노동력, 기타 자원 등이 제품이나 서비스 등으로 창출되는 과정으로 프로세스 평가지표는 경영의 효율성을 측정할 수 있도록 설정해야 한다. 경영프로세스는 다음과 같은 하위의 프로세스로 구성된다.

경영프로세스 성과지표

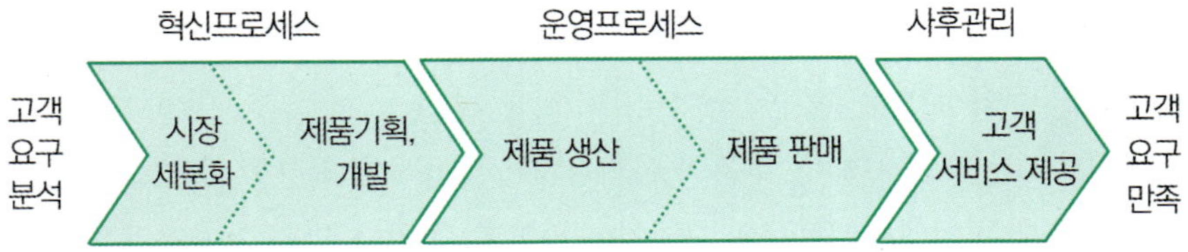

① **혁신프로세스(innovation process)** 혁신프로세스는 현재와 미래의 잠재고객들의 수요를 충족시킬 수 있는 신제품 및 서비스를 창출하는 과정으로, 고객의 요구를 분석하여 시장을 세분화한 후, 시장 지향적인 제품(서비스)을 기획하고 개발하는 것이 중요하다. 대표적인 성과지표는 신제품개발 비율, 신제품개발 시간, 신규 특허건수 등이 있다.

② **운영프로세스(operation process)** 운영프로세스는 제품(서비스)을 생산하고 유통하는 과정에 적용할 수 있는 성과지표로 품질 관련 지표(불량률, 재작업률), 효율성 측정지표(수율, 능률차이, 기계오작동 비율), 시간 관련 지표(고객대응시간, 생산소요시간, 제조주기효율성, 정시납품성과) 등을 활용하고 있다.

③ **사후관리(post-sales service)** 사후관리는 제품(서비스)을 고객에게 판매한 후, 고객의 요구에 필요한 서비스를 제공하는 과정으로 처리시간(처리비율), 불량품 교체시간, 서비스 제공시간, 서비스 교육시간 등의 성과지표를 적용하고 있다.

(4) 학습과 성장 관점

기업의 성장 및 구성원의 학습은 주주와 고객의 가치창조와 경영 프로세스를 효율적으로 실행함에 있어 필수적이며, 기업의 혁신 및 개선, 종업원의 학습능력 제고는 기업가치 제고, 경영 비전 및 목표 달성 등으로 나타난다.

학습과 성장 관점의 성과평가지표

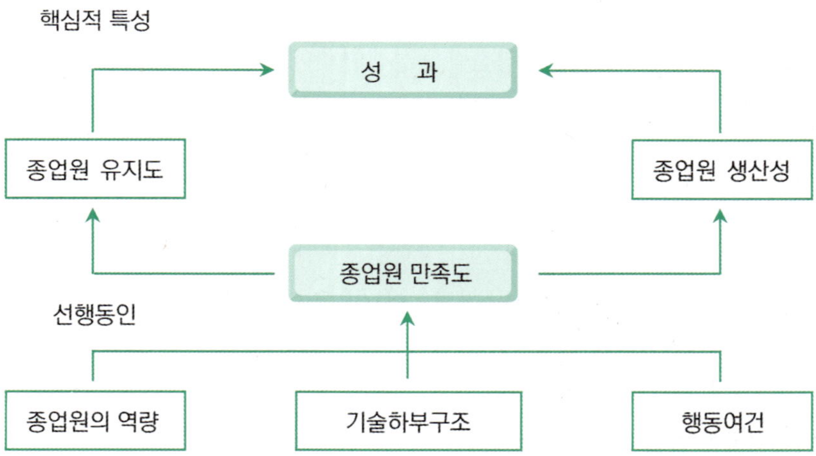

학습과 성장의 원천은 직무능력 함양, 정보화, 인센티브제 확립 등이다. 구성원의 교육 및 훈련을 통해 직무능력을 배양하고, 직무만족도를 높임으로써 학습 및 성장능력을 함양할 수 있다. 또한 의사결정 및 관리시스템을 정보화하여 임직원이 실시간으로 정보관리 및 피드백이 가능하도록 해야 한다. 인센티브제 확립은 임직원에 대한 권한위양과 성과, 직무제안에 대한 보상 등의 실행으로 직무만족도를 높이고 동기를 유발시킬 수 있다.

학습과 성장 관점의 성과지표는 종업원 직무능력(종업원만족도, 종업원생산성, 기술수준, 교육 정도, 훈련시간), 정보시스템 능력(정보시스템 활용도, 각종 정보를 실시간으로 이용할 수 있는 비율), 동기부여와 권한부여(종업원별 직무제안 수, 종업원 제안의 채택률) 등을 적용할 수 있다.

3. 균형성과표의 유용성과 한계

균형성과표는 기업의 성과를 재무적인 측면 및 비재무적인 측면을 종합하여 평가함으로써 기업의 경영전략을 기초로 균형적인 관점에서 성과평가를 실행할 수 있게 된다.

(1) 균형성과표의 유용성

① 균형성과표는 경영목표를 구체적으로 명확히 설정하는 데 도움을 줄 뿐만 아니라 구성원들이 경영전략을 이해하고 실행할 수 있도록 지원함으로써 전략적 경영시스템의 기반을 제공한다.

② 균형성과표는 전통적인 재무적 성과지표 외에 미래 재무 성과의 선행지표 역할을 할 수 있는 고객, 경영프로세스, 학습 및 성장 등의 비재무적 관점의 성과지표를 반영하고 있다. 이는 단기적인 재무 성과에 매몰되어 미래의 기업 성과를 간과할 수 있는 위험을 사전에 예방하는 효과가 있다. 예를 들면, 단기 재무 성과를 높이기 위해 미래 비전을 달성하기 위한 투자인 교육훈련비, 연구개발비 등의 투자를 감축하는 것을 방지할 수 있다.

③ 균형성과표는 기업의 비전 및 경영전략을 실행할 수 있는 성과지표들을 통합함으로써 경영목표와 연계된 성과평가를 명시하고, 성과평가가 단지 과거의 업적에 대한 평가라는 단기적이고 미시적인 시각에서 벗어나 중 · 장기적으로 기업가치 제고에 기여할 수 있는 성과평가시스템을 제공한다.

④ 균형성과표는 기업 구성원들에게 단기 성과 뿐만 아니라 미래의 성과를 창출할 수 있는 성과측정치를 구체적으로 제시함으로써 구성원들이 기업의 혁신을 수용할 수 있는 능력을 제고하고, 자발적인 참여를 유인할 수 있다.

(2) 균형성과표의 한계

① 균형성과표의 비재무적 성과지표는 주관적인 측정치가 포함되어 성과측정의 객관성에 한계가 있다. 예를 들면, 고객 및 종업원의 만족도조사 등은 주관적인 추정이 많이 개입되므로 우수한 측정 방법 등을 개발하여 모델화함으로써 객관성을 제고할 필요가 있다.

② 균형성과표의 재무 성과, 고객, 경영프로세스, 학습과 성장 등 4 종류의 관점은 정형화되어 있지만, 각 성과지표는 기업의 비전과 경영전략이 수정되면 새롭게 개발되어야 하는데, 이 경우 많은 시간과 비용이 소요된다. 그리고 균형성과표를 도입하는 경우에 기업의 비전과 경영전략을 감안한 독자적인 균형성과평가 모델을 구축함에 따른 비용 등이 균형성과표 도입에 어려움을 주

고 있다.

③ 비재무적 측면인 고객, 경영프로세스, 학습과 성장 등의 측면이 기업가치 제고에 기여하는 공헌도를 객관적으로 분석하기 어렵다. 그 이유는 비재무적 측면의 성과평가 시에 객관적 측정치와 주관적 측정치가 혼합되어 있을 뿐만 아니라 성과측정치가 다양하여 객관적인 성과측정에 한계가 있고, 성과평가와 기업가치 제고 간의 상관성을 분석하는 것이 어렵다.

2절 핵심성과지표(KPI)

기업들은 일반적으로 매출액, 당기순이익, 자산 등 측정 가능성을 고려한 재무 성과를 경영전략 및 성과평가지표로 활용하고 있다. 그러나 재무 성과는 과거 경영 활동의 성과이므로 어떠한 경영 활동을 통해 성과를 달성했는지에 대한 구체적인 정보를 제공하지 못한다는 한계가 있다. 이러한 재무성과지표 위주의 측정에 문제가 있음을 인식한 기업들이 기존 성과지표의 문제를 보완 및 해결하고자 새로운 방식으로 핵심성과지표(Key Performance Indicator: KPI)를 정립하고 있다.

핵심성과지표는 기업의 경영목표 달성의 수준을 평가하는 계량적 지표이다. 경영에서 KPI는 기업의 현재 경영상태를 나타내는 것으로 기업의 성과평가, 미래의 경영전략 수립 등에 활용된다. KPI는 리더십 육성, 고용, 서비스, 고객만족이라고 하는 정량적 계측이 어려운 부문을 정량화하는 데 유용성을 갖는다. 그리고 KPI는 BSC 기법을 통해 기업의 경영전략 수립 및 실행, 성과평가 등으로 수행된다.

예를 들어, 경영위기를 겪은 시어즈의 경우, '종업원 – 고객 – 이익'의 인과관계를 바탕으로 TPI(Total Performance Indicator)라고 부르는 KPI를 구축, 운영하고 있다. 이를 통해 소매점으로서의 전략적 포지셔닝을 명확히 하고, 재기에 성공한 것으로 알려지고 있다. 그리고 유럽의 금융회사인 스칸디아 Inc.는 기업의 지적 자본을 측정할 수 있는 성과지표(재무, 고객, 프로세스, 개발, 인적 등의 측면)인 "Skandia Navigator"를 개발하여 운영하고 있다.

이처럼 KPI를 새롭게 정립하려는 기업의 공통점은 BSC(Balanced Score Card) 관점에서 KPI를 재구축한다는 것이다. 즉, 기업의 비전, 경영전략 등을 반영하되 각 KPI 간의 인과관계를 고려하여 재무적 성과와 고객, 경영프로세스, 학습과 성장 등 비재무적 성과 등을 포함한 균형의 관점에서 KPI를 정립하고 있다.

1. 핵심성과지표의 기능

첫째, 핵심성과지표에는 기업의 전략적 의미가 담겨 있다.

핵심성과지표는 전략적 의사결정 시에 핵심적인 역할을 한다. 핵심성과지표의 측정치는 기업의 비전과 경영전략 등과 인과관계가 높기 때문에 조직의 핵심적인 부분들이 어떤 상태에 있는지 명확하게 분석할 수 있으며, 세부적인 해법을 도출하기 위한 의사결정 내용을 직접적으로 확인할 수 있다.

둘째, 핵심성과지표는 성과에 대한 책임을 분명히 한다.

핵심성과지표는 선정 당시 지표에 대한 정확한 정의와 책임자 및 책임 조직을 분명히 하기 때문에 성과평가에 대한 갈등의 소지가 줄어든다. 즉, 성과에 대한 정확한 정의 및 규명은 객관적인 성과평가를 촉진시키며 이를 통해 책임경영을 가능하게 한다.

셋째, 핵심성과지표는 미래 예측을 가능하게 하는 정보를 제공한다.

핵심성과지표는 기업의 비전 및 경영전략 달성, 기업의 본원적인 가치증대 등의 미래 예측정보를 제공한다. 핵심성과지표는 기업의 경영전략 달성을 분석할 수 있는 정보를 포함하고 있기 때문에, 과거 지향적인 성과관리지표의 성격을 벗어나 기업이 미래에 성장할 수 있는 잠재적 가치를 분석할 수 있는 지표들을 합리적으로 반영하고 있다.

2. 핵심성과지표의 구분

(1) 관점에 따른 분류

① 재무적 관점 지표 재무 관점에서 설정된 핵심성과지표들은 고객 관점, 내부 비즈니스 프로세스 관점, 학습과 성장 관점 등에서 수립된 전략의 실행 결과와 밀접히 연관되어 있다. 따라서 재무적 지표는 비재무적 지표와 인과관계를 가지고 있으며, 비재무적 지표들에서 나타나는 성과는 재무적 지표의 결과로 연결된다. 재무적 지표는 관련 조직이 공통적으로 관리해야 하는 공동지표로 선정하기에 유용하며 조직 간 비교가 용이한 반면, 각 조직 간에 이해가 상충될 수 있으므로 절대적 평가기준이라고는 할 수 없다.

② 고객 관점 지표 고객 관점에서 선정되는 핵심성과지표는 거시적 지표인 시장점유율과 같은 단순한 성과지표를 의미하지 않는다. 예를 들면, '우수고객 비율'이라는 핵심성과지표를 통해 기업의 우수고객은 어떤 집단인지를 명확하게 정의하고, 그들과 관련된 경영전략을 수립하기 때문에 핵심성과지표는 단순한 지표 이상의 의미를 가지게 된다. BSC에서 나타나는 고객 관점의 지표들은 경영 활동 성과를 반영하는 후행지표일 뿐만 아니라 재무적 가치 상승을 이끌어 내는

선행지표를 함께 선정함으로써 핵심 고객의 유치와 관리를 촉진시킬 수 있다. 고객만족도와 충성도를 명확하게 정의하고 이를 확대시킬 수 있는 근본적인 원인을 찾아내어 선행지표로 선정하는 것이 고객 관점의 지표를 개발하는 합리적인 과정이다.

③ **경영프로세스 관점 지표** 캐플란과 노튼은 비즈니스 프로세스 사이클을 크게 혁신프로세스, 운영프로세스, 판매 후 서비스 프로세스 등으로 구분하고 있다. 운영프로세스는 고객으로부터 상품과 서비스의 주문을 받고 제공하는 프로세스이다. 그러므로 운영프로세스 단계에서는 상품과 서비스에 대한 주문을 받고 제공하는 과정의 정확성, 비용, 규모, 품질 등과 관련된 지표들이 선정된다. 혁신프로세스는 운영프로세스가 제공하는 단기적 가치를 바탕으로 기업의 장기적 경영전략과 관련된 핵심 가치를 도출하는 과정이다. 고객의 요구가 다양해지고 혁신적인 변화 속에서 고객 요구에 신속히 대응해야 하는데, 고객의 사후관리도 중요한 프로세스가 되었다.

④ **학습과 성장 관점 지표** 학습과 성장 관점에서는 종업원 만족도, 종업원이직률, 종업원 생산성이 중요한 핵심성과지표들인데, 종업원의 능력을 향상시키기 위해서는 업무에 대한 동기부여, 권한 위임, 직무 배치 등과 관련된 지표들이 핵심성과지표로 함께 선정된다. 학습과 성장 관점에서의 지표는 다른 관점들과 비교해 볼 때 직접적으로 조직의 성과와 연결되어 있지 않은 것처럼 보이지만, 모든 성과의 근본이 되는 중요한 관점이다. BSC 도입이 성숙단계로 접어들면 근본적으로 혁신의 근원을 강조할 수 있는 지표를 고려하게 된다. 예를 들면, 경영전략 및 비전에 대한 이해 정도와 지식 참여도 등이 기업문화와 구성원들의 마인드 제고와 관련된 지표들로 적용된다.

(2) 인과관계에 의한 분류

① **원인지표와 결과지표** 핵심성과지표는 경영전략의 인과관계에 따라 성과를 발생시키는 원인과 결과로 구분한다. 따라서 핵심성과지표를 선정할 때에도 기업의 경영전략 특성에 따라, 업무의 결과를 반영하는 성과평가지표가 적정한지, 향후 또 다른 성과를 가져오게 할 원인지표를 선정할지 등을 심층적으로 검토해야 한다. 만일 결과지표들로만 지표를 선정하게 되면 BSC에 포함되어야 할 기업의 미래가치를 반영하는 것이 미흡하게 되며, 반대의 경우에는 기업의 현재 상황을 분석하는데 한계를 갖게 된다. 결과지표는 기업의 경영 활동을 직접적으로 반영하고 있어서, 재무적 지표, 시장점유율 등과 같이 조직이 달성해야 할 목표를 나타내는 지표이다. 결과지표들은 경영전략을 조정하고 수립하는 데 있어, 자원 투입을 조정하기 위한 기본 정보가 된다. 원인지표는 직접적인 성과의 반영이기보다는 원인지표의 성과 달성이 향후 궁극적인 목표 달성의 기본이 되고, 간접적 영향을 미치는 특성을 갖는 지표들이다.

② **선행지표와 후행지표** 캐플런과 노튼은 지표들을 선행지표(Leading Indicator)와 후행지표(Lagging Indicator)로 분류하고 있다. 후행지표는 결과지표와 동일한 개념을 담고 있으며, 선행지표는 후행지표에서 도출되는 성과의 원천이 되는 역할을 하는 것으로 원인지표에 해당된다.

③ **기본지표와 도전지표** Bob Frost는 지표를 크게 조직의 현 상황을 반영하는 기본지표(Primary Indicator)와 조직의 미래를 반영하는 도전지표(Advanced Indicator)로 구분하고 있다. 기본지표란 조직이 생산하고자 하는 결과를 나타내 주고, 또한 다른 조직에 제공한 가치를 표현해 주는 것이다(고객서비스 결과, 생산 달성도, 비용절감 등). 반면 도전지표들은 작업 진행 현황과 조직의 잠재 가능성들과 같은 측면의 성과관리를 반영하는 것으로 프로세스를 관리하는 성격이 강하다(개발주기, 불량 감소율, 생산성, 신속성 등).

(3) 책임과 권한에 따른 분류

① **전략지표** 전략지표는 개별조직단위에서 독립적인 책임과 권한을 가지는 핵심성과지표를 말한다. 조직단위의 독립적인 핵심성과지표는 각 부문의 단위에서 고유한 직무와 관련된 지표를 생성한다. 즉, 특정 사업부가 경영전략을 달성하기 위해서 책임과 권한을 갖고 관리해야 하는 지표들이다. 이러한 지표들은 조직이 속한 산업 또는 기능과 관련된 핵심적이고 전략적인 목표들을 반영하고 있기 때문에 각 조직별로 상이하며, 경영전략 달성에 결정적인 영향을 미친다.

② **공동지표** 여러 조직에서 한 가지 핵심성과지표를 공동으로 관리하거나, 동일한 지표를 여러 조직에서 관리해야 하는 경우가 발생할 수 있다. 이러한 지표들을 공동지표라 한다. 조직의 업무프로세스는 서로 긴밀하게 연결되어 있으므로 지표 선정과 목표 배분 과정에서 많은 갈등이

핵심성과지표의 특성별 분류

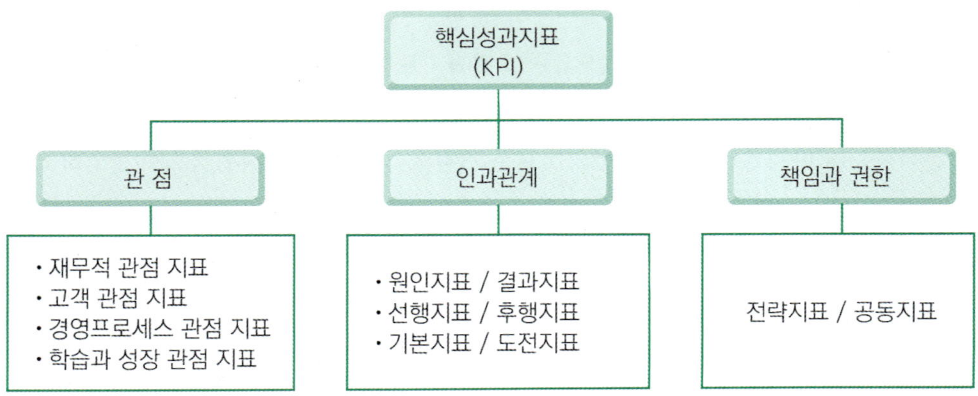

발생할 수 있기 때문에 이를 조정하는 과정은 매우 유용한 지표이다. 공동지표를 통해 각 부문들 간에 발생할 수 있는 이기주의를 극복하고, 목표달성을 위해 함께 노력할 수 있도록 기회를 제공하기 때문에 의사소통을 촉진시키는 긍정적인 효과가 있지만 공동지표에 대한 책임 배분 시에 각 부문의 현황 및 특성을 충분히 고려하지 못하면 부문 간의 갈등을 심화시키는 결과를 낳을 수도 있으므로 충분한 협의 및 합의 과정이 필요하다.

3절 균형성과표 적용 사례

1. 포스코(POSCO)

포스코는 1998~2005년(8년)에 걸쳐 PI(Process Innovation)를 완료했다. 동사는 경영환경 변화에 대응하기 위해 PI 지향점을 "고객 중심 경영을 통해 주주가치를 극대화하는 가치경영 실현"에 두었다. 그리고 이를 실천하기 위해 프로세스 중심 조직설계, 글로벌 스탠다드에 맞는 전사통합 경영정보시스템 운용, 회사 내부 및 외부를 총괄하는 고객 중심 업무 프로세스 등 3개 영역으로 접근했다. 그리고 목표의 불확실성에서 오는 혼란을 방지하고 핵심 역량을 한 곳에 집중하기 위하여 회사가 세계 최고의 경쟁력을 보유한 초일류 기업으로 거듭나기 위하여 반드시 개선해야 할 36대 중점 혁신 과제를 선정했다.

BSC는 36대 중점 혁신과제 중 21번째 과제인 "BSC 기법에 의한 성과관리 체제 구축"으로 선정되어 추진되었다.

포스코의 BSC 적용 체계

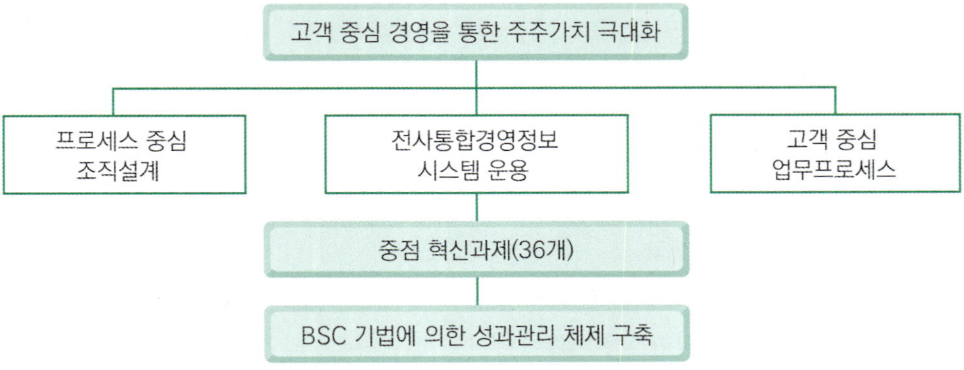

포스코의 BSC는 도입 이후 진화를 거듭하고 있으며, 동사의 BSC 적용 대상을 분류하면 크게 3단계로 나누어진다.

첫째, 전사 및 5대 메가 프로세스 (고객만족, 기술연구개발, 조달 및 설비관리, 경영지원관리, 경영 및 재무관리)를 대상으로 BSC를 구축한 단계이다.

둘째, 전사 및 14개 부문에 대해서 BSC를 설계한 단계이다.

셋째, BSC를 부 · 실 단위로 확대한 것이다. 이때 경영전략과 연계한 부 · 실 단위 구축, BSC 운용프로세스 개선, BSC에 의한 성과평가제도 구축 등 세 가지 과제를 프로젝트로 추진했다.

① BSC를 성과평가시스템과 연계하여 구축

포스코는 BSC 시스템과 연계한 성과관리시스템을 3단계로 구축하여 적용하였다. 경영전략과 연계한 부 · 실 단위 구축을 위해서는 전략수립 단계부터 KPI까지 선정할 수 있도록 프로세스를 변경했다. 부 · 실 단위까지 BSC 범위를 확대함에 따라 상 · 하위 조직의 전략지표 간의 연계성을 강화하기 위해 Value Driver Tree를 도출하고, 각 Value Driver를 정할 수 있는 KPI를 사전에 선정하여 KPI 풀로 관리하게 하였다.

그리고 BSC 운용프로세스 개선 측면에서는 전략 BSC 예산수립 주기를 일치시켜 통합적으로 연계되어 운용될 수 있도록 하였다. 그리고 BSC의 활용성을 높이기 위해 BSC를 중심으로 임원들이 성과를 논의하고 전략적 의사결정을 할 수 있도록 성과분석이 BSC의 KPI 중심으로 이루어지도록 하였다.

BSC에 의한 성과평가제도 구축과 관련해서는 부 · 실 단위 BSC의 KPI 평가 결과를 적용하여 각 부 · 실 단위의 조직별 평가가 이루어질 수 있도록 프로세스를 설계하고 성과평가시스템을 자체 개발했다. 부 · 실장들이 MBO(목표에 의한 관리)를 작성할 때 BSC의 KPI를 실적평가에 포함시켜 조직의 성과와 개인의 성과가 일치될 수 있도록 한 것이다.

② BSC시스템 도입 성과

첫째, 경영전략의 구체화

기존에 애매한 용어(예: 노력한다)로 표현되었던 전략이 KPI를 통해 실행 가능하도록 구체화되었다. 또한 구체적인 KPI와 목표 값이 제시됨에 따라 기업의 경영목표를 명확하게 인식할 수 있게 되었다.

둘째, 경영전략의 실행력 제고

경영전략, BSC, 예산 등의 종합적 연계로 경영전략을 수립하고 관리할 수 있는 KPI가 선정되고, KPI 목표 값을 달성하기 위한 실천계획에 예산이 배분됨에 따라 경영전략의 실행력이 높아졌다. 실제로 BSC를 도입한 이후, 경영 성과는 지속적으로 향상되어 2004년도에는 창사 이래 최대의 성과(매출액 증가율 80%, 순이익 증가율 375%)를 달성하기도 했다.

셋째, 경영전략에 대한 공감대 형성

경영전략 체계도와 KPI 선정 과정에 대한 구성원의 직접 참여 확대 및 기업의 경영전략과 KPI를 포함하고 있는 BSC 총괄표를 배포함으로써 기업과 구성원들이 속한 조직의 경영전략에 대해 충분히 이해한 후, 업무를 수행함으로써 성과를 제고할 수 있게 되었다.

2. 특허청

(1) 특허청 개요

- **조 직 : 9본부, 64팀, 3소속기관으로 구성**
  - 정책 · 행정지원부서(4) :
    경영혁신홍보 · 산업재산정책 · 정보기획 · 고객서비스본부
  - 심사부서(5) :
    상표디자인 · 기계금속건설 · 화학생명공학 · 전기전자 · 정보통신심사본부
  - 소속기관(3) : 특허심판원, 국제지식재산연수원, 서울사무소
- **정 원**
  - 총 1,528명(본청 1,312명, 특허심판원 139명, 연수원 42명, 서울사무소 35명)
  - 5급이 1,042명으로 68% 차지(6급, 7급은 246명으로 16%)
- **예산**
  - 100% 자체 세입으로 세출을 충당하는 책임운영기관 특별회계로 운영
  - 2007년도 세입 · 세출 예산은 약2,999억원

(2) BSC 추진 배경

1. 성과평가제도에 대한 혁신요구 증대
2. 조직과 개인의 성과를 체계적으로 관리할 수 있는 성과중심의 특허행정혁신 인프라 구축
3. 기관의 비전·전략 달성을 위한 구성원 역량 결집
4. 전략을 중심으로 한 내부 커뮤니케이션 활성화

(3) 특허청의 BSC 목적

구분	현재	목표
전체방향	▪ 단기 업적 지향의 서열평가 ▪ 전략목표의 조직단위별 연계 미비	▪ 장단기 균형적 성과관리 전체조직과 단위조직의 목표 연계
성과/역량 중심	▪ 연공/관계중심, 사정형 고과 ▪ 개인평가와 조직평가 단절	▪ 성과·역량중심의 평가 ▪ 개인평가와 조직평가 연계
평가, 보상 연계 강화	▪ 평가결과와 보상연계 미흡 - 성과급/승진에 일부 반영	▪ 성과 연동형 보상 강화 - 승진, 성과급, 교육훈련 등

(4) BSC 구성도

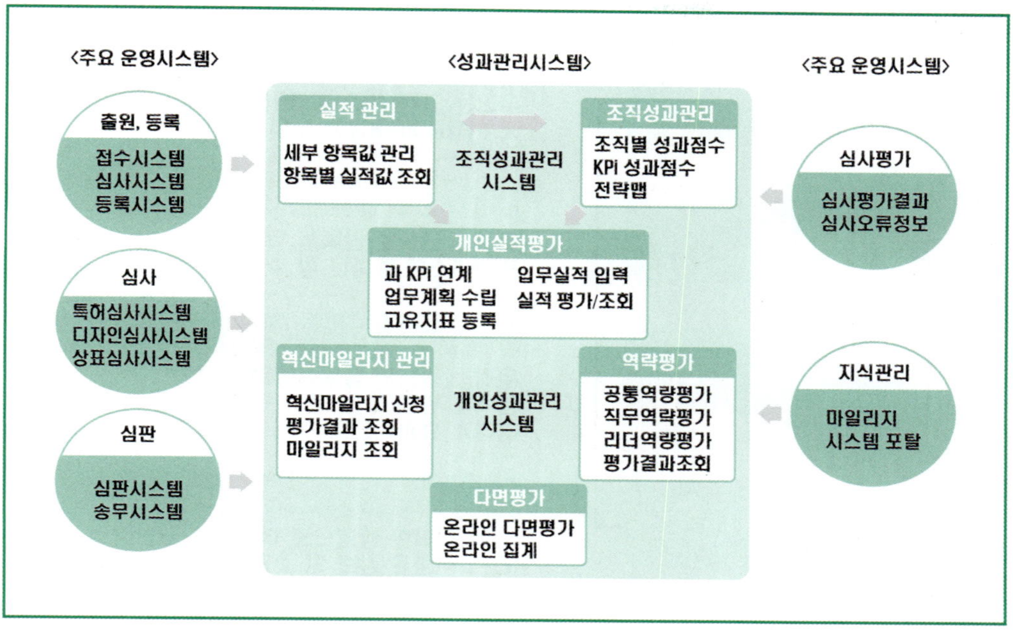

(5) 경영전략

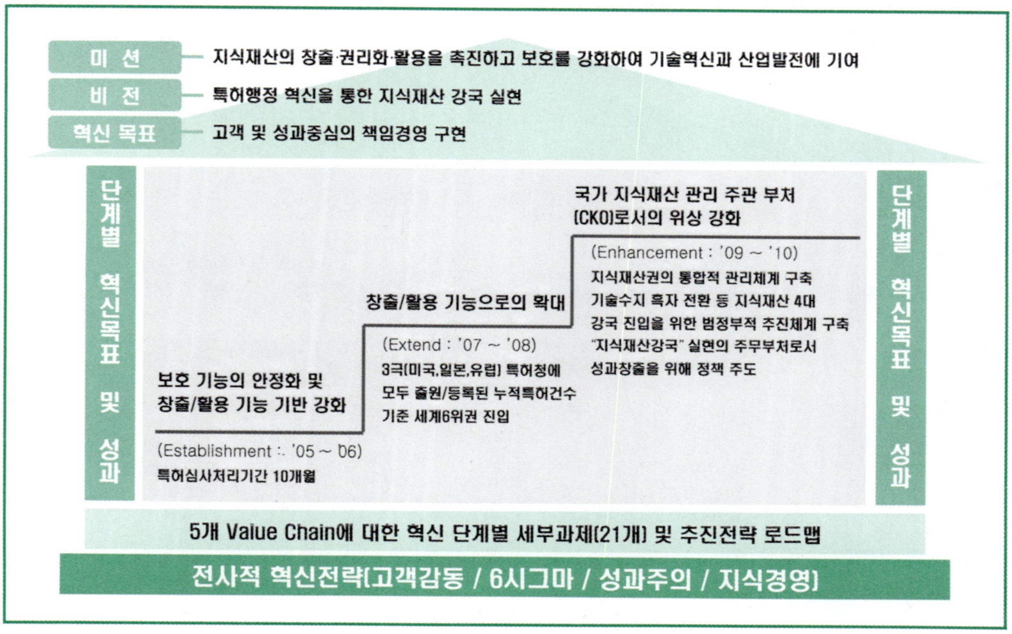

(6) BSC 관점

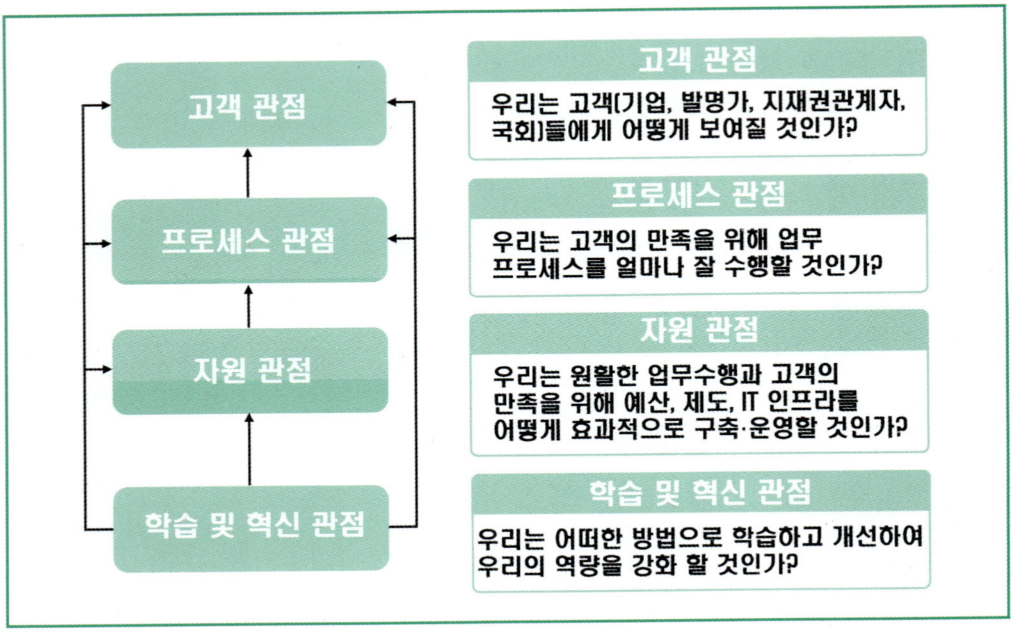

(7) 성과목표

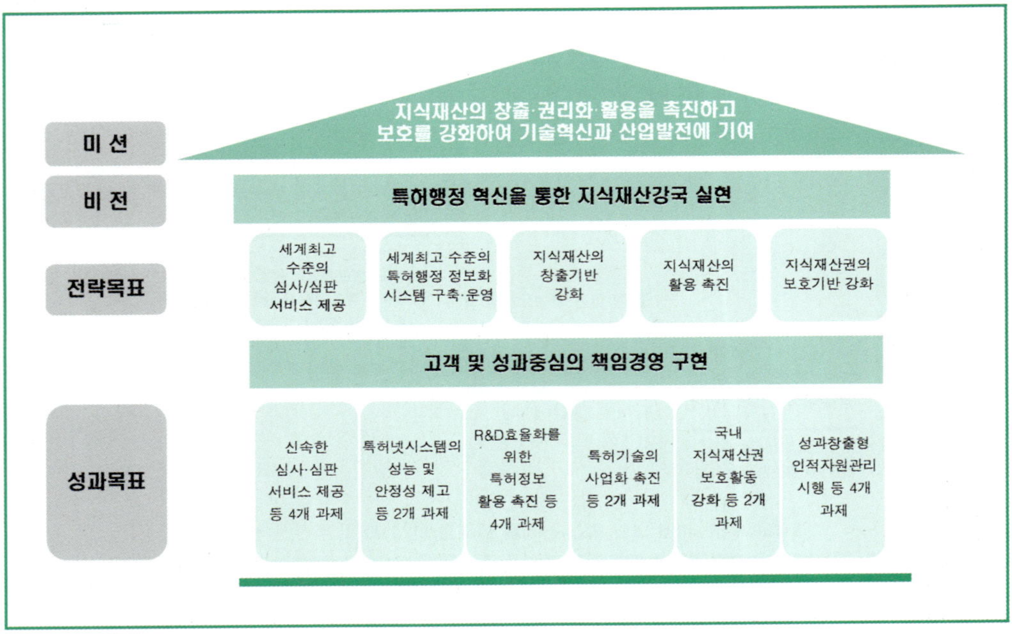

(8) 경영전략 실행프로세스

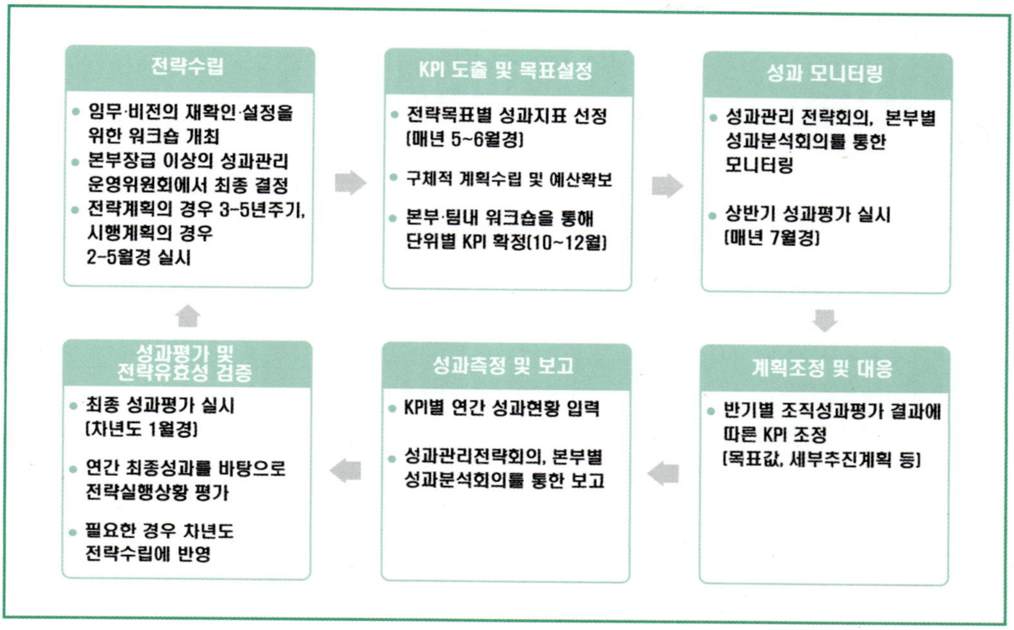

자료: 삼성경제연구소

연습문제

REVIEW EXERCISES

주관식

01 전략적 성과평가시스템의 유용성을 설명하시오.

02 전통적 성과평가시스템과 전략적 성과평가시스템을 비교하여 기술하시오.

03 균형성과표(BSC)의 개념을 설명하고, 각 구성 내용을 기술하시오.

04 균형성과표의 유용성과 한계를 설명하시오.

05 핵심성과지표(KPI)의 개념과 유용성을 논술하시오.

06 핵심성과지표를 특성별로 구분하고, 각 성과지표의 특성을 설명하시오.

객관식

01 다음 중 균형성과표(BSC)에 대한 설명으로 옳지 않은 것은? ▸ 세무사

① 비영리단체에서도 재무적 관점, 고객 관점, 내부 프로세스 관점, 학습과 성장 관점을 사용할 수 있다.
② 전략과 연계된 주요평가지표(KPI)를 사용한다.
③ 관점 사이의 인과관계를 전략체계도(strategy map)로 나타낸다.
④ 균형성과표는 전략의 세분화와 의사소통보다 성과보상에 초점이 집중되어진 제도이다.
⑤ 미국에서 시작된 기법이다.

02 균형성과표(Balanced Score Card)에 대한 내용 중 옳지 않은 것은? ▸ 공인회계사

① 균형성과표는 경영 성과를 재무적 성과, 고객, 기업 내부공정, 학습 및 성장의 네 가지 관점에서 측정한다.
② Kaplan과 Norton에 의하여 개발된 개념이다.
③ 조직의 전략과 성과평가시스템을 연계하는 점이 강조된다.

④ 재무적 관점은 경제적 부가가치(EVA)로, 고객 관점은 시장점유율로, 내부공정 관점은 수율로 측정할 수 있다.

⑤ 균형성과표의 장점은 계량화된 객관적인 측정치만을 사용하는 것이다.

03 아래에서 균형성과표(Balanced Score Card)를 통해 알 수 없는 항목은? ▸ 세무사

① 주주들의 눈에 비친 회사의 모습
② 내부프로세스 중 가치유발 요인
③ 고객들의 눈에 비친 회사의 모습
④ 혁신, 변화/개선의 지속성 여부
⑤ 정확한 성과측정치와 낮은 실행비용

04 다음에 제시된 것은 최근 기업들에서 활발하게 이용되고 있는 비재무적 성과측정치들이다.

a. 적시납기	b. 사이클시간	c. 불량률
d. 고객응답시간	e. 배치사이즈	f. 주문처리시간
g. 재구매고객수	h. 셋업시간	i. 공동사용부품수
j. 보증비용	k. 제조사이클시간	l. 종업원숙련도
m. 고객불평 접수건수	n. 제품의 다양성	o. 재작업원가

상기 성과측정치를 고객만족(CS), 유연성(F), 품질(Q), 그리고 시간(T) 등 4가지 범주로 분류할 경우 다음 보기 중 고객만족과 관련된 측정치만을 모은 것은?
단, 네 개의 범주 중 한 번씩만 해당한다고 가정한다.

① a, g, m ② a, b, e ③ c, m, o ④ c, j, o ⑤ d, g, m, n

05 다음은 전략적 관리회계 토픽들과 관련된 문장들이다. ▸ 공인회계사

a. 균형성과표(BSC: Balanced Score Card)는 일반적으로 기업들이 수립된 전략의 커뮤니케이션과 실행보다는 전략의 질에 문제가 있음을 강조한다.
b. BSC의 균형(balance)이란 용어는 단기와 장기, 내부와 외부, 재무와 비재무적 관점, 그리고 선행 및 후행지표를 동시에 활용할 것을 강조하는 개념이다.
c. 활동기준원가계산(ABC)에서는 전통적인 고정원가, 변동원가의 2분류체계에 비해 단위기준, 배치기준, 제품기준, 시설기준의 4원가 분류체계를 이용하는 것이 일반적이다.
d. 타켓코스팅(target costing)은 제조(양산)단계에서의 지속적이고 증분적인 소규모 개선활동을 의미한다.
e. 병목자원의 관리를 중요시하는 TOC(제약이론)는 효율성보다 효과성을 강조한다.

위의 문장들 중 올바르거나 타당한 문장들만 모은 것은?

① a, b, c ② a, b, c, e ③ b, e ④ b, c, e ⑤ c, d, e

06 다음은 최신관리회계기법에 관해 설명한 것이다. 이 중에서 적절하지 않은 표현은 어떤 것인가?

▸ 공인회계사

① target costing(목표원가관리 또는 원가기획)은 제품의 수명주기 중에서 연구개발 및 설계단계에 초점을 맞추는 원가관리기법이다.
② 제약자원이론에서는 직접재료원가만을 진정한 변동원가로 본다.
③ 개선원가계산(kaizen costing)은 제조단계에서의 원가절감에 초점을 맞추고 있다.
④ 품질원가계산에서 낭비, 재가공, 폐품원가 등은 외부실패원가에 해당한다.
⑤ 균형성과표(balanced score card)는 조직의 전략과 성과평가시스템을 연계시키는 것이 강조된다.

07 균형성과표(Balanced Score Card: BSC)에 관한 다음의 설명 중 가장 타당하지 않은 것은?

▸ 공인회계사

① 균형성과표는 재무적인 성과지표를 중심으로 하는 전통적인 성과측정제도의 문제점을 보완할 수 있는 성과측정시스템으로 인식되고 있다.
② 균형성과표는 조직의 비전과 전략을 성과지표로 구체화함으로써 조직의 전략수행을 지원한다.
③ 균형성과표의 다양한 성과지표 간의 인과관계를 통하여 조직의 전략목표 달성 과정을 제시하는 성과지표의 체계를 전략지도(strategy map)라고 한다.
④ 균형성과표는 일반적으로 재무 관점, 고객 관점, 내부 프로세스 관점, 학습과 성장 관점의 다양한 성과지표에 의하여 조직의 성과를 측정하고자 한다.
⑤ 균형성과표는 조직의 수익성을 최종적인 목표로 설정하기 때문에 4가지 관점의 성과지표 중에서 학습과 성장 관점의 성과지표를 가장 중시한다.

08 균형성과표에 관한 다음의 설명 중 옳지 않은 것은? ▸ 공인회계사

① 균형성과표에서 전략에 근거하여 도출한 비재무적 성과측정치는 재무적 성과측정치의 후행지표가 된다.
② 균형성과표의 다양한 성과지표 간의 인과관계를 통하여 조직의 전략목표 달성 과정을 제시하는 성과지표의 체계를 전략지도(strategy map)라고 한다.
③ 균형성과표의 고객 관점은 고객만족에 대한 성과를 측정하는데 고객만족도, 고객유지율, 반복구매 정도, 시장점유율 등의 지표가 사용된다.
④ 균형성과표의 내부프로세스 관점은 기업 내부의 업무가 효율적으로 수행되는 정도를 의미하는데 불량률, 작업폐물, 재작업률, 수율, 납기, 생산처리시간 등의 지표가 사용된다.
⑤ 균형성과표의 학습과 성장 관점은 기존의 프로세스와 제품에 만족하지 않고 기술 및 제품의 혁신적인 발전을 추구하는 정도를 의미하는데, 종업원만족도, 종업원이직률, 종업원 1인당 사내훈련시간 등의 지표가 이용된다.

09 다음 중 균형성과표(BSC)에 대한 설명으로 옳지 않은 것은? ▶ 세무사

① 비영리단체에서는 재무적 관점, 고객 관점, 내부 프로세스 관점, 학습과 성장 관점을 사용할 수 있다.
② 전략과 연계된 핵심성과지표(KPI)를 사용한다.
③ 관점 사이의 인과관계를 전략체계도(strategy map)로 나타낸다.
④ 미국에서 시작된 기법이다.
⑤ 균형성과표는 전략 구체화와 의사소통보다 성과보상에 초점이 맞추어진 제도이다.

10 다음 설명 중 균형성과표(BSC) 작성 시에 내용상의 균형을 강조한 설명으로 적정하지 않은 것을 선택하시오.

① 비재무적 측정치와 재무적 측정치가 균형을 이루어야 한다.
② 기업의 전략을 구성원들에게 명확히 전달해야 하는 것을 강조한다.
③ 핵심성과지표(KPI)와 비성과지표 간에 균형을 이루어야 한다.
④ 균형성과표의 4가지 관점 상호간의 연관관계를 강조한다.
⑤ 장기적인 목표와 단기적인 목표의 균형을 강조해야 한다.

객관식 해답 01 ④ 02 ⑤ 03 ⑤ 04 ① 05 ④ 06 ④ 07 ⑤ 08 ① 09 ⑤ 10 ③

고객욕구 만족시키는 능력이 경쟁력

BSC의 주요 목표는 기업전략을 측정 가능하고 의미 있는 몇 개의 성공 요인으로 나누는 것이다. 회사의 명확한 비전을 바탕으로 네 분야(재무, 고객·시장, 관리 과정, 종업원)에서 전략적 목표가 도출된다. 이어서, 이런 목표들의 상호 인과관계를 밝히고, 목표들을 수치로 나타낼 수 있도록 조작적 정의(operationalize)를 한다.

BSC의 개발단계는 다음과 같다.

1. 회사의 비전과 전략을 개발한다.
2. 관련 사업부의 전략적 목표를 도출하고 명확하게 정의한다.
3. 확정된 목표들을 인과관계 모델에 끼워 넣는다.
4. 목표의 조작적 정의와 그것의 척도(measure)를 확정한다.
5. 목표를 얼마나 달성했는지 보여주는 숫자로 된 지표들을 개발한다.
6. 실행계획을 세우고 피드백 절차를 개발한다.

실제로 BSC기법을 도입했던 회사들은 다음과 같은 전략적 개선이 이뤄졌다고 얘기한다.

첫째, 비전·전략을 명확하고 측정 가능한 목표들로 나눌 수 있다. 최고경영자가 비전을 제시하고, 그것을 바탕으로 회사의 전략적 핵심목표들을 이끌어낼 수 있었다.

둘째, 재무·내부·시장 관련 지표들 사이에 균형이 이뤄졌다. 내부 및 외부 통제변수들을 이렇게 골고루 보는 것이 BSC의 핵심이다. 이제는 재무 관련 수치들만 주목받는 게 아니다.

셋째, 투명성이 높아지고, 전략·목표에 대한 공감대가 형성된다. 경영진들이 업계와 회사 내부에서 무엇이 가치를 창출하는지 열띤 토론을 벌인 결과, 중요한 목표들과 통제변수에 대해 광범위한 합의가 이뤄졌다.

넷째, 종업원들이 잘 받아들이고 동기를 유발하며 애정을 갖는다. 여러 경영워크숍에서 많은 논의를 했기 때문에 스코어카드는 종업원들도 잘 받아들였다.

다섯째, 고객들의 충성도가 높아진다. 고객 분야에서의 중요한 전략적 목표는 그들의 충성도를 높이는 것이었다. 적절한 조치를 취한 결과 고객이탈률은 크게 줄어들었다. 이것은 또 기업가치 상승으로 이어졌다.

여섯째, 전략적 학습효과 및 지속적인 피드백이 가능하다. 회사가 취하는 여러 가지 조치의 현재 상태와 결과는 지속적으로 커뮤니케이션돼야 한다.

출처: 매일경제신문

09 단기의사결정

1절 관련원가

의사결정(decision making)은 경영자가 의사결정목적을 달성하기 위하여 실행 가능한 대체안 중에서 최적안을 선택하는 행위[1]이다. 의사결정의 목적은 이익(효용)의 극대화 또는 비용의 최소화이며, 의사결정에 필요한 정보는 양적인 정보와 질적인 정보로 구분한다.

양적인 정보(quantitative information)는 수치로 표현이 가능한 정보로 의사결정 과정에서 실행 가능한 대안을 비교 및 분석, 평가할 때 유용하게 이용된다. 양적인 정보는 화폐금액으로 표시할 수 있는지 여부에 따라 재무적 정보와 비재무적 정보로 구분할 수 있다. 재무적 정보(financial information)는 화폐금액으로 표현할 수 있는 정보이며, 비재무적 정보(non-financial information)는 수치화할 수는 있지만, 화폐단위로 측정하여 표현하지 못하는 정보이다.

한편 질적인 정보(qualitative information)는 계량화는 되지 않지만 의사결정 과정에서 유용하게 이용되는 정보로 종업원의 사기, 기업 이미지, 리더십 등이 해당된다.

---

1) 경영자가 의사결정 시에 부딪치는 어려움은 다음과 같다.
① 최종 결과가 불확실할 경우
② 여러 개의 목표가 서로 상충될 경우
③ 의사결정에 따른 최종 결과가 여러 이해관계자 그룹의 이해관계와 관련될 경우
④ 개인이 아닌 집단의사결정(group decision making)을 해야 하는 경우
⑤ 재화의 가치평가 혹은 관련 이해관계자의 선호를 측정하기 어려울 경우
⑥ 다른 의사결정과 동시에 이루어져야 할 경우

의사결정정보

양적 정보		질적 정보
재무적 정보	비재무적 정보	
계량정보(화폐금액)	계량정보(비화폐정보)	비계량정보
• 직접재료원가 • 직접노무원가 • 마케팅원가 • 연구개발비 등	• 수율 • 시장점유율 • 생산소요시간 • 소비자 불만건수 등	• 종업원의 사기 • 기업 이미지 • 리더십 • 경영철학 등

1. 의사결정 유형

의사결정은 의사결정 기간에 따라 단기의사결정과 장기의사결정으로 구분할 수 있다. 단기의사결정은 의사결정기간이 통상 1년 미만인 경우에 적용되며, 의사결정의 반복성에 따라 정규의사결정과 특수의사결정으로 구분된다. 정규의사결정은 매년 반복되는 일상적 업무상의 의사결정으로 예산편성, 원재료 구매, 정규주문 등이 그 예이다. 반면에 특수의사결정은 단기적이지만 반복되지 않는 특별의사결정이며, 주로 관련원가를 사용하므로 관련원가분석이라고도 한다.

장기의사결정은 의사결정에서 고려되는 기간이 1년 이상인 경우로 고정자산 구매, 기계설비 투자 등과 같은 장기경영계획에 바탕을 둔 자본예산이 해당된다.

의사결정의 유형별 특징

구 분	특 징
관련원가분석	• 단기적(확실성 하의) 특수의사결정 • 화폐의 시간가치 고려하지 않음 • 이익의 크기 중시, 이익 발생시점 무시
자본예산	• 장기적(불확실성 하의) 의사결정 • 화폐의 시간가치 고려 • 현금흐름의 발생시점 및 규모 모두 중시

그리고 의사결정은 의사결정에 영향을 미치는 의사결정 상황 및 결과인 성과를 분석할 수 있는지 여부에 따라 확실성 하의 의사결정과 불확실성 하의 의사결정으로 구분할 수 있다.

단기계획과 장기계획

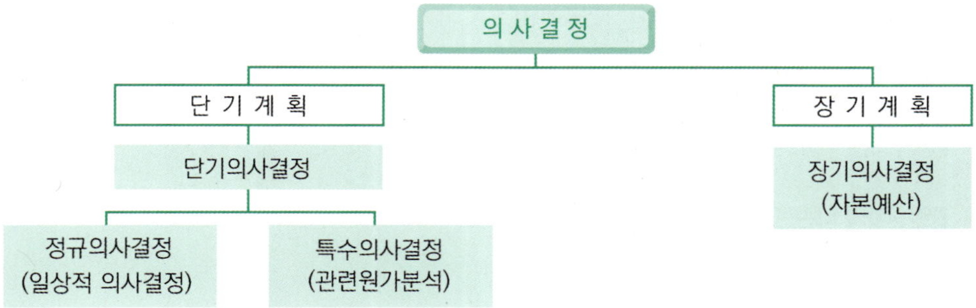

2. 의사결정의 주요 개념

(1) 관련수익, 관련원가와 비관련원가

① **관련수익** 의사결정과 관련된 수익으로 실행 가능한 대안들 간에 차이가 있는 미래 수익

- 관련수익은 미래수익(↔ 과거의 수익은 비관련수익)
- 관련수익은 대안들 간에 차이가 있는 수익(↔ 대안 간에 차이가 없으면 비관련수익)

② **관련원가** 의사결정과 관련된 원가로 실행 가능한 대안들 간에 차이가 있는 미래원가

- 관련원가는 미래원가(↔ 과거의 원가는 비관련원가)
- 관련원가는 대안들 간에 차이가 있는 원가(↔ 대안 간에 차이가 없으면 비관련원가)

③ **비관련원가** 의사결정과 관련이 없는 원가

- 각 대안 간에 차이가 발생하지 않는 미래원가
- 과거에 이미 발생된 원가(역사적원가, 매몰원가[2])

관련원가와 비관련원가의 특성

관련원가	비관련원가
• 대부분의 변동비 • 회피 가능 고정비(기회원가 중에서) • 기존 시장 매출감소로 인한 이익 감소분 • 유휴설비의 대체적 용도를 통한 이익 상실분	• 과거의 원가(매몰원가)에 해당하는 금액 (문제의 조건에 따라 해당됨) • 대안들 간에 차이가 없는 미래원가

2) 매몰원가는 과거의 의사결정 결과로 의사결정시점 이전에 이미 발생된 원가(역사적원가)이다. 매몰원가는 현재 또는 미래의 어떠한 의사결정에도 영향을 미칠 수 없는 원가이므로 현재 의사결정과 관련이 없는 비관련원가이다.

의사결정 접근 방법에 따른 각 대안에 대한 관련원가를 식별하는 방법은 의사결정에 영향을 미치지 않는 매몰원가 요소를 제거한 후에 비관련원가인 대안 간에 차이가 없는 미래원가 요소를 식별해 내면, 최종적으로 남는 관련원가(대안 간에 차이가 있는 미래원가) 요소를 계산하여 최적해를 선택한다.

관련원가와 비관련원가 구분

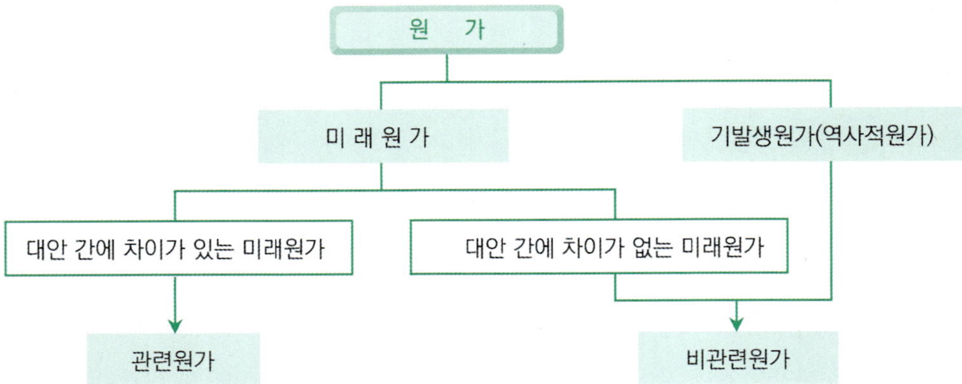

(2) 의사결정에 이용되는 원가 개념

① **차액원가**(differential costs) 차액원가는 대안 간의 원가 차이액(증분원가, 감분원가)을 의미한다. 의사결정 시에 대안 간의 차액원가정보를 분석하면, 이해하기 쉽고 적시에 의사결정을 내릴 수 있다. 대안 간의 차액수익에서 차액원가를 차감함으로써 차액이익을 계산한 결과를 의사결정에 반영하게 된다. 차액원가 개념은 경제학상의 한계원가 개념과 근본적으로 일치한다.

② **기회원가**(opportunity costs) 기회원가는 실행 가능한 대안 중에 최적해를 선택함으로써 선택되지 못한 차선안의 경제적 가치(이익 또는 순현금유입액)를 의미한다. 기회원가는 실제로 지출되지 않지만, 현금흐름 유입의 기회를 상실하는 결과를 초래하므로 의사결정 과정에서 감안해야 할 관련원가이다.

기회원가의 개념은 대체적인 용도를 가지는 한정된 자원의 이용에 주로 적용하며, 실행 가능한 대안 중에 차선의 대안으로 획득할 수 있었던 경제적 가치이므로 선택된 최적해의 기회원가라고 한다.

③ **부가원가**(imputed costs) 부가원가는 의사결정에서 인식되어야 할 가치의 희생은 발생했지만, 회계장부에 기록되지 않고 현금지출도 수반되지 않는 원가이다. 부가원가는 기회원가의

개념과 유사하며 의사결정 시에 감안해야 할 관련원가에 해당된다. 부가원가를 협의로 해석하는 경우에는 현금지출을 수반하지 않는 이자비용(금융비용)을 의미하며, 자기자본으로 신규투자할 경우에 투자 금액에 대한 이자비용이 부가원가이다.

④ **회피가능원가**(avoidable costs)　회피가능원가는 실행 가능한 의사결정 대안 중에 최적해를 선택함으로써 원가가 절감되거나 발생이 회피될 수 있는 관련원가이다. 회피가능원가는 대안 간에 차이가 발생하는 관련원가이지만, 회피불능원가는 특정 대안을 선택하는 것과 관계없이 계속해서 발생하는 원가로 비관련원가이므로 의사결정 시에 검토 및 대안평가에서 제외되어야 한다.

예를 들면,특정 부문을 폐쇄하는 경우에 폐쇄 부문과 관련된 재료원가와 노무원가, 제조간접원가는 회피가능원가이며, 특정 부문을 폐쇄하더라도 계속 발생하는 일부 고정제조간접원가는 회피불능원가이다.

⑤ **연기가능원가**(postponable costs)　연기가능원가는 단기적인 경영능률에 영향을 미치지 않고 미래로 그 발생을 연기할 수 있는 관련원가이다. 예를 들면, 차기로 연기 가능한 수선비가 이에 해당한다.

⑥ **현금지출원가**(outlay costs)　현금지출원가는 특정 의사결정으로 현재나 미래에 현금의 지출을 발생시키는 관련원가이다. 일반적으로 의사결정으로 발생한 대부분의 가치희생은 현금지출을 수반하는 원가이다.

2절 의사결정 방법

의사결정의 본질은 의사결정자가 의사결정목적을 달성하고자 실행 가능한 대안 중에서 최적해를 선택하는 고도의 경영 활동이다. 최적해를 선택하는 방법은 총액접근법과 차액접근법, 공헌이익접근법 등을 이용하여 분석하며, 계산 과정 중에 관련원가, 비관련원가, 기회원가, 매몰원가 등의 개념이 적용된다.

1. 총액접근법과 차액접근법

의사결정 시 실행 가능한 대안을 평가할 때에 고려 대상이 되는 정보를 분석하는 방법으로 총액접근법과 차액접근법이 있다. 총액접근법(total approach)은 각 대안들의 모든 수익과 원가를 총액으로 표시하여 이익 또는 현금흐름이 가장 큰 대안을 선택하는 방법이다. 총액접근법은 각 대안별로 손익계산서를 작성하여 비교 · 선택하므로 각 대안과 관련된 모든 정보가 고려대상이 된다. 총액접근법은 모든 수익과 비용을 고려하므로 관련 정보와 비관련 정보를 구분할 필요가 없고, 세 개 이상의 대안을 동시에 비교할 수 있다는 장점이 있다. 그러나 비관련 정보도 고려하게 되어 의사결정에 직접적인 영향을 미치는 관련 정보의 중요성을 감소시킬 수 있고, 차액접근법에 비하여 계산 절차가 복잡한 단점이 있다.

차액접근법(differential approach)은 증분접근법(incremental approach)이라고도 하며, 실행 가능한 대안 간에 차이가 있는 정보만을 분석하여 최적해를 선택하는 방법이다. 대안 간에 차이가 발생하는 수익은 증분수익, 차이가 발생하는 원가는 증분원가, 차이가 발생하는 이익은 증분이익이라고 한다. 차액접근법은 분석된 관련 정보의 중요성이 인식되며, 계산이 간단하여 단기적 특수의사결정에 유용한 방법이다. 그러나 차액접근법은 비교되는 대안이 세 개 이상인 경우에는 적용하기가 어렵다는 것이 단점이다.

최적해를 선택하기 위한 의사결정에서 총액접근법은 각 손익계산서를 비교하여 이익이 가장 큰 대안을 선택하고, 차액접근법은 증분이익(증분수익 – 증분원가)이 "0"보다 큰 값이면 채택한다.

차액접근법의 의사결정

(계획안 채택)	증분수익[1]		
	매출액 증가분	×××	
	원가 감소분[3]	×××	×××
(계획안 채택)	증분원가[2]		
	원가 증가분[3]	×××	
	매출액 감소분	×××	
	【기회원가】[4]		
	기존 시장 매출 감소로 인한 이익 감소분	×××	
	유휴설비의 대체 이용을 통한 이익 상실분	×××	(×××)
(계획안 채택)	증분이익		×××

【의사결정】

증분이익 ≥ 0 (증분수익 ≥ 증분원가): 계획안 채택

증분이익 < 0 (증분수익 < 증분원가): 계획안 기각

주: 1) 계획안 채택 시 영업이익을 증가시키는 요소

2) 계획안 채택 시 영업이익을 감소시키는 요소

3) 원가 증가분과 원가 감소분은 반드시 변동원가와 고정원가로 나누어 분석

변동원가: 특별한 조건과 관계없이 증가 혹은 감소

고정원가: 특별한 조건에 따라 증가 혹은 감소

4) 계획안을 채택하기 위하여 포기해야 하는(상실되는) 이익

예제

SOLVE PRACTICE PROBLEM

삼성기업은 실행 가능한 대안 A와 B 중 하나를 선택할 것을 검토하고 있다. 대안별로 회사의 연간 매출 및 원가 관련 자료는 다음과 같다.

	대안 A	대안 B
판매수량	50,000개	40,000개
단위당 판매가격	₩20	₩25
단위당 직접재료원가	8	10
단위당 직접노무원가	4	3
단위당 변동제조간접원가	3	5
고정제조간접원가	₩100,000	₩100,000

물음 대안의 관련원가와 비관련원가를 구분하고 최적안을 선택하시오.

해답

- 공헌이익법을 이용하여 총액접근법으로 공헌손익계산서 작성

	대안 A	대안 B	차 이
매출액	₩1,000,000	₩1,000,000	₩0
직접재료원가	400,000	400,000	0
직접노무원가	200,000	120,000	80,000
변동제조간접원가	150,000	200,000	(50,000)
공헌이익	₩250,000	₩280,000	₩30,000
고정제조간접원가	100,000	100,000	0
영업이익	₩150,000	₩180,000	₩30,000

- 삼성기업은 대안 A의 영업이익이 ₩150,000이고, 대안 B의 영업이익은 ₩180,000이므로 대안 B를 선택하는 것이 최적해이다.
- 이 경우 대안 A를 기준으로 관련원가만을 비교(증분접근법)하여 의사결정할 수 있다.
  관련원가는 대안 간에 차이가 발생하는 직접노무원가와 변동제조간접원가이며, 직접재료원가 및 고정제조간접원가는 비관련원가이다.

직접노무원가의 절감	₩80,000
변동제조간접원가의 증가	(50,000)
원가절감액	₩30,000

2. 전부원가접근법과 공헌이익접근법

전부원가접근법과 공헌이익접근법은 제품의 원가계산 방법에 따른 구분이다. 단기적 특수의사결정에서는 주로 조업도의 증감에 따른 원가 · 이익의 변화를 분석하여 최적해를 선택하므로 원가행태에 대한 정보를 제공하는 공헌이익접근법이 전부원가접근법보다 우월한 방법이다.

공헌이익접근법은 원가를 행태별로 분류하여 변동원가와 고정원가로 분리하고, 매출액에서 변동원가를 차감하여 산출한 공헌이익(contribution margin)을 의사결정에 활용하는 방법이다. 공헌이익접근법은 총원가 중에 고정원가의 변동이 없다는 것을 전제로 의사결정에 영향을 받는 증분원가인 변동원가만을 고려함으로써 신속한 의사결정에 기여하게 된다. 그러나 의사결정 변수로 변동원가만을 반영하는 것은 다소 비현실적이고 단기적인 분석이라는 한계점을 갖고 있다.

3절 유형별 단기의사결정

의사결정은 의사결정에 의한 사업 추진기간에 따라 단기의사결정과 장기의사결정으로 구분할 수 있다. 단기적인 특수의사결정과 관련된 사례를 유형별로 구분하면 다음과 같다.

① 특별주문 수락 여부
② 부품의 자가제조 여부
③ 제품 생산라인 폐쇄 여부
④ 기계 설비 대체 여부
⑤ 결합제품의 추가 가공 여부
⑥ 자원이 제약된 경우 이익 최대화(또는 원가 최소화)
⑦ 보조 부문 유지 혹은 외주가공(outsourcing)
⑧ 제품의 가격 결정
⑨ 생산 방법의 선택

1. 특별주문 수락 여부

일반적으로 주문의 형태는 정상주문과 특별주문으로 구분할 수 있다. 정상주문은 정상가격으로 정규적 거래에 의해 이루어지는 것이고, 특별주문은 대부분 비정규적 거래로 소량으로 거래되며 정상가격보다 낮은 가격에 이루어진다. 그러므로 기업의 입장에서 특별주문은 예외적인 주문이고, 주문가격이 통상 정상가격보다 낮으므로 수락 여부를 심층적으로 검토해야만 한다.

일반적으로 의사결정과 관련된 정보는 대안 간에 차이가 있는 수익과 원가인데, 특별주문의 경우에는 특별주문가격이 차액수익이며 특별주문으로 발생하는 변동원가 증가분과 기회원가 등이 차액원가이다. 대부분의 고정원가는 특별주문의 수락 여부와 관계없이 일정하므로 비관련 원가로 의사결정 시에는 제외되어야 한다.

일반적으로 주문의 수락 여부는 기업의 생산능력에 의해 좌우되는데, 특별주문의 수락 여부는 유휴생산능력에 영향을 받게 된다.

(1) 유휴생산능력이 있는 경우

① 특별주문 관련 변동원가만 고려한다.

② 유휴생산능력을 대체적인 용도로 활용할 수 있다면, 기회원가를 추가로 고려해야 한다.

> 정규시장 판매수량 + 특별주문 수량 ≤ 최대 생산능력(특별주문 수량 ≤ 유휴조업도)
>
> ① 특별주문의 증분수익 > 특별주문의 증분 변동원가 ⇒ 특별주문 수락
> ② 유휴설비의 대체적 용도로 사용 가능
> 특별주문의 증분수익 > 특별주문의 증분 변동원가 + 기회원가 ⇒ 특별주문 수락

(2) 유휴생산능력이 없는 경우

① 정규매출을 줄이고 특별주문을 수락하는 경우에는 특별주문 관련 변동원가 이외에 정규매출 감소로 인한 기회원가(공헌이익 상실액)를 고려해야 한다.

② 추가 설비투자를 할 경우에는 특별주문 관련 변동원가 이외에 생산설비 추가에 따른 고정원가를 관련원가로 계상해야 한다.

③ 외주가공을 할 경우에는 외부 구매원가를 감안해야 한다.

특별주문의 수락 여부에 관한 의사결정은 특별주문 거래에 의해 발생하는 수익이 특별주문 관련원가(변동원가, 기회원가, 증분고정원가 등) 보다 크다면 수락하고, 작다면 거절해야 한다.

> 정규시장 판매수량 + 특별주문 수량 > 최대 생산능력(특별주문 수량 > 유휴조업도)
>
> ① 정규시장 판매수량 축소: 기존 시장의 매출감소로 이익 감소 = 기회원가 발생
> 특별주문의 증분 공헌이익 > 정규시장 판매수량 포기로 인한 공헌이익 상실액
> ⇒ 특별주문 수락

② 추가 설비투자: 감가상각비, 임차료 등 증가
특별주문의 증분 공헌이익 > 추가 설비투자의 증분 고정원가 ⇒ 특별주문 수락
③ 외주가공: 외부 구매원가 증가
특별주문의 증분 공헌이익 > 외부 구매원가 ⇒ 특별주문 수락

그리고 특별주문의 수락 시에는 양적인 정보 이외에도 질적인 정보[3)]를 감안해야 한다. 만약 단기적으로 특별주문을 수락하는 것이 유리하더라도 이것이 장기적으로 거래질서나 고객관계를 교란시켜 제품시장 및 가격정책 등에 부정적인 영향을 미친다면 특별주문을 거절해야 할 것이다.

예제

SOLVE PRACTICE PROBLEM

삼성기업은 한 종류의 부품을 생산 및 판매하고 있으며, 현재 연간 80,000개를 생산 · 판매하고 있다. 최대 생산능력은 100,000개이며, 생산 및 원가 관련 자료는 다음과 같다.

	단위원가	총원가
직접재료원가	₩50	₩4,000,000
직접노무원가	30	2,400,000
변동제조간접원가	20	1,600,000
변동판매비와관리비	5	400,000
고정제조간접원가	10	800,000
고정판매비와관리비	5	400,000
합 계	₩120	₩9,600,000

부품의 정상 판매가격은 ₩150인데, 최근 거래처로부터 단위당 ₩110에 20,000단위를 구매하겠다는 특별주문을 받았다. 특별주문으로 고정원가는 변동이 없으며, 변동판매비와관리비는 단위당 ₩3만 발생한다. 그리고 특별주문으로 기존 시장은 교란되지 않는다.

물음 1. 유휴설비의 대체적 용도가 없는 경우, 특별주문의 수락 여부를 결정하시오.
2. 유휴설비를 임대하여 임대료 ₩120,000을 받을 수 있는 경우, 특별주문의 수락 여부를 결정하시오.
3. 삼성기업의 최대 생산능력은 95,000개이며, 특별주문을 수락하는 경우 정규매출이 그만

3) 특별주문 결정 시에 고려해야 할 질적 정보
① 특정 고객에게 할인판매를 함으로써 기존 시장을 교란시키는지 여부
② 특별주문이 기업의 장기적인 가격구조와 미래의 판매수량에 미칠 잠재적인 영향
③ 특별주문의 지속성 여부

큼 감소한다고 가정하고 특별주문의 수락 여부를 결정하시오.

4. [물음 3]의 경우에 외주가공할 경우 외주가공비를 ₩180,000 지급한다고 가정하고, 특별주문의 수락 여부를 결정하시오.
5. [물음 3]의 경우 부족분 5,000단위를 외부에서 단위당 ₩105에 구매한다고 가정하고, 특별주문의 수락 여부를 결정하시오.

해답

1. 정규생산량 80,000단위 + 특별주문량 20,000단위 = 최대생산능력(100,000단위) 범위 이내

- 차액접근법 분석

	20,000단위	단위당 수익(원가)
증분수익	₩2,200,000	₩110
증분원가		
직접재료원가	(1,000,000)	(50)
직접노무원가	(600,000)	(30)
변동제조간접원가	(400,000)	(20)
변동판매비와 관리비	(60,000)	(3)
증분이익	₩140,000	₩7

⇨ 특별주문을 수락하면 증분이익이 ₩140,000 발생하므로 특별주문 수락

- 총액접근법(공헌손익계산서)

공헌손익계산서

	거절	수락	차이	
매출액	₩12,000,000	₩14,200,000	₩2,200,000	(F)
직접재료원가	(4,000,000)	(5,000,000)	(1,000,000)	(U)
직접노무원가	(2,400,000)	(3,000,000)	(600,000)	(U)
변동제조간접원가	(1,600,000)	(2,000,000)	(400,000)	(U)
변동판매비와관리비	(400,000)	(460,000)	(60,000)	(U)
공헌이익	₩3,600,000	₩3,740,000	₩140,000	(F)
고정제조간접원가	(800,000)	(800,000)	-	
고정판매비와 관리비	(400,000)	(400,000)	-	
영업이익	₩2,400,000	₩2,540,000	₩140,000	(F)

2.

특별주문 수락 시의 증분 공헌이익	₩140,000
임대포기로 인한 공헌이익 상실액(기회원가)	(120,000)
증분이익	₩20,000

⇨ 특별주문을 수락하더라도 ₩20,000의 영업이익이 증가하므로 특별주문 수락

특별주문 수익 ₩2,200,000 > 특별주문 시의 변동원가(회피가능원가) ₩2,060,000 + 기회원가 ₩120,000

3. 특별주문 때문에 5,000개의 정규 생산량 감소

특별주문 수락 시의 증분 공헌이익	₩140,000
공헌이익 상실액(₩150 - ₩105) × 5,000단위	(225,000)
증분손실	₩(85,000)

⇨ 특별주문 거절

4. 특별주문 20,000개를 외주가공할 경우

특별주문 수락 시의 증분 공헌이익	₩140,000
외주가공비	(180,000)
증분손실	₩(40,000)

⇨ 특별주문 거절

5. 자가제조 증분 공헌이익(15,000개 × ₩7) ₩105,000

외부구매 증분 공헌이익(5,000단위 × ₩2*)	10,000
증분이익	₩115,000

* ₩110 - (₩105 + ₩3) = ₩2

⇨ 증분이익 ₩115,000이 발생하므로 특별주문 수락

2. 부품의 자가제조 여부

기업이 제품을 생산하는 과정에서 필요로 하는 부품은 일반적으로 외부의 부품 전문 공급업체에서 구매하여 생산공정에 투입한다. 그러나 부품을 자가제조하는 것이 기업에 이익이 되는 경우에 기업은 자가제조를 결정할 수 있다.

부품을 자가제조하는 경우에는 외부 부품공급업체의 영향을 받지 않고 부품의 품질수준과 원가를 통제하면서 제조공정의 흐름을 유지할 수 있다는 장점이 있다. 반면에 자가제조 시에는 기업이 필요로 하는 부품에 대한 기술개발을 독자적으로 수행해야 하고, 부품 재고원가를 스스로 부담해야 하는 단점이 있으므로 심층적으로 검토해서 결정해야 한다.

그리고 부품의 자가제조 또는 외부구매를 결정함에 있어서 원가와 같은 양적인 정보 이외에 질적인 정보[4]도 충분히 검토해야만 한다. 부품의 자가제조 여부를 선택하려면 외부구매원가와

4) 부품의 자가제조 또는 외부구매 여부 결정 시 고려해야 할 질적 정보(요인)

자가제조의 경우	외부구매의 경우
① 기존 공급업체와의 유대관계 ② 과대 투자의 위험성 ③ 종업원 증원으로 인한 추가 노사문제	① 외부 공급처의 안정적인 공급능력과 품질수준 ② 종업원의 감원에 따른 노동조합의 반발가능성 ③ 기존 설비의 대체적 이용가능성 및 보조 부문의 운영 여부

외부구매 시의 회피가능원가 및 기회원가를 비교하여 의사결정을 해야 한다. 외부구매 시의 회피가능원가에는 자가제조 시의 직접재료원가, 직접노무원가, 변동제조간접원가, 회피가능고정원가 등이 계상되며, 기회원가에는 유휴생산능력의 활용에 따른 임대수익 및 타 제품의 공헌이익 등이 고려된다. 그러므로 외부구매원가가 회피가능원가 및 기회원가의 합보다 크다면 자가제조하고, 그 반대의 경우에는 외부에서 구매하면 된다.

회피가능원가(증분원가) + 기회원가 > 외부구매원가
(회피가능원가(증분원가) + 기회원가 = 자가제조원가)
⇒ 외부구매(< 경우 자가제조)

예제
SOLVE PRACTICE PROBLEM

삼성기업은 전자부품을 자가제조하고 있다. 1,000개의 생산과 관련된 원가 자료는 다음과 같다.

	총원가	단위당원가
직접재료원가	₩100,000	₩100
직접노무원가	40,000	40
변동제조간접원가	20,000	20
고정제조간접원가	40,000	40
	₩200,000	₩200

최근 외부 전자부품회사에서 전자부품을 단위당 ₩180에 공급하겠다는 제의를 해왔다. 외부에서 부품을 구매할 경우 고정제조간접원가 중에 감독자 임금 ₩10,000은 회피 가능하다.

물음 1. 부품을 외부에서 구매할 경우 유휴설비의 대체적 용도가 없다고 가정하고, 부품의 자가제조 여부를 결정하시오.
2. 부품을 외부에서 구매할 경우, 유휴설비를 타 제품 생산으로 전용하여 ₩20,000의 공헌이익을 얻을 수 있을 때 부품의 자가제조 여부를 결정하시오.
3. 부품을 외부에서 구매할 경우, 유휴설비를 외부에 임대하여 ₩30,000의 임대료를 얻을 수 있다. 부품의 자가제조 여부를 결정하시오.

해답

1. 증분접근법 분석

외부구매원가(₩180 × 1,000개)	₩180,000
회피가능원가	(170,000)*
차액원가	₩10,000

* 변동제조원가 절감액: ₩160,000 + 회피가능고정제조간접원가 ₩10,000 = ₩170,000

⇨ 부품을 외부에서 구입하는 경우의 원가는 ₩180,000으로 회피가능원가 ₩170,000 대비 ₩10,000이 더 투입되므로 자가제조하는 것이 유리

2. "외부구매원가 ₩180,000 < 회피가능원가 ₩170,000 + 기회원가 ₩20,000"이므로 부품을 외부에서 구입하고 유휴시설을 타제품 생산으로 전용하는 것이 유리

3. "외부구매원가 ₩180,000 < 회피가능원가 ₩170,000 + 기회원가 ₩30,000"이므로 부품을 외부에서 구입하고, 유휴시설을 외부에 임대하는 것이 유리

3. 제품 생산라인 폐쇄 여부

제품의 생산라인은 기업 전체의 수익창출과 직접 연계되므로 수익성이 떨어지는 제품라인의 폐쇄 여부에 대한 의사결정은 신중히 검토[5]하여야 한다. 즉, 특정 제품라인의 수익성이 떨어지더라도 폐쇄하지 않고 유지시키는 것이 기업 전체의 매출액 및 고객관리 등의 측면에서 유리할 수도 있는 것이다.

특정 제품라인의 폐쇄 여부는 생산라인의 폐쇄로 상실되는 공헌이익과 회피 가능한 고정원가를 비교하여 의사결정해야 한다. 회피가능고정원가는 생산라인을 폐쇄함으로써 회피되는 원가(감독자 급료, 광고선전비, 보험료 등)로 대안 간에 차이가 발생하는 관련원가이고, 회피불능고정원가는 생산라인을 폐쇄하더라도 계속 발생하는 감가상각비, 냉난방비 등으로 비관련원가이다.

특정 생산라인의 공헌이익이 회피가능고정원가보다 크다면, 기업 전체의 수익창출에 공헌하는 것이므로 생산라인을 유지해야 하고, 그 반대의 경우에는 폐쇄하는 것이 바람직하다. 만약에 특정 생산라인을 폐쇄하고 다른 생산라인을 확장하거나 임대를 하는 경우에는 이에 따른 기회원가를 고려해야 한다.

5) 제품생산라인의 폐쇄 시에 고려해야 할 질적 정보
① 기존 제품의 생산 중단이 기업의 대외적 이미지에 미치는 영향
② 다른 제품의 판매에 미치는 영향
③ 종업원 감원에 따른 노동조합의 반발 가능성 등

특정 생산라인 폐쇄 시의 공헌이익 상실액 > 회피가능고정원가 + 기회원가
⇒ 계속생산(< 경우 제품라인 폐쇄)

예제

SOLVE PRACTICE PROBLEM

삼성백화점은 식료품부, 일반잡화부, 전자제품부 등 세 개의 매장을 운영하고 있으며 매장별 공헌손익계산서는 다음과 같다.

	식료품부	일반잡화부	전자제품부	합 계
매 출 액	₩50,000	₩40,000	₩80,000	₩170,000
변동원가	30,000	10,000	40,000	80,000
공헌이익	₩20,000	₩30,000	₩40,000	₩90,000
고정원가	22,000	25,000	30,000	77,000
영업이익	₩(2,000)	₩5,000	₩10,000	₩13,000

삼성백화점은 영업손실이 발생한 식료품부의 폐쇄를 신중히 검토하고 있다.

물음

1. 식료품부를 폐쇄하더라도 고정원가 ₩22,000 중 ₩12,000은 계속 발생한다고 가정하고, 식료품부의 폐쇄 여부를 결정하시오.
2. 식료품부를 폐쇄하고 일반잡화부를 확충할 경우에 매출액은 ₩20,000이 증가하며, 회피가능고정원가 ₩3,000이 추가로 발생한다고 가정하고, 식료품부의 폐쇄 여부를 결정하시오.

해답

1. 증분접근법 분석

식료품부의 공헌이익 상실액	₩(20,000)
회피가능고정원가(₩22,000 - ₩12,000)	10,000
영업이익 감소	₩(10,000)

⇨ 식료품부를 폐쇄할 경우 영업이익이 ₩10,000 감소하므로 식료품부 유지

• 총액접근법 분석

	식료품부 유지	식료품부 폐쇄	차 이	
매 출 액	₩170,000	₩120,000	₩50,000	(U)
변동원가	(80,000)	(50,000)	(30,000)	(F)
공헌이익	₩90,000	₩70,000	₩20,000	(U)
고정원가	(77,000)	(67,000)	(10,000)	(F)
영업이익	₩13,000	₩3,000	₩10,000	(U)

2. 증분접근법 분석

일반잡화부 확충 시의 매출 증가액	₩20,000
일반잡화부 공헌이익률	× 0.75
일반잡화부 증분 공헌이익	₩15,000
증분회피가능고정원가	(3,000)
기회원가	₩12,000

⇨ 식료품부의 공헌이익 상실액 ₩20,000 < 회피가능고정원가 ₩10,000 + 기회원가 ₩12,000이므로 식료품부를 폐쇄하고 일반잡화부를 확충하는 안을 채택하는 것이 ₩2,000만큼 백화점에 유리

• 총액접근법 분석

	식료품부 유지	일반잡화부 확충	차 이	
매 출 액	₩170,000	₩140,000	₩30,000	(U)
변동원가	(80,000)	(55,000)	(25,000)	(F)
공헌이익	₩90,000	₩85,000	₩5,000	(U)
고정원가	(77,000)	(70,000)	(7,000)	(F)
영업이익	₩13,000	₩15,000	₩2,000	(F)

4. 기계설비 대체 여부

생산기술의 자동화, 급속한 기술혁신 등으로 기계설비의 물리적 수명이 남아 있음에도 불구하고 경제적으로 설비의 수명이 다하는 경우가 많아지고 있다. 이와 같은 경우 기존 기계설비의 대체 여부를 결정하여야 한다.

기존 기계설비의 대체 의사결정과 관련하여 기존 기계설비의 취득원가와 장부가액은 비관련원가이고, 처분가액은 관련수익이다. 이 경우 장부가액과 처분가액과의 차액인 기계설비처분손익은 현금흐름이 없기 때문에 기계설비 대체 의사결정과 관련성이 없는 항목이다. 다만, 법인세를 고려하는 경우에는 고정자산처분손익에 해당하는 금액 만큼 법인세의 감세(증세)효과가 있어 이를 관련 항목으로 고려하여야 한다.

기계설비 대체 의사결정에 있어서는 신 설비의 취득원가와 기존 기계설비의 처분가액과의 차이인 순현금유출원가와 기계설비 대체로 인한 관련 지출원가(수선유지비, 보험료 등)의 절감액을 비교하여 원가절감액이 크면 대체를 결정하고, 반대의 경우에는 기존 기계설비를 유지하여야 한다.

> 신 · 기존 기계설비 관련 순현금유출액 > 현금지출원가 절감액
> ⇒ 기존 기계설비 유지(< 경우 신 설비로 교체)

예제

SOLVE PRACTICE PROBLEM

삼성기업은 2년 전에 구매했던 기계를 새로운 기계설비로 대체하는 방안을 검토하고 있다. 기계와 관련된 정보는 다음과 같다.

	구 기계	신 기계
취득원가	₩2,000,000	₩3,000,000
장부가액	1,200,000	-
잔존내용연수	3년	3년
현재의 처분가치	1,000,000	-
3년 후의 처분가치	0	0
연간 현금지출원가	800,000	100,000

물음 화폐의 시간적 가치 및 법인세를 고려하지 않고 다음 물음에 답하시오.

1. 기계를 대체하는 경우의 고정자산처분손익을 계산하고, 기계 대체 의사결정과의 관련성을 설명하시오.
2. 기계 대체 여부를 결정하시오.

해답

1\.

구 기계의 장부가액	₩1,200,000
처분가치	(1,000,000)
고정자산처분손실	₩200,000

고정자산처분손실은 과거원가인 장부가액과 현재의 처분가치와의 차액으로 기계 대체 의사결정과 관련성은 없으나, 법인세를 고려할 경우에는 법인세의 감세효과가 있으므로 의사결정 시 이를 관련 항목으로 고려하여야 한다.

2. 현금지출원가 절감액	{(₩800,000 − ₩100,000) × 3년}	₩2,100,000
순현금유출액		
신기계 취득원가	₩(3,000,000)	
구기계 처분가치	1,000,000	₩(2,000,000)
기계 대체로 인한 원가절감액		₩100,000

⇨ 신 기계로 대체하는 것이 유리

• 총액접근법 분석

	구 기계 유지	신 기계 대체	차 이
현금지출원가	₩2,400,000	₩300,000	₩2,100,000
구 기계 처분가치		(1,000,000)	1,000,000
신 기계 감가상각비		3,000,000	(3,000,000)
총원가	₩2,400,000	₩2,300,000	₩100,000

5. 결합제품의 추가 가공 여부

결합제품(joint products, 연산품)은 동일한 원재료를 동일한 공정에 투입하여 동시에 생산되는 두 종류 이상의 제품으로 정유업의 휘발유, 경유, 등유 등과 제재업의 목재, 펄프 등이 해당된다.

결합제품은 일정한 생산단계에 도달할 때까지는 식별할 수 없으나, 분리점(split-off point) 이후에는 개별 제품을 확인할 수 있다. 따라서 분리점에서 결합제품을 판매할 것인가 또는 추가 가공 판매할 것인가의 의사결정을 내려야 한다. 결합제품의 추가 가공 판매 여부는 추가 가공으로 인한 차액수익과 추가 가공원가를 비교하여 차액이익이 발생한다면 추가 가공 후에 판매하는 것이 수익성을 제고하는 것이다.

차액분석에 의한 추가 가공 의사결정

분리점 판매	추가 가공 후 판매	차 이
판매가치	판매가치	차액수익
-	추가 가공원가	차액원가
판매이익	추가 가공 후 판매이익	차액이익

추가 가공 의사결정과 관련하여 유의하여야 할 것은 결합제품의 분리점 이전에 발생한 결합원가(joint costs)는 분리점에서 각 제품에 배분되나, 추가 가공 판매 여부의 의사결정 시에는 고려할 필요가 없는 비관련원가이다. 왜냐하면 결합원가는 분리점 이전의 결합공정에서 이미 발생한 과

거원가이고, 추가 가공 판매 혹은 즉시 판매의 의사결정 대안 간에 차이가 발생하지 않는 원가이기 때문이다.

예제

SOLVE PRACTICE PROBLEM

삼성기업은 제품 A 및 B를 생산하고 있다. 5월중에 직접재료원가와 가공원가는 총 ₩400,000(결합원가)이었다.

제 품	생산량	단위당 판매가격
A	300개	₩800
B	200	1,200
합계	500개	

제품 A는 분리점에서 판매되나, 제품 B는 추가 가공을 거친 후 C라는 제품으로 전환되어 판매된다. 제품 B의 분리원가는 ₩100,000이며, 제품 C의 판매단가는 ₩2,000이다.

물음 1. 순실현가치법에 의하여 결합원가를 배분하고, 각 제품의 단위당 제조원가를 계산하시오.
2. 순실현가치법에 의하여 결합원가를 배분할 경우, 제품 B의 추가 가공 여부를 결정하시오.

해답

1.

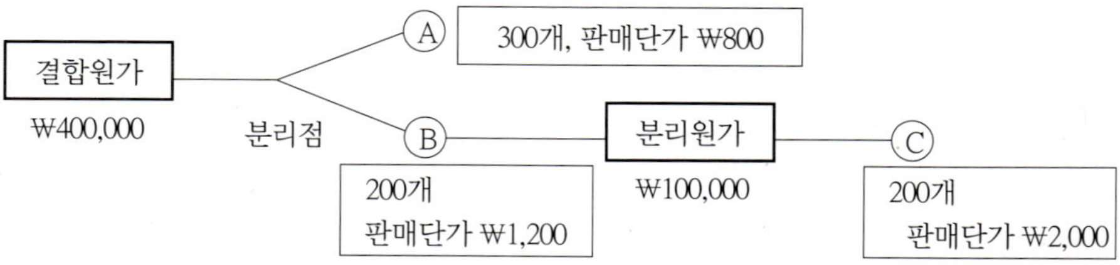

제 품	최종판매가치	분리원가	순실현가치	배분율	결합원가 배분액
A	₩240,000	-	₩240,000	44.4%	₩177,600
B	400,000	(₩100,000)	300,000	55.6	222,400
합계	₩640,000	₩100,000	₩540,000	100%	₩400,000

제 품	생산량	결합원가 배분액	분리원가	총제조원가	단위당 제조원가
A	300개	₩177,600	-	₩177,600	@ ₩592
C	200	222,400	₩100,000	322,400	1,612
합계	500개	₩400,000	₩100,000	₩500,000	

2.	총수익	추가 가공원가	순이익(차액수익)
추가 가공 후의 판매(C)	₩400,000	₩100,000	₩300,000
분리점에서의 판매(B)	(240,000)	-	(240,000)
차 이	₩160,000	₩100,000	₩60,000

⇨ 제품 B를 추가 가공하여 제품 C로 판매하는 것이 ₩60,000만큼 유리

6. 자원이 제약된 경우

일반적으로 경영자의 주된 관심은 의사결정목표를 달성하기 위하여 기업이 보유하고 있는 자원을 효율적으로 결합하여 이익을 극대화하는 것이다. 기업의 인적 · 물적자원에는 여러 가지의 제약이 상존하는 것이 현실이다. 제약 요인은 제품의 생산 및 판매 활동을 제한하는 것으로 기계시간, 노동시간, 작업인원 수, 매장의 면적 등 다양하다. 따라서 경영자는 제약된 자원 하에서 이익을 극대화할 수 있는 방안을 모색해야만 한다. 제약자원이 있는 경우에도 의사결정으로 인해 변동원가는 직접적으로 영향을 받지만, 고정원가는 일정하므로 공헌이익 개념을 이용할 수 있다. 제약자원의 유무에 따른 이익극대화(혹은 원가최소화)의 유형에는 다음의 세 가지 방법이 있다.

(1) 제약 요인이 없는 경우

단위당 공헌이익이 가장 큰 제품만을 선택한다.

(2) 제약 요인이 하나인 경우

① 제품을 생산하는 경우

제약 요인 단위당 공헌이익이 큰 제품부터 이용 가능한 제약 요인을 투입하는 것이 유리하다.

$$\text{제약 요인 단위당 공헌이익} = \frac{\text{제품단위당 공헌이익}}{\text{제품 한 단위 생산에 필요한 제약 요인 수량}}$$

② 자가제조와 외부 구입이 가능한 경우

㉠ 외부 구매 대비, 자가제조할 경우 단위당 원가절감액 계산

㉡ 제약 요인 단위당 원가절감액 계산 $= \dfrac{\text{㉠의 단위당 원가절감액}}{\text{한 단위 생산에 필요한 제약 요인 수량}}$

㉢ 위 "㉡"의 '제약 요인 단위당 원가절감액'이 큰 부품(제품)부터 자가제조하는 것이 유리

(3) 제약 요인이 여러 개인 경우에는 선형계획법으로 결정

① 선형계획법의 적용단계

[1단계]: 기업의 목적(이익최대화, 원가최소화)을 결정하고, 이에 대한 목적함수식 결정

[2단계]: 기업이 당면한 제약 요인과 관련된 제약조건식 결정

[3단계]: 그래프에 실행 가능한 영역 표시

[4단계]: 실행 가능한 영역에서 목적함수를 최대화 또는 최소화할 수 있는 제품배합(최적해) 결정

② 최적해를 계산하는 방법

㉠ 꼭지점 좌표를 이용하는 방법(최적해는 실행 가능영역의 꼭지점에 존재)

㉡ 제약조건식의 기울기와 목적함수식의 기울기를 이용하는 방법

예제

SOLVE PRACTICE PROBLEM

삼성기업은 두 가지 제품 X와 Y를 생산, 판매하고 있다. 제품의 수익 및 원가 자료는 다음과 같다.

	제품 X	제품 Y
판매단가	₩100	₩80
단위당 변동원가	40	40
단위당 공헌이익	₩60	₩40

두 제품을 생산하기 위하여 기계를 공동으로 사용하고 있다.

물음

1. 이익을 극대화하기 위해서는 어느 제품을 생산 · 판매해야 하는지 계산하시오.
2. 기계의 최대 가동시간(제약자원)은 4,000시간이다. 제품 X는 1개를 생산하는데 2시간의 기계시간이 소요되며, 제품 Y는 1개를 생산하는 데 1시간의 기계시간이 소요된다. 기업이 이익을 극대화하기 위해서 어느 제품을 얼마나 생산 · 판매하여야 하는지 계산하시오.
3. [물음 2]에 대한 선형모형과 그래프에 의한 최적해를 계산하시오.
4. [물음 2]에 추가하여 제품 X와 Y를 각각 1개를 생산하는데 1시간의 노동시간이 필요하며, 이용 가능 총노동시간은 3,000시간이다. 기업이 이익을 극대화하기 위해서는 어느 제품을 얼마나 생산 · 판매해야 하는지를 결정하시오.

해답

1. 제약자원 조건이 없으므로 제품단위당 공헌이익이 큰 제품 X만을 생산 · 판매

2.

	제품 X	제품 Y
단위당 공헌이익	₩60	₩40
기계소요시간	÷ 2시간	÷ 1시간
기계시간당 공헌이익	₩30	₩40
최대가동기계시간	× 4,000시간	× 4,000시간
총공헌이익	₩120,000	₩160,000

⇨ 기계 최대 가동시간(제약자원)을 고려하여 제품 Y 4,000개(4,000시간 ÷ 1시간)를 생산 · 판매하면 이익극대화

3. 선형모형　　목적함수 이익극대화(MAX)　　$60X + 40Y$

제약조건　　$2X + Y \leq 4,000$

$X, Y \geq 0$

⇨ 최적해는 (0, 4,000)이므로 제품 Y만을 4,000단위 생산 · 판매

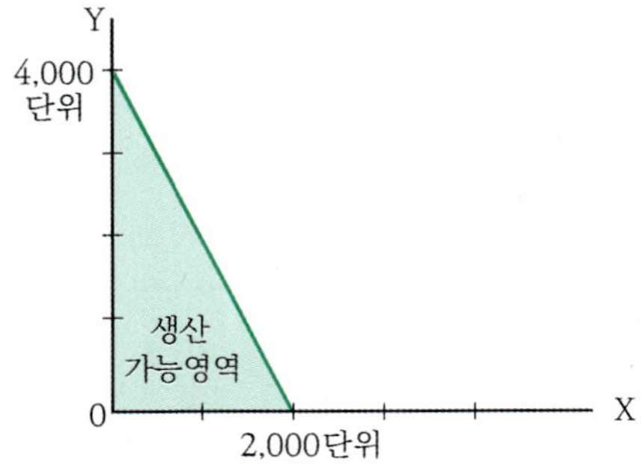

4. 선형모형　　목적함수 이익극대화(MAX)　　$60X + 40Y$

제약조건　　$2X + Y \leq 4,000$

$X + Y \leq 3,000$

$X, Y \geq 0$

⇨ 기계 최대 가동시간과 노동시간(2개의 제약자원)을 고려하여 최적해를 계산하면, 제품 X는 1,000단위, 제품 Y는 2,000단위를 생산 · 판매하면 이익극대화

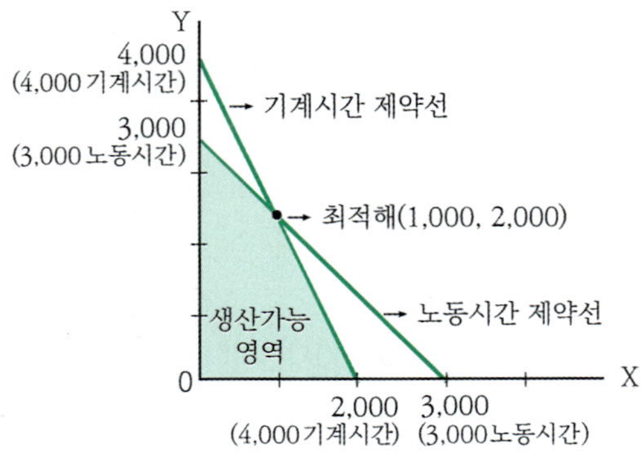

연습문제

REVIEW EXERCISES

주관식

01 의사결정분석에서 관련원가의 기능을 논술하시오.

02 의사결정 방법에서 총액접근법과 증분접근법을 비교하여 설명하시오.

03 의사결정에 이용되는 원가를 구분하여 설명하시오.

04 특별주문 수락 여부를 의사결정 할 때에 유휴생산능력에 따라 고려해야 할 요소들과 이들이 의사결정에 미치는 영향에 대하여 논술하시오.

05 제품 및 판매 라인에 대한 폐쇄를 검토할 경우, 기업 전체의 공헌이익 측면에서 의사결정할 때에 고려해야 할 사항을 논술하시오.

06 기계설비를 대체할 경우에 고려해야 할 관련수익 및 관련원가를 기술하시오.

07 제약조건이 있는 경우에 최적해를 도출하는 의사결정 방법에 대하여 논술하시오.

08 다음의 개념을 설명하시오.

① 장기의사결정

② 기회원가

③ 부가원가

④ 회피가능원가

⑤ 공헌이익접근법

⑥ 결합제품

⑦ 선형계획법

09 특별주문의 수락 여부

무심회사는 기계부품을 생산 · 판매하고 있다. 이 회사는 내년도에 1,000단위를 판매할 계획인데 예산포괄손익계산서는 다음과 같다.

	예산포괄손익계산서
매 출 액	₩5,000,000
제 조 원 가	3,000,000
매 출 총 이 익	₩2,000,000
판 매 비	600,000
영 업 이 익	₩1,400,000

예산포괄손익계산서의 제조원가와 판매비에는 고정제조간접원가 ₩800,000과 고정판매비 ₩200,000이 포함되어 있다. 예산이 편성된 이후 외부 업체로부터 기계부품을 ₩3,500에 300단위를 구매하겠다는 특별주문을 받았다. 본 틀별주문은 판매비가 추가로 발생하지 않으며, 회사의 최대 생산능력은 1,500단위이다.

물음 (1) 유휴설비의 대체적 용도가 없다고 가정하고, 특별주문의 수락 여부를 결정하시오.

(2) 특별주문 수락으로 기존 유휴설비의 임대료 수입(₩500,000)을 포기해야 할 경우, 특별주문의 수락 여부를 결정하시오.

10 자가제조 또는 외부 구매

A사의 사장은 반제품을 생산하는 기계가 노후되어 새로운 기계를 도입하여 반제품을 계속 생산할 것인지 또는 외부 업자로부터 동일한 반제품을 구입할 것인가로 고민하고 있다. 다음은 그 대체안이다.

대체안 1: 신기계를 구입하여 반제품을 계속 생산하는 방안으로 반제품을 생산하기 위한 신기계는 ₩35,000,000에 구입할 수 있으며, 이 기계의 내용연수는 5년(감가상각은 정액법 사용)이고 잔존가액은 ₩5,000,000이다.

대체안 2: 반제품을 외부에 주문하는 방안으로 반제품은 5년 계약으로 단위당 ₩800에 외부로부터 구입할 수 있다.

현재 A사의 연간 반제품 생산수준인 40,000단위에 기초한 단위당 제조원가는 다음과 같다.

직접재료원가	₩275
직접노무원가	400
변동제조간접원가	60
고정제조간접원가	
감독자 급료	75
감가상각비	90

신기계의 연간 반제품 생산능력은 60,000단위이며, 신기계를 사용할 경우 직접노무원가와 변동제조간접원가는 25%씩 절감되고 감독자 급료(연간 ₩3,000,000)와 직접재료원가는 변동이 없다.

물음 연간 반제품 필요량이 각각 50,000단위, 60,000단위일 경우에 어느 안을 선택하는 것이 회사에 유리한지 결정하시오.

11 제품라인의 폐쇄 여부

서원회사는 제품 A, B, C를 생산 · 판매하고 있는데 최근 제품 A의 수익성이 급속히 악화되어 폐쇄를 검토하고 있다. 제품 A의 생산이 폐쇄될 경우 총고정원가의 40%는 회피할 수 있다. 제품 A, B, C의 공헌손익계산서는 다음과 같다.

	제품 A	제품 B	제품 C	합 계
매 출 액	₩100,000	₩200,000	₩250,000	₩550,000
변동원가	60,000	100,000	100,000	260,000
공헌이익	₩40,000	₩100,000	₩150,000	₩290,000
고정원가	60,000	80,000	100,000	240,000
영업이익	₩(20,000)	₩20,000	₩50,000	₩50,000

물음 (1) 제품 A의 폐쇄 여부를 결정하시오.

(2) 제품 A를 폐쇄하고 제품 C를 추가 생산하는 경우, 제품 C의 매출액은 ₩300,000이 되고 회피가능고정원가 ₩10,000이 추가로 발생한다. 제품 A의 폐쇄 여부를 결정하시오.

12 기계설비의 대체 여부

상당회사는 2년 전에 기계설비를 ₩140,000에 취득하였으며, 감가상각비를 제외한 연간 운영비는 ₩50,000이다. 이 기계설비의 잔존내용연수는 5년이며 잔존가치는 없다. 최근에 성능이 우수한 기계설비를 ₩200,000에 구입하라는 제안을 받았다. 신 기계설비의 내용연수는 5년이며 잔존가치는 없고, 감가상각비를 제외한 연간 운영비는 ₩10,000이다. 구 기계설비의 처분가치는 ₩120,000이고, 두 기계설비의 감가상각은 정액법에 의한다.

물음 위의 자료에 의해 기계설비 대체 여부를 결정하시오.

13 연산품의 판매-추가가공 의사결정

강원회사는 제품 A와 B를 생산하고 있다. 제품 A와 B는 분리점에서 판매하거나 추가가공한 후 판매할 수 있다. 제품 A는 추가가공 후 제품 X, Y로 분리되며, 제품 B는 추가가공 후 제품 갑, 을로 분리된다. 제품 A와 B의 생산량은 3,000개, 4,000개이고, 분리점에서의 판매단가는 각각 @₩100, @₩250이다. 제품 A와 B의 결합원가는 각각 ₩500,000, ₩600,000이다.

	제품 X	제품 Y	제품 갑	제품 을
생산량	2,000개	1,000개	2,000개	2,000개
단위당 추가가공원가	₩20	₩10	₩30	₩40
추가가공 후 판매가격	140	110	220	250

물음 (1) 제품 A의 추가가공 여부를 결정하시오.

(2) 제품 B의 추가가공 여부를 결정하시오.

14 결합제품의 추가가공 판매 여부

A사는 A, B, C, D 4종류의 제품을 결합제조공정을 통하여 생산하고 있다. 지난해에 4개의 제품 모두를 추가가공하였고, 결합공정의 원가는 ₩65,000이었다.

제품	분리점에서의 매출액	추가가공원가	추가가공 후 매출액
A	₩100,000	₩126,000	₩225,000
B	45,000	105,000	165,000
C	13,000	52,000	68,000
D	-	18,000	15,000

물음 위의 자료로 분리점에서 판매해야 할 제품을 선택하시오.

15 자원의 제약이 있는 경우

▸ 공인회계사

	절단공정	가공공정
월 생산능력	10,000개	15,000개
월 완 성 량	9,500개	8,550개
변 동 원 가	@550	@120
고 정 원 가	₩3,000,000	₩475,000

절단공정과 가공공정을 거쳐 완성품이 되며, 위의 공정을 거친 제품은 수요량이 크고 @1,300에 팔린다. 절단공정에서는 작업폐물이 500개(5%)가 나오고 가공공정에서는 950개(10%)의 작업폐물이

나온다.

물음 (1) 각 공정에서의 작업폐물의 단위당원가를 각각 계산하시오.

(2) 절단공정의 작업폐물 1단위가 합격품으로 바뀐다면 이 회사의 늘어나는 이익은 얼마인가?

(3) 절단공정의 작업폐물이 나오는 비율을 5%에서 3%로 개선할 수 있는 방안이 있다. 이를 수행하면 ₩220,000이 소요된다. 이 방안을 수행하겠는가?

(4) 외부에서 5,000개를 @1,000에 가공공정에 공급하겠다고 한다. 이는 절단공정에서 만든 품질과 차이가 없다고 가정한다. 이 방안을 수락하겠는가?

객관식

01 다음은 기업의 의사결정을 분류한 것이다. 틀린 것은? ▸ 경영지도사

① 단기의사결정 - 판매계획 수립
② 특수의사결정 - 관련원가분석
③ 단기의사결정 - 원가 - 조업도 - 이익(CVP)분석
④ 장기의사결정 - 자본예산
⑤ 장기의사결정 - 종합예산편성

02 제약이론(theory of constraints)에 대한 다음의 설명 중 가장 타당하지 않은 것은? ▸ 공인회계사

① 제약이론에서는 기업의 생산 활동과 관련된 내부적 제약 요인을 집중적으로 관리하고 개선하여 생산 활동을 최적화하고자 한다.
② 제약이론의 생산최적화 과정은 제약 요인을 찾아 개선한 후에 또 다른 제약 요인을 찾아 지속적으로 개선하는 과정을 밟는다.
③ 제약이론을 원가관리에 적용한 재료처리량공헌이익(throughput contribution)은 매출액에서 직접재료비와 직접노무비를 차감하여 계산한다.
④ 제약이론은 재료처리량공헌이익을 증가시키고, 투자 및 운영원가를 감소시키는 것을 목적으로 한다.
⑤ 제약이론에서는 운영원가를 단기적으로 변화시킬 수 없는 고정비로 본다.

03 증분수익과 증분원가를 이용한 의사결정에 관한 설명 중 틀린 것은? ▸ 세무사

① 제품의 추가적 생산 · 판매로 인하여 발생하는 증분수익과 증분원가에 기초하여 의사결정문제를 분석한다.

② 엄격한 한계 개념을 이용한 분석 방법이라는 점에서 경제학적 접근 방법과 동일하다.

③ 증분수익과 증분원가에 의한 분석 방법은 기업이 새로운 분야에 진출할 것인가의 여부를 결정하고자 할 때 매우 유용하다.

④ 증분수익이 증분원가를 초과하면 기업의 부(wealth)는 증가한다.

⑤ 증분원가에 투자자본의 기회원가, 즉 자본비용도 포함시켜 분석을 해야 정확한 의사결정을 내릴 수 있다.

04 단기적 의사결정에서는 그 대안의 선택으로 인한 증분효익과 증분비용을 비교하여 증분효익이 더 큰 경우 해당 대안을 선택한다. 부품을 자가제조하고 있는 어떤 기업이 외부에서 부품을 구매하는 대안을 고려하고 있다고 가정할 경우 부적절한 의사결정은? 단, 고정비는 당해 부품생산설비의 감가상각비만 존재한다고 가정한다. ▸ 세무사

① 금액적인 증분효익과 증분비용 이외에도 외부공급처의 지속적 확보 여부, 품질의 동질성 등 질적 요인을 고려할 수 있는 경우에는 이들 또한 증분효익의 계산에 포함시켜야 한다.

② 유휴설비를 1년간 임대 해주고 임대료를 받을 수 있는 경우에는 변동제조간접비 절감액과 임대료수입액의 합계에서 외부부품구매대금을 차감한 금액이 0보다 큰 경우 외부구매대안을 선택한다.

③ 유휴설비의 다른 용도가 없는 경우에는 변동제조간접비절감액에서 외부부품구매대금을 차감한 금액이 0보다 큰 경우 외부구매대안을 선택한다.

④ 유휴설비를 처분할 수 있는 경우에는 변동제조간접비절감액과 유휴설비처분액의 합계액에서 외부부품구매대금을 차감한 금액이 0보다 큰 경우 외부구매대안을 선택한다.

⑤ 유휴설비를 다른 제품의 생산에 이용할 수 있는 경우에는 변동제조간접비절감액과 다른 제품의 공헌이익의 합계액에서 외부부품구매대금을 차감한 금액이 0보다 큰 경우 외부구매대안을 선택한다.

※ 다음 자료는 아래 2개 문제에 관한 자료이다. ▸ 공인회계사

(주)아리수는 휴대폰에 장착되는 전지를 생산한다. 회사는 현재 생산시설용량(월 8,000 직접노무시간)의 75%를 가동하고 있다. 최근 회사는 (주)한국전자로부터 개당 ₩700에 5,000개의 전지를 1개월 안에 납품해 달라는 특별주문을 받았다. 전지의 개당 제조원가는 다음과 같다.

직접재료원가	₩200
직접노무원가(개당 0.5 직접노무시간)	300
제조간접원가	200
개당 제조원가	₩700

(주)아리수의 직접재료원가와 직접노무원가는 변동원가이다. 제조간접원가 중 변동제조간접원가는 직접노무시간당 ₩240이다. (주)아리수는 향후 수개월 동안 월 6,000 직접노무시간(8,000 직접노무시간×75%)의 조업도를 유지하기에 충분한 경상주문을 받아 놓고 있다. 경상주문품의 판매가격은 개당 ₩1,000이다.

05 (주)아리수가 5,000개의 특별주문을 수락할 경우, 일부 경상주문의 포기로 인한 기회비용(opportunity cost)은 얼마인가?

① ₩500,000 ② ₩380,000 ③ ₩300,000 ④ ₩190,000 ⑤ ₩150,000

06 (주)아리수가 5,000개의 특별주문을 수락할 경우 증분손익은 얼마인가?

① 증분손실 ₩300,000 ② 증분손실 ₩150,000 ③ 증분이익 ₩0
④ 증분이익 ₩210,000 ⑤ 증분이익 ₩20,000

07 ㈜성도는 연간 최대 생산량이 10,000단위인 생산설비를 보유하고 있으며, 당기에 제품 단위당 ₩500의 판매가격에 8,000단위의 제품을 판매할 수 있을 것으로 예상하고 있다. 현재의 생산설비에 의한 ㈜성도의 제품 단위당 변동제조원가는 ₩300이다. ㈜성도가 당기에 예상판매량을 1,000단위 줄이고 제품 3,000단위를 판매할 수 있는 특별주문을 고려한다면, 이러한 특별주문 제품의 단위당 최저 판매가격은 얼마인가? 단, ㈜성도가 판매하는 모든 제품의 변동판매관리비는 단위당 ₩80이다. ▸ 공인회계사

① ₩500 ② ₩420 ③ ₩400 ④ ₩380 ⑤ ₩300

08 ㈜갑은 제품 A와 제품 B를 생산 · 판매하고 있으며, 20×1년 제품별 손익계산서는 다음과 같다.

	제품 A	제품 B	합계
매출액	₩100,000	₩50,000	₩150,000
매출원가			
직접재료원가	25,000	15,000	40,000
직접노무원가	20,000	13,000	33,000
제조간접원가	11,000	10,000	21,000
합계	56,000	38,000	94,000
매출총이익	₩44,000	₩12,000	₩56,000
판매관리비	30,000	15,000	45,000
영업이익	₩14,000	(₩3,000)	₩11,000

(주)갑의 20×1년 제조간접원가 ₩21,000 중 ₩9,000은 작업준비원가이며, 나머지 ₩12,000은 공장설비의 감가상각비이다. 작업준비원가는 배치생산횟수에 비례하여 발생하며, 공장설비의 감가상각비는 회피불가능한 원가로서 매출액을 기준으로 각 제품에 배부된다. 각 제품의 판매관리비 중 40%는 변동원가이고 나머지는 회피불가능한 고정원가이다. 만약 제품 B의 생산라인을 폐지하면, 제품 A의 판매량은 30% 증가하게 되며 제품 A의 배치생산횟수는 20% 증가할 것으로 기대된다. 20×2년에도 제품별 수익 및 비용구조는 전년도와 동일하게 유지될 것으로 예상된다.

㈜갑이 20×2년 초에 제품 B의 생산라인을 폐지할 경우 연간 증분이익은 얼마인가?

① ₩2,000 ② ₩2,300 ③ ₩2,900 ④ ₩3,200 ⑤ ₩3,600

09 (주)한강은 부품 A를 자가제조하고 있다. 연간 5,000단위의 부품 A를 자가제조 시 단위당 제조원가는 다음과 같다.

직접재료원가	₩120
직접노무원가	150
변동제조간접원가	80
고정제조간접원가	250
합 계	₩600

(주)금강은 (주)한강에게 부품 A를 단위당 ₩550에 연간 5,000단위를 납품하겠다고 제의하였다. (주)한강이 이를 수락할 경우 유휴시설을 임대하여 연간 ₩600,000의 임대수익을 얻을 수 있으며, 부품 A에 배부된 고정제조간접원가는 단위당 ₩100만큼 회피 가능하다. 다음 중 옳은 것은?

① 외부구매 시 연간 ₩100,000만큼 이익 증가

② 외부구매 시 연간 ₩125,000만큼 이익 증가

③ 자가제조 시 연간 ₩75,000만큼 이익 증가

④ 자가제조 시 연간 ₩100,000만큼 이익 증가

⑤ 자가제조 시 연간 ₩125,000만큼 이익 증가

[해설] 특수의사결정: 자가제조 또는 외부구매

(1) 외부구매비용: ₩550 × 5,000단위 = ₩2,750,000

(2) 자가제조 시 관련원가

• 회피가능원가

변동원가 절감액: (₩120 +₩150 +₩80) × 5,000단위 = ₩1,750,000

고정원가 절감액: ₩100 × 5,000단위 = ₩500,000

• 기회원가

임대수익: ₩600,000

자가제조 시 관련원가 합계: ₩2,850,000

∴ 외부구매하는 것이 ₩100,000 유리

※ 다음 2개 문제에 관한 자료이다. ▸ 공인회계사

(주)스피드는 사무용 복합기 A모델과 B모델을 생산하여 판매하고 있으며, 두 모델의 단위당 자료는 다음과 같다.

	A모델	B모델
직접재료원가	₩240,000	₩320,000
직접노무원가	100,000	160,000
변동제조간접원가	40,000	80,000
(기계시간당 ₩10,000)		
고정제조간접원가	40,000	40,000
단위당 제조원가	₩420,000	₩600,000
판매가격	₩520,000	₩800,000

(주)스피드의 최대 조업도는 월 6,000 기계시간이며, 현재 시장의 월간 수요량은 A모델 800개, B모델 500개이다.

10 이상의 자료에 근거할 때 ㈜스피드가 영업이익을 극대화할 수 있는 제품배합은 무엇인가?

	A모델	B모델		A모델	B모델
①	800개	350개	②	0개	750개
③	400개	550개	④	1,000개	250개
⑤	500개	500개			

11 새로운 거래처로부터 A모델 200개를 단위당 ₩480,000에 구매하겠다는 일회성 특별주문(special order)을 받았다. ㈜스피드가 극대화된 영업이익수준을 유지하면서 특별주문을 수락할 수 있는 최

저 판매가격은 얼마인가? (단, 특별주문과 관련하여 생산설비의 증설은 없다.)

① ₩480,000 ② ₩420,000 ③ ₩380,000 ④ ₩500,000 ⑤ ₩600,000

12 (주)제아는 청소기와 공기청정기를 생산하고 있다. 제품생산과 관련된 정보는 다음과 같다.

▶ 공인회계사

구 분	청소기	공기청정기
최대 판매가능수량	6,000개	9,000개
단위당 공헌이익	₩50	₩60
단위당 소요기계시간	2시간	3시간

생산에 투입 가능한 최대 기계시간이 33,000시간이라고 할 때, 추가적인 설비투자 없이 최적생산량을 생산한다면 ㈜제아가 달성할 수 있는 최대 공헌이익은 얼마인가?

① ₩369,600 ② ₩690,000 ③ ₩720,000 ④ ₩780,000 ⑤ ₩840,000

13 ㈜한국완구는 매년 완구생산에 필요한 부품인 모터 3,000개 중 일부를 자체 생산하고, 나머지 부족한 부분은 외주로 충당하고 있다. 자체 생산은 모터부서에서 담당하며 연간 총 2,000개의 모터를 생산한다. 모터 1개당 변동제조원가는 ₩55이며, 모터부서의 총고정원가는 연간 ₩150,000이다. 자체생산 시 발생하는 모터부서의 총고정원가 중 80%만이 모터부서 폐지 시 회피 가능한 원가이다. 외주로 조달하는 모터는 연간 총 1,000개이다.

당기 초 외주업체는 전격적으로 모터의 판매가격을 모터 1개당 ₩120에서 ₩100으로 인하하였다. 이에 따라 ㈜한국완구는 기업 내 모터부서를 폐지하고, 모터 3,000개를 전량 외주업체에서 구매할 것을 검토하기 시작하였다. 이에 모터부서는 부서 폐지를 막기 위한 자구방안으로 단위당 변동제조원가 ₩10과 회피 가능 고정원가 ₩10,000을 동시에 절감하였다.

만약 ㈜한국완구가 외주 업체로부터 모터 3,000개 전량을 구입할 경우 ㈜한국완구의 순이익에 미치는 영향은 얼마인가? 단, 모터부서의 최대 생산능력은 자구방안과 관계없이 항상 2,000개이다.

▶ 공인회계사

① ₩0 ② ₩10,000 증가 ③ ₩30,000 증가
④ ₩40,000 증가 ⑤ ₩40,000 감소

14 대한회사는 세 가지 제품 X, Y, Z를 생산 · 판매하고 있다. 매월 이용 가능한 기계시간은 총 20,000시간으로 제한되어 있다. 대한회사의 2007년 4월 중 예상되는 각 제품의 단위당 판매가격, 단위당 변동원가, 단위당 소요되는 기계시간 및 최대 시장수요량은 다음과 같다 ▶ 세무사

	X	Y	Z
단위당 판매가격	₩20	₩30	₩40
단위단 변동원가	₩14	₩18	₩32
단위당 기계시간	3시간	4시간	2시간
최대 시장수요량	7,000단위	5,400단위	4,000단위

대한회사가 2007년 4월에 예상할 수 있는 최대 공헌이익은 얼마인가?

① ₩60,000 ② ₩64,600 ③ ₩67,000 ④ ₩68,000 ⑤ ₩69,500

※ 다음 자료를 이용하여 서로 독립된 아래 2개 문제에 답하시오 ▸ 공인회계사

㈜도원은 정밀기계를 위한 특수필터와 가정의 전자제품용 일반필터를 생산하여 판매하고 있다. 20×8년도 ㈜도원의 제품 생산량과 단위당 자료는 다음과 같다.

구 분	특수필터	일반필터
생산량	2,000개	6,000개
판매가격	₩500	₩300
직접재료비	150	100
직접노무비	60	80
변동제조간접비	90	60
변동판매관리비	50	30

㈜도원의 연간 최대조업도는 21,000 기계시간이며, 20×8년도 변동제조간접비는 기계시간당 ₩30이었다. ㈜도원의 매년 생산량과 판매량은 동일한 것으로 가정한다.

15 ㈜도원은 특수필터 제품에 대한 판매 활동을 강화하여 특수필터와 일반필터의 매출배합을 2 : 3으로 변경하는 것을 고려하고 있다. 매출배합의 변경은 오직 특수필터 제품의 변동판매관리비에만 영향을 준다. 특수필터와 일반필터의 전체 판매량을 8,000단위로 하고 매출배합을 변경할 경우에 두 제품의 판매로 인한 총공헌이익이 매출배합 변경 전과 동일하다면, 특수필터 제품의 단위당 변동판매관리비는 얼마인가?

① ₩50 ② ₩65 ③ ₩75 ④ ₩85 ⑤ ₩95

16 ㈜갑은 종합원가계산과 결합원가계산을 혼합하여 사용한다. 결합공정을 완료하면 연산품 A와 연산품 B가 분리된다. 결합공정에서 발생한 직접재료원가는 ₩8,000이고 가공원가는 ₩2,220이다. 직접재료원가는 결합공정의 초기에 투입된다. 결합공정에서 기초재공품은 없고, 기말재공품은 100톤이며 가공원가 완성도는 40%이다. 공손과 감손은 없다.
연산품 A와 연산품 B의 관련 자료는 아래와 같다.

	연산품 A	연산품 B
결합공정 완성량	300톤	400톤
톤당 예상판매가격	₩100	₩50
톤당 추가 가공원가	₩60	₩0

순실현가치법 결합원가배분에 의한 연산품 A의 예상 톤당 영업이익은 얼마인가? ▸ 공인회계사

① ₩23.755 ② ₩25.325 ③ ₩28.625 ④ ₩31.495 ⑤ ₩34.235

17 ㈜한국은 일반형과 고급형으로 분류되는 두 종류의 정수기를 생산 · 판매하고 있다. 일반형과 고급형 정수기 한 단위를 생산하는 데 소요되는 기계시간은 각각 1시간과 2시간이다. 이 회사가 매월 사용 가능한 최대 기계시간은 총 6,000시간이다. ㈜한국이 20×4년 3월에 대해 예측한 일반형과 고급형 정수기의 판매가격, 원가 및 시장수요량에 관한 자료는 다음과 같다.

항 목	일반형	고급형
단위당 판매가격	₩42	₩64
단위당 변동원가	₩26	₩40
단위당 고정원가	₩6	₩6
단위당 총원가	₩32	₩46
시장수요량	2,500단위	1,500단위

㈜한국은 20×4년 3월의 판매예측에 포함하지 않았던 한 고객으로부터 고급형 정수기 500단위를 단위당 ₩74의 가격에 20×4년 3월중에 구입하고자 하는 특별주문을 받았다. ㈜한국이 이 고객의 특별주문을 수락할 경우 해당 제품의 단위당 변동원가에 미치는 영향은 없다. ㈜한국이 이 고객의 특별주문을 수락할 경우, 20×4년 3월 영업이익은 얼마만큼 증가하게 될 것인가? ▸ 공인회계사

① ₩6,000 ② ₩ 9,000 ③ ₩11,000 ④ ₩14,000 ⑤ ₩17,000

18 대한직업소개소는 현재 연간 6,000건의 직업을 소개해 주고 있다. 1건의 직업소개에 소요되는 변동비는 ₩2,000이고 연간 총고정비는 ₩3,000,000으로 추정된다. 그런데 국제직업소개소에서 연간 6,000건 전부에 대한 직업소개를 대행해 주겠다고 제의를 해왔다. 이와 같이 국제직업소개소의 제의를 수락할 경우에 기존의 연간 총고정비 중 ₩1,400,000이 감소할 것으로 예상된다. 국제직업소개소는 대행수수료로서 연간 ₩13,000,000을 요구해왔다. 이와 같은 국제직업소개소의 제의를 수락하는 것이 대한직업소개소의 영업이익에 미치는 영향으로 옳은 것은? ▸ 세무사

① ₩600,000 감소 ② ₩600,000 증가 ③ ₩1,000,000 증가
④ ₩1,000,000 감소 ⑤ ₩400,000 증가

19 (주)대한은 다음과 같은 3가지 제품을 동일한 생산라인에서 기계작업을 통하여 생산 · 판매하고 있다. 생산 · 판매와 관련된 자료는 다음과 같다. ▸ 세무사

	A 제품	B 제품	C 제품
단위당 판매가격	₩500	₩350	₩500
단위당 변동원가	₩200	₩100	₩100
단위당 기계소요시간	2시간	1시간	2시간
월간 시장수요	150개	270개	40개

(주)대한의 월간 최대 기계가동시간은 450시간이며, 월 ₩40,000의 고정원가가 발생한다. 현재 (주)대한은 기계를 가장 효율적으로 가동하고 있으며, 새로운 D제품을 생산라인에 추가할 지를 고려하고 있다. D제품의 단위당 변동원가는 ₩300이며 단위당 기계소요시간은 4시간이다. (주)대한이 생산한 제품은 모두 판매할 수 있으며, D제품을 추가하여도 판매가격과 원가의 변동은 없다. D제품을 생산라인에 추가해서 영업이익을 증가시키고자 한다면, D제품의 단위당 판매가격은 최소한 얼마를 초과하여야 하는가?

① ₩700 ② ₩800 ③ ₩900 ④ ₩1,000 ⑤ ₩1,100

20 다음은 (주)한국의 제품별 예산 자료의 일부이다. ▸ 감정평가사

	A 제품	B 제품
단위당 판매가격	₩400	₩500
단위당 변동비	₩150	₩300
단위당 기계시간	4시간	2시간
최대 수요량(연간)	100단위	200단위

사용 가능한 총 기계시간이 연간 500시간일 때, 이익을 극대화하기 위해서는 두 제품을 각각 몇 단위씩 생산 · 판매하여야 하는가?

	A모델	B모델
①	25단위	150단위
②	25단위	200단위
③	50단위	150단위
④	50단위	200단위
⑤	100단위	50단위

객관식 해답 01 ⑤ 02 ③ 03 ② 04 ④ 05 ② 06 ⑤ 07 ② 08 ② 09 ① 10 ①
11 ④ 12 ③ 13 ① 14 ④ 15 ⑤ 16 ③ 17 ③ 18 ⑤ 19 ② 20 ②

의사결정을 방해하는 것들

Da Libero / 아니마

잘못된 의사결정을 내릴 때 주로 그 원인으로 이야기하는 것은 “대안이 명확하게 제시되지 않았다”, “정확한 정보를 수집하지 못했다”, “비용과 이익이 정확하게 고려되지 않았다” 등의 이유이다. 그러나 잘못된 의사결정을 내리는 경우는 의사결정 과정보다 결정권자의 심리 상태에 오류의 책임이 있는 경우가 많다. 때로는 인간의 두뇌 회전방식은 결정을 내리는데 있어 방해가 되기도 하기 때문이다.

올바른 의사결정을 방해하는 심리적 함정으로는 다음과 같은 것을 들 수 있다.

① 고정관념의 함정(anchoring trap)
② 현상유지의 함정(status-quo trap)
③ 매몰비용의 함정(sunk-cost trap)
④ 증거 찾기의 함정(confirming evidence trap)
⑤ 구성의 함정(framing trap)
⑥ 지나친 자신감의 함정(overestimate trap)
⑦ 신중함의 함정(prudence trap)
⑧ 회상능력의 함정(recallability trap)

경영자의 의사결정에 있어 인간관계가 방해가 되는 경우가 있다. 인간관계와 행동의 감정적 측면이 억압당하다 보면 조직 내에서 개인은 감정을 숨기거나 위장하게 된다. 또한 조직적인 방어막을 구축해 자기와 타인의 감정 표현을 억압하거나, 억압된 감정을 드러낼 수 있는 통로를 전혀 고려하지 않게 된다. 이런 태도들은 의사결정이 이뤄져야 할 회의 등에서 수동적인 행동으로 나타나게 되고 참석한 사람들은 위협적이지 않은 의견에만 관심을 갖게 될 것이다. 따라서 뚜렷한 상하관계 등의 규정된 인간관계가 의사결정에 오히려 방해가 되는 경우가 있다.

10 자본예산

1절 자본예산분석

자본예산(capital budgeting)은 생산설비 투자, 공장 신축, 신제품 개발 등과 같이 투자에 대한 효과가 장기간에 걸쳐 발생하는 투자로 중장기적 투자계획을 토대로 한 의사결정을 의미한다.

관련원가분석과 자본예산

관련원가분석	자본예산
• 이익 발생시점은 무시, 이익 규모 중시 • 화폐의 시간가치 미고려	• 현금흐름 시점과 현금흐름 규모 모두 중시 • 화폐의 시간가치 고려

자본예산에서는 현금흐름(cash flow)을 기초로 투자안의 경제성을 분석한다. 자본예산 관련 의사결정은 현금유출액(투자액)과 현금유입액(이익, 원가절감, 감가상각비 등)을 비교하여 평가하며, 현금흐름분석 시에 자본비용과 화폐의 시간가치에 대한 현금흐름 개념을 반영한다.

자본비용(capital costs)은 기업이 자본 이용의 대가로 채권자, 주주 등에게 지급하는 비용(지급이자, 배당금)이다. 투자안의 평가는 투자로부터 획득되는 수익률이 자본비용보다 클 때에 결정되므로 자본비용을 최저기대(필수)수익률이라고 한다. 그리고 화폐의 시간가치에는 미래가치(future value)와 현재가치(present value)가 있다. 미래가치는 현재시점의 화폐가치를 미래시점의 화폐가치로 환산(복리 적용)한 것이며, 현재가치는 미래시점의 화폐가치를 현재시점의 화폐가치로 할인한 화폐가치(할인율 적용)를 말한다. 또한 연금현재가치(annuity present value)는 일정 기간에 동일한 현금유입액이 발생할 경우에 미래 현금유입액을 할인하여 현재가치를 계산한다.

1. 자본예산의 특징

첫째, 자본예산은 고정자산에 대한 투자로 대부분의 유형고정자산은 물리적 · 경제적 원인으로 인해 시간이 경과함에 따라 자산가치가 감소하게 되고, 이는 투자수익률에 영향을 미치게 된다.

둘째, 자본예산은 장기의사결정으로 중 · 장기적으로 투자되고, 투자이익도 중 · 장기적으로 회수되므로 화폐의 시간가치를 고려해야 한다. 그 이유는 중 · 장기적 투자에 미래의 위험과 불확실성이 수반되므로 투자 기간 및 금리에 따라 화폐가치에 차이가 발생하며, 일반적으로 투자 기간이 현재시점에서 멀어질수록 화폐가치가 낮아지기 때문이다. 자본예산의 일반적인 절차는 다음과 같다.

① 기업의 장기적인 전략의 경영목표를 달성할 수 있는 투자기회를 검토하고, 투자대안을 만든다.

② 투자대안에 대한 의사결정 관련 정보를 수집한다. 관련 정보는 양적인 정보와 질적인 정보를 포함해야 한다.

③ 투자대안에 대한 관련 정보의 분석과 평가를 통해 최적해를 선택한다. 투자안의 평가 방법은 회수기간법, 회계적 이익률법, 순현재가치법(순현가법), 내부수익률법 등이 있다.

④ 최적해 실행을 위한 자금을 조달한다. 자금조달의 원천은 잉여금, 주식 및 사채의 발행, 장기차입 등이 있다.

⑤ 최적해의 투자 실행 및 자본예산 집행을 효율적으로 조정 · 통제한다. 투자 과정에서 투자환경이 변화하면 자본예산도 합리적으로 수정되어야 하며, 투자분석의 피드백(feedback) 결과는 차후의 자본예산에 유용하게 활용한다.

2. 현금흐름 추정과 투자안평가

자본예산은 전체 투자기간 동안의 현금유입액과 현금유출액을 계산하고, 투자안평가 방법을 적용하여 경제성을 평가하므로 의사결정의 핵심 내용은 현금흐름 추정과 투자안평가 방법의 선택이다.

(1) 현금흐름 추정

현금흐름은 시간의 흐름에 따라 투자시점, 투자기간 중, 투자 종료시점 등으로 구분하여 추정하는 것이 효율적이다. 현금흐름 추정 시의 고려사항은 다음과 같다.

첫째, 현금흐름분석의 편의상 투자기간 중의 영업 활동과 관련된 현금유출 및 현금유입은 기초와 기말에만 있다고 가정한다.(단, 회수기간법의 경우는 연중 균등한 것으로 가정)

둘째, 모든 수익과 비용은 세전 이익을 증가시키거나 감소시켜 법인세 납부액에 영향을 주므로(법인세효과), 만일 법인세가 존재할 경우에 법인세효과도 고려해야 한다.

셋째, 이자비용과 배당은 현금흐름에 포함시키지 않으며, 이미 할인율에 반영된 것으로 가정한다.

자본예산의 현금흐름 계산

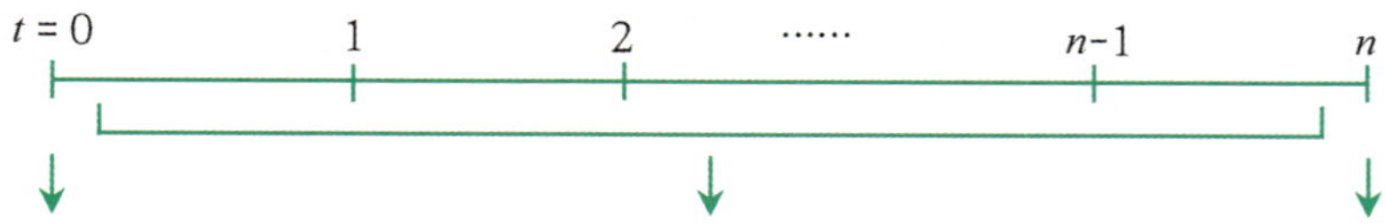

① 투자시점

- 신자산 취득원가(유출)
- 운전자본 증가액(유출)
- 구자산 처분에 따른 현금유입(유입)[1)]

② 투자기간 중

영업 활동으로 인한 현금유입액(현금흐름)

[법인세가 존재하지 않는 경우]

Δ매출액 - Δ현금영업비용 …[방법 Ⅰ]

Δ세전이익 + Δ감가상각비 …[방법 Ⅱ]

[법인세가 존재하는 경우]

Δ매출액 - Δ현금영업비용 - 법인세비용 …[방법 Ⅰ]

Δ세후이익 + Δ감가상각비 …[방법 Ⅱ]

(Δ매출액 - Δ현금영업비용) × (1-세율) + <u>Δ감가상각비 × 세율</u> …[방법 Ⅱ]

감가상각비 감세효과 의미

③ 투자 종료시점

- 신자산 처분에 따른 현금유입(유입)[1)]
- 운전자본 회수액(유입)
- 구자산 처분에 따른 현금유입 상실액(유출)[2)]

주: 1) 처분가액 - {(처분가액 - 장부가액) × 세율}

2) 투자시점에서 구기계를 처분하므로 투자 종료시점에서 보면 투자기간 동안에 현금유입 기회 상실 → 기회비용(차액접근법에 의할 경우에 나타남)

(2) 현금흐름과 순이익

- 법인세가 존재하지 않는 경우: 세전현금흐름 = 세전이익 + 감가상각비
  세전이익 = 세전현금흐름 - 감가상각비
- 법인세가 존재하는 경우: 세후현금흐름 = 세후이익 + 감가상각비
  세후이익 = 세후현금흐름 - 감가상각비

기업가치를 극대화하기 위해서는 순현금유입액의 현재가치가 극대화되는 방향으로 투자가 이루어져야 하므로 투자 의사결정을 할 때에는 투자안의 현금흐름을 평가하게 된다. 그리고 회계상의 이익은 전통적인 회계모형에 기초하여 계산되며 회계처리 방법에 따라 이익의 발생시점에 차이가 발생한다.

2절 자본예산모형

장기투자안에 대한 수익성 및 경제성을 분석하여 최적안을 결정하는데 이용되는 평가 방법을 자본예산모형이라고 한다. 자본예산에 대한 평가 방법에는 화폐의 시간가치를 고려하는지 여부에 따라 할인모형과 비할인모형으로 구분할 수 있다.

비할인모형은 화폐의 시간가치를 고려하지 않는 분석 방법으로 회수기간법과 회계적 이익률법이 있다. 할인모형은 화폐의 시간가치를 고려하여 분석하기 때문에 현금흐름할인법(Discounted Cash Flow method: DCF)이라고도 하며, 순현재가치법(순현가법)과 내부수익률법이 있다. 할인모형은 자본예산의 성격을 감안할 때 비할인모형에 비해 개념적으로나 논리적으로 우수하지만, 실무적으로는 비할인모형이 의사결정 방법이 간편하기 때문에 널리 이용되고 있다.

1. 회수기간법

회수기간법(Payback Period method: PP법)은 투자액이 회수되는 기간을 평가하여 의사결정하는 방법으로 대체안 중에 회수기간이 가장 짧은 투자안을 선택하게 된다. 회수기간은 투자안의 연간 순현금유입액으로 투자액을 회수하는 데 소요되는 기간이다.

$$\text{회수기간} = \frac{\text{투자액}}{\text{연간 순현금유입액}}$$

회수기간법에서 투자액은 최초 투자액 혹은 연평균투자액을 적용한다. 그리고 순현금유입액은 매년 일정한 경우에 적용할 수 있는데, 연간 순현금유입액이 매년 일정하지 않은 경우의 회수기간은 연간 순현금유입액의 누적액과 투자액이 일치할 때까지의 기간이 회수기간이 된다.

회수기간법에 의한 의사결정기준은 한 개의 투자안을 검토할 경우에는 투자안의 회수기간이 기준회수기간(cut-off period)보다 단기이면 선택하고, 장기이면 기각한다. 그리고 두 개 이상의 투자안을 분석할 경우에는 회수기간이 가장 짧은 투자안을 선택하면 된다.

예제

SOLVE PRACTICE PROBLEM

삼성기업은 다음과 같은 투자안을 고려하고 있으며, 투자안에 대해 사전에 결정한 기준회수기간은 3년이다.

연도	연간투자액	현금유입액
1	₩90,000	₩40,000
2	70,000	50,000
3	-	30,000
4	-	40,000

물음 1. 투자안의 회수기간을 계산하고, 투자의사결정을 하시오.

2. 투자로 인해 매년 ₩64,000의 원가가 절감된다고 가정하여 회수기간을 계산하고, 투자의사결정을 하시오.

해답

1.

	기초 미회수액	투자액	현금유입액	기말 미회수액
1	-	₩90,000	₩40,000	₩50,000
2	₩50,000	70,000	50,000	70,000
3	70,000	-	30,000	40,000
4	40,000	-	40,000	0

⇨ 회수기간 4년으로 기준회수기간(3년)보다 장기이므로 투자안 기각

2. 회수기간: $\frac{\text{투자액}}{\text{연간순현금유입액}} = \frac{₩160,000}{₩64,000} = 2.5\text{년}$

⇨ 투자액 회수기간 2.5년으로 기준회수기간보다 단기이므로 투자안 채택

회수기간법의 장 · 단점

장 점	단 점
① 간단하고 이해하기 쉬움 ② 회수기간은 투자안의 위험지표로 이용 ③ 현금흐름에 초점	① 화폐의 시간가치 미고려 ② 회수기간 이후의 현금흐름 무시 → 투자안의 전체적인 수익성 무시 ③ 기준회수기간의 임의적 설정

예제 SOLVE PRACTICE PROBLEM

삼성기업은 현금유입액의 회수기간이 서로 다른 두 개의 투자안을 검토하고 있다. 각 투자안의 투자액은 ₩240,000으로 동일하다.

연도	현금유입액(투자안 X)	현금유입액(투자안 Y)
1	₩60,000	₩160,000
2	60,000	80,000
3	60,000	-
4	60,000	-
5	60,000	-

물음 1. 회수기간법을 적용하여 어떤 투자안을 선택할 것인지 결정하시오.

2. 위 의사결정을 평가하시오.

해답

1. • 투자안 X의 회수기간: $\frac{₩240,000}{₩60,000}$ = 4년

 • 투자안 Y의 회수기간 = 2년

 ∴ 회수기간이 짧은 투자안 Y 선택

2. 투자안 X와 Y의 회수기간만을 고려하면, 회수기간이 짧은 투자안 Y를 선택한다. 그러나 투자의 현금흐름, 특히 회수기간 이후까지 포함한 투자기간 전체의 현금흐름을 고려하면 투자안 X(₩300,000 회수)를 선택

2. 회수기간법의 확장

① **손실회피회수기간법**(긴급회수기간법, bail-out payback period method)

- 투자액 = 순현금유입액의 누계 + 투자대상 자산의 처분가액
- 손실회피회수기간

  투자대상 자산을 중도에 처분할 경우 처분가액까지 고려한 회수기간

② **할인된 회수기간법**(discounted payback period method)

- 투자액의 현재가치 = 순현금유입액의 현재가치 합계
- 회수기간에 화폐의 시간가치 도입
- 현재가치계산의 기준시점: 최초 투자시점

③ **손익분기기간법**(break-even time method)

- 투자액의 현재가치 = 순현금유입액의 현재가치의 합계
- 현재가치계산의 기준시점
  경영자가 신제품개발을 승인한 시점(할인된 회수기간과의 차이)
- 경영자가 승인한 시점을 기준으로 현재가치를 계산하는 이유
  첨단제품의 경우에는 제품수명주기 및 신제품 출시 기간이 짧아지고 있어 경쟁력을 갖추기 위해서 신속하게 신제품을 시장에 출시해야 하고 조속히 투자액 회수(제품개발 기간이 길수록 손익분기점은 높아짐)
- 장 · 단점

장 점	단 점
① 현금흐름 중시, 화폐의 시간가치 고려 ② 신속한 제품개발 유도	① 손익분기점 이후의 현금흐름 무시 ② 개발기간이 긴 혁신적인 투자안보다 단기적인 투자안을 선택할 가능성이 높음

3. 회계적이익률법

회계적이익률법(Accounting Rate of Return method: ARR법)은 회계적이익률을 기준으로 투자안을 평가하는 방법으로 평균이익률법(average rate of return method)이라고도 한다.

회계적이익률(ARR)

$$= \frac{\text{세후 연평균 순이익}(\text{세후 연평균 현금흐름} - \text{연평균 감가상각비}^{1)} - \text{연평균 법인세})}{\text{최초 투자액}(\text{또는 평균투자액}^{2)})}$$

1) (취득원가 - 잔존가치) / 내용연수
2) 평균투자액 = {(취득원가 + 잔존가치) / 2} + 운전자본 증가액

평균투자액은 최초 투자액과 잔존가치의 합을 2로 나누어 계산하는데, 이는 투자 자산이 내용연수 동안 평균적으로 이용된다고 가정하는 것이고, 연평균 순이익은 투자기간 동안의 당기순이익을 투자기간으로 나누어 산출한다. 만약 투자안의 현금흐름과 법인세를 고려한다면, 연평균 순이익은 연평균 현금흐름에서 연평균 감가상각비와 연평균 법인세를 차감한 후 계산해야 한다.

회계적이익률법에 의한 의사결정기준은 한 개의 투자안을 평가할 경우에는 회계적이익률이 기업에서 목표로 정한 기준이익률(목표이익률)보다 높으면 투자안을 채택하고, 낮으면 기각한다. 그리고 두 개 이상의 투자안을 평가하는 경우에는 회계적이익률이 가장 큰 투자안을 선택한다.

회계적이익률법의 장 · 단점

장 점	단 점
• 간단하고 이해하기 쉬움 • 수익성 고려 • 재무제표 자료 이용 • 성과평가기준이 투자수익률(ROI)이므로 투자중심점의 성과평가와 일관성 유지	• 회계처리 방법에 따라 이익률 차이 발생 → 비교가능성 저하 • 화폐의 시간가치 미고려 • 목표이익률의 임의적 설정

예제

SOLVE PRACTICE PROBLEM

삼성기업은 최초 투자액이 ₩1,000,000인 설비투자를 고려하고 있다. 신설비의 내용연수는 5년이며 잔존가치는 취득원가의 20%이다. 감가상각은 정액법을 적용하며, 신설비의 투자로 연간 현금유입액은 ₩400,000으로 추정된다. 법인세율은 20%라고 가정한다.

물음 1. 최초 투자액에 대한 회계적이익률을 계산하고, 기준이익률(목표이익률)이 10%일 경우 투자 여부를 판단하시오.
2. 평균투자액에 대한 회계적 이익률을 계산하시오.

해답

연간 표시금액(현금유입액, 감가상각비, 법인세)이 모두 일정하기 때문에 연간 계산액은 연평균 계산액이 된다.

1.

연간 현금유입액	₩400,000
연간 감가상각비	(160,000)
법인세차감전순이익	₩240,000
법인세(20%)	(48,000)
당기순이익(연평균 세후순이익)	₩192,000

$$\text{최초 투자액에 대한 회계적이익률} = \frac{\text{연평균 순이익}}{\text{투자액}} \times 100$$

$$= \frac{₩192,000}{₩1,000,000} \times 100 = 19.2\%$$

∴ 회계적이익률(19.2%) > 기준이익률(10%)이므로 투자안 채택

2. $$\text{평균투자액에 대한 회계적이익률} = \frac{\text{연평균 순이익}}{(\text{최초투자액} + \text{잔존가치}) \div 2} \times 100$$

$$= \frac{₩192,000}{₩600,000} \times 100 = 32\%$$

4. 순현재가치법

순현재가치법(Net Present Value method: NPV법, 순현가법)은 투자로 발생한 총현금유입액의 현재가치에서 총현금유출액의 현재가치 또는 최초 투자액을 차감하여 순현재가치를 계산하여 투자안을 평가하는 방법이다.

> 순현재가치 = 총현금유입액의 현재가치 - 총현금유출액의 현재가치
>
> $$\text{순현재가치(NPV)} = \sum_{i=0}^{n} \frac{CIi}{(1+r)^n} - \sum_{i=0}^{n} \frac{COi}{(1+r)^n} \ [\text{또는 } I]$$
>
> CIi: i기의 현금유입액
> COi: i기의 현금유출액
> I: 최초 투자액
> n: 투자안의 내용연수
> r: 할인율(자본비용) = 최저기대수익률

총현금유입액의 현재가치는 할인율을 이용하여 〈현가이자 요소표〉에서 계산하고, 순현재가치법에 의한 의사결정기준은 한 개의 투자안을 평가하는 경우에는 투자안의 순현재가치(NPV)가 양수(+)이면 채택하고 음수(-)이면 기각한다. 두 개 이상의 투자안을 평가하는 경우에는 순현재가치가 가장 큰 투자안을 선택한다.

순현재가치법의 장 · 단점

장 점	단 점
• 내용연수 동안의 모든 현금흐름 고려 • 화폐의 시간가치 고려 • 내부수익률에 비하여 계산 간단 • 가치 합계의 원칙* 적용 • 기업가치 극대화 목표에 부합	• 자본비용을 계산하기 어려움 • 상호 배타적인 투자안들을 평가할 때 투자액 규모가 큰 투자안이 유리하게 판단될 수 있음

* 두 개 이상의 투자안에 동시 투자할 때의 NPV는 각 투자안의 NPV를 합산한 것과 동일

예제 SOLVE PRACTICE PROBLEM

삼성기업은 다음과 같은 설비의 투자안을 고려하고 있다. (할인율 10%의 5년의 연금현가계수는 3.7908이고, 5년의 현재가치계수는 0.6209)

	투자안 A	투자안 B
취득원가	₩1,000,000	₩1,200,000
내용연수	5년	5년
잔존가치	100,000	200,000
감가상각 방법	정액법	정액법
연간(현금) 운영원가	200,000	80,000
법인세율	20%	20%
할인율(자본비용)	10%	10%

물음 1. 투자안 A만을 고려한다고 가정하고, 기존 설비에 비해 ₩400,000의 연간(현금) 운영원가가 절감될 것으로 예상된다. 순현재가치법을 적용하여 투자안 A의 채택 여부를 결정하시오.(단, 잔존가치는 고려 안함)

2. 순현재가치법을 적용하여 투자안 A와 투자안 B 중 어떤 투자안을 선택해야 하는지를 결정하시오.(단, 잔존가치를 고려함)

해답

1.

연간 운영원가절감액	₩400,000
감가상각비	(180,000)
법인세차감전순이익	₩220,000
법인세(20%)	(44,000)
당기순이익	₩176,000
감가상각비(비현금유출액)	180,000
연간 현금유입액	₩356,000

연간 현금유입액	₩356,000
연금현가계수(기간 5년, 할인율 10%)	× 3.7908
총현가	₩1,349,525
최초 투자액	(1,000,000)
순현재가치	₩349,525

⇨ 순현재가치 값이 ₩349,525으로 양(+)이므로 투자안 채택

2. 차액접근법을 적용하여 투자안 B를 기준으로 분석

연간 운영원가절감액	₩120,000
연간 증분감가상각비	(20,000)
법인세차감전순이익	₩100,000
법인세(20%)	(20,000)
당기순이익	₩80,000
연간 증분감가상각비	20,000
연간 현금유입액 차이	₩100,000

최초 투자액차이(200,000) × 1.000	=	(200,000)
연간 현금유입액차이 100,000 × 3.7908	=	379,080
처분가치차이 100,000 × 0.6209	=	62,090
순현재가치		₩241,170

⇨ 투자안 B를 기준으로 투자안 A와 비교하면 ₩241,170의 순현금유입액이 있으므로 투자안 B 채택

총액접근법으로 투자안 A와 B를 분석

(1) 투자안 A

연간 운영원가	₩(200,000)
감가상각비	(180,000)
법인세차감전순이익	(380,000)
법인세절감액(20%)*	76,000
당기순이익	(304,000)
감가상각비	180,000
연간 현금유출액	₩(124,000)

최초투자액	(1,000,000) × 1.000 =	₩(1,000,000)
연간 현금유출액 현가	(124,000) × 3.7908 =	(470,059)
처분가치	100,000 × 0.6209 =	62,090
순현재가치		₩(1,407,969)

(2) 투자안 B

연간 운영원가	₩(80,000)
감가상각비	(200,000)
법인세차감전순이익	(280,000)
법인세절감액(20%)*	56,000
당기순이익	(224,000)
감가상각비	200,000
연간 현금유출액	₩(24,000)

최초 투자액	(1,200,000) × 1.000 =	(1,200,000)
연간 현금유출액의 현가	(24,000) × 3.7908 =	(90,979)
처분가치	200,000 × 0.6209 =	124,180
순현재가치		₩(1,166,799)

⇨ 투자안 B를 선택하면 투자안 A보다 ₩241,170(₩1,407,969 − ₩1,166,799)의 순현금유출액을 절감할 수 있어 유리

* 법인세차감전순이익이 (−)이면 관리회계에서는 법인세를 환급받는 것(절감)으로 해석

5. 내부수익률법

내부수익률법(Internal Rate of Return method: IRR법)은 투자로 발생한 총현금유입액의 현재가치와 총현금유출액의 현재가치를 동일하게 해 주는(순현재가치 "0") 할인율(내부수익률)을 이용하여 투자안을 평가하는 방법이다. 내부수익률법은 내부수익률로 재투자된다는 가정 하에 투자안의 내부수익률이 자본비용보다 큰 경우에 투자안을 선택한다.

총현금유입액의 현재가치 = 총현금유출액의 현재가치
⇨ 내부수익률(할인율) 계산

$$\sum_{i=0}^{n} \frac{CIi}{(1+r')^n} = \sum_{i=0}^{n} \frac{COi}{(1+r')^n} \text{ [또는 } I\text{]}$$

CIi: i기의 현금유입액
COi: i기의 현금유출액
I: 최초 투자액
n: 투자안의 내용연수
r': 내부수익률

내부수익률은 투자안의 연간 순현금유입액이 일정한지 여부에 따라 다르게 계산하게 된다. 투자안의 연간 순현금유입액이 일정한 경우에는 투자액을 연간 순현금유입액으로 나누어 연금현재가치계수를 계산한 후, 연금의 현가이자 요소를 이용하여 내부수익률을 계산한다.

$$\text{연간 순현금유입액} \times \text{연금현재가치계수} = \text{(최초)투자액}$$

$$\text{연금현재가치계수}\left[\frac{1-\frac{1}{(1+r')^{n}}}{r'}\right] = \frac{\text{투자액}}{\text{연간 순현금유입액}}$$

투자안의 투자기간을 고려하여 〈연금의 현가이자 요소표〉의 연금현재가치계수와 투자안의 연금현재가치계수가 일치하는 할인율을 찾으면 되는데, 이 할인율이 내부수익률이다. 만약 투자안의 연금현재가치계수가 〈연금의 현가이자 요소표〉의 연금현재가치계수와 일치하지 않는다면, 근사치 값의 연금현재가치계수를 찾아 보간법(interpolation)을 이용하여 내부수익률을 계산해야 한다.

내부수익률법에 의한 의사결정기준은 한 개의 투자안을 평가하는 경우에는 투자안의 내부수익률이 자본비용보다 크면 채택하고 작으면 기각한다. 그리고 두 개 이상의 투자안을 평가하는 경우에는 내부수익률이 가장 큰 투자안을 선택하면 된다.

내부수익률법의 장 · 단점

장 점	단 점
• 내용연수 동안의 모든 현금흐름 고려 • 화폐의 시간가치 고려	• 계산 복잡 • 복수의 내부수익률 존재 가능 • 내부수익률로 재투자된다는 가정은 매우 낙관적 • 가치합계의 원칙 미적용

예제

SOLVE PRACTICE PROBLEM

삼성기업은 신 설비를 ₩216,288에 구매할 것을 검토하고 있다. 이 설비의 내용연수는 5년이며 잔존가치는 없다. 설비의 구매 시에는 연간 순현금유입액이 ₩60,000으로 예상된다. 최저기대수익률을 15%라고 가정한다.

물음
1. 내부수익률을 계산하고, 설비투자안을 평가하시오.
2. 신 설비를 ₩200,000에 구매한다고 가정하여 내부수익률을 계산하고, 설비투자안을 평가하시오.
3. 신설비의 내용연수가 10년이라 가정하여 내부수익률을 계산하고, 설비투자안을 평가하시오.

해답

1. 내부수익률(r') : 총현금유입액의 현재가치 = 총현금유출액의 현재가치(최초 투자액)

₩60,000 × 연금현재가치계수 = ₩216,288

$$연금현재가치계수 = \frac{₩216,288}{₩60,000} = 3.6048$$

⇨ 내부수익률 12%: 〈연금의 현가이자 요소표〉에서 기간이 5년인 3.6048에 해당하는 할인율

∴ 투자안의 내부수익률(12%)이 최저기대수익률(15%)에 미치지 못하므로 투자안 기각

2. ₩60,000 × 연금현재가치계수 = ₩200,000

$$연금현재가치계수 = \frac{₩200,000}{₩60,000} = 3.3333$$

기간이 5년이고, 할인율이 15%일 때의 연금현재가치계수는 3.3522, 할인율이 16%일 때의 연금현재가치계수는 3.2743이다. 따라서 내부수익률은 15%와 16% 사이에 있다. 보간법을 이용하여 내부수익률(r')을 계산하면 다음과 같다.

할인율	15%	3.3522	0.0189	0.0779
내부수익률	(?)	3.3333		
할인율	16%	3.2743		

0.0779 : 0.0189 = 1% : (r' − 15) %

$$(r' - 15)\% = 1\% \times \frac{0.0189}{0.0779}$$

r' = 15% + 0.24% = **15.24%**

∴ 내부수익률(r')은 15.24%로 최저기대수익률(15%)을 상회하므로 투자안 채택

3. 연금현재가치계수는 3.6048이므로 기간 10년일 때의 〈연금의 현가이자 요소표〉를 보면 내부수익률은 24%(3.6819)와 28%(3.2689) 사이에 있다. 보간법을 이용하여 내부수익률(r')을 계산하면 다음과 같다.

0.413 : 0.0771 = 4% : (r' − 24)%

$$(r' - 24)\% = 4\% \times \frac{0.0771}{0.413}$$

r' = 24% + 0.75% = **24.75%**

∴ 내부수익률 24.75%로 최저기대수익률(15%)을 상회하므로 투자안 채택

한편 투자안의 연간 순현금유입액이 일정하고 내용연수가 충분히 긴 경우에는 회수기간의 역수를 이용하여 내부수익률을 간단히 추정하는 방법도 있다. 회수기간의 역수는 투자안의 연간순현금유입액을 투자액으로 나눈 것이다.

$$회수기간의\ 역수 = \frac{연간\ 순현금유입액}{투자액}$$

예제

SOLVE PRACTICE PROBLEM

삼성기업은 신 설비를 ₩216,288에 구매할 것을 검토하고 있다. 이 설비의 내용연수는 5년이며 잔존가치는 없다. 설비의 구매 시에는 연간 순현금유입액이 ₩60,000으로 예상된다. 최저기대수익률을 15%라 가정한다.

물음 신 설비의 내용연수가 10년인 경우의 회수기간의 역수를 계산하고, 내부수익률과 비교 · 설명하시오.

해답

$$\text{회수기간의 역수} = \frac{\text{연간 순현금유입액}}{\text{투자액}}$$

$$= \frac{₩60,000}{₩216,288} \times 100 \fallingdotseq 27.74\%$$

내용연수가 10년인 경우의 내부수익률(r')은 24.75%인데, 이는 회수기간의 역수인 27.74%와 비슷하다. 반면에 내용연수가 짧은 5년의 경우에는 내부수익률이 12%로 회수기간의 역수 27.74%와 차이가 크게 나타난다.

∴ 고정자산의 내용연수가 충분히 긴 경우에는 회수기간의 역수를 이용하여 쉽게 내부수익률을 추정할 수 있다.

회수기간의 역수와 내부수익률

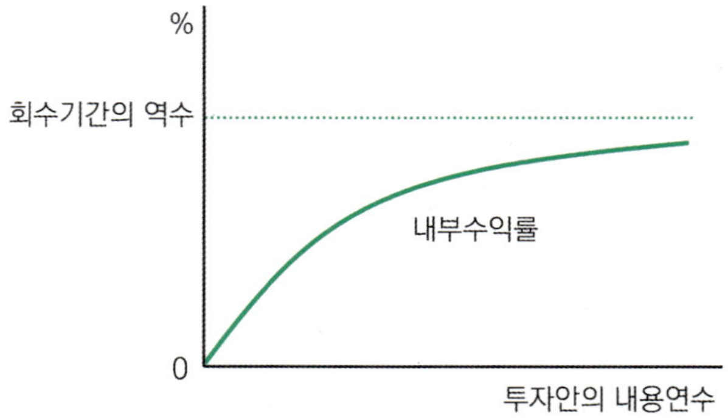

투자안의 연간 순현금유입액이 일정하지 않은 경우에는 연금현재가치계수를 이용할 수 없으므로 시행착오법을 이용하여 내부수익률을 계산해야 한다. 우선, 연간 순현금유입액을 내용연수로 나누어 연평균 순현금유입액을 계산한 후에 투자액을 연평균 순현금유입액으로 나누어 연금현재가치계수를 계산한다. 그리고 내용연수와 연금현재가치계수를 감안하여 내부수익률을 추정한다.

임의로 추정한 내부수익률과 투자안의 총현재가치를 계산하고, 이것에서 투자액을 차감하여 순현재가치를 계산한다. 만약 순현재가치가 양(+)이면 내부수익률이 할인율보다 큰 것을 의미하고, 순현재가치가 음(-)이면 내부수익률이 할인율보다 작은 것을 의미한다. 이 경우 투자안의 순현재가치가 "0"일 때의 할인율이 내부수익률이기 때문에 순현재가치가 "0"이 될 때까지 시행착오를 거듭해서 할인율을 계산해야 한다.

예제

SOLVE PRACTICE PROBLEM

삼성기업은 신 기계를 ₩300,000에 도입할 것을 검토 중이다. 신 기계의 내용연수는 3년이며 잔존가치는 없다. 이 기계를 도입할 경우 연간 순현금유입액은 1차연도에 ₩120,000, 2차연도에 ₩140,000, 3차연도에 ₩100,000이 예상된다.

물음 신 기계 도입안의 내부수익률을 계산하고, 자본비용이 15%일 경우 투자안을 평가하시오.

해답

연간 순현금유입액이 일정하지 않으므로 시행착오법을 이용한다.

$$\text{연평균 순현금유입액} = \frac{₩120,000 + ₩140,000 + ₩100,000}{3\text{년}} = ₩120,000$$

$$\text{연금현재가치계수} = \frac{₩300,000}{₩120,000} = 2.5$$

⇨ 〈연금의 현가이자 요소표〉에서 기간 3년, 연금현재가치계수 2.5에 해당하는 최초의 내부수익률 추정치로 9%와 10%를 이용한다.

① 할인율 9%를 적용하는 경우

총현재가치	₩120,000 × 0.9174 =	₩110,088	
	140,000 × 0.8417 =	117,838	
	100,000 × 0.7722 =	77,220	₩305,146
투 자 액			(300,000)
순현재가치			₩5,146

② 할인율 10%를 적용하는 경우

총현재가치	₩120,000 × 0.9091 =	₩109,092	
	140,000 × 0.8264 =	115,696	
	100,000 × 0.7513 =	75,130	₩299,918
투 자 액			(300,000)
순현재가치			₩(82)

∴ 내부수익률(r')은 9%와 10% 사이에 있으므로 보간법에 의해 계산하면 다음과 같다.

1%	$(r'-9)\%$	9%	₩5,146	₩5,146 / ₩5,228
		$(r'\%)$	0	
		10%	(82)	

$1\% : (r'-9)\% = ₩5{,}228 : ₩5{,}146$

$(r'-9)\% = 1\% \times \dfrac{₩5{,}146}{₩5{,}228}$

$r' = 9\% + 0.98\% = 9.98\%$

∴ 내부수익률(9.98%)이 자본비용(15%)보다 낮으므로 투자안 기각

자본예산모형 비교

구 분	회수기간법	회계적이익률법	순현재가치법	내부수익률법
계산식	$\dfrac{\text{투자액}}{\text{연간 순현금유입액}}$	$\dfrac{\text{연평균 순이익}}{\text{최초 투자액 (평균 투자액)}}$	순현가 $= \sum_{i=0}^{n}\dfrac{CI_i}{(1+r)^n} - \sum_{i=0}^{n}\dfrac{CO_i}{(1+r)^n}$ [또는 I]	$\sum_{i=0}^{n}\dfrac{CI_i}{(1+r')^n} = \sum_{i=0}^{n}\dfrac{CO_i}{(1+r')^n}$ [또는 I]
의사결정 선택기준	회수기간 < 기준회수기간	회계적이익률 > 기준이익률	순현재가치 > 0	내부수익률 > 최저기대수익률 (자본비용)
장 점	• 계산 간편 • 회수기간이 위험 지표 역할 수행 • 기업의 안전성평가	• 재무제표 자료 이용으로 계산 간편 • 수익성평가와 성과평가의 일관성	• 화폐의 시간가치 고려 • 현금흐름기준 평가 • 내부수익률법보다 재투자 가정의 합리성	• 화폐의 시간가치 고려
단 점	• 수익성이 아닌 유동성 측면에서 투자안 평가 • 회수기간 이후의 현금흐름 미고려 • 화폐의 시간가치 무시 • 기준회수기간 설정의 임의성	• 재무제표 순이익 결정의 문제점 • 화폐의 시간가치 미고려 • 기준이익률 설정의 임의성	• 할인율(자본비용) 측정의 어려움	• 계산의 복잡성 • 복수의 내부수익률 존재 가능성 • 재투자 수익률 가정의 비합리성

3절 순현재가치법과 내부수익률법

순현재가치법과 내부수익률법은 화폐의 시간적 가치를 고려하여 투자안의 수익성을 평가하는 할인모형으로, 비할인모형(회수기간법, 회계적이익률법)보다 논리적으로 우수하다. 그러나 순현재가치법과 내부수익률법에 의한 투자안의 평가 결과도 투자대안의 수나 성격에 따라 달라질 수 있다.

첫째, 단일투자안을 평가할 때에는 순현재가치법과 내부수익률법은 동일한 평가 결과를 갖는다.

둘째, 두 개 이상의 독립적인 투자안의 투자 순위를 결정하거나, 상호 배타적인 투자안을 평가할 경우에는 조건에 따라 상반된 결과를 가져올 수 있다.

① 각 투자안의 투자규모가 현저히 다른 경우

② 투자안의 내용연수가 다른 경우

③ 각 투자안의 현금흐름의 양상이 현저하게 다른 경우

1. 단일 투자안

순현재가치법은 자본비용을 할인율로 계산한 순현재가치가 “0”보다 큰 경우에 투자안을 선택하고, 내부수익률법은 투자안의 할인율인 내부수익률을 계산하여 내부수익률이 자본비용보다 크면 투자안을 채택한다.

순현재가치가 “0”이 되는 할인율(자본비용)이 내부수익률이므로 내부수익률이 자본비용보다 크다면 순현재가치가 “0”보다 크게 되며, 내부수익률이 자본비용보다 작다면 순현재가치는 “0”보다 작게 되는 것이다.

순현재가치법에 의하면 순현재가치는 할인율이 증가함에 따라 점차 감소하므로 순현재가치 곡선은 우하향하고 순현재가치가 “0”에 도달하기 전까지는 투자가치가 있게 된다. 반면에 내부수익률법에 의하면 순현재가치가 “0”인 할인율이 내부수익률이므로 할인율(자본비용)이 내부수익률보다 작다면 투자가치가 있는 것이다. 따라서 단일 투자안을 평가하는 경우에는 순현재가치법이나 내부수익률법의 투자평가 결과가 일치하므로 어떤 방법을 적용하더라도 동일한 결론에 도달하게 된다.

단일 투자안의 현재가치곡선

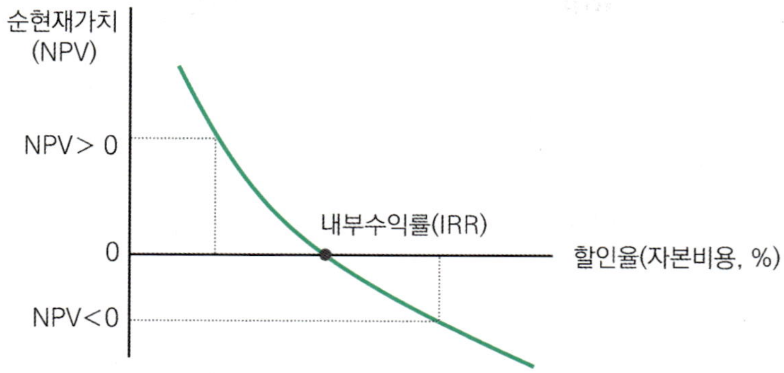

여기서, 내부수익률 > 할인율이면, 순현재가치 > 0
내부수익률 = 할인율이면, 순현재가치 = 0
내부수익률 < 할인율이면, 순현재가치 < 0 이다.

2. 복수 투자안

복수의 투자안을 고려할 경우에는 투자안마다 투자규모, 현금흐름, 내용연수 등이 다르면 순현재가치법과 내부수익률법에 의한 투자안의 평가 결과가 달라질 수 있다.

복수 투자안의 현재가치곡선

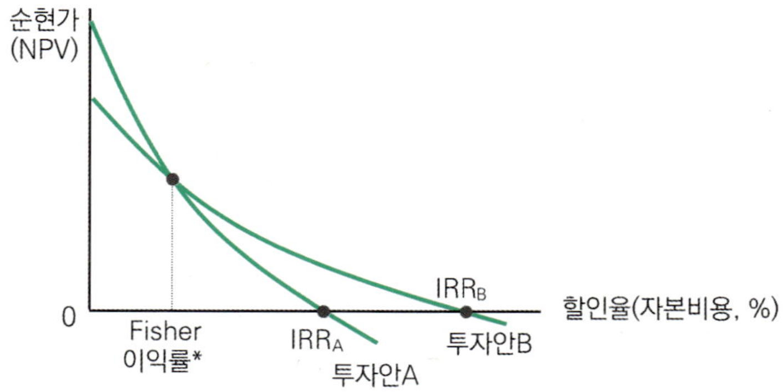

* Fisher 이익률(Fisher's rate of return)
두 개 투자안의 순현재가치를 같게 만드는 할인율이며, 두 개 투자안의 현재가치곡선이 교차하는 점에 해당하는 할인율이다.

투자규모가 크거나 투자안의 내용연수가 길고, 투자의 후기에 현금흐름이 많은 투자안 A의 순현재가치는 할인율의 변동에 민감하므로 현재가치곡선의 기울기가 크다. 반면에 소규모 투자로 내용연수가 짧고, 투자의 초기에 현금흐름이 집중되는 투자안 B의 순현재가치는 할인율 변동이 작아 현재가치곡선의 기울기가 작다.

투자 의사결정의 경우 내부수익률법에 의하면 투자안 B의 내부수익률이 투자안 A 대비 크기 때문에 투자안 B를 선택한다. 그러나 순현재가치(NPV)가 Fisher 이익률을 기준으로 할인율(자본비용)이 Fisher 이익률보다 큰 구간에서는 순현재가치법은 투자안 B를 선택하지만, 할인율(자본비용)이 Fisher 이익률 보다 작은 구간에서는 투자안 A를 선택하게 되어 순현재가치법은 내부수익률법과 다른 평가 결과에 도달한다.

3. 순현재가치법의 우위

순현재가치법과 내부수익률법은 모두 할인모형으로 자본예산 의사결정에 유용하지만, 일반적으로 순현재가치법이 내부수익률법보다 우수하므로 평가 결과가 다르게 나올 경우에는 순현재가치법에 의해 의사결정 하는 것이 더 합리적이다.

순현재가치법은 내부수익률법에 비해 다음과 같은 장점을 갖고 있다.

① 순현재가치법의 재투자 가정이 합리적이다.

순현재가치법은 투자기간 동안의 현금흐름이 자본비용으로 재투자된다고 가정하나, 내부수익률법은 자본비용보다 큰 내부수익률로 재투자된다고 가정하고 있다. 미래의 투자기회에 따른 위험과 불확실성을 감안할 때 내부수익률로 재투자된다고 가정하는 것은 지나치게 낙관적인 가정이다.

② 순현재가치법은 할인율(자본비용)의 변동을 쉽게 반영할 수 있다.

자본비용은 투자기간 동안 일정한 것이 아니라 수시로 변동하는데 순현재가치법은 이를 직접적으로 투자 의사결정에 반영하는데 비해, 내부수익률법의 경우에는 어느 할인율을 비교기준으로 할 것인지가 모호하다.

③ 순현재가치법은 투자위험을 쉽게 반영할 수 있다.

순현재가치법은 투자안의 현금흐름기간이나 위험수준을 반영하여 매 기간마다 할인율을 달리 적용할 수 있으나, 내부수익률법은 이를 반영할 수 없다.

④ 순현재가치법은 쉽게 적용할 수 있다.

순현재가치법은 자본비용을 할인율로 쉽게 이용할 수 있으나, 내부수익률법은 투자안의 연간 순현금유입액의 양태에 따라 보간법이나 회수기간법의 역수, 시행착오법 등으로 내부수익률을 별도로 계산해서 적용해야 한다.

⑤ 순현재가치법은 가치의 가산원칙(value additivity principle)이 성립한다.

복수의 투자안을 결합하는 투자조합의 경우, 각 투자안의 순현재가치의 합계는 투자조합의 순현재가치가 된다. 반면에 각 투자안의 내부수익률의 합계는 투자조합의 내부수익률이 되는 것이 아니므로 이 경우 투자조합의 새로운 내부수익률을 계산하여야 한다.

4. 자본배분

지금까지는 투자규모를 고려하지 않고 자본예산과 관련된 투자안의 평가와 선택을 살펴보았다. 즉, 투자안이 투자할 만한 가치를 갖고 있는가? 혹은 어느 투자안의 투자가치가 가장 큰가? 등에 관심을 기울여 왔다. 그러나 기업이 투자할 수 있는 자본에는 한계가 있으므로 자본예산 시에 한정된 자본을 투자안에 배분하는 자본배분(capital rationing)이 매우 중요하다.

기업이 자본을 효율적으로 배분하고 투자를 합리적으로 수행하기 위해서는 투자안의 순현재가치와 투자액을 동시에 고려하여야 한다. 왜냐하면 일반적으로 투자액이 큰 투자안의 순현재가치가 더 크고, 투자액이 적은 투자안의 순현재가치가 작을 가능성이 높기 때문이다. 이 경우 투자안의 순현재가치를 투자액으로 나눈 순현재가치지수(net present value index)를 계산하여 제한된 자본배분의 투자 우선순위를 결정할 수 있다.

$$\text{순현재가치지수} = \frac{\text{투자안의 순현재가치}}{\text{투자액}}$$

예제 SOLVE PRACTICE PROBLEM

삼성기업은 3개의 설비투자안을 검토 중이며, 관련 자료는 다음과 같다.

	A안	B안	C안	합 계
현금유입액의 총현재가치	₩18,000	₩32,000	₩16,800	₩66,800
최초 투자액	12,000	20,000	12,000	44,000
순현재가치	₩6,000	₩12,000	₩4,800	₩22,800

물음 1. 자금조달에 제약이 없다면 어느 투자안을 선택하겠는가?

2. 회사가 투자할 수 있는 자금이 ₩40,000으로 제한되어 있다면, 어떤 투자안을 선택하는 것이 합리적인지 결정하시오?(단, 부분 투자는 불가능하다고 가정한다.)

해답

1. 투자안이 상호독립적이고 자금조달에 제약이 없다면, 투자안 A, B, C 모두 순현재가치가 "0" 보다 크므로 모든 투자안 선택

2. 자금에 제약이 있으므로 순현재가치지수를 이용하여 순현재가치지수가 큰 투자안부터 선택

순현재가치지수 A안 : $\frac{₩6,000}{₩12,000} = 0.5$

B안 : $\frac{₩12,000}{₩20,000} = 0.6$

C안 : $\frac{₩4,800}{₩12,000} = 0.4$

투자안	순현재가치지수	투자액	누적투자액	순현재가치	누적순현재가치
B	0.6	₩20,000	₩20,000	₩12,000	₩12,000
A	0.5	12,000	32,000	6,000	18,000

⇨ 삼성기업은 순현재가치지수가 큰 투자안 순서로 투자안 B와 A에 투자하여 총 ₩18,000의 순현재가치를 얻을 수 있고, 투자되지 않고 보유중인 자금은 ₩8,000이다.

• 만약 순현재가치를 이용하여 투자안 B와 C를 선택하면 그 결과는 다음과 같다.

투자안	순현재가치	투자액	누적투자액	순현재가치	누적순현재가치
B	₩12,000	₩20,000	₩20,000	₩12,000	₩12,000
C	4,800	12,000	32,000	4,800	16,800

⇨ 동일한 금액 ₩32,000을 투자안 B와 C에 투자하였으나, 순현재가치는 순현재가치지수를 적용하였을 때 보다 ₩1,200이 적은 ₩16,800을 얻게 된다.

5. 인플레이션 하의 자본예산

지금까지의 자본예산 설명에서는 투자기간 동안 물가의 변동이 없다고 가정하였으나, 현실적으로는 자본예산의 투자기간이 장기이므로 물가변동을 고려해야 한다. 그 이유는 물가변동이 투자안의 평가 결과에 영향을 미치기 때문이다.

물가변동은 통상 물가가 인상되는 인플레이션으로 나타나는데, 투자안의 현금흐름과 할인율

간에는 일관성이 있어야 한다. 즉, 인플레이션 하에서 미래에 발생될 것으로 예상되는 명목화폐가치로 표시된 현금흐름은 명목할인율을 적용하여 할인하여야 한다. 명목할인율(nominal discount rate)은 투자위험을 반영한 실질할인율(자본비용)과 인플레이션에 의한 물가상승률을 모두 반영한 할인율이다.

반면에 인플레이션을 제거하여 일정 구매력을 나타내는 실질화폐가치로 표시된 현금흐름은 실질할인율을 적용하여 할인해야 한다. 실질할인율(real discount rate)은 투자안의 투자위험을 반영한 할인율로 최저기대수익률(자본비용)이다.

명목할인율과 실질할인율의 상관관계

$$(1 + \text{명목할인율}) = (1 + \text{실질할인율})(1 + \text{물가상승률})$$

$$\text{명목할인율} = (1 + \text{실질할인율})(1 + \text{물가상승률}) - 1$$

$$\text{실질할인율} = \frac{(1 + \text{명목할인율})}{(1 + \text{물가상승률})} - 1$$

그리고 인플레이션 하의 자본예산에서 감가상각비와 관련해서는 법인세의 감세효과로 매년 절감되는 실제 금액이 명목화폐가치로 표시되는 현금흐름이다. 고정자산의 잔존가치도 내용연수 말의 세차감후 명목화폐가치로 측정하여야 하며, 고정자산 보유기간 동안 물가상승으로 인해 고정자산처분손익이 발생할 수 있는데, 이 경우에도 법인세 유입액 및 유출액을 고려해야 한다.

예제

SOLVE PRACTICE PROBLEM

삼성기업은 신 기계의 구매를 검토하고 있다. 신 기계의 취득가액은 ₩200,000이고 내용연수는 5년이며 잔존가치는 없을 것으로 추정된다. 신 기계의 도입으로 연간 순현금유입액은 ₩80,000만큼 증가될 것으로 예상되는데, 이는 실질화폐가치로 측정된 것이고, 최저기대수익률은 14%(실질할인율)이다.

물음 1. 물가변동이 없다고 가정하고, 순현가법에 의해 투자안을 평가하시오.

2. 매년 6%의 물가변동을 가정하고, 명목현금흐름에 의한 신 기계 구매안의 순현재가치를 계산하고 평가하시오.

해답

1. 순현재가치 = ₩80,000 × 3.43308(연금현재가치계수) - ₩200,000 = ₩74,645
   ⇨ 순현재가치가 양(+)이므로 신 기계 구매

2. 명목현금흐름 = 실질현금흐름 × $(1 + \text{물가상승률})^n$
   명목할인율 = (1 + 실질할인율) × (1 + 물가상승률) - 1
   = (1 + 0.14) × (1 + 0.06) - 1
   = 0.2084 = 20.84%

• 우선 명목현금흐름을 계산한 후, 이에 명목할인율의 현재가치계수를 곱하여 명목현금흐름에 의한 현재가치를 계산한다.

연도	실질현금흐름	$(1+\text{물가상승률})^n$	명목현금흐름	현재가치
1	₩80,000	1.0600	₩84,800	₩70,175
2	80,000	1.1236	89,888	61,558
3	80,000	1.1910	95,280	53,998
4	80,000	1.2624	100,992	47,365
5	80,000	1.3382	107,056	41,549
합계				₩274,645

∴ 순현재가치 = ₩274,645 - ₩200,000 = ₩74,645
물가변동을 고려해도 순현재가치가 양(+)이므로 신 기계를 구입해야 한다.

• 명목현금흐름에 의한 순현재가치는 다음과 같은 등식으로도 계산할 수 있다.

$$\text{순현재가치} = \frac{₩84,800}{(1+0.2084)} + \frac{₩89,888}{(1+0.2084)^2} + \frac{₩95,280}{(1+0.2084)^3} + \frac{₩100,992}{(1+0.2084)^4} + \frac{₩107,056}{(1+0.2084)^5} - ₩200,000 = ₩74,645$$

연습문제

REVIEW EXERCISES

주관식

01 자본예산의 개념과 특성을 논술하시오.

02 자본예산모형을 할인모형과 비할인모형으로 구분하고, 각 모형의 특성을 설명하시오.

03 순현재가치법과 내부수익률법에 의한 투자안의 평가 결과를 단일 투자안을 고려하는 경우와 복수 투자안을 고려하는 경우로 구분하여 기술하시오

04 자본예산의 현금흐름 추정 및 계산 방법을 논술하시오.

05 회수기간법에 의한 의사결정 방법과 회수기간의 역수의 기능을 설명하시오.

06 순현재가치법의 평가 방법과 장 · 단점을 기술하시오.

07 내부수익률의 개념과 평가 방법을 설명하시오.

08 다음의 개념을 설명하시오.

① 현금흐름(cash-flow)

② 법인세효과

③ 회계적이익률

④ 내부수익률

⑤ 보간법

⑥ Fisher 이익률

⑦ 자본배분

⑧ 명목할인율과 실질할인율

09 자본예산모형(기본)

충주회사는 다음과 같은 설비투자안을 검토중이다.

설비투자액	₩10,000,000
연간순현금유입액	₩2,500,000
내용연수	5년
잔존가치	₩1,000,000
감가상각법	정액법
법인세율	20%
최저기대수익률(자본비용)	12%

물음 다음 요구사항별로 투자안을 평가하시오.

(1) 회수기간법(사전에 설정된 기준회수기간은 5년임)

(2) 최초 투자액에 대한 회계적이익률법(목표로 설정된 기준이익률은 6%) 평균투자액에 대한 회계적이익률법(목표로 설정된 기준이익률은 9%)

(3) 순현재가치법(자본비용 12%에서의 5년의 연금현가계수는 3.605이며, 5년의 현재가치 계수는 0.567임)

(4) 내부수익률법(내부수익률 계산 시 연금현재가치계수는 다음과 같다)

기간	28%	30%
5년	2.532	2.436

10 기계구입 여부 결정

강북회사에서는 부품을 생산하는 특수기계를 ₩40,000에 구입할 계획을 갖고 있다. 이 기계를 구입하면 앞으로 5년간 매년 운영비를 ₩13,500씩 절감할 수 있고, 2년 후에는 대수선비 ₩4,000이 발생하리라 예상된다. 이 수선비는 전액 손금 산입된다. 그리고 기계의 추정 잔존가치는 ₩5,000이고 감가상각비는 정액법으로 상각할 것이다. 최저기대수익률은 12%이고, 법인세율은 20%이다.

물음 위의 자료로 특수기계의 구입 여부를 순현재가치모형을 이용하여 결정하시오.

11 기계 대체 여부 결정

충청회사는 수년 전에 구입한 구 기계를 신 기계로 대체하는 방안을 20×4년 초에 검토하고 있다. 신 · 구 기계에 관한 관련 자료는 다음과 같다.

	구 기계	신 기계
취득원가	₩24,000	₩20,000
잔존 내용연수	4년	
내용연수		4년
잔존가치	₩2,000	₩4,000
감가상각비	연수합계법	정액법
연간 현금운영비	₩12,000	₩6,000
감가상각누계액	₩10,000	

구 기계를 지금 처분하면 ₩6,000을 받을 수 있다. 4년 후의 구 기계 처분가치는 ₩0, 신 기계의 처분가치는 ₩2,000으로 추정된다. 이 회사의 법인세율은 20%이며, 가중평균자본비용은 10%이다. 연간 현금운영비와 법인세는 연말에 발생한다고 가정한다.

물음 순현재가치법에 의해 기계 대체 여부를 결정하시오.

12 인플레이션 하의 자본예산

서초회사는 신설비를 ₩90,000에 구입할 것을 고려하고 있다. 설비의 내용연수는 4년이고, 잔존가치는 ₩10,000이다. 감가상각 방법은 정액법을 사용하고 있고, 법인세율은 20%이다. 매년 예상되는 법인세차감전 현금유입액은 ₩40,000이고 실질할인율은 10%이다.

물음 (1) 연간 인플레이션율을 10%라 가정하고, 명목현금흐름에 의한 설비의 순현재가치를 계산하시오.

(2) 연간 인플레이션율을 10%라 가정하고, 실질현금흐름에 의한 설비의 순현재가치를 계산하시오.

13 기계 교체 의사결정

부산회사는 20×1년 초에 기계를 구입해서 3년 동안 사용하였다. 그러나 20×4년 초에 구 기계를 처분하고 생산성이 높은 신 기계로 교체할 것을 검토 중이다. 앞으로 4년간 매년 40,000단위의 제품을 생산할 예정이다. 구 기계 및 신 기계와 관련된 자료는 다음과 같다.

	구 기계	신 기계
취득원가	₩550,000	₩500,000
잔존가치	60,000	100,000
총내용연수	7년	4년
잔존내용연수	4년	4년
감가상각법	정액법	정액법
추정처분가액		
20×4년 1월	₩300,000	
20×7년 12월	40,000	₩120,000
제조원가		
단위당 변동원가	₩20	₩16
연간 고정원가	75,000	60,000

법인세율은 20%이고, 법인세차감후 최저기대수익률은 14%이다.

물음 순현재가치법을 이용하여 기계 교체에 대해 의사결정하시오.

객관식

01 자본예산모형 중 화폐의 시간가치를 고려하는 할인모형은 다음 중 어느 것인가? ▸ 경영지도사

① 회수기간법 ② 고저점법 ③ 순현재가치법
④ 회계적이익률법 ⑤ 상대적 판매가치법

02 다음은 투자안에 대한 최저필수수익률에 대한 설명이다. 틀린 것은? ▸ 세무사

① 투자에 대한 기회비용과 같은 개념이다.
② 투자에 대한 위험이 높을수록 최저필수수익률도 높아진다.
③ 차입자금에 대한 이자비용과 같다.
④ 차선의 투자안에 대한 내부수익률과 같다.
⑤ 물가상승 시에는 최저필수수익률도 높아진다.

03 다음 중 자본예산 방법에 대한 설명으로 적절하지 않은 것은? ▸ 세무사

① 순현재가치법에서 순현재가치란 투자안으로부터 생기는 현금수입의 현재가치에서 현금지출의 현재가치를 차감한 잔액이다.

② 내부수익률법에서 내부수익률이란 현금수입과 현금지출을 현재가치로 환산할 때 동일한 금액이 되게 하는 수익률을 의미한다.

③ 회수기간이란 투자안으로부터 유입되는 현금이 최초의 투자지출액을 회수하는데 소요되는 시간을 의미하는데 이 기법은 주로 위험이 적고 안정적인 투자안을 평가하는 데 사용되는 것이 바람직하다.

④ 회계적이익률법에서 회계적이익률이란 손익계산서에서 계산된 이익과 투자액의 비율이다.

⑤ 회수기간의 역수는 투자안의 연간 순현금유입액을 최초 투자액으로 나눈 것으로, 투자안으로부터의 연간 현금유입액이 일정하게 발생하고 투자안의 내용연수가 최소한 회수기간의 2배 이상인 상황에서 내부수익률의 근사한 추정치로 사용할 수 있다.

04 투자안평가 방법에는 여러 가지 방법이 있다. 회수기간법을 사용할 경우 반드시 알고 있어야 할 요소가 아닌 것은 어느 것인가? ▸ 세무사

① 투자액　　② 잔존가치　　③ 이자율
④ 연간 현금유입액　　⑤ 정답 없음

05 자본예산모형에서 순현가법이 내부수익률법에 비해 장점이 아닌 것은? ▸ 경영지도사

① 가치의 합계원칙 적용이 가능하다.
② 내부수익률은 없거나 복수로 존재 가능하다.
③ 계산이 단순하다.
④ 투자의 규모가 다른 경우에도 사용 가능하다.
⑤ 재투자에 대한 가정이 보다 현실적이다.

06 다음 중 자본예산을 위해 사용되는 순현가법(NPV)과 내부수익률법(IRR)에 대한 설명으로 옳은 것은? ▸ 세무사

① 내부수익률법은 복리계산을 하지 않으므로 순현가법보다 열등하다.
② 특정 투자안의 수락 타당성에 대해 두 방법은 일반적으로 다른 결론을 제공한다.
③ 내부수익률법은 현금이 할인율이 아닌, 내부수익률에 의해 재투자된다고 가정한다.
④ 내부수익률법은 순현가법과 달리, 여러 가지 수준의 요구수익률을 사용하여 분석할 수 있으므로 더 우수하다.
⑤ 순현가법은 분석시점에 초기 투자액이 없는 경우에는 사용할 수 없다.

07 다음의 설명 중 옳지 않은 것은?

① 회계적이익률법은 현금흐름에 의하여 투자안을 평가한다.
② 현금흐름이 매년 동일한 경우 투자안의 회수기간과 연금현가계수는 동일하다.

③ 순현재가치가 0보다 크다는 말은 그 투자안의 내부수익률이 자본비용보다 크다는 말이다.
④ 투자안의 수명이 충분히 길 경우 내부수익률의 근사치로 회수기간의 역수가 사용된다.
⑤ 회수기간법은 투자안의 위험을 나타내는 지표가 된다.

08 자본예산모형은 투자안에 대한 수익성 및 경제성을 분석하여 최적투자안을 선택하는데 이용되는 평가 방법이다. 자본설비에 대한 투자액과 이 투자안을 실행하는 과정에서 발생하는 회계이익에 기초하여 투자안을 평가하는 방법은 어느 것인가? ▸ 경영지도사

① 순현재가치법 ② 내부수익률법 ③ 수익성지수법
④ 회수기간법 ⑤ 투자수익률법

09 (주)동방은 ₩21,000을 투자하여 신규 설비를 도입하였다. 이 신규 설비투자로 인해 발생할 것으로 예상되는 연간 세후순이익은 ₩2,100이다. 신규 설비의 내용연수는 10년이고 잔존가치는 없으며 정액법에 의하여 상각한다. (주)동방의 최저요구수익률은 10%이고, 10년 후 ₩1의 현재가치는 0.386이며 10년간 기말연금의 현가계수는 6.145이다. 이 경우 회수기간법에 의한 회수기간은? ▸ 지방직 9급

① 3년 ② 4년 ③ 5년 ④ 10년

10 ㈜갑의 20×4년 현금매출 및 신용매출은 각각 ₩160,000과 ₩1,200,000이고, 20×4년 기초와 기말의 매출채권 잔액은 각각 ₩180,000과 ₩212,000이다. ㈜갑의 20×4년 영업비용은 ₩240,000이다. 20×4년 선급비용 기말잔액은 기초보다 ₩16,000이 증가하였고, 20×4년 미지급비용 기말잔액은 기초보다 ₩24,000이 감소하였다. 20×4년에 고객으로부터 유입된 현금흐름과 영업비용으로 유출된 현금흐름은 얼마인가? ▸ 공인회계사

	고객으로부터 유입된 현금흐름	영업비용으로 유출된 현금흐름
①	₩1,328,000	₩232,000
②	1,328,000	280,000
③	1,360,000	232,000
④	1,360,000	280,000
⑤	1,332,000	202,000

11 ㈜한국의 엔진사업부는 단일의 제품을 생산 · 판매하는 투자중심점이다. ㈜한국의 최근 몇 해 동안의 투자수익률(ROI)은 평균 20%이며, 자본비용(즉, 최저필수수익률)은 15%이다. 다음은 20×4 회계연도 ㈜한국의 엔진사업부에 관한 예산 자료이다.

• 엔진사업부의 연간 총고정원가	₩200,000
• 제품 단위당 변동원가	₩100
• 제품의 연간 생산 · 판매량	1,000단위
• 엔진사업부에 투자된 평균영업자산	₩500,000

㈜한국의 CEO는 엔진사업부 경영자의 성과평가 측정치로 투자수익률 혹은 잔여이익(residual income)을 고려중이다. 만약 투자수익률이 채택되는 경우, 엔진사업부 경영자가 불리한 평가를 받지 않기 위해서는 20×4 회계연도에 20% 이상의 투자수익률을 달성하여야 한다.
만약 잔여이익이 채택되는 경우, 20×4 회계연도에 엔진사업부가 음(−)의 잔여이익을 창출하게 되면 유리한 성과평가를 받을 수 없게 된다. ㈜한국이 엔진사업부의 성과평가 측정치로 투자수익률 혹은 잔여이익을 사용하게 되는 각각의 경우에 대해, 엔진사업부 경영자가 20×4 회계연도에 불리한 평가를 받지 않기 위해 책정하여야 하는 제품 단위당 최소평균판매가격은 얼마인가?

▸ 공인회계사

	투자수익률을 사용하는 경우	잔여이익을 사용하는 경우
①	₩375	₩380
②	375	390
③	375	400
④	400	375
⑤	400	390

12 ㈜한국은 두 개의 보조 부문(부문 S_1과 부문 S_2)과 두 개의 제조 부문(부문 P_1과 부문 P_2)을 사용하여 제품을 생산하고 있다. 20×4 회계연도에 각 보조 부문이 생산하여 타 부문에 제공할 용역의 양과 보조 부문의 원가에 관한 예산 자료는 다음과 같다.

(1) 보조 부문의 용역생산량과 타 부문에 제공할 용역량

보조 부문	보조 부문의 용역생산량	각 보조 부문이 타 부문에 제공할 용역량			
		S_1	S_2	P_1	P_2
S_1	200단위	-	40단위	100단위	60단위
S_2	200단위	100단위	-	20단위	80단위

(2) 보조 부문의 원가

	부문 S_1	부문 S_2
• 간접재료원가(변동비)	₩560,000	₩80,000
• 감독자급여(고정비)	80,000	80,000
• 감가상각비(고정비)	200,000	240,000
계	₩840,000	₩400,000

20×3년 말 ㈜한국은 ㈜대한으로부터 현재 부문 S_2에서 제공하고 있는 용역을 단위당 ₩1,400에 공급해 주겠다는 제안을 받았다. 만약 이 제안을 20×4년 초에 수락할 경우 ㈜한국은 부문 S_2의 간접재료원가를 회피할 수 있으며 부문 S_2의 감독자급여를 50%만큼 절감할 수 있다. 그리고 부문 S_2의 설비는 타사에 임대하여 연간 ₩24,000의 수익을 얻을 수 있다. 만약 20×4년 초에 ㈜한국이 ㈜대한의 제안을 수락함으로써 부문 S_2를 폐쇄하고 ㈜대한으로부터 용역을 구입하기로 결정하는 경우, 이러한 결정은 ㈜한국의 20×4 회계연도 이익에 어떠한 영향을 미치게 될 것인가?

▸ 공인회계사

① ₩1,000 증가 ② ₩2,000 증가 ③ ₩3,000 증가
④ ₩4,000 증가 ⑤ ₩5,000 증가

13 (주)광안은 자동화설비를 ₩50,000에 구입하려고 한다. 이 회사의 원가담당자는 설비를 도입함으로써 다음과 같은 현금운영비가 절감될 것으로 예상하고 있다. 이때 내부수익률은 얼마인가?

▸ 공인회계사

연도	금액
1차연도	₩20,000
2차연도	₩20,000
3차연도	₩20,000

연금의 현가표(n = 3)

8%	9%	10%	11%
2.577	2.531	2.487	2.444

① 9.17% ② 9.50% ③ 9.70% ④ 10.17% ⑤ 10.83%

14 다음 자료에 의하여 첫해의 평균 장부금액에 의한 회계적이익률(ARR)을 계산하면? ▸ 세무사

(1) 비영리법인이다.
(2) 세차감후 현금유입액은 ₩650,000이다.
(3) 최초 투자액은 ₩2,000,000이고, 잔존가치는 ₩"0"이며, 정액법으로 상각하고 내용연수는 5년이다.

① 13.89% ② 37.5% ③ 12.5% ④ 25% ⑤ 20%

15 성공대학 학생회에서는 현재 복사비용으로 외부에 장당 ₩40씩 지급하고 있는데, 복사비용 절감을 위해 ₩5,000,000인 복사기의 구입을 고려하고 있다. 이 복사기는 2년간 사용한 후 ₩660,000에 재판매할 수 있다. 종이 가격은 장당 ₩10이며 100장 복사에 10장이 낭비된다. 복사기 유지비는 연간 ₩150,000이며, 그 이외 복사비 관련 비용은 없다. 편의상 올해의 현금흐름은 할인하지 않고

내년도의 현금흐름은 할인율 10%로 할인한다.

매년 복사해야 할 수량이 100,000장일 경우, 복사기를 구입하여 사용하는 것이 2년간 복사 비용을 지급하는 것에 비하여 순현재가치(NPV)의 측면에서 볼 때 얼마나 절감되는가? ▸ 공인회계사

① ₩500,000 ② ₩750,000 ③ ₩850,000 ④ ₩1,000,000 ⑤ ₩1,160,000

객관식 해답 01 ③ 02 ④ 03 ③ 04 ③ 05 ④ 06 ③ 07 ① 08 ⑤ 09 ③ 10 ②
11 ④ 12 ④ 13 ③ 14 ① 15 ③

11 불확실성 하의 의사결정

1절 의사결정과 불확실성

1. 의사결정 구분

의사결정은 의사결정과 관련된 미래 상황과 성과의 확실성 여부에 따라 확실성 하의 의사결정과 불확실성 하의 의사결정으로 구분된다. 확실성 하의 의사결정은 의사결정자가 의사결정과 관련된 모든 요소(상황, 성과)들을 확실하게 알 수 있는 경우의 의사결정을 의미하며, 원가-조업도-이익분석이나 단기의사결정 문제가 이에 해당된다. 불확실성 하의 의사결정(decision making under uncertainty)은 의사결정과 관련된 요소들을 확실하게 알 수 없는 경우의 의사결정을 의미하며, 확률(probability)을 적용하여 최적안을 선택하게 된다.

의사결정자가 불확실성 하에서 의사결정 시에 고려해야 할 변수는 대안(alternatives), 상황(situation), 그리고 성과(payoff) 등이다. 대안은 의사결정 시에 선택될 수 있는 복수 검토안의 총칭이며 통제가능변수이다. 성과는 미래의 경제여건, 시장여건 등의 의사결정 상황과 의사결정의 결과로 기대되는 결과물이며 통제불가능변수이다.

2. 불확실성 하의 의사결정 과정

불확실성 하의 의사결정은 일반적으로 다음과 같은 과정을 거쳐 최적대안을 선택한다.

① 의사결정의 목적을 설정하고 계량화한다.

- 기대가치의 최대화(기대이익 최대화, 기대비용 최소화)
- 기대효용의 최대화

② 의사결정자가 고려하여야 할 모든 대안을 파악한다.

의사결정은 여러 대안 중에서 최적안을 선택하는 행위이고, 의사결정 과정에서 모든 가능성을 고려해야 한다.

③ 미래의 발생 가능한 상황을 열거한다.

미래의 상황은 발생할 개연성은 있으나 의사결정자가 통제할 수 없는 요소로 의사결정에 중대한 영향을 미친다. 이들 상황은 상호간에 배타적이어야 한다.

④ 미래 상황의 발생 가능성에 확률을 부여한다.

의사결정자는 미래 상황의 불확실성을 해소하고, 의사결정목적을 효율적으로 달성하고자 확률을 부여한다. 확률은 의사결정자가 갖고 있는 각종 정보나 주관적 판단에 좌우되는 주관적 확률이다. 다만 확률법칙상 각 미래 상황의 확률 총합은 반드시 1이 되어야만 한다.

⑤ 각 대안의 기대가치(효용)를 계산한다.

성과는 대안과 상황에 따라 결정되는데, 성과에 상황의 발생확률을 곱하여 각 대안의 기대가치를 계산한다. 두 개의 대안과 두 가지 상황을 전제로 성과표(payoff table)[1)]를 작성하면 다음과 같다.

성과표

대안 \ 상황	$S_1, P(s_1)$	$S_2, P(s_2)$
a_1	X_{11}	X_{12}
a_2	X_{21}	X_{22}

단, a: 대안, s: 상황
$P(s)$: 상황(s)이 발생할 사전확률(주관적 확률)
X: 특정 행동대안(ai)과 특정 상황(sj)의 결합으로 나타날 수 있는 성과

⑥ 성과표를 이용하여 의사결정목적을 달성할 수 있는 최적대안을 선택한다.

- 기대가치기준: 기대가치가 큰 대안 선택
- 기대효용기준: 기대효용이 큰 대안 선택

1) 성과표는 대안, 상황이 발생할 확률, 대안별 기대가치(효용)를 요약한 표이다.

2절 불확실성 하의 의사결정기준

의사결정 시 각 대안의 기대가치는 상황에 따라 영향을 받으나, 동일한 상황이라 하더라도 의사결정자의 의사결정기준에 따라 결과가 달라질 수 있다. 의사결정기준에는 기대가치기준과 기대효용기준이 있다.

1. 기대가치기준

기대가치(expected value)기준은 각 대안의 성과에 특정 상황의 발생확률(probability)을 곱하여 기대가치를 계산한 후, 이를 모두 합한 값을 근거로 최적안을 선택하는 것이다. 위 성과표에 의한 각 대안의 기대가치는 다음과 같다.

$$E(a_1) = X_{11} \cdot P(s_1) + X_{12} \cdot P(s_2)$$
$$E(a_2) = X_{21} \cdot P(s_1) + X_{22} \cdot P(s_2)$$

단, E : 기대가치(expected value)

최적안 a^*는 기대가치를 극대화(또는 극소화)하는 안으로 수식으로 표현하면 다음과 같다.

$$E(a^*) = \max(\min)\sum X_{ij} \cdot P(sj)$$

기대가치기준은 상황의 발생확률을 감안함으로써 의사결정의 불확실성을 감소시켜 주지만, 기대가치는 발생확률을 가중치로 사용한 가중평균값만을 의미하며 의사결정에 수반되는 위험(분산 및 표준편차)을 고려하지 않는다는 단점이 있다.

예제 SOLVE PRACTICE PROBLEM

삼성기업은 제품 A, B를 생산 · 판매하고 있는데, 가격 및 원가의 관련 자료는 다음과 같다.

	제품 A	제품 B
단위당 판매가격	₩1,000	₩800
단위당 변동원가	800	500
총고정원가	100,000	60,000

제품 A와 B의 판매수량은 경기 상황에 따라 변화하는데, 내년의 경기 상황에 따른 각 제품의 판매수량과 의사결정자의 주관적인 사전확률은 다음과 같다.

경기 상황 / 대안	불황(s_1) $P(s_1)=0.4$	호황(s_2) $P(s_2)=0.6$
제품 A(a_1)	1,000개	1,800개
제품 B(a_2)	700	1,000

물음 (기존정보 하의)기대가치(극대화)기준에 의한 제품판매의 최적안을 결정하시오.

해답

1. 성과표

경기 상황 / 대안	불황(s_1) $P(s_1)=0.4$	호황(s_2) $P(s_2)=0.6$
제품 A(a_1)	₩100,000*	₩260,000
제품 B(a_2)	150,000	240,000

* ₩1,000,000 - ₩800,000 - ₩100,000 = ₩100,000(영업이익)

2. 기존정보 하의 각 대안의 기대가치

$E(a_1)$ = ₩100,000 × 0.4 + ₩260,000 × 0.6 = ₩196,000

$E(a_2)$ = ₩150,000 × 0.4 + ₩240,000 × 0.6 = ₩204,000

∴ 기대가치가 큰 제품 B(a_2 대안)를 판매하는 의사결정이 최적안

2. 기대효용기준

기대효용(expected utility)기준은 각 대안의 효용에 특정 상황의 확률을 곱하여 기대효용을 계산하고, 이를 모두 합한 값을 각 대안의 기대효용으로 평가하여 최적안을 선택하는 것이다. 기대

가치기준과 다른 것은 각 대안의 성과에 위험 요소를 감안한 기대효용을 의사결정기준으로 한다는 것이다. 위 성과표에 의한 각 대안의 기대효용은 다음과 같다.

$$EU(a_1) = UX_{11} \cdot P(s_1) + UX_{12} \cdot P(s_2)$$
$$EU(a_2) = UX_{21} \cdot P(s_1) + UX_{22} \cdot P(s_2)$$

단, EU : 기대효용
UX : 특정 대안(a_i)과 (s_j)의 결합으로 나타날 수 있는 성과의 효용

기대효용을 극대화한 최적안을 수식으로 표현하면 다음과 같다.

$$EU(a^*) = \max \sum UX_{ij} \cdot P(sj)$$

효용(utility)은 특정 상황 하에서 각 대안의 성과에 대해 의사결정자가 갖게 되는 주관적 만족수준이다. 성과달성에 수반되는 위험(risk) 문제를 고려해야 하며, 위험은 성과가 예상을 벗어날 가능성을 나타내고 분산과 표준편차로 표시된다.

의사결정자가 위험에 대해 어떤 태도를 보이느냐에 따라 효용함수는 달라진다. 효용함수(utility function)는 성과(기대가치)와 위험에 대한 효용(만족)수준과의 관계를 수학적 모델로 표현한 것이다. 효용함수는 의사결정자의 위험에 대한 태도에 따라 위험회피형, 위험선호형, 위험중립형 등의 효용함수로 구분할 수 있다.

효용함수의 유형

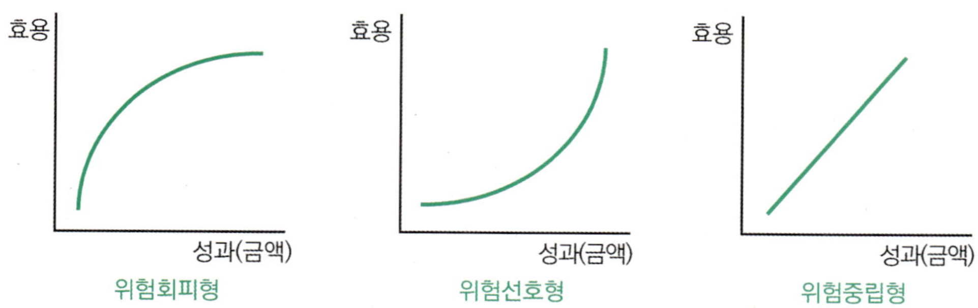

$U(X) = \sqrt{X}$ $\quad$ $U(X) = X^2$ $\quad$ $U(X) = X$

① **위험회피형 효용함수(risk-averse utility function)** 위험을 회피하는 대부분의 의사결정자가 갖는 형태로 성과의 증가율보다 효용의 증가율(기울기)이 점차 감소하는 오목함수(concave function)이다.

② **위험선호형 효용함수(risk-take utility function)** 위험을 선호하는 의사결정자가 갖는 함수로 성과의 증가율보다 효용의 증가율이 더 큰 볼록형태(convex function)이다.

③ **위험중립형 효용함수(risk-neutral utility function)** 의사결정자가 위험을 인지하지 않으므로 성과의 증가율에 효용의 증가율이 정비례하는 선형 형태이다.

위험회피형과 위험선호형 등의 효용함수는 위험에 대한 태도로 인해 기대가치에 의한 의사결정과 기대효용에 의한 의사결정이 다를 수 있다. 반면에 위험중립형 효용함수의 경우에는 선형(linear)의 효용함수 형태이므로 기대가치와 효용가치에 대한 의사결정 가치가 항상 동일하다.

예제 SOLVE PRACTICE PROBLEM

삼성기업은 제품 A, B를 생산 · 판매하고 있는데, 가격 및 원가 관련 자료는 다음과 같다.

	제품 A	제품 B
단위당 판매가격	₩1,000	₩800
단위당 변동원가	800	500
총고정원가	100,000	60,000

제품 A와 B의 판매수량은 경기 상황에 따라 변화하는데, 내년의 경기 상황에 따른 각 제품의 판매수량과 의사결정자의 주관적인 사전확률은 다음과 같다.

대안 \ 경기 상황	불황(s_1) $P(s_1)=0.4$	호황(s_2) $P(s_2)=0.6$
제품 A(a_1)	1,000개	1,800개
제품 B(a_2)	700	1,000

물음 삼성기업 최고경영자의 효용함수가 $U(X)=\sqrt{X}$ (단, X는 영업이익)인 위험회피형이라 가정하고, 기대효용기준에 의한 최적안을 결정하시오.

해답

$EU(a_1) = (\sqrt{100,000} \times 0.4) + (\sqrt{260,000} \times 0.6) =$ ₩432

$EU(a_2) = (\sqrt{150,000} \times 0.4) + (\sqrt{240,000} \times 0.6) =$ ₩448

∴ 기대효용이 큰 최적안은 제품 B(a_2 대안)의 판매안이다.

3절 정보의 가치평가

불확실성 하의 의사결정 시에 주어진 정보의 종류에 따라 최적 의사결정이 달라지므로 다음의 세 가지 정보를 의사결정에 이용해야 한다.

① 기존정보는 불확실성을 제거할 수 있는 새로운 특정 정보가 없는 경우의 정보이며, 기존정보만으로 결정된 가치를 기존정보 하의 기대가치라고 한다.

② 완전정보는 미래의 불확실성을 완전히 제거할 수 있는 확실한 정보를 말하며, 완전정보를 이용해 결정된 가치를 완전정보 하의 기대가치라고 한다.

③ 불완전정보는 기존정보에 미래의 불확실성을 어느 정도 감소시켜 주는 새로운 특정 정보(조건부확률 적용)를 말하며, 불완전정보를 이용해 결정된 가치를 불완전정보 하의 기대가치라고 한다.

1. 완전정보의 기대가치와 기대효용

(1) 완전정보의 기대가치

완전정보(perfect information)는 의사결정과 관련된 미래의 상황변수에 대한 완벽한 정보를 의미한다. 이 완전한 정보를 가지고 의사결정할 때의 기대가치를 완전정보 하의 기대가치(expected value with(or under) perfect information)라고 한다. 완전정보 하의 기대가치는 불확실한 현재 상태에서 내린 최적 의사결정의 기대가치(기존정보 하의 기대가치)를 초과하게 되는데, 이를 완전정보의 기대가치(Expected Value of Perfect Information: EVPI)라고 한다.

완전정보의 기대가치는 완전정보 하의 기대가치에서 기존정보 하의 기대가치를 차감하여 계산하며, 구체적인 계산절차는 다음과 같다.

[단계 1]: 기존정보 하의 기대가치 계산

[단계 2]: 완전정보 하의 기대가치 계산

완전정보 하의 대안의 성과 × 각 상황의 주관적인 사전확률

[단계 3]: 완전정보의 기대가치 계산

완전정보 하의 기대가치 - 기존정보 하의 기대가치

> 완전정보의 기대가치(EVPI) = 완전정보 하의 기대가치 - 기존정보 하의 기대가치
> - 완전한 정보가 있어 증가되는 기대가치
> - 완전한 정보를 얻기 위하여 지급할 수 있는 최대 금액
> - 최소 기대기회손실, 최소 가중평균예측오차의 원가

예제

SOLVE PRACTICE PROBLEM

삼성기업은 제품 A, B를 생산 · 판매하고 있는데, 가격 및 원가 관련 자료는 다음과 같다.

	제품 A	제품 B
단위당 판매가격	₩1,000	₩800
단위당 변동원가	800	500
총고정원가	100,000	60,000

제품 A와 B의 판매수량은 경기 상황에 따라 변화하는데, 내년의 경기 상황에 따른 각 제품의 판매수량과 의사결정자의 주관적인 사전확률은 다음과 같다.

대안 \ 경기 상황	불황(s_1) $P(s_1)=0.4$	호황(s_2) $P(s_2)=0.6$
제품 A(a_1)	1,000개	1,800개
제품 B(a_2)	700	1,000

물음 관련 자료가 완전정보인 경우, 완전정보의 기대가치를 계산하시오.

해답

(단계 2)	완전정보 하의 기대가치 (₩150,000 × 0.4) + (₩260,000 × 0.6) =	₩216,000
(단계 1)	기존정보 하의 기대가치 (₩150,000 × 0.4) + (₩240,000 × 0.6) =	₩204,000
(단계 3)	완전정보의 기대가치	₩12,000

완전정보의 기대가치는 예측오차의 원가와 각 상황의 발생확률을 곱하여 구할 수도 있다. 예측오차의 원가(손실)는 의사결정에 영향을 미치는 변수를 잘못 예측한 결과, 최적대안을 선택하지 못함으로써 발생하는 기회손실을 의미하며, 조건부손실이라고도 한다. 이 예측오차원가는 기대가치를 극대화시키는 최적안의 결과와 기존정보 하의 기대가치 결과와의 차이로 계산할 수 있다.

예측오차의 원가 =	최적대안의 결과 (사후적 최적대안)	-	실제 선택한 대안의 결과 (사전적 최적대안)

예제

SOLVE PRACTICE PROBLEM

삼성기업은 제품 A, B를 생산 · 판매하고 있는데, 가격 및 원가 관련 자료는 다음과 같다.

	제품 A	제품 B
단위당 판매가격	₩1,000	₩800
단위당 변동원가	800	500
총고정원가	100,000	60,000

제품 A와 B의 판매수량은 경기 상황에 따라 변화하는데, 내년의 경기 상황에 따른 각 제품의 판매수량과 의사결정자의 주관적인 사전확률은 다음과 같다.

대안 \ 경기 상황	불황(s_1) $P(s_1)=0.4$	호황(s_2) $P(s_2)=0.6$
제품 A(a_1)	1,000개	1,800개
제품 B(a_2)	700	1,000

물음 예측오차의 원가를 이용하여 완전정보의 기대가치를 계산하시오.

해답

완전정보의 기대가치

= 예측오차 원가(상황별 최적안의 기대가치 - 상황별 기존안의 기대가치) × 상황별 발생확률의 합

{(₩150,000 - ₩150,000) × 0.4} + {(₩260,000 - ₩240,000) × 0.6} = ₩0 + ₩12,000 = ₩12,000

(2) 완전정보의 기대효용

완전정보의 기대가치는 의사결정자가 위험에 대해 어떤 태도를 보이느냐에 따라 달라질 수 있다. 이 경우 의사결정자는 기대효용을 극대화하려 하기 때문이다. 위험중립형 의사결정자는 위험을 무시하므로 정보를 이용함으로써 증가되는 기대 성과가 완전정보의 가치가 된다. 그러나 위험회피형 의사결정자는 위험을 회피하므로 기대가치보다는 기대효용을 극대화하고자 한다.

위험회피형 혹은 위험선호형 의사결정자의 효용함수가 주어졌다고 가정할 경우 완전정보의 기대효용은 다음 절차로 계산할 수 있다.

[단계 1] 기존정보 하의 최적안에 대한 기대효용 계산

[단계 2] 완전정보 하의 기대효용 계산

성과표의 모든 성과에서 정보입수비용을 차감하여 순성과를 계산한 후, 이를 효용함수에 대입하여 완전정보 하의 기대효용을 계산한다.

[단계 3] 최적안 기대효용과 완전정보 하의 기대효용을 같게 하는 정보입수비용 계산

정보입수비용이 완전정보의 기대효용이며, 위험회피형 혹은 위험선호형 의사결정자가 완전정보를 입수하기 위해 지급할 수 있는 최대금액이다.

일반적으로 위험회피형 의사결정자가 평가하는 완전정보의 가치는 위험중립형 의사결정자의 완전정보의 가치보다 크다. 그 이유는 위험회피형 의사결정자는 위험을 감소시켜 주는 정보에 대해 보다 많은 금액을 지급하고자 하기 때문이다.

예제

SOLVE PRACTICE PROBLEM

삼성기업은 제품 A, B를 생산 · 판매하고 있는데, 가격 및 원가 관련 자료는 다음과 같다.

	제품 A	제품 B
단위당 판매가격	₩1,000	₩800
단위당 변동원가	800	500
총고정원가	100,000	60,000

제품 A와 B의 판매수량은 경기 상황에 따라 변화하는데, 내년의 경기 상황에 따른 각 제품의 판매수량과 의사결정자의 주관적인 사전확률은 다음과 같다.

대안 \ 경기 상황	불황(s_1) $P(s_1)=0.4$	호황(s_2) $P(s_2)=0.6$
제품 A(a_1)	1,000개	1,800개
제품 B(a_2)	700	1,000

물음 1. 최고경영자의 효용함수가 (위험회피형)인데, 외부 연구소에 ₩5,000을 지급하고 완전정보를 입수하는 것이 바람직한가?

2. 최고경영자의 효용함수가 위와 같은 경우, 최고경영자가 완전정보의 입수에 지급하려는 최대 금액을 계산하시오.

해답

(단계 1) 기존정보 하의 기대효용이 큰 최적안(a_2 대안)의 값 ₩448 계산

(단계 2) 정보입수비용 ₩5,000을 차감한 순영업이익을 효용함수에 대입한 후, 완전정보 하의 기대효용 계산

$$\{\sqrt{150,000 - 5,000} \times 0.4\} + \{\sqrt{260,000 - 5,000} \times 0.6\} = ₩455$$

⇨ ₩455은 기존정보 하의 기대효용 ₩448을 초과하므로 ₩5,000을 지급하고 정보 입수

(단계 3) 정보입수비용을 C라 하고, 완전정보 하의 기대효용과 기존정보 하의 기대효용(₩448)을 같게 하는 C를 계산

$$\{\sqrt{150,000 - C} \times 0.4\} + \{\sqrt{260,000 - C} \times 0.6\} = ₩448$$

⇨ 시행착오법으로 정보입수비용 C를 계산하면 약 ₩11,000으로 이 ₩11,000이 위험회피형의 최고경영자가 완전정보에 대해 지급하려는 최대 금액

2. 불완전정보의 기대가치와 기대효용

(1) 불완전정보의 기대가치

미래의 상황을 정확히 알려주는 완전정보는 현실적으로 존재하지 않는다. 따라서 일상적으로 이용되는 정보는 대부분 불완전정보이며, 불완전정보를 이용하여 최적대안을 선택하게 된다. 불완전정보가 미래의 불확실성을 모두 제거해 주지는 못하지만 불확실성을 감소시켜 준다. 따라서 불완전정보를 이용함으로써 질적으로 향상된 의사결정을 할 수 있고 기존 의사결정의 기대가치보다 높은 기대가치를 얻을 수 있게 된다. 즉, 불완전정보도 기대가치를 증가시킬 수 있으므로 일정한 가치를 갖게 되는데 이를 불완전정보의 기대가치(Expected Value of Sample Information: EVSI)라고 한다.

불완전정보의 기대가치는 불완전정보를 가지고 의사결정을 함으로써 증가되는 가치이므로, 이는 불완전정보를 얻기 위하여 지급할 수 있는 최대금액이 되는 것이다. 불완전정보의 기대가치 계산 순서는 먼저, 상황에 대해 갖고 있는 사전확률(주관적 확률)과 특정 상황에 대한 특정 정보의 확률(조건부확률)을 곱하여 결합확률을 계산하고, 이를 특정 정보의 신뢰성 확률로 나누어 사후확률을 계산한다.

사후확률을 계산한 후에는 이 사후확률을 각 대안의 상황별 성과에 곱하여 기대가치를 계산하

고, 기대가치가 가장 큰 최적안을 결정한다. 그리고 각 특정 정보 하에서 최적안의 기대가치에 각 정보의 신뢰성 확률을 곱하여 불완전정보 하의 기대가치를 구한다. 이 기대가치에서 기존정보 하의 기대가치를 차감하면 불완전정보의 기대가치를 산출할 수 있다.

불완전정보의 기대가치(EVSI) = 불완전정보 하의 기대가치 - 기존정보 하의 기대가치

- 불완전한 정보 때문에 증가되는 기대가치
- 불완전한 정보를 얻기 위하여 지급할 수 있는 최대금액

일반적으로 사전확률은 베이지안 정리(Baysian theorem)를 이용해 사후확률로 수정할 수 있다. 미래에 발생 가능한 상황을, 의사결정에 고려할 수 있는 정보를 라 하면, 각 상황과 정보와의 관계를 확률기호로 정의하면 다음과 같다.

$P(sj)$: 사전확률(주관적 확률)

$P(yi|sj)$: 조건부확률

$P(yi \cap sj)$: 결합확률

$P(yi)$: 특정 정보의 신뢰성 확률

$P(sj|yi)$: 사후확률(객관적 확률)

여기서 사전확률($P(sj)$)은 의사결정자가 상황에 부여한 주관적 확률이다. 조건부확률($P(yi|sj)$)은 의사결정자가 특정 상황(sj)이 특정 정보(yi) 하에서 발생할 것이라고 판단한 특정 정보의 정확성을 나타내는 확률로, 다음 식으로 나타낼 수 있다.

$$P(yi|sj) = \frac{P(yi \cap sj)}{P(sj)} \qquad \cdots\cdots (1)$$

위 식에서 $P(yi \cap sj)$는 특정 정보(yi)와 특정 상황(sj)이 같이 발생하는 결합확률(joint probability)로 이를 확률의 곱셈법칙으로 나타내면 다음과 같다.

$$\begin{aligned} P(yi \cap sj) &= P(yi|sj) \cdot P(sj) \qquad \cdots\cdots (2) \\ &= P(sj|yi) \cdot P(yi) \end{aligned}$$

따라서 식 (2)를 식 (1)에 대입하면

$$P(yi|sj) = \frac{P(yi|sj) \cdot P(sj)}{P(sj)} \qquad \cdots\cdots (3)$$
$$= \frac{P(sj|yi) \cdot P(yi)}{P(sj)}$$

여기서 $P(yi)$는 특정 정보(yi)의 신뢰성확률로, 의사결정자의 사전확률($P(sj)$)과 조건부확률($P(yi|sj)$)이 주어진 경우 다음과 같이 구할 수 있다.

$$P(yi) = P(y_1 \cap s_1) + P(y_2 \cap s_2) + \cdots + P(yi \cap sj)$$
$$= P(y_1|s_1) \cdot P(s_1) + P(y_2|s_2) \cdot P(s_2) + \cdots + P(yi|sj) \cdot P(sj)$$
$$= \sum_{i_1 j=1}^{n} P(yi|sj) \cdot P(sj) \qquad \cdots\cdots (4)$$

베이지안 정리를 이용하면, 사후확률($P(sj|yi)$)은 특정 정보(yi)를 입수한 경우 특정 상황(sj)의 발생 가능성을 나타내며 다음과 같이 구할 수 있다.

$$P(sj|yi) = \frac{P(yi \cap sj)}{P(yi)}$$
$$= \frac{P(yi|sj) \cdot P(sj)}{P(yi)} \qquad \cdots\cdots (5)$$

식 (4)를 식 (5)에 대입하면 다음과 같다.

$$P(sj|yi) = \frac{P(yi|sj) \cdot P(sj)}{\sum_{i_1 j=1}^{n} P(yi|sj) \cdot P(sj)} \qquad \cdots\cdots (6)$$

불완전정보의 기대가치를 계산하는 절차는 다음과 같다.

[단계 1] 미래 발생 가능한 특정 상황과 정보를 고려한 성과표 작성

[단계 2] 특정 정보의 신뢰성확률($P(yi)$) 계산

[단계 3] 베이지안 정리를 이용하여 사전확률을 사후확률로 수정

의사결정자가 각 특정 상황에 부여하는 사전확률($P(sj)$)에 조건부확률($P(yi|sj)$)을 곱하여 특정 상황에서 특정 정보가 나타날 확률인 결합확률($P(yi|sj) \cdot P(sj)$)을 구하고, 이를 특정 정보의 신뢰성확률($P(yi)$)로 나누어 특정 정보를 입수한 경우 특정 상황이 발생할 확률인 사후확률($P(sj|yi)$)을 계산한다.

[단계 4] 특정 정보별로 각 대안의 상황별 순성과에 사후확률을 곱하여 각 대안의 기대가치를

구하고, 기대가치가 가장 큰 최적안 결정

[단계 5] 특정 정보 하에서 최적안의 기대가치([단계 4]의 최적안)에 각 특정 정보의 신뢰성 확률($P(yi)$)을 곱하여 불완전정보 하의 기대가치(expected value with imperfect information) 계산

[단계 6] 불완전정보의 기대가치 계산

예제 SOLVE PRACTICE PROBLEM

삼성기업은 제품 A, B를 생산 · 판매하고 있는데, 가격 및 원가 관련 자료는 다음과 같다.

	제품 A	제품 B
단위당 판매가격	₩1,000	₩800
단위당 변동원가	800	500
총고정원가	100,000	60,000

제품 A와 B의 판매수량은 경기 상황에 따라 변화하는데, 내년의 경기 상황에 따른 각 제품의 판매수량과 의사결정자의 주관적인 사전확률은 다음과 같다.

대안 \ 경기 상황	불황(s_1) $P(s_1)=0.4$	호황(s_2) $P(s_2)=0.6$
제품 A(a_1)	1,000개	1,800개
제품 B(a_2)	700	1,000

물음 삼성기업은 경제연구소에서 분석한 내년의 경기예측 관련 정보를 입수하였는데 그 확률은 다음과 같다.

정보 \ 경기 상황	불황(s_1)	호황(s_2)
불황정보(y_1)	$P(y_1 \mid s_1)=0.7$	$P(y_1 \mid s_2)=0.3$
호황정보(y_2)	$P(y_2 \mid s_1)=0.3$	$P(y_2 \mid s_2)=0.7$

경영자가 외부 경제연구소에서 불완전정보(70% 확률)인 경기예측 관련 특정 정보를 입수할 경우, 이 불완전정보에 대해 최대로 지급할 수 있는 금액은 얼마인가?

해답

(단계 1) 성과표 작성(대안(a_1, a_2) 모두에 동일한 확률 적용)

경기 상황 / 정보	불황(s_1) $P(s_1)=0.4$	호황(s_2) $P(s_2)=0.6$
불황정보(y_1)	$P(y_1 \mid s_1)=0.7$	$P(y_1 \mid s_2)=0.3$
호황정보(y_2)	$P(y_2 \mid s_1)=0.3$	$P(y_2 \mid s_2)=0.7$

(단계 2) 사전확률과 조건부확률이 주어져 있으므로, 이들을 이용하여 각 정보의 신뢰성확률($P(yi)$) 계산

$$P(y_1) = P(y_1|s_1) \cdot P(s_1) + P(y_1|s_2) \cdot P(s_2)$$
$$= 0.7 \times 0.4 + 0.3 \times 0.6$$
$= \mathbf{0.46}$(불황정보에 대한 신뢰성확률)

$$P(y_2) = P(y_2|s_1) \cdot P(s_1) + P(y_2|s_2) \cdot P(s_2)$$
$$= 0.3 \times 0.4 + 0.7 \times 0.6$$
$= \mathbf{0.54}$(호황정보에 대한 신뢰성확률)

(단계 3) 사후확률($P(sj|yi)$) 계산

① 불황정보 y_1을 입수한 경우

$$P(s_1|y_1) = \frac{P(y_1|s_1) \cdot P(s_1)}{P(y_1)}$$
$$= \frac{0.28\,(0.7 \times 0.4)}{0.46} = 0.6087 \left(\begin{array}{l}\text{불황정보를 입수한 경우} \\ \text{불황 상황의 발생 가능성}\end{array}\right)$$

$$P(s_2|y_1) = \frac{P(y_1|s_2) \cdot P(s_2)}{P(y_1)}$$
$$= \frac{0.18\,(0.3 \times 0.6)}{0.46} = 0.3913$$

② 호황정보 y_2를 입수한 경우

$$P(s_1|y_2) = \frac{P(y_2|s_1) \cdot P(s_1)}{P(y_2)}$$
$$= \frac{0.12\,(0.3 \times 0.4)}{0.54} = \mathbf{0.2222}$$

$$P(s_2|y_2) = \frac{P(y_2|s_2) \cdot P(s_2)}{P(y_2)}$$
$$= \frac{0.42\,(0.7 \times 0.6)}{0.54} = \mathbf{0.7778} \left(\begin{array}{l}\text{호황정보를 입수한 경우} \\ \text{호황 상황의 발생 가능성}\end{array}\right)$$

(단계 4) 각 대안별 순성과에 사후확률을 곱하여 기대가치를 구하고 최적안 결정

① 불황정보 y_1을 입수한 경우, 각 대안의 기대가치

$$E(a_1) = ₩100,000 \times P(s_1|y_1) + ₩260,000 \times P(s_2|y_1)$$
$$= ₩100,000 \times 0.6087 + ₩260,000 \times 0.3913$$
$$= ₩162,608$$

$$E(a_2) = ₩150,000 \times P(s_1|y_1) + ₩240,000 \times P(s_2|y_1)$$
$$= ₩150,000 \times 0.6087 + ₩240,000 \times 0.3913$$
$$= \mathbf{₩185,217}$$

∴ 기대가치가 큰 대안(a_2)를 선택

② 호황정보 y_2를 입수한 경우, 각 대안의 기대가치

$$E(a_1) = ₩100,000 \times P(s_1|y_2) + ₩260,000 \times P(s_2|y_2)$$
$$= ₩100,000 \times 0.2222 + ₩260,000 \times 0.7778$$
$$= \mathbf{₩224,448}$$
$$E(a_2) = ₩150,000 \times P(s_1|y_2) + ₩240,000 \times P(s_2|y_2)$$
$$= ₩150,000 \times 0.2222 + ₩240,000 \times 0.7778$$
$$= ₩220,002$$

∴ 기대가치가 큰 대안(a_1)을 선택

(단계 5) 불완전정보 하의 기대가치

$$E(a_2) \cdot P(y_1) + E(a_1) \cdot P(y_2)$$
$$= \underline{₩185,217 \times 0.46^{*}} + \underline{₩224,448 \times 0.54^{**}}$$
$$= \mathbf{₩206,402}$$

* 불황정보(y_1)를 입수할 확률 하에서 제품 B를 판매할 최적안에 대한 기대가치

** 호황정보(y_2)를 입수할 확률 하에서 제품 A를 판매할 최적안에 대한 기대가치

(단계 6) 불완전정보의 기대가치

= 불완전정보 하의 기대가치 - 기존정보 하의 기대가치

= **₩206,402 − ₩204,000**

= **₩2,402**

∴ 경기예측 관련 정보에 대해 최대로 지급할 수 있는 금액은 ₩2,402이다.

(2) 불완전정보의 기대효용

불완전정보의 기대가치는 위험중립형 의사결정자가 정보를 제공하는 사람에게 지급할 수 있는 최대 금액이라고 할 수 있다. 그러나 이는 정보로서의 신뢰도 문제로 항상 완전정보의 기대가치보다는 적게 지급된다. 만약 의사결정자가 위험회피형 혹은 위험선호형 의사결정자라면 자신의 효용함수를 고려하여 불완전정보의 기대효용을 계산해야 하며, 계산 절차는 다음과 같다.

[단계 1] 기존정보 하의 최적안에 대한 기대효용 계산

[단계 2] 성과표의 모든 성과에서 정보입수비용(C)을 차감하여 순성과 계산

[단계 3] 특정 정보의 신뢰성 확률 계산

[단계 4] 베이지안 정리를 이용하여 사전확률을 사후확률로 수정

[단계 5] 특정 정보별로 각 대안의 상황별 순성과에 사후확률을 곱하여 각 대안의 기대효용을 구하고 기대효용이 가장 큰 최적안 결정

[단계 6] 각 특정 정보 하에서 최적안의 기대효용에 각 정보의 신뢰성 확률을 곱하여 불완전정

보 하의 기대효용 계산

[단계 7] 기존정보 하의 기대효용과 불완전정보 하의 기대효용을 같게 만드는 정보입수비용 (C) 계산

정보입수비용(C)은 불완전정보의 기대효용(expected utility of imperfect information)으로 위험회피형이나 위험선호형 의사결정자가 불완전정보를 입수하기 위해 지급할 수 있는 최대금액이다.

예제

SOLVE PRACTICE PROBLEM

삼성기업은 제품 A, B를 생산 · 판매하고 있는데, 가격 및 원가 관련 자료는 다음과 같다.

	제품 A	제품 B
단위당 판매가격	₩1,000	₩800
단위당 변동원가	800	500
총고정원가	100,000	60,000

제품 A와 B의 판매수량은 경기 상황에 따라 변화하는데, 내년의 경기 상황에 따른 각 제품의 판매수량과 의사결정자의 주관적인 사전확률은 다음과 같다.

대안 \ 경기 상황	불황(s_1) $P(s_1)=0.4$	호황(s_2) $P(s_2)=0.6$
제품 A(a_1)	1,000개	1,800개
제품 B(a_2)	700	1,000

물음 삼성기업은 경제연구소에서 분석한 내년의 경기예측 관련 정보를 입수하였는데 그 확률은 다음과 같다.

정보 \ 경기 상황	불황(s_1)	호황(s_2)
불황정보(y_1)	$P(y_1 \mid s_1)=0.7$	$P(y_1 \mid s_2)=0.3$
호황정보(y_2)	$P(y_2 \mid s_1)=0.3$	$P(y_2 \mid s_2)=0.7$

1. 삼성기업 최고경영자의 효용함수가 $U(X)=\sqrt{X}$인 경우, 경제연구소에 ₩6,000을 지급하고 불완전정보(70% 확률)인 경기예측 관련 정보를 입수하는 것이 바람직한지 여부를 결정하시오.
2. 삼성기업의 최고경영자가 불완전정보의 입수에 대해 지급하려는 최대 금액은 얼마인지 계산하시오.

해답

1. (단계 1) 기존정보 하의 기존 최적안의 기대효용

    $EU(a_2) =$ **₩448**

    (단계 2) 각 대안의 상황별 순성과

    $U(X_{11}) = \sqrt{100,000 - 6,000} = ₩306$

    $U(X_{12}) = \sqrt{260,000 - 6,000} = ₩504$

    $U(X_{21}) = \sqrt{150,000 - 6,000} = ₩379$

    $U(X_{22}) = \sqrt{240,000 - 6,000} = ₩484$

    (단계 3) 특정 정보의 신뢰성 확률($P(yi)$)

    $P(y_1) =$ **0.46**, $P(y_2) =$ **0.54**

    (단계 4) 사후확률(($P(sj|y_i)$))

    ① 정보 y_1를 입수한 경우

    $P(s_1|y_1) = 0.6087$, $P(s_2|y_1) = 0.3913$

    ② 정보 y_2를 입수한 경우

    $P(s_1|y_2) = 0.2222$, $P(s_2|y_2) = 0.7778$

    (단계 5) 각 대안의 기대효용: (단계 2) × (단계 4)

    ① 불황정보 y_1를 입수한 경우

    $EU(a_1) = (₩306 \times 0.6087) + (₩504 \times 0.3913) = ₩383$

    $EU(a_2) = (₩379 \times 0.6087) + (₩484 \times 0.3913) = ₩420$

    이 경우에는 기대효용이 큰 대안(**a_2**)를 선택

    ② 호황정보 y_2를 입수한 경우

    $EU(a_1) = (₩306 \times 0.2222) + (₩504 \times 0.7778) = ₩460$

    $EU(a_2) = (₩379 \times 0.2222) + (₩484 \times 0.7778) = ₩461$

    이 경우에는 기대효용이 큰 대안(**a_2**)를 선택

    (단계 6) 불완전정보 하의 기대효용: (단계 5)의 선택안 × (단계 3)

    $EU(a_2) \cdot P(y_1) + EU(a_2) \cdot P(y_2)$

    $= (₩420 \times 0.46) + (₩461 \times 0.54)$

    $=$ **₩442**

    (단계 7) 불완전정보의 기대효용: (단계 6) - (단계 1)

    불완전정보 하의 기대효용 - 기존정보 하의 최적안의 기대효용

    = **₩442 − ₩448 = − ₩6**

    이 안의 경우, 기존정보 하의 기대효용에 미달하므로, ₩6,000을 지급하고 70%의 예측을 하는 외부 경기예측 관련 정보를 입수하는 것은 바람직하지 않다.

2. 정보입수비용을 C라 하고 정보가 없을 때의 기존 최적안의 기대효용과 불완전정보 하의 기대효용을 같게 하는 C를 계산한다.

$$(\sqrt{150{,}000 - C} \times 0.46) + (\sqrt{260{,}000 - C} \times 0.54) = ₩448$$

시행착오법에 의해 C를 구하면 약 ₩5,300이며, 이 금액은 최고경영자가 불완전정보에 대해 지급하려는 최대 금액이다.

연습문제

REVIEW EXERCISES

주관식

01 불확실성 하의 의사결정 과정을 설명하시오.

02 기대가치기준과 기대효용기준을 비교하여 기술하시오.

03 완전정보의 기대가치 개념을 설명하고, 계산절차를 기술하시오.

04 불완전정보의 기대효용을 논술하시오.

05 불완전정보의 기대가치를 계산하는 절차를 설명하시오.

06 다음의 개념을 설명하시오.

① 대안, 성과, 상황

② 기대가치

③ 기대효용

④ 위험회피용 효용함수

⑤ 완전정보

07 기대가치기준

상당회사는 신제품을 생산하고자 기계 A와 기계 B 중 하나를 구입할 계획이다. 각 기계로 생산하는 제품 관련 정보는 다음과 같다.

	단위당 판매가격	단위당 변동원가
기계 A	₩80	₩40
기계 B	80	35

두 기계의 취득원가는 모두 ₩500,000이며, 제품 판매수량 및 판매가능성은 다음과 같다.

판매수량	확률
30,000단위	0.4
20,000	0.3
10,000	0.3

물음 기대가치기준에 의해 최적안을 결정하시오.

08 매출배합과 CVP 분석

▸ 공인회계사

대구(주)는 제품 X와 Y를 생산하고 있다. 생산에 관련된 자료는 다음과 같다.

	X	Y
단위당 판매가격	₩15,000	₩30,000
단위당 변동제조원가	4,000	10,000
단위당 변동판매관리비	1,000	5,000
고정제조간접원가	₩40,000,000	
고정판매관리비	10,000,000	

물음 (1) 제품 X와 Y의 매출배합이 1:2일 때, 이익이 매출액의 20%가 될 수 있도록 하기 위해서는 제품 X와 Y를 각각 몇 단위 판매해야 하는가?

(2) 제품 X와 Y를 생산하는 데는 부문 A, B를 거쳐야 한다. 제품 X와 Y를 생산하는 데 소요되는 시간은 다음과 같다.

	A	B
X	2분	2분
Y	4분	1분

A의 총사용가능시간은 30,000분이며, B는 15,000분이다. 이익을 극대화시키는 X와 Y의 매출배합은 무엇이며, 그 때의 이익은 얼마인가?

(3) 제품 Y의 가격이 변한다고 할 때, 어느 정도 변해야 최적 매출배합이 변하게 되는지를 설명하시오.

(4) 환경 문제로 인하여 제품 Y를 폐기하고 제품 X만을 생산하기로 하였다. 제품 X를 생산하기 위한 설비를 신설비로 대체할 경우, 단위당 변동제조원가가 ₩1,000이 감소하며 ₩10,000,000만큼 고정제조간접원가가 증가한다. 제품 X를 부산화학(주)에 판매하기 위한 계약을 맺으려 한다. 계약이 성공할 경우 30,000개를 판매할 수 있으며 성공할 확률은 30%이며, 성공하지 못할 때의 판매량은 9,000개이다. 신설비로 대체해야 된다

는 기술이사의 의견에 대해 평가하시오.

(5) 광주(주)가 부산화학(주)의 계약에 대한 완전한 정보를 제공할 수 있다고 한다. 대구(주)가 완전한 정보에 대해 지급 가능한 금액은 얼마인가?

09 불확실성 하의 의사결정

서울회사는 지난해 100,000단위의 제품을 단위당 ₩18에 생산 · 판매하였다. 이 기업의 연간 생산능력은 150,000단위이다. 제품생산 단위당원가 자료는 다음과 같다.

직접재료원가	₩4
직접노무원가	6
변동제조간접원가	2
고정제조간접원가	3
단위당 제조원가	₩15

최근 외부거래업체로부터 제품을 단위당 ₩16에 구입하겠다는 특별주문을 받았다. 그러나 외부업체가 구입해 갈 구매량은 불확실하며 20,000단위를 구입해 갈 확률은 30%, 30,000단위를 구입해 갈 확률은 70%로 추정된다. 유휴생산능력은 타제품 생산에 이용할 수 있고 이 경우 순현금유입액은 ₩100,000이다.

물음 서울회사는 외부업체의 판매량을 예측하고자 전문조사기관에 ₩1,000의 수수료를 지급하고, 판매량 예측을 의뢰할 수 있다. 이 기관은 비관적인 보고(판매량 20,000단위)나 낙관적인 보고(판매량 30,000단위)를 할 수 있다. 이 기관의 예측이 정확할 확률은 60%이다. 서울회사가 전문조사기관에 판매량 예측을 의뢰하는 것이 바람직한지 여부를 설명하시오.

10 불확실성 하의 의사결정

▸ 공인회계사

다음은 제품 A와 제품 B에 관한 자료이다.

구 분	제품 A	제품 B
판매가격	₩10,000/단위	₩4,000/단위
변동원가	1,000/단위	1,500/단위
총고정원가	3,200,000	1,000,000

다음은 각 제품의 호황, 보통, 불황의 상황에 따른 제품판매량에 관한 자료이다.

판매량 \ 상황	S_1 호황(0.5)	S_2 보통(0.3)	S_3 불황(0.2)
제품 A	800단위	600단위	400단위
제품 B	1,000	1,200	1,500

(　)안은 확률

내년도 경기를 예측하는 보고서가 3개(R_1, R_2, R_3) 있으며 확률은 다음과 같다.

$P(R_1 \mid s_1) = 0.7,\quad P(R_1 \mid s_2) = 0.2,\quad P(R_1 \mid s_3) = 0.1$

$P(R_2 \mid s_1) = 0.2,\quad P(R_2 \mid s_2) = 0.5,\quad P(R_2 \mid s_3) = 0.3$

$P(R_3 \mid s_1) = 0.1,\quad P(R_3 \mid s_2) = 0.3,\quad P(R_3 \mid s_3) = 0.6$

물음 (1) 기대가치 극대화기준을 사용할 때, 제품 A와 제품 B 중 어느 제품을 생산할 것인가?

(2) ① 완전정보의 기대가치(EVPI)를 계산하시오.
② 이것이 의미하는 바를 설명하시오.

(3) 경기를 예측하는 각 보고서를 기초로 어느 제품을 생산할 것인지를 선택하라. 또한 이 정보를 구하기 위하여 최대로 지급할 수 있는 금액은 얼마인가?

11 불확실성 하의 의사결정

▸ 공인회계사

(주)한국은 반자동기계와 완전자동기계를 이용하여 제품을 생산할 수 있으며, 다음은 의사결정과 관련된 관련 자료이다.

	반자동기계	완전자동기계
단위당 변동제조원가	₩150	₩50
단위당 변동판매비와 관리비	50	50
고정제조간접원가	100,000	350,000
고정판매비와 관리비	50,000	50,000

반자동기계를 이용하여 생산한 제품의 품질이 완전자동기계를 이용하여 생산한 제품의 품질보다 낮으므로, 제품단위당 판매가격은 반자동기계로 만든 제품은 ₩400, 완전자동기계로 만든 제품은 ₩500이다. 회사는 판매량을 추정하고 있는데 호경기일 확률은 70%이고 이때는 3,000단위가 판매될 것이며, 불경기일 확률은 30%이고 이때는 1,000단위가 판매될 것으로 예상하고 있다. 판매량은 정규분포를 따르는 것으로 알려져 있다.

반자동기계로 만든 제품의 표준편차는 125개, 평균 판매량은 1,000개이며, 완전자동기계로 만든 제품의 표준편차는 200개, 평균 판매량은 1,200개이다. 물음 (1), (2)와 물음 (3), (4), (5)는 독립적이다. 단, 물음 (3), (4), (5) 계산 시 단위당 판매가격은 두 제품 모두 ₩500으로 가정한다.

물음 (1) 두 대안 중에서 제품판매량이 손익분기점 이상일 확률이 큰 대안은?

(2) ₩100,000 이상의 영업이익을 낼 확률이 큰 대안은?

(3) 당신이 경영자라면 반자동기계와 완전자동기계 중 어느 것을 택하겠는가?

(4) 만약 확실한 정보를 얻을 수 있다면, 최대한 얼마의 수수료를 지급하겠는가?

(5) 만약 호경기 일 때는 정확도가 90%이고 불경기일 때는 정확도가 80%인 정보를 얻을 수 있다면, 최대한 얼마의 수수료를 지급하겠는가?(확률계산 시 소수점 아래 둘째 자리까지 계산하시오.)

객관식

01 불완전정보의 기대가치를 구하는 데 필요 없는 것은? ▸ 세무사

① 각 대안들에 대한 기대값
② 각 상황에 대한 사전확률
③ 성과표
④ 베이지안 정리
⑤ 예측오차에 대한 원가

02 다음은 정보의 가치에 대한 설명이다. 틀린 것은?

① 완전정보의 기대가치는 의사결정자의 위험선호도에 관계없이 일정하다.
② 정보는 미래의 불확실성을 제거하는 역할을 수행한다.
③ 위험회피형인 사람은 위험중립적인 사람에 비해 정보의 가치를 더 높게 평가한다.
④ 완전정보의 기대가치는 완전정보에 대해 지급하고자 하는 최대금액과 같다.
⑤ 불완전정보의 기대가치는 아무리 크더라도 완전정보의 기대가치보다 낮다.

03 불확실성 하의 의사결정에 대한 설명 중 옳지 않은 것은? ▸ 공인회계사

① 완전정보는 정보취득원가와 상관없이 항상 취득할 가치가 있다.
② 불확실성은 발생 가능한 상황에 대한 확률로 나타난다.
③ 완전정보의 기대가치는 불완전정보의 기대가치보다 항상 크거나 같다.
④ 완전정보를 가지고 최적의 의사결정을 하면 예측오차의 원가는 발생하지 않는다.
⑤ 불완전정보는 미래 상황에 대한 불확실성을 완전히 없애지는 못하는 정보이다.

04 다음은 불확실성 하의 의사결정과 관련된 문장들이다. 올바른 또는 타당성을 갖는 문장만을 모은 것은?

> a. 완전정보의 기대가치(EVPI)는 불완전정보의 기대가치(EVSI)보다 항상 크거나 같다.
> b. 최적안의 기대기회손실(expected opportunity loss)은 EVPI 값과 동일하다.
> c. 예측오차 원가(cost of prediction error)의 기대치는 EVPI와 동일하다.
> d. 기대기회손실의 최소대안은 곧 기대가치 최대대안과 동일하다.

① a, b, c, d ② b, c ③ a, b, d ④ a, b, c ⑤ b, c, d

05 (주)아리수는 전문경영인을 채용하기 위해 전문경영인의 보수 w를 결정하고자 한다. 전문경영인의 노력 e와 외부 경영환경 s에 따른 회사의 이익(전문경영인의 보수 차감 전) X는 다음과 같다.

		외부 경영환경		
		s_1	s_2	s_3
전문경영인의 노력	$e=6$	X = ₩60,000	X = ₩60,000	X = ₩30,000
	$e=4$	X = ₩30,000	X = ₩60,000	X = ₩30,000

외부 경영환경(s_1, s_2, s_3) 각각의 발생확률은 $\frac{1}{3}$로 모두 동일하다. 회사 이익 X는 객관적으로 관찰 가능하지만, 전문경영인의 노력 e는 관찰 불가능하다. ㈜아리수의 주주집단의 효용함수 B는 다음과 같이 이익 X와 전문경영인의 보수 w로 이루어진다.

$$B(X,\ w) = X - w$$

전문경영인의 효용함수 U는 다음과 같다.

$$U(w,\ e) = \sqrt{w} - e^2$$

전문경영인은 자신의 효용이 114 이상일 경우에만 고용계약을 수락할 것이다. 단, 모든 세금효과는 무시한다. 이상의 내용과 관련하여 다음 설명 중 적절하지 않은 것은? ▸ 공인회계사

① 전문경영인의 보수를 고정급으로 지급할 때 회사의 이익이 극대화된다.
② 만약 전문경영인의 노력이 관찰 가능하다면, 회사 이익보다 전문경영인의 노력을 기초로 성과급을 지급하는 것이 주주집단의 효용을 더 높인다.
③ 만약 전문경영인이 노력 $e=6$을 기울인다면, 회사의 기대이익은 50,000이 된다.
④ 주어진 전문경영인의 효용함수에 의하면 전문경영인은 보수 w에 대해 위험회피적이다.
⑤ 만약 전문경영인이 노력 $e=6$을 기울이고, 보수 w = ₩22,500을 받는다면 전문경영인의 효용(U)은 114가 된다.

06 다음 중 불확실성 하의 의사결정에 관한 설명으로 가장 타당하지 않은 것은 어느 것인가?

▸ 공인회계사

① 미래의 발생 가능한 상황들은 모두 알려져 있지만 그 중에서 어떤 특정 상황이 실제로 발생할지는 모르는 상태에서 내리는 의사결정을 불확실성 하의 의사결정이라고 한다.

② 불확실성 하의 의사결정은 확실성 하의 의사결정과는 달리 미래의 발생 가능한 상황들과 각 상황이 발생할 확률을 추가적으로 고려할 필요가 있다.

③ 불확실성 하의 의사결정에 사용되는 정보의 유용성은 사전확률을 사후확률로 변경시킨 결과에 따른 의사결정자의 기대가치 또는 기대효용의 증가분에 의하여 평가할 수 있다.

④ 불완전정보의 기대가치(expected value of imperfect information)는 불완전정보에 의하여 수정된 사후확률을 이용하여 계산한 최적안의 기대가치와 불완전정보를 사용하기 전의 사전확률에 의한 최적안의 기대가치 차이로 계산할 수 있다.

⑤ 완전정보의 기대가치(expected value of perfect information)는 완전정보에 의한 미래의 상황별 최적안의 선택에 따른 기대가치로서 위험중립형 의사결정자가 정보의 구입비용으로 지급할 수 있는 최대금액이 된다.

※ 다음의 자료를 이용하여 문제 07 및 문제 08에 답하시오. ▸ 공인회계사

미래 상황	A	B	C	D
발생확률	0.3	0.2	0.4	0.1
대안과 성과치				
a_1	₩20,000	₩15,000	₩5,000	₩0
a_2	30,000	20,000	10,000	(10,000)
a_3	40,000	30,000	5,000	0
a_4	60,000	20,000	0	(30,000)

07 완전정보 하의 기대값은 얼마인가?

① ₩11,000 ② ₩16,000 ③ ₩19,000 ④ ₩24,000 ⑤ ₩28,000

08 완전정보의 기대값(EVPI)은 얼마인가?

① ₩8,000 ② ₩11,000 ③ ₩12,000 ④ ₩16,000 ⑤ ₩17,000

09 (주)금성의 전자동 생산공정은 가끔 제품의 불량률이 높은 비정상 상태를 일으키고 있다. 제품의 불량률로 인한 손실은 ₩1,000,000이며, 조사비용은 ₩300,000이 소요된다. 조사 후 비정상적인 상태를 교정하는 비용은 ₩400,000이다. 공정을 조사하든 안하든 무차별한 결과를 가져오는 공정

이 정상 상태에 있을 확률은 얼마인가? ▸ 공인회계사

① 0.4 ② 0.6 ③ 0.5 ④ 0.45 ⑤ 0.65

10 (주)파주는 낙후된 기계장치를 처분하고 첨단 기계장치를 새로 구입하려고 한다. 이에 따른 예상수요가 연간 4,000단위가 될 확률은 30%이며, 연간 8,000단위가 될 확률은 70%이다. 각 상황에 따른 새로운 기계구입 시의 기대수익은 다음과 같다.

수요가 4,000단위일 경우	甲기계 구입 시: ₩30,000
	乙기계 구입 시: ₩20,000
수요가 8,000단위일 경우	甲기계 구입 시: ₩50,000
	乙기계 구입 시: ₩80,000

위의 자료를 기초로 수요 상황을 정확하게 알 수 있는 정보가 있다면, 이 정보를 얻기 위하여 지출할 수 있는 최대 금액은 얼마인가? ▸ 세무사

① ₩62,000 ② ₩44,000 ③ ₩65,000 ④ ₩64,000 ⑤ ₩3,000

11 회사는 제품 A를 현재의 생산라인에 추가하려고 한다. 제품 A의 판매가격은 ₩10으로 예측되며, 이 제품을 제조하는데 연간 총고정제조원가 ₩900,000이 들고, 단위당 변동제조원가는 ₩7이 들 것으로 추정된다. 과거 경험을 기초로 제품 A에 대한 수요와 그 확률분포는 다음과 같이 예측된다. ▸ 세무사

수 요(수 량)	확 률
100,000 이상 ~ 200,000 미만	0.1
200,000 이상 ~ 300,000 미만	0.2
300,000 이상 ~ 400,000 미만	0.4
400,000 이상 ~ 500,000 미만	0.2
500,000 이상	0.1

만일 이 회사가 제품 A를 추가하는 경우 제품 A로부터 손익분기점 이상의 매출을 달성할 확률은 얼마인가?

① 0.1 ② 0.3 ③ 0.4 ④ 0.7 ⑤ 0.9

12 (주)전략은 새로운 생산설비를 도입하면서 자본집약적인 경우와 노동집약적인 경우의 두 가지 대안을 생각하고 있다. 각 대안의 원가구조는 다음과 같다.

원 가	자본집약적 설비	노동집약적 설비
고정원가	₩1,000,000	₩200,000
단위당 변동원가	₩4,000	₩7,000

설비를 도입한 후 월 예상생산량과 그 확률이 다음과 같다고 할 때 원가최소화를 목표로 하는 (주) 전략이 월 예상판매량에 관한 불확실한 정보 때문에 입게 될 경제적 손실은 얼마인가?

▸ 공인회계사

생산량(단위)	100	200	300	400
확률(%)	40	30	20	10

① ₩60,000　② ₩260,000　③ ₩1,540,000　④ ₩1,600,000　⑤ ₩1,800,000

13 대한회사는 단위당 ₩250에 판매되는 램프를 생산 · 판매하고 있다. 이 제품과 관련된 변동비는 단위당 ₩150이고, 고정비는 매월 ₩35,000이 발생한다. 회사는 현재 단제품으로 매월 평균 400 단위를 생산 · 판매하고 있다. 대한회사의 판매 담당 관리자는 매월 광고비를 ₩10,000만큼 증가시키면 매출액이 매월 ₩30,000만큼 증가할 것으로 기대하고 있다. 매월 광고비를 ₩10,000만큼 증가시킬 때 회사의 영업이익이 매월 얼마만큼 증감하게 될 것으로 예상되는가? ▸ 세무사

① 영업이익 ₩1,000 증가　② 영업이익 ₩2,000 증가　③ 영업이익 ₩3,000 증가
④ 영업이익 ₩2,000 감소　⑤ 영업이익 ₩3,000 감소

14 다음은 (주)대한의 매출 관련 예상 자료이다.

매출액	₩240,000
총변동비	135,000
총고정비	40,000
판매량	8,000단위

추가 판촉행사에 ₩10,000을 투입한다면, 예상 판매량이 400단위 증가할 확률이 60%, 200단위 증가할 확률이 40%이다. 이 판촉행사를 실시하면 영업이익의 기대치가 어떻게 변하는가?

▸ 세무사

① ₩1,000 감소　② ₩1,200 감소　③ ₩1,500 감소
④ ₩1,200 증가　⑤ ₩1,500 증가

15 (주)무릅팍은 신제품 X와 관련된 설비투자를 생각하고 있다. 신제품 X의 단위당 판매가격은 ₩10,000이며, 설비투자 규모에 따른 원가구조는 다음과 같다.

> 자본집약적 설비: 총고정비 ₩1,000,000, 단위당 변동비 ₩4,000
> 노동집약적 설비: 총고정비 ₩200,000, 단위당 변동비 ₩7,000

신제품 X의 예상판매량은 다음과 같은 확률분포를 가지고 있다.
100단위(40%), 200단위(30%), 300단위(20%), 400단위(10%)

회사가 직면한 판매량의 불확실성을 완전히 해소할 수 있는 정보를 구입하는 경우 지급할 수 있는 최대가치는 얼마인가? ▸ 공인회계사

① ₩60,000 ② ₩100,000 ③ ₩110,000 ④ ₩120,000 ⑤ ₩130,000

객관식 해답 01 ⑤ 02 ① 03 ① 04 ① 05 ① 06 ⑤ 07 ⑤ 08 ① 09 ③ 10 ⑤
11 ④ 12 ① 13 ② 14 ④ 15 ①

Management Accounting

04

전략적 관리회계

12 경제적 부가가치(EVA)

1절 기업가치

기업가치 창조를 위해 경영자는 의사결정 시에 전략적 대안들 중에 부가가치 창출 효과가 높은 최적해를 선택해야 하는데, 이를 위해서 경영자는 각 사업 영역의 가치창출의 원천을 충분히 인식하고 있어야 한다. 진정한 가치창조는 수익성과 함께 효율성 제고에 기초하므로 기업가치 극대화를 위하여 경영자는 포괄손익계산서 항목뿐만 아니라 재무상태표 항목을 종합적으로 관리해야만 한다.

1. 기업가치 결정 요인

기업의 가치는 각종 비용과 세금을 공제하고 순수하게 획득한 미래의 모든 현금흐름을 현재가치로 할인하여 계산할 수 있다. 미래에 기대되는 현금흐름이 클수록, 현금흐름할인에 이용되는 자본비용이 낮을수록 기업가치는 높게 평가된다. 기업이 특정 기간에 창출한 가치를 경제적 부가가치(EVA)로 표시하면 투하자본이익률과 자본비용 간의 차이에 투자금액을 곱한 것과 같다.

EVA = IC × (ROIC - WACC)

- IC(투하자본) = 순운전자본 + 고정자산 + 기타 영업자산
- ROIC(투하자본이익률) = 세후영업이익 / 투하자본
- WACC(가중평균자본비용) = {자기자본비용 × (자기자본 / 총자본)} + {세후타인자본비용 × (타인자본 / 총자본)}

영업 활동의 성과를 반영하는 ROIC가 재무 활동의 결과를 나타내는 WACC보다 높을수록 EVA가 높다는 것을 보여주고 있다. 투하자본이 크다고 해도 수익성이 자본비용에 미치지 못한다면, 기업가치는 감소하므로 경영자는 기업규모 확대보다는 확고한 수익성에 입각한 적정 투자 규모를 유지할 필요가 있다. 그리고 EVA의 구성 요소인 ROIC는 매출액영업이익률과 투하자본 회전율로 구성되므로 ROIC를 높이기 위해서는 단위 매출당 수익성과 자본의 효율성을 동시에 고려해야 한다.

투하자본이익률(ROIC) = (세후영업이익 / 매출액) × (매출액 / 투하자본)

기업가치 결정도(EVA 분석)

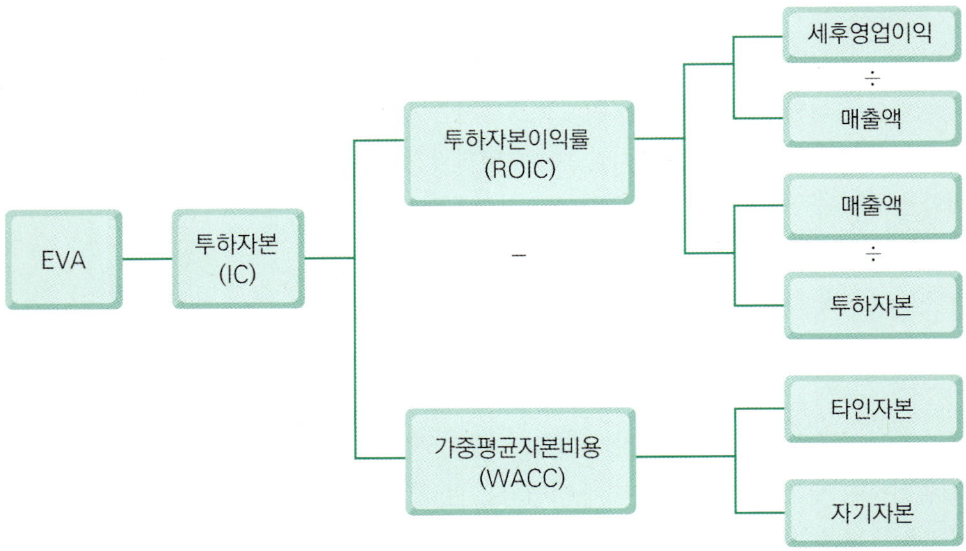

2. 기업가치와 경영전략

가치창출경영의 개념은 기업의 합리적 의사결정을 위한 공정한 기준이 되며, 경영자나 사업 부문별 성과 측정과 보상의 유효한 수단이 된다. 경영 성과평가의 핵심은 기업의 경영 활동에서 창출된 기업가치 규모이다. 기업가치 창출에 기여한 수준을 공정하게 평가하고, 적정한 보상과 승진 등의 인센티브가 제공되어야 경영자와 직원들에게 동기부여가 제고된다. 가치창조의 개념은 사업구조조정(restructuring)의 실천지표로 활용될 수 있다는 점에서 경영전략적 의미가 더욱 크다. 사업구조조정은 기업의 사업내용, 자산구성, 자본구조 등에 영향을 미치는 모든 경영 활동을 의미하며, 사업 분할 매각, 법인 분리, 자발적 청산, 기업인수, 차입매수(Leveraged Buy Out: LBO) 등의 거래 형태를 모두 포함하고 있다. 가치창출경영의 전략적 활용은 크게 세 가지로 구분할 수 있다.

첫째, 현행 사업구조 하에서 일상적인 업무프로세스 개선 혹은 리엔지니어링을 통해 기업가치를 창출하는 것이다. 이는 기업 내부에서 효율적 판매전략과 원가절감전략을 통하여 영업이익을 제고하고, 재고자산관리, 매출채권 및 매입채무관리의 효율화 등으로 운전자본을 최적화하여 불필요한 자본 투자를 제거한다는 점에서 내적 개선이라고 할 수 있다.

둘째, 기업의 재무구조를 개선하여 최적 자본구조를 달성함으로써 평균자본비용을 최소화하는 것이다. 타인자본비용은 자기자본비용보다 저렴하여 부채비율이 낮은 단계에서는 레버리지를 증가시키는 것이 유리하지만, 부채비율이 과도하게 높아지면 재무위험이 확대되어 평균자본비용이 다시 증가하므로 적정 부채비율의 유지 및 관리는 부가가치 창출에 필요한 핵심 요인 중의 하나이다.

셋째, 신규투자 시에 최적 자원배분과 기존 사업의 구조조정이다. 기업이 경영합리화 차원에서 업무용 부동산, 만성 적자사업 및 한계사업 등을 매각하여 차입금을 상환하거나 투자자금으로 활용하는 것은 구조조정전략의 일환이다.

가치창출을 위한 경영전략 수단

구 조	내 용
내적 개선 (internal improvement)	매출증대 원가절감 영업이익 확보 성과평가와 보상
재무구조조정 (financial restructuring)	배당정책(내부유보 확대) 최적 자본구조 달성 자기자본 충실화, 부채 상환능력 제고
사업구조조정 (asset restructuring)	최적 자원배분 사업 정리 및 매각 M&A

3. 기업가치 극대화

경영자의 핵심 업무는 기업의 발전에 중요한 요소인 투자 및 자금조달 결정뿐만 아니라 기업의 일상적인 경영 활동에서도 의사결정의 연속이다. 경영자가 내린 일련의 의사결정 결과가 조직에서 상호 유기적으로 결합되어 경영목표 달성에 효율적으로 기여하기 위해서는 기업 구성원들 모두가 공감할 수 있게 경영목표가 명확히 설정되어야 한다.

(1) 기업가치

기업은 경영에 필요한 자금을 자본시장으로부터 조달하여 사업에 투자하여 효율적으로 운용함으로써 수익을 극대화하려고 한다. 이때 기업은 자금을 제공한 투자자들에게 투자자금에 대한 자본비용을 지급해야 하기 때문에 투자자금의 생산성이 자본비용보다 커야만 기업은 진정한 수익을 창출하게 되는 것이다.

기업이 장기적으로 질적인 성장을 하기 위해서는 경제적 이익(부가가치)이 지속적이고 안정적으로 확보되어야만 한다. 그러므로 기업의 궁극적인 경영목적은 투자자금의 기회비용을 상회하는 경제적 이익을 지속적으로 창출함으로써 기업가치를 극대화할 수 있다.

기업가치는 기업이 획득할 미래의 현금흐름 규모, 발생 시기, 지속기간, 불확실성 등을 종합적으로 고려하여 현재가치로 환산한 것이다. 장기적인 관점에서 재무상태표와 포괄손익계산서 상의 모든 현금흐름을 대상으로 위험을 감안하여 평가한 가치는 다른 어떠한 척도보다 객관적이고 정확한 정보라고 할 수 있다.

(2) 주주가치

기업가치는 주주가치와 채권자가치의 합으로 구성된다. 채권자의 가치는 채권자가 기업에 대여해 준 금액으로 한정되기 때문에 경영 의사결정에 따른 가치의 변화가 거의 없으나, 주주의 가치는 기업에 대한 잔여청구권(residual claim)으로 투자정책, 재무정책 등에 따라 큰 영향을 받는다. 따라서 기업가치의 극대화는 주주가치의 극대화를 의미하며, 효율적인 자본시장에서의 기업가치 극대화는 주가의 극대화로 표현된다.

현대의 기업경영에서 주주의 역할이 확대되는 이유는 기업의 이해관계자들 중에 주주가 자신들의 이익극대화를 추구하는 과정에서 다른 모든 이해관계자들의 이익도 함께 극대화되기 때문이다. 예를 들면, 기업이 고객의 입장에서 제품가격을 결정한다면 가능한 한 저렴하게 결정해야 하고, 임 · 직원 입장에서는 최대한 비싼 가격으로 판매해야 할 것이다. 그러나 주주의 입장에서는 고객과 임 · 직원 간에 발생된 이해 상충을 조정하여 기업가치가 극대화 되도록 제품가격을 결정함으로써 모든 이해관계자들에게 실질적인 이익이 되도록 의사결정할 것이다.

이와 같이 기업가치 제고와 관련하여 가장 직접적이고 균형 있는 이해관계자가 주주이므로 주주가치 극대화에 초점을 맞추는 경영이 결과적으로 기업의 경쟁력을 강화시키게 되는 것이다.

2절 기업가치평가

기업들이 세계적인 초우량 기업들과 경쟁하기 위해서는 기업이 합리적인 자금조달 및 투자를 통해 자본생산성과 경영효율성을 향상시켜야 한다. 기업경영의 본질적인 목적은 외형 성장 및 이익극대화이다. 그리고 세계화(globalization)와 전문화(specialization)로 대변되는 현대의 기업경영에서는 경영의 기본 패러다임(paradigm)을 기업가치 제고를 위한 경영관리 및 성과평가시스템을 갖추기 위해 혁신해야만 한다.

1. 새로운 성과평가지표

기업가치의 측정 기준이 되는 경제적 이익(Economic Profit: EP) 또는 경제적 부가가치(Economic Value Added: EVA)라는 새로운 이익의 개념이 개발되어 주요 경영지표 및 성과평가지표로 활용되고 있다. 경제적 부가가치(EVA)는 투하자본이익률(Return On Invested Capital: ROIC)에서 자본비용을 차감한 비율에 투하자본을 곱하여 계산하는데, 산출된 값이 클수록 기업이 영업 활동을 통해 획득한 실질적 이익이 크다는 것을 의미한다. 예를 들면, 100억 원을 투자한 기업의 세후순영업이익률이 10%이고, 자본비용이 12%라고 가정하면 경제적 부가가치는 △2억 원이다. 투자수익은 10억 원이지만, 투하자본의 기회비용을 감안하면 경제적 부가가치는 손실이 발생한 것과 같아 당초에 투자하지 않는 것이 바람직한 것이었다.

경영지표 비교

경영지표	정 의	장 점	단 점
시장부가가치 (MVA)	미래의 경제적 이익을 자본비용으로 할인한 현재가치의 합 (시장가치 - 장부가치)	• 회계지표 한계 극복 • 전략 및 투자결정에 유용 • 장기적 경영 가능	측정 복잡
경제적 이익 (EP)	{세후영업이익 - (투하자본 × 자본비용)}	자본비용을 고려한 정기적 가치창출 계산	단기 성과에 치중
투하자본이익률 (ROIC)	세후영업이익 / 투하자본	투하자본 수익성 측정	자본의 기회비용 미고려
매출액영업이익률	영업이익 / 매출액	이해하기 용이	보유자산 활용도 미고려

경제적 부가가치는 순이익이나 전통적인 이익지표 등에 비해 두 가지 특징적인 차이가 있다.

하나는 회계관습과 발생주의 회계원칙의 결과로 산출된 재무제표상의 순이익이 경제적 부가가치를 반영하도록 수정한다는 것이고, 또 하나는 기업이 경영에서 자본조달의 대가를 명시적으로 고려한다는 점이다.

경제적 부가가치는 경영 성과 측정에 이용될 뿐만 아니라 경제적 이익의 흐름이 미래에도 지속된다는 가정 하에 현재가치로 환산하여 시장부가가치(Market Value Added: MVA)를 측정할 수 있다. MVA의 측정값은 기업의 시장가치에서 장부가치를 차감하여 계산하는데, 이는 기업이 영업 활동에 필요한 자금을 조달하여 창출한 부가가치 규모를 나타내는 지표이다. MVA가 양(+)의 값이라는 것은 기업이 미래에 자본비용을 상회하는 수익을 획득함으로써 주주가치를 창출할 것으로 전망되는 것이며, 경제적 부가가치가 안정적으로 지속될수록 기업의 가치창출 규모는 확대되는 것이다.

MVA와 성과평가지표의 상관관계

성과지표	상관계수
경제적 부가가치(EVA)	0.40
총자산순이익률(ROA)	0.13
자기자본순이익률(ROE)	0.10
순이익(NI)	0.08
주당순이익(EPS)	0.06

자료: Uyemura, Kantor & Pettit, "EVA for Banks; Value Creation, Risk Management and Profitability Measurement," *Journal of Applied Corporate Finance* (Summer 1996), pp. 94~113.

EVA의 개념을 실용화한 경영컨설팅 기업인 Stern & Stewart 사가 1986년부터 1995년까지 10년간의 자료로 미국의 100대 은행을 대상으로 조사한 결과에 의하면, 주주가치를 가장 잘 설명해 주는 성과지표는 EVA라는 것을 보여주고 있다. EVA는 은행의 가치를 표시하는 MVA와의 상관관계 계수가 0.4로 전통적인 기타 성과지표에 비하면 성과지표의 유용성이 매우 높은 것을 보여 주고 있다.

2. 기업가치평가 방법

기업가치는 현금흐름에 의해 결정된다. 기업가치의 평가와 측정에는 기업 내부 정보인 현금흐름의 크기와 현금흐름의 지속성 등에 관한 정보가 필수적이다. 그리고 자본시장에서 기업의 사업위험도와 재무위험도를 감안하여 결정하는 자본비용에 관한 기업의 외부 정보가 필요하다.

기업가치평가의 3대 요소는 현금흐름의 크기, 현금흐름의 지속성, 자본비용(cost of capital)의 크기 등이다. 기업가치(value of business)는 사업 수명기간 동안 예상되는 현금흐름을 자본비용으로 할인한 현재가치의 합계이며, 현금흐름의 크기는 투하자본의 부가가치 창출능력을 나타낸다. 현금흐름액은 현금유입액과 현금유출액의 차액인 순현금흐름이며, 부가가치를 창출할 수 있는 기간이 기업의 경제적 수명이다. 그리고 기업에서 창출되는 현금흐름의 시점이 각각 다르기 때문에 현재의 기업가치로 환산하려면 각기 다른 시점의 현금흐름을 현재가치로 할인해야 하는데, 이때 할인율로 이용되는 것이 기업의 자본비용이다.

기업가치평가 개념도

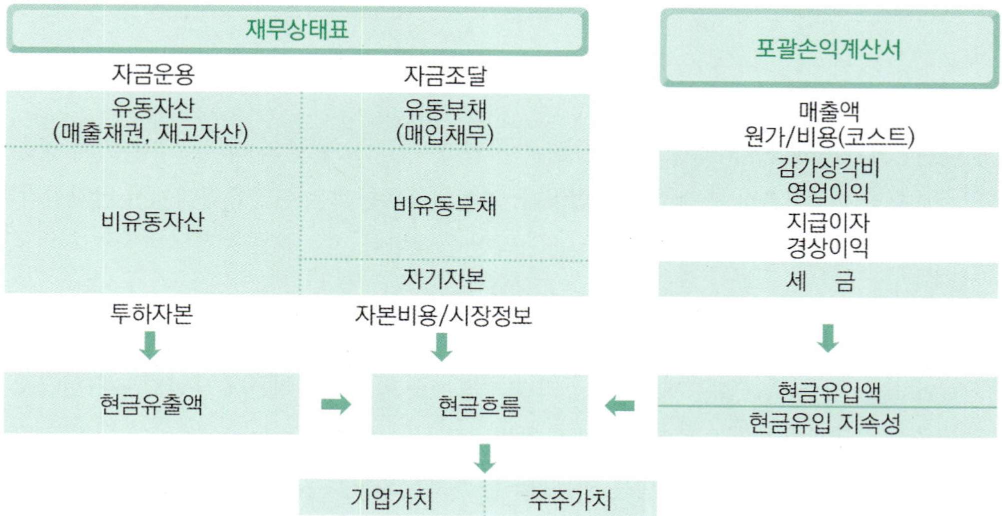

위의 개념도와 같이 기업평가 절차는 기업의 경제적 수명을 예측하고, 현금흐름의 크기를 추정하여 계산한 후, 투하자본 전체의 자본비용을 추정하여 계산한다. 기업가치는 기업의 경제적 수명기간 동안에 창출되는 현금유입액을 가중평균자본비용으로 할인한 현재가치의 합계 금액이다.

$$\text{기업가치}(V) = \Sigma PV(\text{현재가치의 합계})$$

3. 기업가치평가모형

(1) 현금흐름할인 모형

현금흐름할인(Discounted Cash Flow: DCF)모형은 기업가치평가를 위한 가장 일반적인 분석도구로 모든 자산의 가치는 자산을 보유함으로써 미래에 발생하는 모든 현금흐름의 현재가치의 합계 금액으로 측정할 수 있다는 것이다. 기업가치(V)는 채권자의 가치(B)와 주주가치(S)의 합이다.

$$V = B + S$$

(2) 잉여현금흐름모형

잉여현금흐름(Free Cash Flow: FCF)모형은 기업가치평가모형 중의 하나로 부가가치 창출능력을 잉여현금흐름액으로 측정하는 방법이다. 잉여현금흐름액은 현금유입액에서 감가상각비, 자본적 지출 성격이 강한 신규 투자액 등을 차감한 금액이다.

① **현금유출액 측정** 재무제표에서 현금흐름 중 현금유출액을 측정하는 방법은 크게 두 가지 접근법이 있다. 첫째 접근법은 재무제표상의 회계정보를 회계학적 이론에 부합되도록 현금흐름을 추정하는 회계학적 방식으로 재무상태표 차변의 자산 총계 금액을 현금유출액(투하자본)으로 추정하는 방법이다. 두 번째 접근법은 재무관리론적 접근법으로 자금운용 접근법(operating approach)과 자금조달 접근법(financing approach)이다. 자금운용 접근법은 생산과 판매라는 기업의 영업 활동에 소요되는 투하자본의 투자 행위를 중심으로 현금흐름의 구성항목별로 구분하여, 그 크기를 직접 측정하는 방법이다. 그래서 자금운용 접근법이 자금조달 접근법보다 연도별 투하자본의 크기를 측정하는데 합리적인 방법이다. 자금조달 접근법은 개념적으로 투자에 소요되는 자금이 어느 자금의 원천으로부터 조달되는지를 분석하여 투하자본을 계산한다.

② **현금유입액 측정** 현금유입액을 측정하는 방법은 자금운용 접근법과 자금조달 접근법, 잉여현금흐름 접근법 등이 있다. 자금운용 접근법은 재무상태표의 자산항목으로부터 측정된 운전자금, 시설자금 등 기업의 본업에 투자된 투하자본이 창출하는 현금흐름의 크기로부터 현금유입액을 추정하는 방법이다. 자금운용 접근법으로 측정한 현금유입액의 크기를 영업이익이라고 한다. 영업이익은 매출액에서 생산과 판매에 지출된 제 비용을 차감하여 계산하는데, 회계제도상 비용으로 처리된 감가상각비, 이연상각비 등은 비현금성 지출항목이므로 영업이익에 가산한다. 자금조달 접근법은 재무상태표의 대변에 표시된 부채와 자기자본 등의 자금조달 원천별로 기업

이 창출한 현금유입액에 대한 배분받을 권리를 추정하는 방법이다. 자금조달 접근법으로 측정한 현금유입액도 영업이익이 된다.

잉여현금흐름 접근법은 현금유입액 중에서 차기 년도 이후의 현금유입액 증가(추가적인 부가가치 창출)에 기여한 투하자본의 증가액을 차감하여 계산하는 방법이다. 결과적으로 현금유입액은 자금조달에 기여한 각 투자자들에게 배분할 수 있는 여유자금을 순수하게 창출된 현금흐름의 부가가치로 인식하는 것이다.

기업가치(V) = ΣPV(잉여현금흐름) + 잔여가치

잉여현금흐름의 크기는 기업이 경영 활동에서 창출된 현금유입액에서 당해 연도 중에 신규 사업에 투자하고 남은 잉여금액을 의미한다. 따라서 사업기간 중 발생할 잉여현금흐름을 자본비용으로 할인하여 합산하면 기업가치가 추산된다.

ΣPV(FCF)는 잉여현금흐름의 현재가치 합계 금액이고, 잔여가치는 사업 예측기간이 종료된 이후에 기업이 계속해서 획득할 수 있는 경제적 부가가치의 크기를 나타낸다.

(3) 회계학적 모형

당기순이익 등의 재무정보가 미래의 순이익 또는 미래의 현금유입액을 표시하는 유용한 정보가 된다는 가정 하에 기업가치를 회계정보의 유용성 측면에서 분석하는 방법이다. 회계학적 모형은 당기순이익이 미래의 순이익 예측에 유용한 정보이고, 미래의 순이익은 기업의 미래 배당능력을 나타내는 좋은 지표이며, 미래 배당의 기대치를 현재가치로 할인한 금액이 기업의 현재 주식가치라는 관점에서 회계이익의 유용성을 분석하는 것이다.

회계학적 모형의 첫째 추정 방법은 일정 회계기간 동안의 회계이익과 당해 기간의 주가 움직임의 상관관계를 분석하는 것이다. 한 회계기간 동안의 기업 비기대회계이익과 누적초과수익률(Cumulative Abnormal Returns: CAR) 간의 상관관계를 분석하여 상호 연관성이 있으면, 회계이익이 정보 이용자들에게 유용하다고 추정하는 방법이다. 여기서 비기대회계이익은 공시된 회계이익과 예상이익 간의 차이를 말하고, 누적초과수익률은 기업의 위험도를 감안한 주가지수수익률 또는 가중평균수익률을 공제하고 남은 초과수익률의 누적 금액이다.

또 하나의 회계학적 모형 연구 방법은 회계이익이 실제로 공시되었을 때 공시효과(주식가격이 그 정보에 반응하였는지 여부)를 분석하는 방법이다. 일반적으로 이익 정보가 공시되었을 때 비기대이익(주식시장에서 발표 직전에 형성된 기대치와 실제 발표된 이익과 차이가 있는 경우)이 존재할 경우에 정보가 발표된 시점을 전후하여 비기대이익과 누적초과수익률 간의 상관관계가 있음을 연구 결과(Beaver, 1968. Morse, 1981)들이 보여주고 있다.

① **내재가치** 내재가치분석에서 가장 중요한 자료는 재무제표 등의 회계정보이며, 기업의 내재가치는 기업의 이익에서 자본비용을 차감한 초과이익(Excess Earning: EE)으로 계산한다.

$$초과이익 = 이익 - (자본비용 \times 자산)$$

초과이익은 경제적 이익, 잔여이익, 경제적 부가가치 등과 유사한 의미로 해석되고 있다. 초과이익을 증대시킬 수 있는 방법은 주어진 자본 하에서 수익을 증대시키거나, 동일한 수익을 실현하는데 소요되는 투하자본을 감축하거나, 자본비용을 절감하는 것이다.

② **기업가치** 기업의 가치창출은 ROA가 WACC를 초과할 경우에 가능한 것이며, 창출된 가치의 크기는 총자산의 크기에 따라 결정된다는 것을 보여주고 있다. 전통적으로 이용된 회계적 성과평가지표인 세후영업이익(NOPLAT), 총자산순이익률(ROA) 등은 초과이익(EE)을 구성하는 한 요소이고, 초과이익은 영업이익, 가중평균자본이익, 총자산이익률 등을 종합해야만 최적의 초과이익을 계산할 수 있다. 그리고 ROA가 WACC보다 큰 경우에는 기업규모(자산규모)를 확대할수록 초과이익이 확대되고, 반대인 경우에는 기업규모가 커질수록 초과이익이 감소한다. 기업 전체의 관점에서 기업의 가치를 분석하면 다음과 같다.

$$\begin{aligned} EE_t &= NOPLAT_t - WACC \times TA_{t-1} \\ &= (NOPLAT_t / TA_{t-1} - WACC) \times TA_{t-1} \\ &= (ROA_t - WACC) \times TA_{t-1} \end{aligned}$$

NOPLAT(net operating profit less adjusted taxes) = 세후영업이익
WACC(weighted average cost of capital) = 가중평균자본비용
TA_{t-1}(total assets) = 총자산
ROA(return on asset) = 총자산순이익률

③ **주주의 기업가치** 주주 입장에서의 투하자본은 총자산이 아니라 총자산에서 부채를 차감한 자기자본이 된다. 주주 측면에서의 기업가치를 자기자본 부문으로 국한하면 다음과 같다.

$$
\begin{aligned}
EE_t &= NI_t - K_e \times BV_{t-1} \\
&= (NI_t / BV_{t-1} - K_e) \times BV_{t-1} \\
&= (ROE_t - K_e) \times BV_{t-1}
\end{aligned}
$$

NI_t = 당기순이익
K_e = 자기자본비용(cost of equity)
BV_{t-1} = 주주지분(owner's equity)
= 순장부가치(BV_{t-1})
= 총자산 - 총부채

여기서 주주지분은 순자산의 장부가치(BV_{t-1})로 특정한다. 주주를 위한 부의 형성은 자기자본비용(K_e)보다 높은 ROE(자기자본이익률)를 유지하면서 순장부가치(BV_{t-1})의 크기에 정비례하는 것으로 분석된다.

삼성기업과 현대기업의 다음 자료를 이용하여 주주지분의 기업가치를 계산해보자. 이때 두 기업 모두 자기자본비용은 10%, 미래자기자본이익률(FROE)은 20%이며, 순이익이 동일 금액으로 계속된다고 가정한다.

구 분	삼성기업	현대기업
재평가 전 자본	100억 원	100억 원
부 채	60억 원	60억 원
자 산	160억 원	160억 원
순이익	20억 원	20억 원
재평가 후 자산	190억 원	-
재평가 후 자본	130억 원	-

현대기업의 재평가 전 주주지분 기업가치는 다음과 같다.

$$
\begin{aligned}
V &= BV + \{(FROE - K_e) \times BV / K_e\} \\
&= 100\text{억 원} + \{(20\% - 10\%) \times 100\text{억 원} / 10\%\} \\
&= 200\text{억 원}
\end{aligned}
$$

재평가한 삼성기업의 미래 자기자본이익률은 15.38%(20억 원 / 130억 원)이므로 주주지분의 기업가치는 다음과 같다.

$$V = BV + \{(FROE - K_e) \times BV / K_e\}$$
$$= 130억\ 원 + \{(15.38\% - 10\%) \times 130억\ 원 / 10\%\}$$
$$\fallingdotseq 200억\ 원$$

위와 같이 회계이익의 처리에 대한 방법이 상이해도 기업가치에 영향을 미치지는 않는 것을 알 수 있다. 그 이유는 회계이익의 임의적 처리는 단지 기간 간에 이익을 전이시킨 것이지 실제 경제적 효과에 영향을 준 것은 아니기 때문이다.

3절 EVA 경영

1. 재무제표와 현금흐름

현금흐름은 현금유출액 및 유입액을 통칭하는 의미로 기업가치를 측정하는 가장 기본적인 요

재무제표와 현금흐름

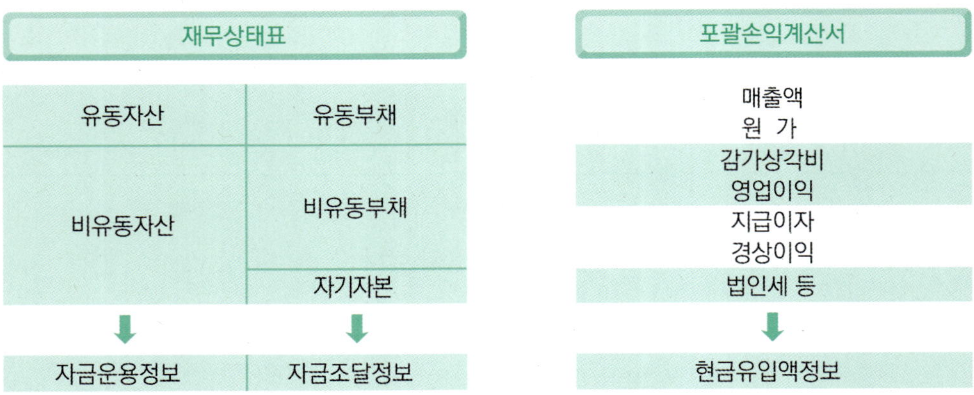

- 자금운용정보: 투하자본 = 고정자산 + (유동자산 − 유동부채)
  = 시설자금 + 순운전자본
  = 현금유출액
- 자금조달정보: 투하자본 = 타인자본 + 자기자본
- 현금유입액정보: 현금유입액 = 감가상각비 + 영업이익 − 법인세
  = 감가상각비 + (지급이자 + 경상이익) − 법인세

소이다. 기업가치는 경영 활동의 결과를 최종적으로 반영하는 것이고, 기업의 경영 활동 결과는 재무제표에 표시되므로 기업가치를 평가하기 위한 현금흐름 측정은 재무제표를 기준으로 계산한다. 현금유출액은 재무상태표에서 주로 측정되며, 현금유입액은 포괄손익계산서를 기초로 측정된다.

2. 자본시장정보

(1) 자본비용

기업가치평가는 재무제표정보에 기초한 현금흐름정보 이외에 자본시장정보가 필수적으로 요구된다. 회계학적 접근법에서는 재무상태표 차변의 잔액을 투하자산으로 인식하기 때문에 재무상태표 대변의 잔액을 자금조달액으로 계산해야만 한다. 그러나 회계학적 접근법에는 투하자본의 측정과 자금조달 원천별 조달 비중을 계산하는데 현실적인 난점이 존재한다. 자금조달 원천 중에는 이자를 부담하지 않는 단기부채가 있기 때문이다.

투하자본의 자금조달비용을 자본비용(cost of capital)이라고 하며, 기회비용(opportunity cost) 또는 기대수익률(expected rate of return)로 정의한다. 타인자본의 자본비용은 회사채 유통 수익률과 같은 자본시장정보이어야 하며, 자기자본의 자본비용은 시가기준의 배당수익률과 주가상승 기대에 따른 주가수익률의 합계이어야 한다.

자본비용의 개념

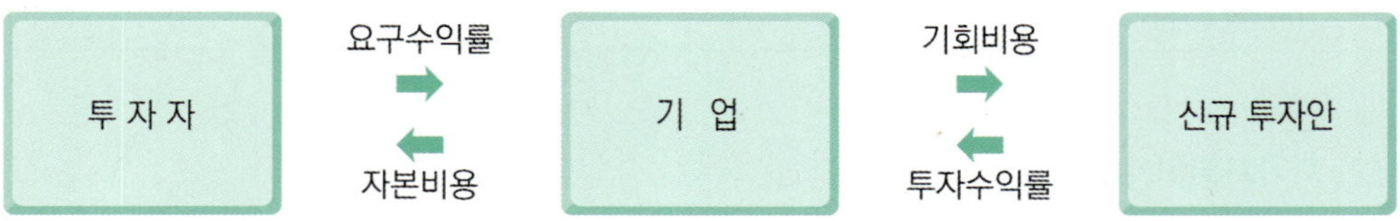

자본제공자의 요구수익률(required rate of return) 또는 필수수익률은 비슷한 조건의 다른 투자대상에 투자할 경우 얻을 수 있는 기회비용(opportunity cost)이다. 따라서 기업의 자본비용과 투자자의 요구수익률은 동일한 개념으로 상호 다른 입장에서 목적에 따라 정의된 개념이다. 기업가치평가에 필요한 자본비용은 기업이 조달한 자금의 자본비용을 의미한다. 기업의 자본비용을 측정하기 위해서는 기업이 전체적으로 조달한 자금의 종류와 규모를 고려한 자본구조(capital structure)를 분석해야 한다.

정확한 자본비용의 측정은 기업가치평가에 핵심적인 요소일 뿐만 아니라 가치창출의 관점에서 자본비용 및 자본예산이 최소화되는 최적 자본구조 결정, 공공요금의 적정가격 결정 등 기업의 주요 의사결정에 핵심적인 고려 요인이다. 기업가치평가 대상이 되는 기업의 정보를 시간적으로 분석하면 현재, 과거, 미래 등에서 분석되어야 한다. 재무제표는 전형적인 과거 정보이고, 자본시장정보인 자본비용정보들은 기대수익률, 기회비용이란 점에서는 미래를 포함한 정보이지만 시점상으로 보면 현재에 국한하여 적용할 수 있는 정보들이다. 기업가치의 정확한 평가를 위해서는 미래의 예측정보가 필수적이며, 자본비용 측정에 이용되는 개념은 다음과 같다.

자본비용 측정에 이용되는 개념

용 어	개 념	비 고
IC (Invested Capital)	투하자본	• 모든 자기자본 • 이자비용을 발생시키는 부채
NOPLAT (Net Operating Profit Less Adjusted Tax)	세후영업이익	• EBIT － Adjusted Tax
EBIT (Earnings Before Interest and Tax)	이자 및 세전이익	
ROIC (Return On IC)	투하자본이익률	• NOPLAT / IC
EVA (Economic Value Added)	경제적 부가가치	• EVA = IC × (ROIC － WACC) • EVA = NOPLAT － 자본비용 • EVA = NOPLAT － (IC × WACC)
FCF (Free Cash Flow)	잉여현금흐름	• FCF = NOPLAT － 순투자액

(2) 자기자본비용

자기자본비용은 주주가 특정 기업의 주식에 투자할 때 기대하는 수익률로 보통주의 자본비용을 말한다. 자기자본비용의 측정은 타인자본비용보다 측정이 어려운데, 이는 자기자본 조달의 경우 미래의 현금흐름은 타인자본의 원리금 상환처럼 미리 정해져 있지 않기 때문이다.

① **배당성장모형** 배당성장모형(dividend growth model)은 미래 배당수입의 현가로부터 보통주를 평가하는 방법이다. 배당금이 매년 일정한 비율(g)로 영구히 성장한다고 가정하면, 이러한 성장 주식에 대하여 주주가 요구하는 수익률(K_e)을 가정할 때 주식가치는 P_0로 측정된다.

$$P_0 = D_1 / K_e - g$$

이를 Gordon모형이라고도 하는데, 여기서 D_0는 당기에 지급된 배당이며, D_1은 차기 연도에 예상되는 배당금이다. 위의 식을 자기자본비용(K_e)에 대하여 다시 정리하면 다음과 같으며, 자기자본비용은 자본이익률과 배당수익률의 합계로 구성된다.

$$K_e = D_1/P_0 + g$$

예를 들어, 삼성기업의 보통주식은 지난해에 배당금을 주당 1,000원씩 지급했고, 배당이 매년 5% 씩 영구 성장할 것으로 기대되며, 주가는 10,000원일 때 삼성기업의 자기자본비용은 연 15.5% [{1,000 (1.05) / 10,000} + 0.05]로 계산된다.

② **자본자산가격결정모형** 자본자산가격결정모형(Capital Asset Pricing Model: CAPM)은 자산의 기대수익률과 위험에 관한 균형시장이론으로 기업의 투자결정에 다양하게 응용되고 있다. CAPM에 의하면 주식의 기대수익률은 자본시장의 균형 하에서 주주가 부담하는 위험에 대한 보상으로 요구하는 수익률이므로 증권시장선(Security Market Line: SML)으로 측정할 수 있다는 가정이다. 주식투자에 대한 기회비용은 무위험자산의 수익률(Rf), 시장위험프리미엄 $[E(Rm)-Rf]$, 주식의 체계적 위험(β_e) 등을 이용하여 계산할 수 있다.

$$K_e = Rf + \beta_e [E(Rm) - Rf]$$

증권시장선(SML)

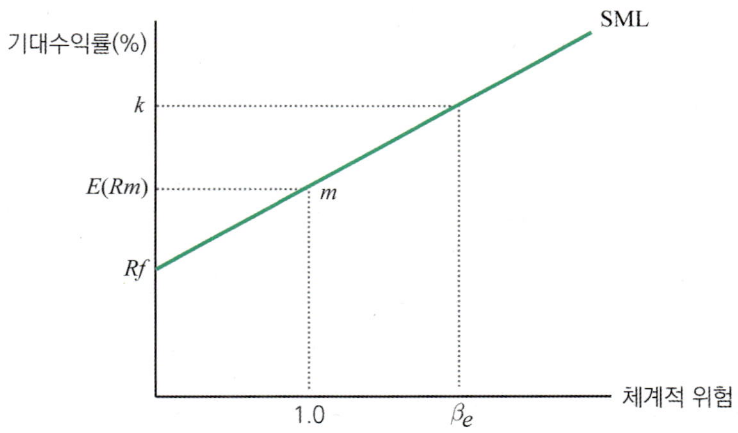

여기서 무위험자산의 수익률(Rf)은 국채수익률을 이용하고, $E(Rm)$은 시장포트폴리오의 기대수익률을 의미하지만 측정이 어렵기 때문에 시장위험프리미엄[$E(Rm)-Rf$]을 과거 자료로부터 추정(시장포트폴리오의 기대수익률과 무위험이자율 간의 차이)하며, 주식의 체계적 위험계수(βe)는 주식수익률의 시계열 자료로부터 측정하거나 증권분석가들의 예측 자료를 이용한다. 예를 들어, 국채수익률이 9%이고, 시장위험프리미엄이 8%일 때 삼성기업의 주식베타계수가 0.9라면 삼성기업의 자기자본비용은 16.2%{0.09 + 0.9(0.08)}로 측정된다.

(3) 타인자본비용

타인자본비용은 기업이 신규 차입금을 조달할 때에 채권자가 요구하는 수익률로 부채에 대한 이자율로 해석할 수 있다. 일반적으로 신규 발행 회사채의 자본비용을 측정하는 데는 두 가지 방법을 고려할 수 있다.

첫째, 기존에 발행되어 유통 중인 회사채의 만기수익률로부터 측정한다. 액면가액(F), 표면금리(C), 만기일이 n년 후인 회사채의 현재가격이 P라고 가정하면 다음과 같은 관계가 성립하는데, 다음 식의 양변을 일치시켜 주는 할인율 k가 채권자의 요구수익률이며, 세전 타인자본비용이다.

회사채의 가치평가모형(Bond Valuation Model)

$$P = \frac{C \times F}{(1+k)} + \frac{C \times F}{(1+k)^2} + \cdots + \frac{C \times F}{(1+k)^n} + \frac{F}{(1+k)^n}$$

타인자본비용을 측정할 때에는 자금조달을 목적으로 이자 지급을 수반하는 부채만을 대상으로 하므로 외상매입금과 지급어음 등과 같이 영업 활동 과정에서 자연적으로 발생하는 비이자 지급부채는 매출원가를 통하여 자본비용이 반영되겠지만 측정이 곤란하므로 자본비용 계산에서 제외한다. 그리고 기업이 생산설비나 기계 등의 고정자산을 직접 구입하지 않고 리스를 이용하는 경우와 같이 실질적으로 타인자본 조달의 효과가 있는 거래는 자본비용 계산 시에 고려하여야 한다.

(4) 가중평균자본비용

가중평균자본비용(WACC)은 자기자본과 타인자본 등 여러 자금조달원으로부터 자본을 조달하였을 경우에 기업의 현금흐름을 가중평균자본비용으로 할인하여 기업가치를 측정하는데, 가중평균자본비용은 다음의 산식과 같이 각 원천별 자본비용을 각 자본의 구성비율로 가중평균하여 계산한다.

$$\text{WACC} = \sum_{i=1}^{n} Ki \times Wi$$

Ki : i번째 자금조달원의 세후자본비용

Wi : i번째 자금조달원의 비중

예제

SOLVE PRACTICE PROBLEM

(주)한국은 표면금리 10%인 10년 만기의 회사채를 액면가액기준으로 5억 원어치 발행하였다. 이 채권은 현재 액면가 10,000원당 9,850원에 시장에서 거래되고 있다. 또한 보통주의 주식 수는 5만 주이며 1주당 주가는 21,000원이다. (주)한국 주식의 베타 값은 1.2이며 1년 만기 국채수익률을 7%이고 시장포트폴리오의 대용치로서 종합주가지수의 기대수익률은 12%로 추정되며 법인세율은 30%이다. (주)한국의 시장가치기준 자본구성비율은 부채(B)와 자기자본(S)이 각각 32%와 68%이다.

B	=	4억 9,250만 원	W_B = 32%
S	=	10억 5,000만 원	W_S = 68%
V	=	15억 4,250만 원	

물음 가중평균자본비용(WACC)을 계산하시오.

해답

• 자기자본비용(Ke)

Ke = {0.07 + 1.2(0.12 − 0.07)} × 100 = 13%

• 타인자본비용(Kd)

$$9{,}850 = 1{,}000(\text{PVIFA}, k\%, 10\text{년}) + \frac{10{,}000}{(1+k)^{10}}$$

$$k = 10.25\%$$

Kd = {0.1025(1 − 0.3)} × 100 = 7.18%

• 가중평균자본비용은 다음과 같이 11.14%로 측정된다.

WACC = {0.68(0.13) + 0.32(0.0718)} × 100 = 11.14%

3. 경제적 부가가치모형

기업가치 제고를 위한 핵심 과제는 주주의 부를 극대화하는 것이며, 이를 위해서는 기업에 투하된 자본이 가장 효율적으로 운영되어야 한다. 기업이 주주가치의 창출을 위한 경영 활동을 성공적으로 수행할 때 국가 전체적인 경제 성장과 국민생활의 질 향상이라는 긍정적 효과를 기대할 수 있다. 대표적인 가치경영시스템은 미국의 스턴 스튜어트(Stern Stweart)사가 제창한 경제적 부가가치(Economic Value Added: EVA) 제도이다. 이 제도는 전통적으로 강조되어 온 기업의 성과지표인 회계이익의 한계점을 극복하면서 주주의 가치창조에 기여하는 경영을 유도할 수 있다.

(1) EVA 개념

EVA는 경제적 부가가치이며, 기업이 영업 활동을 통해 달성한 실질적인 이익의 규모를 나타내는 성과지표이다. 기업이 영업 활동을 통해 창출한 순가치의 증가분으로 세후영업이익에서 투입된 자본에 대한 자본비용을 차감한 후에 획득한 이익을 금액으로 계산한 것이다. 여기에서 세후영업이익은 기업이 본연의 영업 활동에서 창출한 영업이익에서 법인세 등의 세금을 차감한 이익을 의미하고, 자본비용(금액기준)은 투자자(채권자 및 주주)들이 제공한 투자자본에 대한 비용으로 외부 차입에 의한 타인자본 외에도 주주가 제공한 자기자본비용(cost of equity capital)이 포함된 총자본비용을 말한다.

경제적 부가가치(EVA) = 세후영업이익 − 자본비용금액
= 세후영업이익 − (WACC × 투하자본)
= (세후영업이익 / 투하자본 − WACC) × 투하자본
= (투하자본이익률 − WACC) × 투하자본
= (ROIC − WACC) × 투하자본

EVA가 갖는 특성은 첫째, 현금흐름에 입각하여 회계정보의 관련 항목들을 조정한 것이고, 둘째, 당기순이익이나 경상이익이 아닌 영업이익을 중시하고 자본비용을 고려한다는 점이다. 특히, EVA는 자기자본에 대한 비용을 별도로 인식함으로써 경영자의 주주에 대한 책임감과 의무감을 중시하고 있다. 그러므로 EVA는 현금흐름, 영업중시 외에도 주주이익을 중시하는 성과지표로 인식되고 있다.

기업의 EVA가 크다는 것은 여유자금이 풍부하고 성장 가능성이 높아 외부 이해관계자들에게 좋은 평가를 받게 된다는 것을 의미한다. 반대로 EVA가 마이너스를 기록한다는 것은 영업 활동을 하면서 만성적인 자금부족에 시달리고 있기 때문에 외부로부터 자금조달이 필요한 상황임을

의미한다. 기업에서 EVA 실적이 음(-)으로 나타나는 상황이 지속될 경우 기업의 생존이 위협받게 되며, 기업가치도 하락하게 되는 것을 의미한다.

(2) EVA와 현금흐름

EVA는 일정 기간 동안의 경영 성과를 측정하는 성과지표이다. 스턴 스튜어트(Stern Stweart)사는 "EVA는 기업 장부상의 회계적 이익을 실질적인 경제적 이익으로 변환시킨 것으로 기업의 실질적인 시장가치를 계산하고, 기업의 성과를 측정하고 평가하는 시스템이다."라고 정의했다.

EVA 경영과 현금흐름

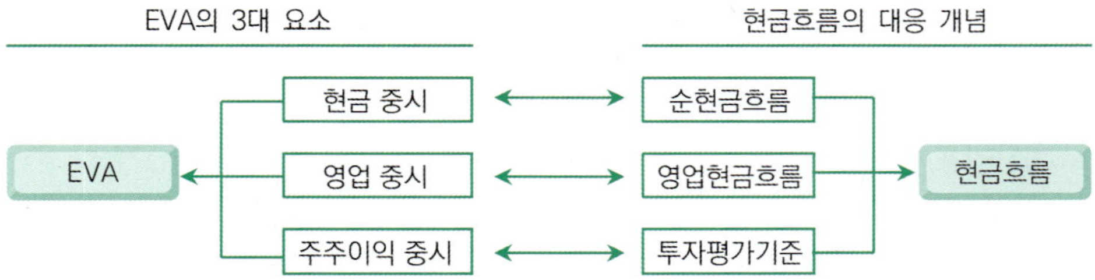

위의 그림은 EVA 경영과 현금흐름의 관계를 나타내고 있다. EVA 경영은 현금 중시, 영업 중시, 주주이익 중시라는 세 가지 관점을 도입한 개념이다. 현금 중시는 기업의 진정한 수익력은 순현금(net cash) 창출능력이라는 관점에 입각한 경영을 의미한다. 영업 중시란 기업의 수익은 비영업적인 재무 활동이나 자사 투자가 아닌 순수한 영업 활동에서 발생한다는 관점만을 반영하는 경영을 말한다. 주주이익 중시는 주주에게 이익이 되는 사업 추진을 촉진하는 경영을 의미한다.

EVA경영은 투자자가 투자 위험을 고려해 정당하게 요구하는 최소한의 수익을 초과하는 성과를 실현(초과이익)해야만 기업의 지속적인 성장과 추가적인 자본조달도 가능하다는 관점을 반영하고 있다.

(3) EVA 세부지표 계산

EVA 시스템은 전략적 계획, 자본할당, 기업합병과 다각화 시의 기업가치결정, 연간 계획의 설정, 일일 운영결정 등의 모든 경영 의사결정에 활용될 수 있다. 경영 의사결정은 EVA를 향상시키는 데 초점을 맞춰 행해져야만 한다. 경영자가 EVA를 향상시키는 데 초점을 맞추어 의사결정을 하면, 경영자가 기업가치를 하락시킬 수 있는 의사결정의 오류를 사전에 방지할 수 있다.

① **투하자본이익률** 투하자본이익률은 자본을 투입하여 일정 기간 동안 달성한 이익률을 나타내는 지표로 세후영업이익을 투하자본으로 나눈 비율이며, 투하자본이익률이 높을수록 투하자본이 효율적으로 운영되었음을 의미한다. EVA 관리 측면에서 투하자본이익률은 자본비용을 얼마나 초과하고 있는가 하는 투자수익성 측면, 경영목표 대비한 비교분석 측면 등의 의미가 있다.

투하자본이익률(ROIC) = 세후영업이익 / 투하자본(IC)
= (세후영업이익 / 매출액) × (매출액 / 투하자본)

당기순이익에는 본래의 사업과 직접 관련이 없는 영업 외적이며, 특별한 활동들의 결과가 포함되어 있다. 따라서 사업의 본래 목적에 따른 기업경영 활동의 결과를 평가하기 위해서는 영업이익을 분석해야 한다. 경상이익은 영업이익에서 영업외수익을 더하고 영업외비용을 차감한 이익으로 이자비용 등을 포함하고 있으므로 기업 본래의 영업 활동과 다른 재무 활동의 결과들이 포함되어 있다. 그리고 포괄손익계산서의 세전이익은 경상이익에 특별이익과 특별손실을 가감한 이익이어서 기업의 본래 영업 활동을 평가하기에 적정하지 않은 점 등을 고려하여 EVA 경영에서는 기업의 본래 목적을 평가하기에 가장 적정한 영업이익을 변수로 선정하여 분석하고 있다.

투하자본이익률은 매출액영업이익률(세후영업이익/매출액)과 투하자본회전율(매출액/투하자본)로 분해된다. 투하자본이익률을 제고시키기 위해 세목별 관리 방안은 다음과 같다.

매출액영업이익률의 주요 변수인 세후영업이익은 영업이익에서 법인세를 차감한 값에 감가상각, 무형자산상각, 비현금 유동자산의 증감분, 유동부채의 증감분 등을 가감하여 회계상의 이익을 실제 현금흐름과 일치시킨 금액이다. 매출액영업이익률을 제고하기 위해서는 매출원가(재료비, 노무비, 경비) 및 판매관리비를 절감해야 한다. 그리고 투하자본회전율(매출액/투하자본)을 제고하기 위해서는 운전자금회전율(매출채권회전율, 재고자산회전율, 매입채무회전율 등)을 높이고, 고정자산회전율을 개선시켜야 한다.

② **가중평균자본비용** 자본비용은 기업이 투자 또는 영업 활동에 필요한 자금을 조달하면서 반대급부로 지급하는 비용이다. 투자자들은 기업에 자금을 지원해 주는 대가로 일정한 수익률을 요구하게 되며, 이 요구수익률은 기업의 입장에서 볼 때 자본비용이다. 기업의 자금조달을 원천별로 구분하면 타인자본과 자기자본으로 나눈다. 자본의 조달 원천별로 그 비용을 재무구조로 가중평균하여 계산한 것이 가중평균자본비용(WACC)이다.

가중평균자본비용(WACC) = {이자율(1 - 법인세율) × 타인자본 / 투하자본}
+ {자기자본비용 × 자기자본 / 투하자본}

③ **투하자본** 투하자본(IC)은 각 사업과 관련하여 직접 투자된 자산으로 타인자본과 자기자본으로 구성된다. 여기서 투하자본은 사업자산 중에서 자본을 이용한 대가를 지급하는 자본을 의미하므로 총자산 중에서 투자유가증권과 같은 비사업자산, 외상매입금, 퇴직금 등의 무이자 부채는 차감되어야 한다.

예제

SOLVE PRACTICE PROBLEM

삼성기업의 20×4년도 재무상태표 및 의사결정정보는 다음과 같다.

재무상태표

(단위: 억 원)

현 금	50	매 입 채 무	90
매 출 채 권	30	미 지 급 금	20
재 고 자 산	60	단기차입금	80
기 계 설 비	150	회 사 채	120
투 자 자 산	40	자 본 금	45
무 형 자 산	70	잉 여 금	45
총 자 산	400	총 자 본	400

삼성기업의 20×4년도 기말의 세후영업이익(NOPLAT)은 30억 원, 가중평균자본비용(WACC)은 5%, 외형 성장률은 7%이다. 그리고 삼성기업의 적정 현금보유수준은 40억 원으로 가정한다.

물음 1. 투하자본이익률(ROIC)을 계산하시오.
2. 경제적 부가가치(EVA)와 시장부가가치(MVA)를 계산하시오.
3. 위 "2"의 계산 결과를 적용하여 기업가치를 계산하시오.
4. 삼성기업의 발행주식 수가 10만 주일 때 주당순자산가치(BPS)를 계산하시오.

해답

1. 투하자본이익률(ROIC): 12.5%
   - 투하자본 = 영업자산 - 이자 미지급 부채
     = 400(총자산) - 50(투자자산 40, 현금 과다 보유 10) -
     110(매입채무 90, 미지급금 20) = 240억 원

• 투하자본이익률 = 세후영업이익(NOPLAT) / 투하자본(IC)
= 30 / 240 = 12.5%

2. • 경제적 부가가치(EVA) = 세후영업이익 − 자본비용
= NOPLAT − (IC × WACC)
= 30 − (240 × 0.05)
= 18억 원

• 시장부가가치(MVA) = 경제적 부가가치 / 가중평균자본비용(WACC)
= 18 / 0.05 = 360억 원

3. 기업가치 = 투하자본(IC) + 시장부가가치(MVA)
= 240 + 360
= 600억 원

4. • 순자산(자기자본)가치 = 총자산 − 부채 + 시장부가가치(MVA)
= 400 − 310 + 360
= 450억 원

• 주당순자산가치(BPS) = 순자산가치 / 발행주식 수
= 450억 원 / 100,000주
= ₩450,000

(4) EVA 활용

① **재무관리시스템** EVA는 단순히 재무적 경영 성과지표가 아니고, EVA를 폭넓게 활용하면 기업의 자본예산, 인수기업의 가격결정, 기업목표의 설정, 주주와의 의사소통, 경영자의 성과보상 등의 재무적 의사결정 전반에 활용할 수 있는 통합된 재무관리시스템이다. EVA 시스템은 재무적 활동과 영업 활동을 동일기준에 따라 비교함으로써 기업의 모든 기능별 분야에 공통적으로 전략적 계획수립이 가능하도록 현업과 연계시킬 수 있다.

전통적으로 투자 의사결정을 위해서는 간단하면서도 경제적 이론에 기초한 현금흐름할인법을 적용하고, 목표설정, 투자자와의 의사소통 및 성과측정 시에는 회계이익을 이용해 왔다. 그러나 기업 내의 의사결정별로 서로 다른 기준을 이용하면 전체적으로 매우 복잡한 체계가 되며 각기 다른 기준 간에 상호 모순이나 불일치가 발생할 수 있다. EVA 제도 하에서는 재무관리 과정의 모든 중요한 측면이 하나의 동일한 지표로 연계되어 전체적인 시스템을 관리하고 이해할 수 있어 경영 활동을 보다 효율적으로 수행할 수 있다.

② **투자결정** EVA를 통한 경제성분석은 경영 활동이나 투자에서 발생하는 현금흐름을 기준

으로 수익성을 측정하고, 화폐의 시간적 가치를 반영하는 순현재가치분석, 내부수익률분석 등의 현금흐름 할인기법들과 동일한 결과를 도출해 낸다. 그리고 각 사업연도의 EVA를 측정함으로써 경영 및 투자 성과가 기업가치를 얼마만큼 증대시켰는지를 분석할 수 있는 유용한 분석수단이 된다.

EVA와 경영

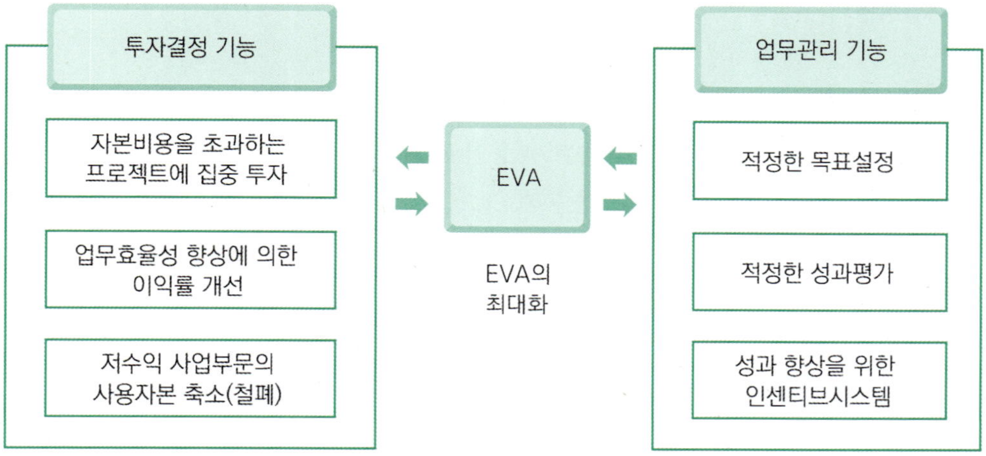

기업은 EVA를 기업의 근본적인 수익력 증가를 평가하는 투자 의사결정기준으로 활용할 수 있다. 또한, 이익의 양적 측면과 질적 측면을 동시에 평가할 수 있는 성과평가기준으로도 EVA를 유용하게 이용할 수 있으며, EVA는 기업 전체의 평가뿐만 아니라 개별 투자안을 평가하는 데도 활용되고 있다.

EVA는 영업이익에서 자본비용을 차감한 잔여이익의 측정치이므로 EVA를 할인하면, 미래 예측된 현금흐름을 현재가치로 할인한 금액에서 투자 총액을 공제하여 산출되는 순현가와 일치하게 된다. 전통적인 자본예산 의사결정법은 순현가가 양(+)인 투자안을 모두 채택하는데, 이를 EVA 관점에서 보면 할인된 EVA가 양(+)인 투자안을 모두 채택하는 것과 동일한 개념인 것이다. 그러나 투자안의 채택기준을 할인된 현금흐름의 관점이 아니라 EVA의 관점에서 평가하면, 개별투자안이 평가되는 방법과 투자 후 성과를 평가하는 방법이 명료하게 연결되는 장점이 있게 된다. EVA에 기초한 투자안의 평가는 순현가법에 의한 의사결정 결과와 일관성을 가지면서도 투자 후 성과평가에도 적용할 수 있어 순현가법 대비 유용성이 더욱 높다.

③ **경영 성과평가** EVA에 기초한 경영 성과평가는 경영자로 하여금 기업가치 제고에 기여하는 의사결정을 유도하게 된다. 잔여이익 개념인 EVA도 투하자본에 대한 자본비용을 명시적으로

고려함으로써 투자안의 위험을 보상할 만한 최소한의 수익을 올리고 있는지를 보여 준다.

전통적인 회계이익은 타인자본비용은 고려하고 있으나, 기회비용으로서의 자기자본비용을 고려하지 못하는 한계를 갖고 있다. 따라서 투자에 필요한 자금을 자기자본으로 조달한 경우, 자본비용에도 미치지 못하는 성과를 보인 때에도 양(+)의 회계이익을 보고함으로써 마치 양호한 경영 성과를 거둔 것으로 판단되는 문제점이 있다. 성과평가에 EVA를 적용함으로써 진정한 기업가치 향상을 가져온 경영자를 선별하고, 그에 따른 보상을 제공함으로써 주주의 부의 창출이라는 기업경영의 본질적인 목적을 효율적으로 달성할 수 있다.

④ **영업 활동 효율성** EVA를 유용하게 활용하기 위해서는 EVA를 핵심 영업 활동지표 및 경영전략목표와 연계시켜야 한다. 이를 위해 EVA 동인(EVA driver)이라는 경영기법이 이용된다. 경영자가 포괄손익계산서나 재무상태표를 통해 EVA를 핵심적인 전략과 영업 활동으로까지 연계시킬 수 있다. EVA 동인에 초점을 맞추면 기업 내의 각 계층 구성원이 기업가치창출을 위한 각자의 역할을 분명하게 이해할 수 있게 된다. 그 결과 사업부 경영자가 자신의 사업부 영업 성과를 향상시키기 위해 기업 전체의 성과를 회생시키는 문제를 방지하는 데 도움을 준다. 예를 들어, 부문의 업적 향상을 위하여 과도한 자본을 사용하거나 기업 전체적으로 볼 때 가치를 떨어뜨리는 매출배합의 변화 등을 사전에 방지할 수 있다.

(5) 성과평가지표

EVA는 ROI에 비해 전사적 관점의 의사결정이 가능하다는 강력한 장점을 갖고 있으나, EVA는 사업부 간 규모의 차이를 고려하지 못하고 있고, 재무 성과 및 결과 지향적이며, 단기적인 성과만을 중시한다는 등의 한계점을 갖고 있어 가치 중심 경영을 위한 성과평가에 다음과 같은 보완사항을 반영하여 단점을 최소화해야 한다.

① **규모의 차이 반영** EVA는 사업부별 규모의 차이를 통제하여 성과평가에 반영하지 못한다는 단점을 갖고 있다. 일반적으로 규모가 큰 사업부나 공장은 EVA 역시 크게 나타나는 경향을 보이게 되지만, EVA만을 성과평가 측정치로 활용하는 경우에는 사업부가 얼마나 효율적인 경영활동을 수행했는지 여부를 알 수 없게 된다. 이는 기본적으로 EVA가 금액지표라는 속성을 지니고 있기 때문에 발생하는 문제이다. 금액지표는 독립적인 투자안들의 EVA를 합산할 수도 있고, 투자가 기업가치에 미치는 영향을 직접적으로 분석할 수 있다는 장점을 지니고 있는 반면, 근본적으로 규모의 차이를 고려하기 어렵다는 한계를 갖고 있다.

EVA를 적용한 성과평가를 통해 1차적으로 전사적 관점에서 가치극대화를 달성한 후, 전체적인 성과를 구성원들에게 배분하는 과정에서 사업부 간 규모의 차이를 통제하기 위하여 ROI와 같은 비율지표 혹은 규모의 차이를 조정한 EVA 등을 활용하여 합리적인 보상기준을 수립하는 것이 바람직하다.

② 재무-비재무, 결과-과정 간의 균형 추구 EVA는 세후영업이익에서 자본비용을 차감하여 계산되므로 수익의 실현이나 비용의 인식 등 회계처리에 따라 그 금액이 달라질 수 있다. 따라서 경영자들은 선택 가능한 회계처리 방법 중 가능한 한 EVA를 높일 수 있는 대안을 채택하려는 시도를 하게 되며, EVA를 높이려는 방향으로 경영 의사결정을 변경하려는 경향을 보이게 된다. 수익률이 높은 사업을 회계기간 안에 처리하고자 수익률이 낮은 사업의 우선순위가 밀리고, 종업원 교육과 같은 재량적인 지출이 연기되며, 완전히 감가상각된 자산에 대한 대체 투자가 적시에 이루어지지 않을 수도 있다. 이로 인해 고객만족도, 조직에 대한 충성 및 몰입도, 구성원들의 업무 스킬 및 창의성, 제품의 질 등이 하락할 수도 있는 문제점이 발생할 수 있다.

그리고 EVA는 행위의 과정이 아닌 결과를 나타내 주는 지표이다. 영업상의 비효율을 유발시키는 근본 원인을 밝혀 주지 못하는 등 비즈니스 프로세스를 관리하는 경영자들에게는 유용한 정보를 제공해 주지 못한다. 예를 들어, 엔지니어들은 수율이나 중간 산출물에 보다 큰 관심을 갖고 문제의 근본 원인을 찾으려는 노력을 기울이거나 구성원들의 행위를 분석하여 병목 공정을 개선시키고, 비 부가가치 행위를 제거하는 등 결과보다는 프로세스 지향적인 사고를 하는 경우가 많음에도 불구하고, 결과 중심의 EVA 정보는 엔지니어들의 이 같은 요구를 충족시키지 못한다는 단점이 있다. 성과평가의 목적에는 목적적합한 성과지표를 선정함으로써 기업가치 증대에 기여할 뿐만 아니라, 성과평가 과정에서 구성원들과의 효율적인 의사소통을 통해 개선점을 파악하여 미래의 성과를 제고하는 목적도 포함된다. 그럼에도 성과평가지표가 성과의 원인을 정확히 도출해 내지 못하고, 오로지 재무적 결과만을 나타낸다면, 피드백을 통한 구성원들과의 의사소통에 어려움을 겪을 수밖에 없을 것이다.

이를 극복하기 위해 기업의 재무적 성과를 유발시키는 가치 동인을 프로세스 상에서 정확하게 식별해 내는 것이 중요하다. 경영자는 이렇게 파악된 가치 동인을 성과평가 과정에 적합하게 반영하여 재무 및 비재무의 성과, 결과 및 원인을 균형있게 관리해야 한다. 그 대안의 하나로 BSC(Balanced Score Card)의 도입을 고려해 볼 수 있다. BSC는 기업의 경영전략 목표를 달성하기 위한 경영 활동을 재무, 고객, 경영프로세스, 학습과 성장 등의 네 가지 관점으로 분류하고, 각 관점 간 상호 균형을 추구하여, 문제가 표면에 드러난 후의 결과 뿐 아니라 그 결과를 유발하는 과정 속의 원인을 동시에 관리하는 데 목적이 있다.

③ 장기적인 가치 증대 지향 EVA의 계산에 있어 특정 프로젝트와 관련된 비용은 즉시 인식되는 반면, 이로 인해 획득되는 매출 증대, 간접적 효과 등은 장기간에 걸쳐 발생하게 된다. EVA에

근거한 성과평가는 결과적으로 경영자들이 장기적인 성과평가에 중점을 두고 의사결정 하도록 유도하게 된다. 특히 경영자들이 단기업적 제고에 치중하다 보면 장기적인 경쟁 우위를 확보할 수 있는 제품개발, 업무 프로세스 개선 등의 투자 활동에 소홀해지기 쉽고, 이는 장기적인 관점에서 기업가치 하락을 초래할 수 있다. 이를 극복하기 위해 조직구성원들에게는 자신의 업무 영역에서 전문성을 발휘할 수 있는 기회를 제공함으로써 기업의 장기적인 성과 제고에 기여할 수 있도록 하고, 임원 및 CEO의 경우 인사평가에 의한 보상과는 별개로 적정 임기를 보장해 줌으로써 장기적인 관점에서 소신을 갖고 직무를 수행할 수 있는 제도적 기반을 마련해 주는 등 기업의 중 · 장기적 경영전략목표를 달성할 수 있도록 적극 지원해야 한다.

④ **산업특성 고려** 제지산업 등과 같이 원목의 공급이나 제품의 가격에 따라 경기변동이 심한 산업은 성과평가지표로 EVA를 적용하는 데 세심한 주의가 필요하다. 구성원들의 노력과는 무관하게 산업의 특성상 EVA가 해마다 급격하게 달라지는 경우, 이에 따른 성과급 지급의 기준을 설정하는 것이 매우 어렵기 때문이다.

해당 산업이 하향 주기에 있다면 구성원들이 성과 개선을 위해 노력을 하더라도 성과급은 다른 기업의 보상수준에 비해 현저히 낮아져서 구성원들이 이탈할 가능성이 있고, 이를 보완하기 위해 기본급수준을 높게 책정한다면 해당 산업이 상향 주기로 바뀌는 경우 필연적으로 보상수준이 지나치게 높아짐에 따라 구성원들의 도덕적 해이가 발생할 가능성이 높아진다. 따라서 산업의 경기 변동 주기를 감안하여 EVA 목표치를 수립하고 이에 따라 보상계획을 수립하면, 기업의 인건비 지출을 안정화시키면서 기업가치를 제고할 수 있다.

신생 벤처기업, 새로이 부상하고 있는 시장 등 사업이 아직 성숙되지 않아 초기 투자 금액이 큰 경우에는 EVA를 성과평가지표로 사용하는 것에 대해 신중할 필요가 있다. 장기적인 기업가치 제고를 위해 사업성 및 시장점유율 제고 등이 보다 중요한 지표로 판단되는 경우, 경영자는 EVA와 같은 재무지표보다는 비재무성지표에 보다 주의를 기울일 필요가 있기 때문이다. 만약 사업 초기에 음(－)의 값을 보이는 EVA를 계속해서 성과평가지표로 활용한다면, 미래의 EVA 역시 계속 음(－)에 머무를 가능성이 높다.

연습문제

REVIEW EXERCISES

주관식

01 기업가치 제고를 위하여 수행할 수 있는 방법을 요인별로 논술하시오.

02 기업가치 창조를 위한 경영전략 방안을 설명하시오.

03 기업가치 측정의 기준이 되는 새로운 성과지표들의 개념을 기술하시오.

04 재무제표를 기반으로 한 현금흐름 계산 방법을 논술하시오.

05 기업가치평가 방법에 대하여 설명하시오.

06 기업가치평가에 적용할 수 있는 회계학적 모형에 대하여 논술하시오.

07 경제적 부가가치의 특성과 기능을 설명하시오.

08 경영과 경제적 부가가치(EVA)의 기능별 상관관계를 논술하시오.

09 다음의 개념을 설명하시오.

① 투하자본이익률

② 가중평균자본비용

③ 시장부가가치

④ 현금흐름할인

⑤ 초과이익

기업가치? 이젠 영업이익 말고 EVA를 봐라

글로벌 경제위기가 최악 상황을 어느 정도 벗어나고 있다. 하지만 지금 기업들에는 구조조정이라는 숙제가 여전히 남아 있다. 경영자들은 어느 사업이 존재가치가 있는지 냉정하게 판단할 필요가 있다. 불황을 이유로 임금을 깎거나 동결했다면 실적이 좋아진 뒤 노조와의 갈등은 불가피한 상황이다. 이런 상황에서 EVA(Economic Value Added, 경제적 부가가치)는 경영 성과평가 기준으로 매우 유용한 지표다.

▮ EVA가 0보다 작으면 문 닫아라

기업가치를 논할 때 일반적인 기준은 영업이익이다. 이에 따라 좋은 기업인지 아닌지, 투자가치가 있는지 아닌지를 평가하곤 한다. 영업이익은 크게 채권자 몫인 이자비용, 정부 몫인 세금, 그리고 주주 몫인 순이익으로 구성된다. EVA가 플러스라는 것은 주주들이 기회비용을 초과해 수익을 얻었다는 의미이다. 국내 대표적인 EVA 신봉자로는 최태원 SK그룹 회장이 꼽힌다. 그는 "EVA가 마이너스라면 회사가 존재할 이유가 없다"고 주장한다. 삼성전자, 포스코 등 다른 대기업들 또한 EVA를 중요한 의사결정 기준으로 활용하고 있다.

▮ 현금이 최고…EBITDA를 높여라

EBITDA는 무엇이기에 기업 존속가치를 가늠할 판단기준으로 삼았을까. EBITDA는 '이자, 세금, 감가상각비, 무형자산상각비 차감 전 이익(Earnings Before Interest, Tax, Depreciation and Amortization)'이다. 쉽게 말해 기업이 영업을 통해 벌어들이는 실질 현금을 의미한다. 따라서 EBITDA는 기업 인수·합병(M&A) 등에서 실제 가치를 평가하고 기업 수익창출 능력을 비교하는 데 활용된다. EBIT(Earnings Before Interest and Tax, 이자 및 세전이익)에 비용으로 차감했던 감가상각비와 무형자산상각비를 더해서 계산한 값이다.

출처: 매일경제신문

13

책임회계와 성과평가

1절 책임회계

1. 분권화

분권화는 의사결정 권한이 구성원에게 합리적으로 분산되어 있는 것이며, 분권화와 반대 개념인 집권화는 의사결정 권한이 특정 계층 등에 집중되어 있는 경우를 말한다. 경영 활동이 단순하고 소규모인 경우는 집권화를 통해 신속한 의사결정과 의사결정의 효율성을 달성할 수 있으나, 경영 활동이 대규모이고 복잡해지면 분권화를 통해 의사결정의 적시성과 효율성을 제고해야 한다.

분권화는 조직을 독립적인 사업부로 편성하고 의사결정 권한을 위양하여 각각의 사업부가 독자적인 경영을 할 수 있도록 하는 제도를 말한다. 분권화된 사업부는 일정한 책임 영역 하에 실질적인 권한을 갖고 직무를 수행함으로써 경영 성과에 대한 책임을 부담한다. 이때 각 사업부의 독자적인 의사결정이 기업 전체적으로 최적이 될 수 있도록 각 사업부와 조직 전체의 목표를 일치시켜야 하고, 이를 위해 각 사업부의 경영 성과를 평가하는 방법을 합리적으로 선택해야 한다.

분권화의 장 · 단점

장 점	단 점
• 현장의 요구에 대해 정확하고 신속한 대응 • 신속한 의사결정 유도 • 조직구성원의 동기부여 증대 • 하위경영자의 관리능력 향상 • 최고경영진의 전략적 계획 및 예외에 의한 관리	• 목표 불일치의 문제 • 경영 활동의 중복 • 정보수집 비용의 증가

2. 책임중심점

분권화는 하위 조직이나 경영자에게 의사결정 권한을 위양함으로써 경영목표 달성을 위한 자율성을 강조하므로 이를 효율적으로 통제하기 위해 책임회계시스템이 구축되어야 한다. 분권화를 위해 특정 원가 및 수익에 대하여 통제권한을 가진 조직단위별 또는 개인별로 책임중심점을 설정한다.

책임회계(responsibility accounting)는 책임중심점별로 원가 · 수익을 집계 · 분석 · 보고함으로써 책임중심점 및 관리자의 성과를 평가하고, 조직 전체의 경영목표를 달성하기 위한 회계제도이다.

전통적 회계와 책임회계

구 분	전통적 회계	책임회계
주된 목적	제품원가 계산	원가와 수익의 관리
원가 분류	기능별 분류 • 제조원가 • 판매비와관리비	통제가능성에 따른 분류 • 통제(추적)가능원가 • 통제(추적)불능원가
원가 집계	기능별 · 제품별 집계	책임중심점별 집계

(1) 책임회계제도

책임회계제도의 기능이 효율적으로 수행되기 위해서는 특정 원가의 발생에 대한 책임 소재가 명확해야 한다. 각 책임중심점의 관리자가 권한을 위임받은 원가항목들에 대해 관리권을 행사할 수 있어야 하며, 경영자는 성과를 표준원가, 예산 등의 기준과 비교하여 평가할 수 있는 성과평가 시스템을 갖춰야 한다. 책임회계제도는 다음과 같은 장점을 갖는다.

첫째, 책임회계제도의 실시는 권한과 책임의 위임을 의미한다. 책임회계는 조직 형태로 이루어지는데 신속한 의사결정 및 대응, 부문관리자의 동기부여 등 분권화 경영이 갖는 장점을 공유한다.

둘째, 책임회계는 각 개인 및 부문단위별로 경영계획과 통제가 이루어지는 관리통제시스템의 최종단계이다. 책임회계 단계에서는 책임회계 이전의 단계에서 적용된 공헌이익접근법, 변동원가계산, 표준원가계산 등의 모든 관리기법이 적용될 수 있다.

셋째, 전통적 회계에서는 제품원가계산과 재무보고 목적을 위해 원가정보를 제공하였으나, 책임회계제도에서는 특정 원가나 수익에 대한 책임 소재가 명확하기 때문에 관련 책임자가 원가와 수익을 효율적으로 관리 및 통제할 수 있다.

넷째, 책임회계제도는 예산과 성과 간의 차이를 쉽게 분석할 수 있게 함으로써 경영자가 각 개인 및 부문별로 발생한 차이를 정밀하게 분석하여 선택과 집중으로 예외관리(management by exception)가 가능하다.

(2) 성과평가

성과평가는 기업이 사전에 설정한 기준에 의해 각 책임중심점의 경영목표 달성도 등을 구체적으로 측정하는 것이다.

성과평가 흐름

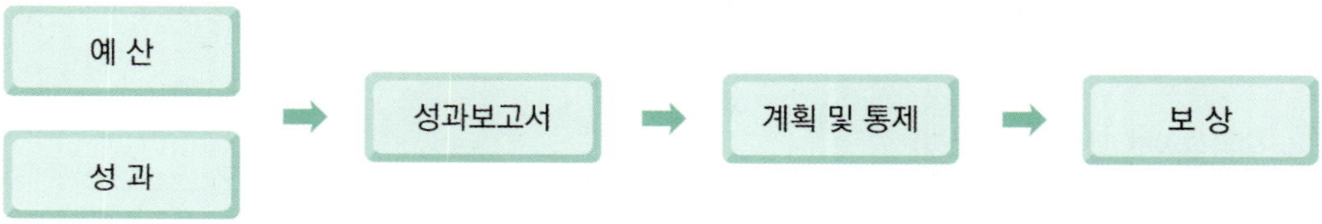

성과평가제도는 기업의 주주와 경영자 등 모두에게 매우 중요한 사항이다. 성과평가제도를 통해 주주는 경영자의 경영효율성 및 능력을 분석할 수 있고, 주주 자신의 이해와 일치되는 방향으로 경영자의 행동을 유도할 수 있으며, 경영자의 보수도 성과평가제도에 의해 결정된다.

(3) 성과평가 시의 고려사항

효율적인 성과평가제도의 설계 및 실행을 위해서는 다음과 같은 점을 고려해야 한다.

① **목표 일치성** 기업의 각 책임중심점의 이익극대화가 기업 전체의 이익극대화로 이어질 때 목표가 일치되는 것이다. 효율적인 성과평가제도는 구성원들의 성과극대화 노력이 기업 전체 목표의 극대화로 연계될 수 있도록 설계해야 한다.

② **성과평가의 오차 최소화** 각 책임중심점의 성과평가를 수행하는 과정에서 성과 측정의 오차가 발생하는 것이 일반적인데, 효율적인 성과평가제도는 성과평가 측정의 오차가 최소화되도록 설계되어야 한다.

③ **적시성과 경제성** 성과평가 결과가 신속하게 보고 및 조정되어야 하며, 성과평가에 투입되는 시간과 원가 측면에서도 경제성을 고려하여 적정하게 설계되어야 한다.

④ **각 책임중심점에 미치는 영향** 성과평가의 실행은 각 책임중심점 구성원의 행동에 영향을 미치게 된다. 예를 들어, 매출액을 성과평가 측정치로 설정하면, 각 책임중심점은 매출액을 다른 요소보다 가중치를 높여 관리하고 매출실적 달성에 집중하게 될 것이다. 그러므로 효율적인 성과평가제도로 운영되기 위해서는 각 책임중심점 구성원의 행동에 미치는 영향을 분석하여 합리적으로 설계되어야 한다.

(4) 성과보고서

책임회계의 성과평가는 책임성과보고서를 기준으로 한다. 책임성과보고서는 책임중심점별로 의사결정 권한과 영향이 미치는 범위 내에서 작성하고, 보고서의 내용에는 예산목표와 실제 성과 간의 차이에 대한 분석 및 평가가 포함된다.

책임성과보고서(원가중심점)

최고경영자에 대한 성과보고서

	예 산	실 제	차 이
A사업부	₩29,000	₩32,000	₩3,000(불리)
B사업부	××	××	××
C사업부	××	××	××
	₩70,000	₩72,000	₩2,000(불리)

A사업부장에 대한 성과보고서

	예 산	실 제	차 이
주조부	××	××	××
밀링부	₩15,000	₩16,000	₩1,000(불리)
조립부	××	××	××
	₩29,000	₩32,000	₩3,000(불리)

밀링부 부장에 대한 성과보고서

	예 산	실 제	차 이
절 단 작 업	₩8,000	₩7,800	₩200(유리)
프레스작업	××	××	××
연 마 작 업	××	××	××
	₩15,000	₩16,000	₩1,000(불리)

절단작업 감독자에 대한 성과보고서

	예 산	실 제	차 이
직접재료원가	××	××	××
직접노무원가	××	××	××
제조간접원가	××	××	××
	₩8,000	₩7,800	₩200(유리)

책임성과보고서는 부문의 의사결정이 경영목표를 달성하는 데 공헌한 정도를 나타내며, 그에 대한 성과평가는 보상시스템과 연계되어 각 부문관리자에게 동기를 부여하는 수단이 된다. 성과보고서 작성 방법은 다음과 같다.

첫째, 자료는 Buttom-up(조직의 하위에서 상위로 제공)으로 집계된다.

둘째, 보고서의 내용은 각 계층마다 다르게 작성된다. 상위 계층으로 올라갈수록 원가중심점에서 이익중심점, 투자중심점 등으로 성과평가 내용이 변환되는 것이 일반적이다.

셋째, 성과는 표준원가, 예산 등의 기준과 비교하여 평가한다.

3. 부문별 공헌손익계산서

기업의 경영자 및 이해관계자들은 경영에 투입된 자원을 활용한 결과인 성과에 많은 관심을 갖는다. 경영 성과는 포괄손익계산서를 중심으로 평가되었으며, 매출 총성과인 매출액과 매출 순성과인 매출총이익, 기타의 영업 성과를 반영하는 기타수익 및 법인세차감전의 경영 순성과를 반영하는 법인세차감전순이익[1], 그리고 법인세차감후의 경영 순성과를 나타내는 당기순이익 등으로 구분하여 측정했다. 그러나 기업 전체의 성과 측정치는 분권화된 책임중심점인 특정 사업부나 부문, 부문경영자 등의 성과평가에 필요한 정보를 합리적으로 제공하는 데 한계를 갖는다. 따라서 분권화된 책임중심점의 성과 측정에는 공헌이익접근법을 적용하여 부문별 공헌손익계산서를 작성하여 성과평가에 적용하는 것이 합리적이다.

(1) 공헌이익

공헌이익(contribution margin)은 매출액에서 변동원가를 차감한 금액으로 매출 총성과인 매출액의 증감에 따른 영업이익의 변동을 용이하게 파악할 수 있어 이익계획의 수립 및 제품별 수익성분석에 유용하다.

(2) 부문경영자의 공헌이익

부문경영자의 공헌이익(contribution margin controllable by segment managers)은 공헌이익에서 부문경영자가 통제 가능한 고정원가를 차감한 금액으로 부문경영자의 성과평가에 적합한 정보이다. 부문경영자가 통제 가능한 고정원가는 광고선전비, 교육훈련비, 자문비 등이 해당된다.

---

1) 법인세차감전순이익(income before income taxes)은 부문의 공헌이익에서 각 부문이 추적 불가능한 고정원가를 차감한 금액으로 기업 전체의 이익창출능력을 측정하는 데 유용한 개념이지만, 부문의 성과평가 기준으로는 거의 사용하지 않는다. 각 부문에 추적 불가능한 고정원가는 기업의 전반적인 활동과 관련되어 발생하는 공통고정원가(common fixed costs)로 광고선전비, 최고경영자의 보수, 본사의 접대비 등이 있다.

(3) 부문의 공헌이익

부문의 공헌이익(contribution margin by segments)은 부문 경영자의 공헌이익에서 부문 경영자가 통제 불가능하지만 각 부문에 추적 가능한 고정원가를 차감한 금액으로 부문의 성과 측정에 적합한 정보이다. 특정 부문에 추적 가능한 고정원가로는 특정 부문에서 사용하는 건물 및 비품의 감가상각비, 재산세, 보험료, 부문경영자의 급료 등이 해당된다.

부문별 공헌손익계산서

	A사업부	B사업부	C사업부
매출액	₩8,000	₩7,600	₩9,000
변동제조원가	(5,000)	(4,600)	(6,500)
변동판매비와관리비	(400)	(500)	(300)
(1) 공헌이익	₩2,600	₩2,500	₩2,200
통제가능고정원가	(400)	(500)	(200)
(2) 부문경영자의 공헌이익	₩2,200	₩2,000	₩2,000
통제 불능하나 추적가능고정원가	(200)	(300)	(200)
(3) 부문의 공헌이익	₩2,000	₩1,700	₩1,800

2절 책임중심점 성과평가

분권화조직은 책임중심점(responsibility center)에 부여되는 책임의 범위에 따라 원가중심점(cost center), 이익중심점(profit center), 투자중심점(investment center) 등으로 구분한다.

책임중심점 구분

구 분	통제기준	평가 방법	측정 범위
원가중심점	원가효율	예산과 실제원가 대비	원가
이익중심점	이익 성과	순이익 / 공헌이익 / 매출이익률	원가 / 수익
투자중심점	투자효율	ROI, EVA	원가 / 수익 / 투자 효율성

1. 원가중심점 성과평가

원가중심점(cost center)은 기업에서 가장 많이 볼 수 있는 책임중심점으로 원가에 대해서만 의사결정권을 부여하고 이에 대한 책임도 부담시키는 조직단위이다. 원가중심점은 주로 제조기업의 생산공정과 관련되어 공장 전체나 각 공정별로 다양하게 설정할 수 있다. 이 경우 각 원가중심점별로 최소의 원가 투입으로 최대의 성과를 달성하는 것이 목표이다. 원가중심점의 성과평가는 실제조업도에 근거한 변동예산과 실제조업도와의 차이 비교를 통해 행해진다. 변동예산(flexible budget)은 관련범위 내의 조업도 수준에서 증감하는 예산으로, 실제조업도와 연계된 비교의 기준을 제공할 수 있다. 만약 단일조업도에 근거한 고정예산(static budget)과 실제조업도 하의 실제원가를 비교한다면, 비교기준의 차이로 인해 유용한 원가차이 정보를 획득할 수 없게 된다.

예제 SOLVE PRACTICE PROBLEM

삼성기업 가전사업부의 20×4년 2월 A제품의 생산 및 판매 활동에 관한 자료는 다음과 같다.

	실 제	종합예산
생산 · 판매량	3,500개	4,000개
단위당 판매가격	₩210	₩200
직접재료원가	270,000	280,000
직접노무원가	108,800	120,000
변동제조간접원가	81,600	80,000
변동판관비	50,000	40,000
고정제조간접원가	80,000	80,000
고정판관비	60,000	60,000
영업이익	₩84,600	₩140,000

성과평가를 위해 A제품의 생산 · 판매량이 3,000개, 3,500개인 변동예산을 편성하였다.

변동예산

	3,000개	3,500개
매출액	₩600,000	₩700,000
변동원가		
직접재료원가	210,000	245,000
직접노무원가	90,000	105,000
변동제조간접원가	60,000	70,000
변동판관비	30,000	35,000
공헌이익	₩210,000	₩245,000
고정제조간접원가	80,000	80,000
고정판관비	60,000	60,000
영업이익	₩70,000	₩105,000

A제품 1단위 생산에 필요한 표준원가는 다음과 같다.

표준원가계산표

직접재료원가	5kg	@14	₩70
직접노무원가	2시간	@15	₩30
변동제조간접원가	2시간	@10	₩20
고정제조간접원가	2시간	@10	₩20

물음 위의 자료를 이용하여 원가중심점의 성과보고서를 작성하시오.

해답

원가중심점의 성과보고서

	실 제 (3,500개)	변동예산 (3,500개)	원가차이	
직접재료원가	₩270,000	₩245,000	₩25,000	(불리)
직접노무원가	108,800	105,000	3,800	(불리)
변동제조간접원가	81,600	70,000	11,600	(불리)
고정제조간접원가	80,000	80,000	-	
합 계	₩540,400	₩500,000	₩40,400	(불리)

2. 이익중심점 성과평가

이익중심점(profit center)은 원가와 수익 모두에 대해 의사결정 권한뿐만 아니라 책임도 부담하게 되는 조직단위이며, 수익 및 이익중심점이라고도 한다. 따라서 이익중심점은 제품의 생산 부문 뿐만 아니라 판매 부문까지 총괄하여 권한과 책임이 부여되므로 일반적으로 판매사업부 혹은 지역영업본부와 같은 독립된 이익 성과 단위에 적합하다.

생산 부문의 원가차이와 판매 부문의 매출차이

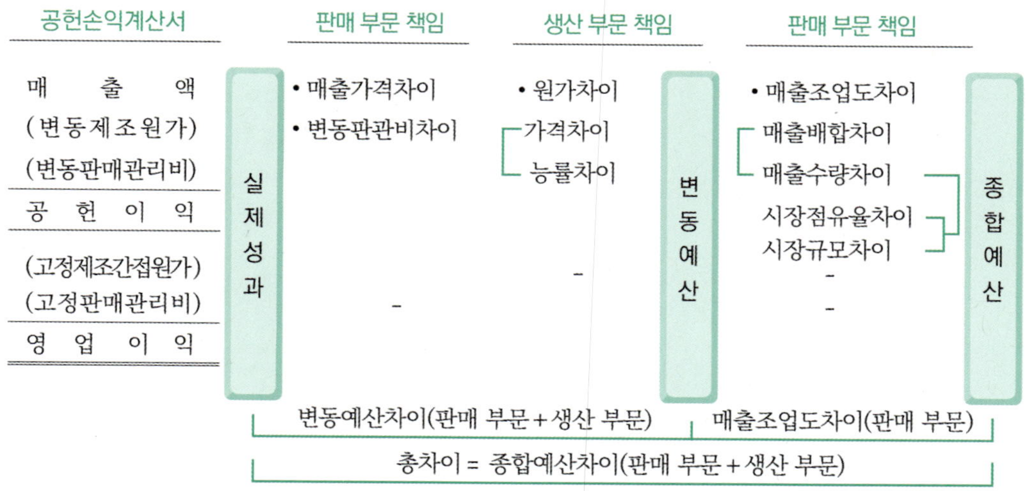

이익중심점의 성과평가 시에는 다음과 같은 특성을 반영하여 종합(고정)예산과 실제 성과 간의 차이를 비교하여 평가한다.

① 공헌이익, 순이익 등 이익 성과를 이용하여 각 조직단위의 효율성을 평가할 수 있고, 지역별 · 제품별 · 고객별 등의 성과평가도 가능하다.

② 종합예산은 단일 예산조업도를 기준으로 편성되는 예산으로 실제조업도와 차이가 있는 경우 원가차이는 별 의미가 없다. 다만 판매담당자는 종합예산상의 판매수량과 판매가격, 통제가능원가에 대한 책임을 부담하므로 판매담당자의 성과평가 시에 유용하다.

③ 종합예산과 실제조업도를 반영한 변동예산과의 차이는 판매수량에 의한 매출조업도차이(sales-volume variance)로 판매 담당자가 예산 판매수량을 달성했는지 여부를 평가하는 지표가 된다.

④ 변동예산과 실제조업도의 차이를 이용하여 변동예산차이를 분석할 수 있는데, 생산 담당자의 원가통제와 관련된 원가차이와 판매 담당자의 매출가격차이와 판매관리비차이로 구성된다.

⑤ 고정원가는 투입 · 산출 관계가 존재하지 않고 관련범위 내에서는 일정하게 발생된다. 이러한 성격은 예산 수립 시에도 적용되므로 고정원가예산은 변동예산에서나 종합예산에서 동일하고, 결과적으로 고정원가에 대한 매출조업도차이는 발생되지 않는다.

예제

SOLVE PRACTICE PROBLEM

삼성기업 가전사업부의 20×4년 2월 A제품의 생산 및 판매 자료는 다음과 같다.

	실 제	종합예산
생산 · 판매량	3,500개	4,000개
단위당 판매가격	₩210	₩200
직접재료원가	270,000	280,000
직접노무원가	108,800	120,000
변동제조간접원가	81,600	80,000
변동판관비	50,000	40,000
고정제조간접원가	80,000	80,000
고정판관비	60,000	60,000
영업이익	₩84,600	₩140,000

성과평가를 위해 A제품의 생산 · 판매량이 3,000개, 3,500개인 변동예산을 편성하였다.

변동예산

	3,000개	3,500개
매출액	₩600,000	₩700,000
변동원가		
직접재료원가	210,000	245,000
직접노무원가	90,000	105,000
변동제조간접원가	60,000	70,000
변동판관비	30,000	35,000
공헌이익	₩210,000	₩245,000
고정제조간접원가	80,000	80,000
고정판관비	60,000	60,000
영업이익	₩70,000	₩105,000

A제품 1단위 생산에 필요한 표준원가는 다음과 같다.

표준원가계산표

직접재료원가	5kg	@14	₩70
직접노무원가	2시간	@15	₩30
변동제조간접원가	2시간	@10	₩20
고정제조간접원가	2시간	@10	₩20

물음 이익중심점의 성과보고서를 작성하시오.

해답

(생산 · 판매량)	실제성과 (3,500개)	매출가격 차이	원가차이	변동판관비 차이	변동예산 (3,500개)	매출조업도 차이(△500개)	종합예산 (4,000개)
매출액	₩735,000	₩35,000	-	-	₩700,000	₩(100,000)	₩800,000
변동원가							
직접재료원가	270,000	-	(25,000)	-	245,000	35,000	280,000
직접노무원가	108,800	-	(3,800)	-	105,000	15,000	120,000
변동제조간접원가	81,600	-	(11,600)	-	70,000	10,000	80,000
변동판관비	50,000	-	-	(15,000)	35,000	5,000	40,000
공헌이익	₩224,600	₩35,000	₩(40,400)	₩(15,000)	245,000	(35,000)	280,000
고정원가							
고정제조간접원가	80,000	-	-	-	80,000		80,000
고정판관리	60,000	-	-	-	60,000		60,000
영업이익	₩84,600	₩35,000	₩(40,400)	₩(15,000)	₩105,000	₩(35,000)	₩140,000

변동예산차이 ₩(20,400)

매출총차이 ₩(0)

종합예산 총차이 ₩(55,400)

* 각 차이란의 ( )금액은 불리한 차이를 나타냄

** 생산 부문 책임: 원가차이, 판매 부문 책임: 매출가격차이, 매출조업도차이, 변동판관비차이

*** 변동예산과 종합예산의 차이는 실제판매량(변동예산판매량) 3,500개와 목표판매량(4,000)개 차이(△500)로 인한 공헌이익차이 ₩35,000(불리)를 의미한다. 따라서 매출조업도차이는 공헌이익차이로 측정된다.

(1) 매출총차이

매출액보다 공헌이익이 더 중요하므로 매출총차이는 공헌이익에서 계산한다. 매출총차이는 실제공헌이익과 고정예산공헌이익의 차이를 말하는데, 매출총차이를 계산할 때 실제공헌이익이 실제판매가격에서 실제변동원가를 차감하는 것이 아니라 표준(예산)변동원가(SC)를 차감하

여 계산한다. 그 이유는 실제변동원가와 표준변동원가의 차이는 원가중심점의 책임이므로 원가변화의 효과를 배제하고 판매 부문에 책임이 있는 판매가격과 매출조업도(판매수량)의 변동으로 인한 차이만을 파악하기 위해서다.

매출 관련 차이분석도(판매 부문 책임)

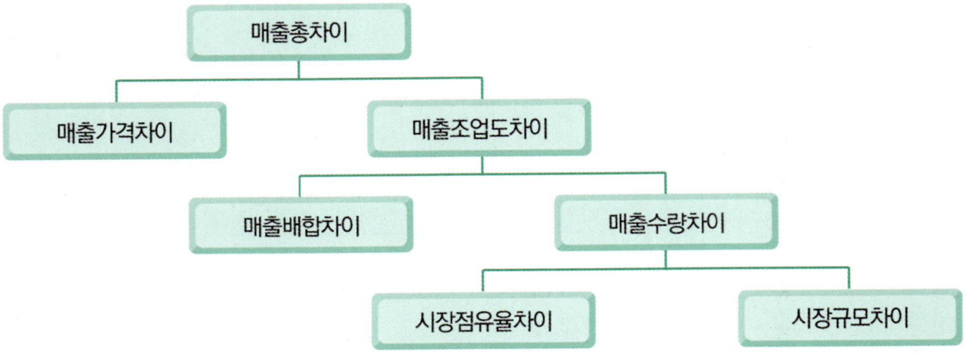

(2) 매출가격차이와 매출조업도차이

매출총차이는 판매가격 변동에 의한 매출가격차이와 매출수량 변동에 의한 매출조업도차이로 구분한다.

① **매출가격차이(sales price variance)** 실제판매가격과 예산판매가격 차이 때문에 발생하는 공헌이익의 차이이다.

② **매출조업도차이(sales volume variance)** 예산판매가격을 전제로 하여 실제매출수량과 예산매출수량의 차이로 인한 공헌이익의 차이이다.

실 제	변동예산	종합예산
실제공헌이익 × 실제매출수량	예산공헌이익 × 실제매출수량	예산공헌이익 × 예산매출수량
$(AP - SC) \times AQ$	$(BP - SC) \times AQ$	$(BP - SC) \times BQ$

매출가격차이 (실제 − 변동예산)　　매출조업도차이 (변동예산 − 종합예산)

매출총차이

여기서, AP: 제품 단위당 실제판매가격 BP: 제품 단위당 예상판매가격
SC: 표준변동원가 AQ: 실제판매수량 BQ: 예상판매수량

앞에서 작성한 책임성과보고서를 기초로 매출총차이를 식으로 나타내면 다음과 같다.

실　제	변동예산	종합예산
(₩210 − ₩130) × 3,500개	(₩200 − ₩130) × 3,500개	(₩200 − ₩130) × 4,000개

매출가격차이 ₩35,000(유리)　　매출조업도차이 ₩35,000(불리)

매출총차이 ₩0

(3) 매출배합차이와 매출수량차이(복수제품)

지금까지 단일제품을 생산, 판매하는 것을 가정하였으나, 복수제품을 판매하는 경우에는 각 제품의 상대적 판매비율을 의미하는 매출배합(sales mix)을 고려하여 분석한다. 이 경우 매출총차이는 매출가격차이와 매출조업도차이로 구분하고, 매출조업도차이를 매출배합차이와 매출수량차이로 세분하여 분석한다.

① **매출배합차이(sales mix variance)**　예산판매가격이 그대로 유지된다고 가정할 때 실제매출수량 하에서 실제매출배합과 예산매출배합의 차이가 공헌이익에 미치는 영향을 의미한다.

② **매출수량차이(sales quantity variance)**　예산매출배합이 그대로 유지된다고 가정할 때 예산판매가격 하에서 실제매출수량과 예산매출수량의 차이가 공헌이익에 미치는 영향을 의미한다.

실　제	변동예산	종합예산
$(APi - SCi) \times AQi$	$(BPi - SCi) \times AQi$	$(BPi - SCi) \times BQi$

매출가격차이　　매출조업도차이

$(BPi - SCi) \times AQi$　　$(BPi - SCi) \times \sum AQ \times BMi$　　$(BPi - SCi) \times BQi$

매출배합차이　　매출수량차이

여기서 i : 제품 i

AQi(실제의 전체 매출수량) $= \sum AQ \times AMi$

BQi(예산의 전체 매출수량) $= \sum BQ \times BMi$

(AMi: 제품 i 의 실제배합비율
BMi: 제품 i 의 예산배합비율)

예제

SOLVE PRACTICE PROBLEM

대전지사는 A와 B제품을 판매하고 있다. 각 제품 관련 정보는 다음과 같다.

	A제품	B제품	합계
실제판매량	800개	600개	1,400개
예상판매량	600개 (40%)	900개 (60%)	1,500개
실제판매가격	₩100	₩120	
예상판매가격	₩120	₩110	
표준변동원가	₩90	₩100	
실제시장규모	8,000개	7,500개	15,500개
예산시장규모	7,500개	9,000개	16,500개

물음 1. 매출총차이를 매출(판매)가격차이와 매출조업도차이로 세분하여 계산하시오.

2. 매출조업도차이를 매출배합차이와 매출수량차이로 세분하여 계산하시오.

해답

	실 제	변동예산	종합예산
1. A제품	(₩100 − ₩90) × 800개	(₩120 − ₩90) × 800개	(₩120 − ₩90) × 600개
	₩16,000(불리)		₩6,000(유리)
B제품	(₩120 − ₩100) × 600개	(₩110 − ₩100) × 600개	(₩110 − ₩100) × 900개
	₩6,000(유리)		₩3,000(불리)

• 합 계 매출가격차이 ₩10,000(불리) 매출조업도차이 ₩3,000(유리)

매출총차이 ₩7,000(불리)

	실 제	변동예산	종합예산
2. A제품	(₩120 − ₩90) × 800개	(₩120 − ₩90) × 1,400개 × 40%	(₩120 − ₩90) × 600개
	₩7,200(유리)		₩1,200(불리)
B제품	(₩110 − ₩100) × 600개	(₩110 − ₩100) × 1,400개 × 60%	(₩110 − ₩100) × 900개
	₩2,400(불리)		₩600(불리)

• 합 계 매출배합차이 ₩4,800(유리) 매출수량차이 ₩1,800(불리)

매출조업도차이 ₩3,000(유리)

(4) 시장점유율차이와 시장규모차이 (복수제품)

제품의 매출은 시장규모와 시장점유율의 변동에 따라 영향을 받는다. 그러나 기업의 입장에서 시장규모는 통제 불가능한 요인이나 시장점유율은 통제 가능한 요인이다. 따라서 매출수량차이를 시장점유율차이와 시장규모차이로 세분하여 분석할 필요가 있다.

① **시장점유율차이(market-share variance)** 실제시장규모가 그대로 유지된다고 가정할 때 실제시장점유율과 예산시장점유율의 차이로 인한 공헌이익의 차이를 말한다.

② **시장규모차이(market-size variance)** 예산시장점유율이 그대로 유지된다고 가정할 때 실제시장규모와 예산시장규모의 차이로 인한 공헌이익의 차이를 말한다.

실 제	변동예산	종합예산
AMS × AS × BACM	AMS × BS × BACM	BMS × BS × BACM

- 실제 – 변동예산: 시장점유율차이
- 변동예산 – 종합예산: 시장규모차이
- 시장점유율차이 + 시장규모차이: 매출수량차이

여기서, AMS: 실제시장규모　　BMS: 예산시장규모
AS: 실제시장점유율　　BS: 예산시장점유율
BACM(budgeted average contribution margin per unit): 제품 단위당 예산평균공헌이익

이 경우 예산매출배합이 유지된다는 전제 하에 제품 단위당 예산평균공헌이익(BACM)을 먼저 계산해야 하는데, 이는 각 제품의 단위당 예산공헌이익에 제품별 예산배합비율을 가중평균하여 계산하기 때문이다. 그리고 실제시장점유율과 예산시장점유율은 각각의 매출수량을 시장규모로 나누어 계산한다.

> 실제(예산)시장점유율 = 실제(예산)판매수량 ÷ 실제(예산)시장규모

예제

SOLVE PRACTICE PROBLEM

대전지사는 A와 B제품을 판매하고 있다. 각 제품 관련 정보는 다음과 같다.

	A제품	B제품	합계
실제판매량	800개	600개	1,400개
예상판매량	600개(40%)	900개(60%)	1,500개
실제판매가격	₩100	₩120	
예상판매가격	₩120	₩110	
표준변동원가	₩90	₩100	
실제시장규모	8,000개	7,500개	15,500개
예산시장규모	7,500개	9,000개	16,500개

물음 매출수량차이(₩1,800 불리)를 시장점유율차이와 시장규모차이로 세분하시오.

해답

- 시장점유율의 계산

실제시장점유율: A제품 = 800개 ÷ 8,000개 = 10%
B제품 = 600개 ÷ 7,500개 = 8%

예산시장점유율: A제품 = 600개 ÷ 7,500개 = 8%
B제품 = 900개 ÷ 9,000개 = 10%

- 제품 단위당 예산평균공헌이익

(₩120 − ₩90) × 40% + (₩110 − ₩100) × 60% = ₩18

	실 제	변동예산	종합예산
A제품	8,000개 × 10% × ₩18	8,000개 × 8% × ₩18	7,500개 × 8% × ₩18
	₩2,880(유리)		₩720(유리)
B제품	7,500개 × 8% × ₩18	7,500개 × 10% × ₩18	9,000개 × 10% × ₩18
	₩2,700(불리)		₩2,700(불리)

- 합 계 시장점유율차이 ₩180(유리) 시장규모차이 ₩1,980(불리)

매출수량차이 ₩1,800(불리)

• 매출총차이 요약

- 매출총차이 ₩7,000 (불리)
  - 매출가격차이 ₩10,000 (불리)
  - 매출조업도차이 ₩3,000 (유리)
    - 매출배합차이 ₩4,800 (유리)
    - 매출수량차이 ₩1,800 (불리)
      - 시장점유율차이 ₩180 (유리)
      - 시장규모차이 ₩1,980 (불리)

3. 투자중심점 성과평가

투자중심점(investment center)은 원가와 수익 이외에 투자에 대해서도 의사결정권한뿐만 아니라 책임도 부과하는 조직단위이다. 투자중심점은 가격결정, 투자결정, 재고수준결정 등 경영 전반에 대한 의사결정 권한을 갖는 포괄적인 책임중심점이다. 그리고 투자효율성에 대한 책임도 부담하므로 주로 독립채산제를 시행하는 사업부의 성과평가에 적합하다. 따라서 투자중심점의 성과평가 시에는 이익과 투자액을 동시에 고려하므로 투자중심점에 투입된 영업자산과 영업이익을 비교 · 분석하여 평가하게 된다. 일반적으로 투자중심점의 성과평가는 투자이익률, 잔여이익, 경제적 부가가치 등의 개념을 이용하여 투자효율성을 평가한다.

(1) 투자이익률

투자이익률[2](Return On Investment: ROI)은 특정 부문에 투입된 영업자산과 투자 성과(영업이익) 간의 상대적 비율을 반영한 수익성지표이다.

$$\text{투자이익률(ROI)} = \frac{\text{영업이익}}{\text{영업자산}} \times 100$$

$$\frac{\text{영업이익}}{\text{영업자산}} = \frac{\text{영업이익}}{\text{매출액}} \times \frac{\text{매출액}}{\text{영업자산}}$$

$$\text{투자이익률} = \text{매출액영업이익률} \times \text{영업자산회전율}$$

2) ROI와 비슷한 개념으로 ROE가 있다. 자기자본이익률(Return On Equity: ROE)은 경영자가 주주의 자본을 사용해 어느 정도의 이익을 올리고 있는지를 나타내는 지표로 주주 지분에 대한 운영 효율성을 나타낸다. 주식시장에서는 자기자본이익률이 높을수록 주가도 높게 형성되는 경향이 있어서 투자지표로도 이용되고, 투자이익률(ROI)과 더불어 경영효율성을 분석하는 대표적인 재무지표이다.

매출액영업이익률은 특정 부문의 영업 성과를 분석하는 수익성지표이고, 영업자산회전율은 특정 부문에 투입된 영업자산과 산출물인 매출액과의 비교를 통해 영업자산의 기여도를 분석하는 활동성지표이다.

결론적으로 투자이익률을 높이기 위해서는 매출액영업이익률 및 영업자산회전율을 높일 수 있는 방안을 강구하여야 한다. 구체적 방안으로는 매출액 증가, 원가절감에 의한 비용 감축, 경영활동에 투입되는 영업자산 축소 등이 해당된다.

투자이익률(ROI) 구성

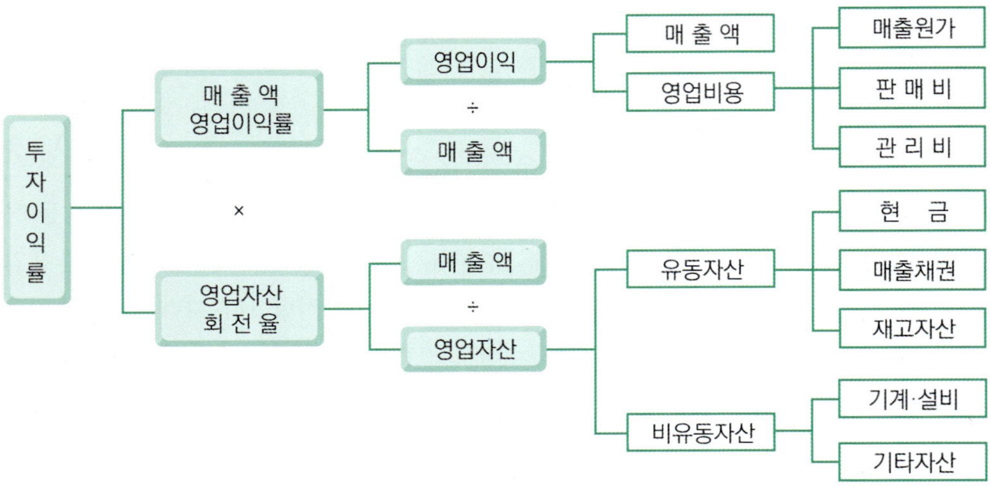

성과평가와 관련한 투자이익률은 투자중심점의 성과를 절대적인 이익의 규모로 나타내지 않고, 투입자본과 성과를 비교하는 투자이익률을 이용함으로써 투자중심점의 상대적인 수익성을 평가할 수 있다. 그리고 비율(%)로 표시되므로 투자중심점 간에 투자이익률의 상호 비교로 성과의 비교 평가가 용이한 점 등이 장점이다.

그러나 투자이익률은 단기적인 수익성을 강조하므로 장기적으로 높은 투자이익률을 달성할 수 있는 투자안을 부당하게 기각하는 준최적화 현상이 발생할 수 있으며, 의사결정과 성과평가 등에서 일관성이 결여될 수 있다. 그 이유는 자본예산과 같은 장기적 의사결정에서는 현금흐름을 강조하지만, 성과평가지표인 투자이익률은 회계상의 영업이익을 강조하기 때문이다. 또한, 각 투자중심점이 내포하고 있는 위험 요소(차입금 등)를 고려하지 않는 등의 한계를 갖고 있다. 투자이익률로 성과평가 시에 경영자는 다음과 같이 결정한다.

새로운 투자안의 투자이익률 ≥ 현재 투자이익률 → 투자후 투자이익률 ≥ 현재 투자이익률	투자안 채택[< 경우 기각]

예제 SOLVE PRACTICE PROBLEM

삼성기업의 반도체 사업부에 관한 20×4년의 영업 활동 결과는 다음과 같다.

매 출 액	₩10,000,000
영업이익	1,000,000
영업자산	5,000,000

물음 1. 반도체 사업부의 투자이익률을 계산하시오.

2. 매출액 20% 증가 시에 영업이익이 8% 증가한다고 할 때, 새로운 투자이익률을 계산하시오.

3. 영업자산을 처분하여 ₩4,000,000으로 축소하였으나, 매출액이나 영업이익은 일정한 경우 투자이익률을 계산하시오.

해답

1\. 투자이익률 $= \left(\frac{₩1,000,000}{₩10,000,000} \times \frac{₩10,000,000}{₩5,000,000}\right) \times 100 = 20\%$

2\. 투자이익률 $= \left(\frac{₩1,080,000}{₩12,000,000} \times \frac{₩12,000,000}{₩5,000,000}\right) \times 100 = 21.6\%$

3\. 투자이익률 $= \left(\frac{₩1,000,000}{₩10,000,000} \times \frac{₩10,000,000}{₩4,000,000}\right) \times 100 = 25\%$

(2) 잔여이익

잔여이익(Residual Income: RI)은 투자중심점의 영업이익이 영업자산으로 획득해야 할 최소한의 이익(최저기대수익률)을 초과한 영업이익 부분을 의미한다. 잔여이익을 기준으로 한 성과평가는 최고경영자가 각 사업부의 투자이익률을 극대화하기보다는 기업 전체의 잔여이익 극대화를 위해 각 사업부 경영자들이 최대한 노력하도록 유인하는 방법이며, 성과평가 시에 투자이익률이 갖는 준최적화의 문제 해결에도 도움을 준다.

영업자산으로부터 획득해야 하는 최소한의 이익은 투자중심점의 최저기대수익률(자본비용)

을 영업자산에 곱하여 산출한다. 이 최저기대수익률은 부가이자율로 기업 전체보다는 투자중심점 고유의 최저 투자이익이나 위험 등을 반영하고 있다.

잔여이익 계산 및 의사결정

- 잔여이익 = 투자중심점 영업이익 − {투자액 × 최저기대수익률(부가이자율, 내재이자율)}
- 새로운 투자안의 잔여이익 ≥ 0
투자 후 잔여이익 ≥ 현재 잔여이익 } → 투자안 채택[< 경우 기각]

① 성과평가와 관련한 잔여이익의 장점

첫째, 투자중심점의 경영자로 하여금 잔여이익이 발생하는 투자안을 모두 채택하게 함으로써 투자유인을 제공하고 투자중심점과 기업 전체의 잔여이익을 동시에 극대화시킬 수 있다.

둘째, 투자중심점의 최저기대수익률을 조정함으로써 투자중심점 고유의 최저기대이익이나 준최적화 현상과 같은 투자위험 등을 상황에 맞게 반영할 수 있다.

② 잔여이익의 단점

첫째, 투자중심점 또는 투자기간 간에 투자규모가 서로 다른 여건 하에서는 잔여이익을 비교하여 성과를 평가하기 어렵다. 이를 해결하기 위해서는 잔여이익을 영업자산으로 나누어 잔여이익률(residual return on investment)을 계산하거나 투자이익률을 보완하여 사용해야 한다.

둘째, 잔여이익 계산 시에 최저기대수익률을 이용하더라도 근본적으로는 회계상의 영업이익을 이용하게 되므로 투자중심점마다 회계기준의 적용이 달라진다면 투자중심점 간에 성과를 비교하여 평가할 수 없다.

예제

SOLVE PRACTICE PROBLEM

삼성기업은 사업부 A와 사업부 B를 투자중심점으로 운영하고 있다. 사업부의 영업 활동과 관련된 자료는 다음과 같다. 회사가 투자안의 선정기준으로 제시한 최저기대수익률은 12%이다.

	사업부 A	사업부 B
영업자산(투자자산)	₩400,000	₩600,000
영업이익	80,000	108,000

물음 1. 각 사업부의 잔여이익을 계산하시오.
2. 잔여이익률에 의해 각 사업부의 성과평가를 비교 · 설명하시오.
3. 각 사업부의 투자이익률을 계산하고, 각 사업부의 성과를 평가하시오.

해답

1. 잔여이익에 의한 성과평가

	사업부 A	사업부 B
영업이익	₩80,000	₩108,000
(−) 최저기대수익률(자본비용 12%)	48,000	72,000
잔여이익	₩32,000	₩36,000

2. 잔여이익률에 의한 성과평가

잔여이익에 의한 성과평가 시에는 사업부 B의 잔여이익이 사업부 A의 잔여이익보다 커서 사업부 B의 성과가 우수해 보인다. 그러나 보다 정확한 성과평가를 위해서는 잔여이익과 사업에 투입된 영업자산을 비교하여 잔여이익률(잔여이익 ÷ 영업자산)을 계산해 보아야 한다.

사업부 A: $\frac{₩32,000}{₩400,000} \times 100 = 8\%$

사업부 B: $\frac{₩36,000}{₩600,000} \times 100 = 6\%$

∴ 잔여이익률로 성과평가를 할 경우, 사업부 A의 성과가 사업부 B의 성과보다 우수한 것으로 평가

3. 투자이익률에 의한 성과평가

사업부 A: $\frac{₩80,000}{₩400,000} \times 100 = 20\%$

사업부 B: $\frac{₩108,000}{₩600,000} \times 100 = 18\%$

∴ 투자이익률로 성과평가를 할 경우, 사업부 A의 성과가 사업부 B의 성과보다 우수한 것으로 평가

(3) 경제적 부가가치

경제적 부가가치(Economic Value Added: EVA)는 투자중심점의 성과평가와 관련하여 최근에 주목받는 방법으로 기본적으로는 잔여이익법과 유사하다. 경제적 부가가치란 영업 활동에 필요한 자금의 투자자에게 기회비용 이상의 수익을 창출하였는지 여부를 현금흐름에 기초하여 분석하는 방법을 말하며, 법인세차감후영업이익에서 자본 제공자에게 지급해야 할 자본비용을 차감한 금액으로 계산한다. 경제적 부가가치가 양(+)이 된다는 것은 법인세차감후영업이익이 자본비용을 초과하여 경제적으로 새로운 부가가치를 창출하였다는 것을 의미한다.

경제적 부가가치(EVA) = 영업이익 − 세금 − 채권자와 주주에 대한 자본비용
= {영업이익 × (1 − 세율)} − (투하자본 × 가중평균자본비용)
= 세후영업이익 − (투하자본 × 가중평균자본비용)

- 세후영업이익 = 세전영업이익 × (1 − 법인세율)
- 투하자본 = 이자부 타인자본 + 자기자본
  = 비유동부채 (단기차입금이 없다면) + 자기자본
  = 유동자산 + 비유동자산 − 유동부채
  = (유동자산 − 유동부채) + 비유동자산
- 가중평균자본비용 = $\{\text{이자율} \times (1 - \text{법인세율})\} \times \dfrac{\text{비유동부채}}{\text{비유동부채} + \text{자기자본}} + \text{자기자본비용} \times \dfrac{\text{자기자본}}{\text{비유동부채} + \text{자기자본}}$

예제

SOLVE PRACTICE PROBLEM

반도체 사업부의 지난해 법인세차감전영업이익은 ₩2,000,000이었다. 이 사업부는 이자율 9%인 사채를 ₩2,000,000 발행하였고, 자기자본은 ₩6,000,000이다. 주주의 최저기대수익률은 12%이며, 법인세율은 20%이다.

물음 1. 가중평균자본비용을 계산하시오.
2. 경제적 부가가치를 계산하고, 사업부의 성과를 평가하시오.

해답

1.

	자본구성	구성비율	세후자본비용	가중평균자본비용
사 채	₩2,000,000	0.25	0.072*	0.018
자기자본	6,000,000	0.75	0.12	0.09
합 계	₩8,000,000			0.108

* 이자율 × (1 − 법인세율) = 0.09 × (1 − 0.2) = 0.072

2.

법인세차감후영업이익	₩2,000,000 × (1 − 0.2) =	₩1,600,000
(−) 가중평균자본비용	₩8,000,000 × 0.108 =	₩864,000
경제적 부가가치		₩736,000

∴ 성과를 평가하면, 반도체 사업부는 사채이자(9%), 자기자본의 기대수익률(12%), 법인세율(20%)을 차감하고도 경제적 부가가치 ₩736,000를 창출한다.

경제적 부가가치는 책임회계제도의 성과평가 시에 다음과 같은 유용성이 있다.

① 타인자본비용 뿐만 아니라 자기자본비용도 고려하게 한다.

② 경영자로 하여금 주주와 같은 입장에서 행동하도록 함으로써 준최적화 현상을 극복하며 대리인비용을 절감시킨다.

③ 다른 성과 측정치들보다 기업가치 상관성이 높은 성과평가이므로 투자 의사결정에도 이용 가능하다.

경제적 부가가치의 한계점은 다음과 같다.

① 정확한 경제적 부가가치 계산을 위해서는 수정해야 할 항목들이 많다.

② 자기자본비용의 산정에 어려움이 있다.

③ 기업의 지적자산 등의 무형자산 가치에 대한 고려가 없다.

잔여이익 및 경제적 부가가치 계산

잔여이익	경제적 부가가치
• 영업이익 • 투자액 • 최저기대수익률	• 세후영업이익 • 투하자본 • 가중평균자본비용

이상에서 설명한 책임중심점별 유형의 성과평가 방법을 정리하면 다음과 같다.

책임중심점별 유형의 특성

구분 \ 책임중심점 유형	원가중심점	이익중심점	투자중심점
특 징	특정 원가의 발생에 대해서만 통제 책임 부담	원가와 수익 모두에 대하여 통제 책임 부담	원가와 수익, 투자의사결정에 대하여 통제 책임 부담
부 서	생산부	판매부와 지역별 영업본부	사업부
성과평가 방법	실제원가와 표준원가 비교	실제성과와 종합예산 비교	투자이익률, 잔여이익, 경제적 부가가치

3절 성과평가와 보상

성과평가시스템은 부문관리자를 포함한 조직구성원들에 대한 보상시스템(reward system)으로 연계되어야만 효과적인 경영통제시스템으로서 역할을 수행할 수 있다.

1. 내재적 보상과 외재적 보상

조직구성원들에게 동기를 부여하기 위한 보상은 크게 내재적 보상과 외재적 보상으로 구분할 수 있다. 내재적 보상은 조직의 특성이나 직무의 유형을 반영하는 것으로 직무에서 느끼는 만족감이나, 직무가 개인에게 제공하는 승진, 능력 신장 등 성장 기회와 같이 조직구성원 개인이 내재적으로 받는 보상이다. 외재적 보상은 조직구성원들이 직무를 잘 수행할 수 있도록 하는 보상 방법으로 상여금, 이익분배, 스톡옵션 등이 대표적 사례이다. 이러한 보상시스템은 조직구성원들이 조직으로부터 인정받았다는 것을 인식하게 해주는 것이다.

(1) 인센티브 보상의 특성

인센티브 보상(incentive compensation) 혹은 성과급(pay for performance)은 측정된 성과를 기준으로 외재적 보상을 하는 시스템이다. 인센티브 보상은 성과 달성을 기준으로 하여 보상하는 것으로 기업은 목적적합하고 신뢰성 있는 성과측정시스템을 구축해야만 한다. 이때 적용되는 보상은 생산량, 이익, 주가 등과 같이 절대적 성과를 기준으로 적용할 수 있고, 목표 달성도, 비교대상 집단의 평균 성과 등과 같은 상대적 성과를 기준으로 적용할 수도 있다. 조직구성원들에게 합리적인 동기부여를 제공하기 위해서는 성과측정시스템을 다음과 같이 구축할 필요가 있다.

① 조직구성원이 자신들의 직무와 보상시스템을 이해하고, 구성원 자신들이 통제할 수 있으며, 조직이 구성원의 공헌도를 정확히 측정한다는 것을 신뢰해야 한다.

② 성과측정시스템의 설계자는 조직구성원의 투입(input) 혹은 산출(output)에 대한 측정기준을 합리적으로 선택해야 한다. 대부분은 조직에 공헌하는 구성원들의 산출물을 기준으로 측정하여 보상하지만, 때로는 구성원이 통제할 수 없는 요인이 산출물에 반영되는 경우가 있다. 그럴 때에는 학습도, 숙련도, 작업시간 등의 투입기준으로 측정할 수 있다.

③ 성과측정시스템이 측정하고 보상하는 성과 요소는 조직의 핵심 성공 요인을 반영해야 한다. 그 이유는 성과평가, 보상시스템 등이 기업의 성공과 연계되어야 하기 때문이다.

④ 보상시스템은 조직의 구성원이 수용하는 분명한 성과표준(standards for performance)을 설정하고 있어야 한다. 구성원들이 스스로 성과측정시스템에 의해 측정되는 성과를 수행할 수 있

는지를 예측 가능하게 하고, 결과적으로 성과측정시스템이 공정하다는 것을 인식해야 되기 때문이다.

⑤ 성과측정시스템은 성과를 정확히 평가할 수 있도록 측정기준이 정확하게 개발되어야 한다. 그러기 위해 산출과 성과평가 간의 관계를 잘 나타낼 수 있어야 한다.

⑥ 의사결정이나 행동에서 조직구성원이 상호 협력하는 것이 필요할 때에는 보상시스템은 개인 성과가 집단 성과로 보상되어야 한다. 그 이유는 기업들이 목표를 달성하기 위해서는 공동체 의식이 필요하기 때문이다.

(2) 인센티브 보상 방법

대표적인 인센티브 보상의 유형은 상여금, 이익분배, 스톡옵션(stock option) 등이다. 상여금과 이익분배는 관리회계시스템이 제공하는 내부적 성과측정치의 기준에 따르지만, 스톡옵션은 주식시장에서 형성되는 공정가치를 기준으로 보상한다.

① **상여금** 상여금은 측정된 성과를 기준으로 지급한다. 인센티브 상여금은 목표 달성에 대한 보상으로 정액으로 지급할 수도 있고, 목표 달성도 등을 상대적으로 평가하여 비례적으로 지급할 수도 있다. 그리고 개인 성과, 집단 성과 등을 기준으로 보상이 가능하므로 개인과 집단에 공통적으로 적용할 수도 있다.

② **이익분배** 이익분배는 조직단위의 이익을 평가하여 일정 비율로 지급하는 현금보상제도로 단기적 성과에 기초한 집단 인센티브 보상계획이다. 이익분배계획은 조직의 보고이익 중에서 분배되는 부분, 분배 방식, 이익 분배에 참여하는 구성원의 범위, 각 개인 및 집단에 대한 보상기준 등을 정확하게 명시해야 한다.

③ **스톡옵션** 스톡옵션은 기업의 주식을 일정한 가격(option price)으로 매입할 수 있는 권리를 부여하는 보상제도이다. 스톡옵션은 권리를 부여받은 조직의 구성원들이 기업의 장기적 이익을 위해 행동하고, 기업의 가치를 높이며, 결과적으로 주가를 옵션가격 이상으로 끌어 올리도록 동기를 부여하는 것이 목적이다. 그러므로 스톡옵션은 기업의 시장가치에 가장 큰 영향을 받는 경영진에게 보상할 때 이용하는 대표적인 보상시스템이다.

2. 대리이론과 인센티브시스템

성과평가와 보상은 기업구조를 소유자(principal)와 대리인(agent) 간의 대리관계(agency relationship)로 인식하고 전개하는 대리이론(agency theory)에 근거하고 있다.

대리이론에 따르면 기업은 대리관계로 경영되고 있으며, 소유자는 대리인에게 일정한 직무를 위임하고 대리인은 위임된 직무를 수행하여 성과를 내고, 성과에 대한 결과는 소유자가 최종적으로 수혜를 받게 되므로 소유자는 대리인에게 직무수행의 대가로 일정한 보상을 한다. 이때 소유자와 대리인 간의 계약은 고용계약으로 해석되며, 계약에서의 기본적인 문제는 대리인의 최적행동이 반드시 소유자의 입장에서 최적이 아니라는 것이다. 이는 각자가 이용하는 정보의 비대칭(information asymmetry)에 기인한다. 그러므로 대리 문제는 성과의 분배 방법, 성과 측정을 위해 이용하는 정보시스템 등을 어떻게 선택하여 최적의 결과를 창출할 수 있을 것인지에 대한 문제로 귀결된다.

3. 성과평가 및 보상시스템 사례(삼성그룹)

❑ MBO 및 업적평가

구 분	회사경영평가	임원 KPI평가	조직평가	개인평가
주목적	각사 경영실적 평가	임원 실적평가	본부/팀 단위 평가	개인업적평가
평가내용	• 각사 KPI: 균형성과지표(BSC)관점 • 달성지표 평가	각사 KPI → 임원 KPI (각사 대표이사 승인)	• 연초 설정된 조직목표 달성지표에 따른 본부-팀 단위 조직평가	• 연초 설정된 개인목표 달성지표에 따른 개인별 업적
등급/평가방식	• 3단계(A, B, C) 절대평가 • 임원 KPI 평가의 배분율 결정	• 4단계 상대평가 • 경영평가에 따라 배분율 연동	• 4단계(A, B, C, D)운영 • 절대평가	• 4단계 운영 • 본부단위 직급별 상대평가
주기	년 2회 (상하반기)			
평가자	운영위원회 심의 및 결정	각사 대표이사		• 1차(팀장) • 2차(임원) 고과자

❑ 회사 경영평가

항 목		EVA 흑자사	EVA 적자사
EVA	EVA 비중	70	70
	절대액	(60)	(20)
	달성도	(10)	(50)
EBITDA		10	10
주당수익률		20	20
총점		100	100

❑ 조직 업적평가

항 목	배 점
공헌이익 달성	60
매출이익 신장	40
총점	100
임원(조직長)과 조직평가는 별도 운영	

❑ 삼성그룹 평가운영 특징 및 시사점

- ☐ 과거 다양한 지표(정성지표)를 활용했으나 21C 이후 재무지표 중심으로 간단히 바뀜
- ☐ 상 · 하반기 PI 지급률 결정을 위한 회사평가나 조직평가 실시함

PI 활용	A	B	C
회사평가	100%	75%	50%
조직평가	50%	25%	0%

- ☐ 임원(조직長)과 조직평가는 별도 운영하며, 임원의 경우 개인평가 결과가 금전적 · 비금전적 보상에 활용됨
- ☐ 조직평가의 경우 사업부별로 평가 요소 차별화되어 있음

1. EVA(Economic Value Added, 경제적 부가가치)
   당기순이익에서 자기자본비용 차감하여 계산(기업의 진정한 가치창출로 해석)

2. EBITDA(Earnings Before Interest, Tax, Depreciation and Amortization)
   이자비용, 법인세, 감가상각비를 공제하기 이전의 이익으로, 편의상 영업이익과 감가상각비를 더해서 계산

❏ 회사 경영평가 등급결정 기준

등 급	내 용	목표 대비 달성률	비 고
A	우수	105% 이상	달성률로 나타내기 곤란한 경우 평가 등급별 기준을 사전에 공지
B	보통	95% 이상	
C	미흡	95% 미만	

❏ 경영평가에 따른 임원 업적평가 등급 배분율 예시

구 분		임원 KPI 평가 등급(%)		
		A	B	C
회사 경영평가	A	40	60	재량
	B	30	50	10
	C	20	40	40

❏ 승진(승격)체계

구 분		승격제도 운영 사례
승진/승격	역할 구분	• 승진: 직책상승(팀원 → 팀장, 사업부장 등) • 승격: 직급상승(대리 → 과장, 과장 → 차장 등)
대상자 선정	역량 중시	• 성과와 역량 우수자 우대(표준 체류연한 있으나 개인평가 결과에 의해 2년 이상 단축 가능) • 업적/역량 평가 결과 활용[승격 포인트 제도] • 일정 승격 포인트 이상자를 승격 대상자로 선정하여[직원들 사이에서 '예비고사'로 불림] 승격자 별도 심사[직원들 사이에서 '본고사'로 불림]
승격자 심사 방안	성과 중시	• 평가 결과 중심 심사(평가 결과+ 교육점수+ 어학+ 가감점) 근속 년수는 없음 ※ 가감점은 상벌중심 운영
승격자 결정 방법	자격 중시	• 대리 이상 승격율 관리(입학방식) 및 주임 이하 자격심사(졸업방식) ※ 직급별 정원 고려하여 직급별 승격률 결정

❑ 집단 인센티브 유형별 운영 비교

구 분	특별상여	Profit Sharing	Product Incentive	종업원지주제
업 종	전 업종			상장사
적용단위	전사	전사 / 사업부	사업부 / 팀	전사
성과지표	부가가치, 순매출액, 생산성	EVA, ROE, ROI 등	목표 대비 달성도	직급/근속
지급시기	분기 / 반기	년	반기	수시
지급형태	0~500%	연봉의 0~ 50%	0~300%	주식

❑ 성공적인 성과관리를 위한 제언

① MBO에 의한 중간 점검 및 개선(목표 조정 등)

② 지속적인 고과자 훈련(공정성 혹은 이해가능성)

③ 인사제도와 연계(보상, 승진, 육성 등 평가결과 활용 방안 확대)

④ 평가 전산화(e-HR) 구현방안

⑤ 변화 관리 방안(성과주의 인사제도 현장 적용 / 의식개혁 방안 등)

⑥ 피드백(feedback) 및 지속적 보완

HR(Human Resource)부문 중장기전략에 의거 지속적인 보완과 개선을 통해 최소 2 ~ 3년간 구체적인 실행계획 필요

자료: 성과중심 목표관리(MBO)와 평가보상제도

연습문제

REVIEW EXERCISES

주관식

01 책임회계의 개념과 책임성과보고서의 기능을 논술하시오.

02 분권화의 장 · 단점을 설명하시오.

03 분권화된 책임중심점의 성과평가를 위한 방법을 기술하시오.

04 원가중심점 성과평가 방법을 논술하시오.

05 이익중심점 성과평가 방법을 논술하시오.

06 투자중심점 성과평가 방법을 논술하시오.

07 다음의 개념을 설명하시오.

① 분권화

② 부문공헌이익

③ 매출총차이

④ 매출배합차이

⑤ 매출수량차이

⑥ 투자이익률(ROI)

⑦ 준최적화(sub-optimization)

⑧ 잔여이익

⑨ 경제적 부가가치(EVA)

08 직접재료원가 차이분석

(주)천안은 화학제품을 생산하는 업체이며 표준원가시스템을 채택하고 있다. 화학제품 1통을 생산하기 위한 6월의 원재료의 표준투입량과 표준원가는 다음과 같다.

원재료	표준투입량	표준단가
X	40ℓ	₩4
Y	60ℓ	2

6월 중 제품 100통을 생산하였으며 원재료의 구입과 투입에 관련된 실제발생 자료는 다음과 같다.

원재료	실제구입량	총구입가격	실제투입량
X	5,000ℓ	₩19,000	4,400ℓ
Y	6,500	14,300	5,500
	11,500ℓ	₩33,300	9,900ℓ

물음 (1) 직접재료원가의 가격차이를 구입시점에서 분리할 경우, 가격차이와 능률차이를 계산하시오.

(2) 직접재료원가의 가격차이를 투입시점에서 분리할 경우, 가격차이와 능률차이를 계산하시오.

(3) 직접재료원가의 능률차이를 배합차이와 수율차이로 구분하여 계산하시오.

09 직접노무원가와 제조간접원가 차이분석

(주)서울이 7월 중 1,400시간의 기준조업도로 설정한 고정제조간접원가 예산액은 ₩63,000이다. 제품 1단위 생산에 소요되는 직접노무원가와 제조간접원가에 관련된 자료는 다음과 같다.

	표준원가	
표준직접노무원가	₩50 / 시간	(4시간 / 단위당)
표준변동제조간접원가	₩32	(4시간 / 단위당)
표준고정제조간접원가	₩45	(4시간 / 단위당)

7월 중 실제로 발생한 제조간접원가와 관련된 자료는 다음과 같다.

직접노무원가	₩59,000
직접노동시간	1,250시간
변동제조간접원가총액	₩38,000
고정제조간접원가총액	₩55,000
제품생산량	300단위

물음 (1) 직접노무원가차이를 계산하시오.

(2) 제조간접원가차이를 4분법, 3분법, 2분법으로 계산하시오.

10 매출가격차이 및 매출조업도차이의 분해

청주회사는 제품 A와 B를 제조, 판매하고 있다. 20×4년 10월의 예산공헌손익계산서와 실제공헌손익계산서는 다음과 같다.

예산공헌손익계산서

매출액:		
제품 A (10,000개 × ₩5)	₩50,000	
제품 B (30,000개 × ₩8)	240,000	₩290,000
변동제조원가:		
제품 A (10,000개 × ₩3)	₩30,000	
제품 B (30,000개 × ₩5)	150,000	180,000
공헌이익		₩110,000
고정원가		
고정제조원가	₩30,000	
고정판관비	30,000	60,000
영업이익		₩50,000

실제공헌손익계산서

매출액:		
제품 A (15,000개 × ₩6)	₩90,000	
제품 B (35,000개 × ₩8)	280,000	₩370,000
변동제조원가:		
제품 A (15,000개 × ₩3)	₩45,000	
제품 B (35,000개 × ₩5)	175,000	220,000
공헌이익		₩150,000
고정원가		
고정제조원가	₩30,000	
고정판관비	30,000	60,000
영업이익		₩90,000

물음 (1) 각 제품별 매출가격차이와 매출조업도차이를 계산하시오.

(2) 기업 전체의 매출가격차이와 매출조업도차이를 계산하시오.

(3) 매출조업도차이를 매출배합차이와 매출수량차이로 나누어 분해하시오.

11 투자이익률, 잔여이익, 경제적 부가가치

경상회사는 두 사업부로 구성되어 있는데, 관련 자료는 다음과 같다.

	사업부 X	사업부 Y
총자산	₩200,000	₩300,000
영업자산	120,000	200,000
유동부채	60,000	80,000
매출액	180,000	220,000
영업이익	18,000	24,200
최저기대수익률	12%	13%

물음 (1) 각 사업부의 투자이익률을 계산하시오.

(2) 각 사업부의 잔여이익을 계산하시오.

(3) 이 회사의 고정부채(이자율 10%)는 ₩144,000이고, 자기자본은 ₩216,000이다. 주주들의 기대수익률은 13%이며, 법인세율은 20%이다. 두 사업부의 위험이 동일하므로 동일한 가중평균자본비용을 적용한다고 가정한다. 경제적 부가가치를 계산하시오.

객관식

01 다음 중 분권화된 조직에서의 책임회계제도, 대체가격, 투자중심점, 성과평가 등과 관련한 설명으로 옳지 않은 것은? ▸ 세무사

① 책임회계제도는 조직의 자원이 어느 기능을 위하여 사용되었는가보다는 누가 사용하였는가에 관심을 둔다.

② 이익중심점이란 수익과 비용 모두에 대하여 책임이 부여된 조직의 하위단위 또는 부문을 말한다.

③ 잔여이익(residual income)이란 투자중심점이 사용하는 영업자산으로부터 당해 투자중심점이 획득하여야 하는 최소한의 이익을 초과하는 영업이익을 말한다.

④ 조직의 하위 부문 사이에 재화를 주고받을 경우 각 하위 부문에 대한 공정한 성과평가를 하려면 공급 부문의 변동원가에 근거하여 대체가격을 설정하는 것이 바람직하다.

⑤ 투자이익률(return on investment)이란 수익성지표의 일종으로서 이는 투하된 자본금액에 대한 이익의 비율을 나타낸다.

02 분권화와 책임회계, 성과평가와 관련하여 다음의 설명 중에서 가장 적절한 것은? ▸ 세무사

① 분권화(decentralization)로부터 얻을 수 있는 효익으로 내부 이전가격의 신속한 결정을 들 수 있다.
② 원가중심점은 특정 원가의 발생에만 통제책임을 지는 책임중심점으로 판매 부문이 한 예가 될 수 있다.
③ 하부경영자가 자신의 성과측정치를 극대화할 때 기업의 목표도 동시에 극대화될 수 있도록 하부경영자의 성과 측정치를 설정해야 하는데, 이를 목표일치성(goal congruence)이라고 한다.
④ 잔여이익(residual income)이 갖고 있는 준최적화(sub-optimization)의 문제점을 극복하기 위하여 투자이익률이라는 개념이 출현하였다.
⑤ 투자수익률법은 투자규모가 다른 투자중심점을 상호 비교하기가 어렵다는 문제점이 있는 반면에 잔여이익법에는 이런 문제점이 없다.

03 다음 설명 중 옳지 않은 것은?

① 투자이익률에 의한 성과평가는 의사결정의 목표불일치를 가져오는 단점이 발생하기도 한다.
② 잔여이익에서는 최저필수수익률을 이용하여 투자중심점의 성과평가를 한다.
③ 투자이익률은 매출이익률과 자산회전율로 구분이 가능하다.
④ 투자이익률에 의한 성과평가는 최저필수수익률을 초과하는 모든 투자안에 대하여 투자를 유도한다.
⑤ 투자이익률은 투자규모가 다른 투자안의 평가가 가능하다.

04 책임중심점(responsibility center)의 설계 및 성과평가 방법에 대한 다음 내용 중 가장 옳은 것은?
▸ 공인회계사

① 서비스 지원부서와 같은 비용중심점(expense center)에서는 서비스를 소비하는 부서로부터 그 사용 대가를 징수하지 않는 것이 서비스의 과소비를 줄이는 데 효과적이다.
② 어떤 부서의 원가함수에 관한 지식을 본부가 알 수 없을 때에는 그 부서를 원가중심점으로 설정하는 것이 그 부서를 통제하는 데 효과적이다.
③ 투자수익률과 같은 비율척도로 투자중심점의 성과를 평가할 경우 회사 전체의 이익극대화와 상충될 수 있다.
④ 책임중심점의 성과를 평가할 때 원칙적으로 통제 가능 여부에 관계없이 관련된 모든 업무에 대해 책임을 물어야 한다.
⑤ 투자중심점의 성과평가 척도의 하나로 사용되는 경제적 부가가치는 세후영업이익에서 부채에 대한 이자비용을 차감한 금액이다.

05 투자중심점(investment center)의 투자 성과평가지표에 관한 다음의 설명 중 가장 타당하지 않은

것은? ▸ 공인회계사

① 투자이익률(return on investment: ROI)은 투하자본에 대한 투자이익의 비율을 나타내는 수익성지표이며, 매출이익률에 자산회전율을 곱하여 계산할 수 있다.

② 투자이익률은 기업의 여러 투자중심점의 성과를 비교하는데 유용할 수 있지만, 투자이익률의 수준이 투자중심점 경영자의 성과평가기준으로 사용될 경우에는 목표불일치 문제를 야기할 수 있다.

③ 잔여이익에 의한 투자중심점 성과평가는 투자이익률에 의한 준최적화 문제를 해결할 수 있으며, 각기 다른 투자규모의 투자중심점들의 성과를 잔여이익에 의하여 직접적으로 비교평가할 수 있는 장점이 있다.

④ 경제적 부가가치(economic value added: EVA)는 세후영업이익에서 투하자본에 대한 자본비용을 차감하여 계산할 수 있다.

⑤ 경제적 부가가치의 관점에서는 영업이익이 당기순이익보다 기업의 경영 성과를 평가하는데 유용한 지표라고 본다.

06 대한전자의 제1사업부는 에어컨을 생산 · 판매하고 있다. 대한전자의 제1사업부는 투자중심점으로 운영되며, 사업부장의 성과는 투자이익률(ROI)에 근거하여 평가한다. 제1사업부의 목표 투자이익률은 15%이다. 1년 동안 대한전자의 제1사업부와 에어컨의 생산 · 판매에 관한 예상 자료는 다음과 같다.

• 제1사업부 연간 총고정비	₩2,000,000,000
• 에어컨 단위당 변동비	₩300,000
• 에어컨 연간 판매대수	5,000대
• 제1사업부 평균 총자산	₩3,000,000,000

제1사업부의 사업부장이 목표 투자이익률을 달성하기 위한 에어컨의 단위당 최소판매가격은 얼마인가? ▸ 세무사

① ₩700,000 ② ₩720,000 ③ ₩750,000 ④ ₩790,000 ⑤ ₩820,000

07 투자이익률(ROI), 잔여이익(RI) 및 경제적 부가가치(EVA)에 대한 설명으로 옳지 않은 것은?

▸ 세무사

① ROI를 전문경영자의 보상평가기준으로 사용한다면 대리인비용이 절감되고 투자안의 경제성 평가기준으로 사용될 수 있다.

② EVA는 타인자본비용 뿐만 아니라 자기자본비용도 고려하여 산출한다.

③ EVA는 주주의 입장에서 바라보는 이익개념으로 기업고유의 영업 활동에서 창출된 순가치의 증가분을 의미한다.

④ ROI는 회사 전체적으로 채택하는 것이 유리한 투자안을 부당하게 기각할 가능성이 있지만, RI와 EVA는 그럴 가능성이 없다.

⑤ RI는 ROI의 단점인 준최적화 현상을 보완하기 위하여 개발되었다.

08 ㈜한해는 당기 초부터 고객에 대한 신용매출 기간을 3개월에서 6개월로 연장하는 판매촉진정책을 실시하였다. 그 결과 당기에는 전기에 비해 매출액과 세후이익이 모두 증가하였고, 재고자산과 매출채권은 각각 ₩4,000과 ₩3,500만큼 증가하였다. 회사가 제시한 비교손익계산서와 법인세율 및 자본비용(cost of capital)은 다음과 같다. ▸ 공인회계사

항목	당기	전기	증감
매출액	₩275,000	₩250,000	10% 증가
차감			
매출원가	₩192,500	₩175,000	
판매관리비	55,000	50,000	
이자비용	1,400	1,400	
세전이익	₩26,100	₩23,600	
법인세비용	9,135	8,260	
세후이익	₩16,965	₩15,340	10.6% 증가
법인세율	35%	35%	
자본비용	15%	15%	

새로운 판매촉진정책의 실시로 인하여 당기의 경제적 부가가치(economic value added: EVA)는 전기에 비해 얼마만큼 증가(혹은 감소)하였는가? (단, 세후영업이익에 대한 추가적인 조정은 없으며 재고자산과 매출채권 이외에 투하자본(invested capital)의 변동은 없다고 가정한다)

① ₩825 감소 ② ₩1,400 감소 ③ ₩500 증가
④ ₩1,125 증가 ⑤ ₩1,625 증가

09 다음은 ㈜누리의 남부사업부와 중부사업부의 재무상태표와 포괄손익계산서 자료의 일부이다. ▸ 공인회계사

구분	남부사업부	중부사업부
총자산	₩2,000,000	₩10,000,000
유동부채	500,000	3,000,000
세전영업이익	250,000	2,000,000

㈜누리의 가중평균자본비용 계산에 관련된 자료는 다음과 같다.

장기부채 :	시장가치 ₩7,000,000	이자율 10%
자기자본 :	시장가치 ₩7,000,000	자본비용 14%

법인세율은 40%이다. 남부사업부와 중부사업부의 경제적 부가가치(EVA)는 얼마인가? (단, 각 사업부에는 동일한 가중평균자본비용을 적용한다.)

	남부사업부	중부사업부
①	₩100,000	₩130,000
②	50,000	130,000
③	0	500,000
④	50,000	200,000
⑤	100,000	200,000

10 (주)트랜스퍼는 서로 독립적으로 운영되는 중간사업부와 최종사업부로 이루어져 있다. 중간사업부는 중간제품을 생산해 이를 최종사업부에 공급하거나 경쟁적인 외부 시장에 판매한다. 최종사업부는 중간제품을 가공하여 이를 외부 시장에 판매한다. 회사의 최고경영자는 사업부의 자율경영을 촉진하기 위해 중간제품에 대한 내부 이전가격(transfer pricing) 제도의 도입을 검토중이다. 이와 관련된 다음 설명 중 적절하지 않은 것은? ▸ 공인회계사

① 회사가 중간사업부를 이익중심점 또는 투자중심점으로 설정하기 위해서는 내부 이전가격제도의 도입이 필요하다.

② 중간제품에 대한 경쟁적인 외부 시장이 있을 경우에는 원칙적으로 외부 시장가격을 이전가격으로 채택하는 것이 장기적으로 회사의 이익 증대에 유리하다.

③ 이익중심점인 중간사업부로 하여금 공정개선 및 기술혁신을 통한 원가절감을 이루도록 하기 위해서는 시장가격보다 고정원가를 포함한 단위당 제품원가를 이전가격으로 채택하는 것이 효과적이다.

④ 회사 전체에 이익이 되도록 이전가격제도를 운영하기 위해서는 최종사업부가 중간제품을 외부로부터 구입하는 것을 허용해야 한다.

⑤ 이전가격제도를 도입하게 되면 각 사업부의 경영자는 회사 전체의 성과보다는 자신의 사업부의 성과를 극대화하고자 할 수 있다.

11 대한회사는 분권화된 사업부 1과 사업부 2를 이익중심점으로 설정하여 운영하고 있다. 그동안 사업부 1은 부품 A를 생산하여 단위당 ₩110으로 사업부 2에 공급해 왔다. 그런데 최근에 사업부 2는 외부 공급업체로부터 부품 A를 단위당 ₩90에 공급해 주겠다는 제안을 받고 있다. 사업부 1은 생산하고 있는 부품 A를 사업부 2 이외에는 판매할 수 없으며 부품 A의 단위당 제조원가 자료는 다음과 같다.

직접재료원가	₩40
직접노무원가	28
변동제조간접원가	12
고정제조간접원가	24
합 계	₩104

사업부 1의 고정제조간접원가는 부품 A의 생산 여부에 관계없이 계속 발생한다. 다음 설명 중 옳지 않은 것은? ▸ 세무사

① 사업부 2의 경영자는 사업부 1에 대하여 현재의 사내 이전가격을 ₩90 이하로 낮추어 줄 것을 요구할 것이다.
② 사업부 1이 현재의 사내 이전가격을 그대로 유지하고자 한다면 사업부 2의 경영자는 부품 A의 공급자를 외부 공급업자로 변경하는 것이 유리하다.
③ 사업부 1이 요구할 수 있는 최소한의 사내 이전가격은 ₩90이다.
④ 사업부 1은 부품 A를 단위당 ₩90으로 사업부 2에 공급하면 단위당 ₩10만큼의 공헌이익이 발생하게 된다.
⑤ 회사 전체의 입장에서는 부품 A를 자가제조하여 사내 이전하는 것이 단위당 ₩10만큼 유리하다.

12 (주)한구의 분권화된 사업부 A와 사업부 B는 이익중심점으로 설정되어 있다. 사업부 A는 중간제품 P를 생산하고 있다. 사업부 B는 ㈜한구의 전략적 고려에 따라 지역적으로 접근이 어려운 고립지에서 중간제품 P를 이용하여 완제품 Q를 생산하며, 생산한 모든 완제품 Q를 고립지의 도매상에 납품하고 있다. 사업부 A와 사업부 B의 생산 관련 자료는 다음과 같다.

구 분	사업부 A	사업부 B
단위당 변동제조원가	₩20	₩70
총고정제조원가	₩36,000	₩50,000
연간 시장판매량	12,000개	2,000개
연간 생산 가능량	12,000개	3,000개

사업부 A가 생산 · 판매하는 중간제품 P의 시장가격은 ₩30이다. 그러나 사업부 B는 지역적으로 고립된 곳에 위치하여 중간제품 P를 지역 내 생산업자로부터 1개당 ₩50에 구매하고 있으며, 이 구매가격은 사업부 B의 단위당 변동제조원가 ₩70에 포함되어 있다. 완제품 Q를 1개 생산하기 위하여 중간제품 P는 1개가 사용되며, 두 사업부의 연간 시장판매량은 항상 달성 가능한 것으로 가정한다.

최근 ㈜한구는 사업부 B가 위치한 고립지로의 교통이 개선됨에 따라서 중간제품 P의 사내대체를 검토하기 시작하였다. 사업부 A가 사내대체를 위하여 사업부 B로 중간제품 P를 배송할 경우, 중간제품 1개당 ₩8의 변동배송원가를 사업부 A가 추가로 부담하게 된다. 사업부 B가 생산에 필요한 2,000개의 중간제품 P의 전량을 사업부 A에서 구매한다고 할 때, 사내대체와 관련된 사업부 A의

기회원가와 사업부 A가 사내대체를 수락할 수 있는 최소대체가격은 얼마인가? ▸ 공인회계사

	기회원가	최소대체가격
①	₩0	₩28
②	4,000	28
③	4,000	38
④	20,000	30
⑤	20,000	38

13 대한회사는 A와 B의 두 제품을 생산 · 판매하고 있다. 예산에 의하면 제품 A의 단위당 공헌이익은 ₩20이고, 제품 B의 공헌이익은 ₩40이다. 20×7년의 예산매출수량은 제품 A가 800단위, 제품 B는 1,200단위로 총 2,000단위였다. 그러나 실제매출수량은 제품 A가 500단위, 제품 B가 2,000단위로 총 2,500단위였다. 대한회사의 20×7년 매출배합차이와 매출수량차이를 계산하면 각각 얼마인가? ▸ 세무사

	매출배합차이	매출수량차이
①	₩8,000 유리	₩5,200 불리
②	8,000 유리	5,200 유리
③	5,200 불리	8,000 불리
④	5,200 유리	8,000 불리
⑤	8,000 불리	5,200 유리

14 최근 한 연구에 의하면 국내기업들은 ① 경영자의 성과평가, ② 성과급 및 보너스 산정, 그리고 ③ 투자재원의 효율적 배분과 ④ 작업효율의 개선을 위하여 경제적 부가가치(Economic Value Added: EVA) 개념을 실무에 도입하는 것으로 나타났다. 이와 관련하여 EVA의 유용성이라고 볼 수 없는 것은? ▸ 감정평가사

① EVA는 기업회계상 대체적인 회계처리 방법이 인정되므로 회계처리 방법에 따라 세후영업이익을 다르게 나타낼 수 있다.

② EVA는 투자자의 기대수익까지 반영하여 기업의 실질적인 부의 창출을 직접 측정하는 지표로서 투자안의 경제성 평가기준으로 사용될 수 있다.

③ 저수익창출 부문을 파악하여 치유하거나 처분하고 고수익 부문에 대한 투자를 유도하는 데 중요한 잣대로 활용함으로써 기업가치창출에 기여할 수 있다.

④ 자원의 무분별한 사용이 방지되므로 투자자의 경영 활동에 대한 효과적인 감시가 가능하게 된다.

⑤ EVA를 경영자의 성과평가 및 보상체계와 연계시키면 경영자와 주주의 이해관계가 일치하게 되어 조직의 효율성을 제고할 수 있다.

15 (주)계룡에는 A와 B 두 개의 사업부가 있는데 다음은 성과평가와 관련된 자료이다.

구 분	A사업부	B사업부
투자액	2,000억 원	4,000억 원
영업이익	400억 원	720억 원

(주)계룡의 자본비용은 10%이며, 각 사업부에 대한 요구수익률도 10%이다. (주)계룡이 투자수익률과 잔여이익으로 사업부를 평가하는 경우 어떤 결과가 나타나는지 가장 옳은 것은?

▸ 감정평가사

① 두 평가 방법 모두 A사업부가 더 우수하다.
② 두 평가 방법 모두 B사업부가 더 우수하다.
③ 두 평가 방법 모두 A와 B사업부 간의 성과에는 차이가 없다.
④ 투자수익률로 평가하는 경우에는 B사업부, 잔여이익으로 평가하는 경우에는 A사업부가 더 우수하다.
⑤ 투자수익률로 평가하는 경우에는 A사업부, 잔여이익으로 평가하는 경우에는 B사업부가 더 우수하다.

16 성과평가와 관련된 다음 설명 중 옳지 않은 것은? ▸ 공인회계사

① 경제적 부가가치(EVA)를 계산할 때 연구개발비 자산화는 경제적 부가가치를 감소시킬 수 있다.
② 균형성과표(BSC)는 내부 관점(내부프로세스 관점, 학습과 성장 관점)과 외부 관점(재무적 관점, 고객 관점)간의 균형을 추구한다.
③ 기업의 균형성과표(BSC)에서 내부프로세스 관점의 성과지표는 학습과 성장 관점의 성과지표에 대해 선행지표인 것이 일반적이다.
④ 총자산회전율이 커져도 매출이익률이 작아지면 총자산이익률은 작아질 수 있다.
⑤ 원가중심점(원가책임단위), 수익중심점(수익책임단위) 등의 분류는 통제가능성의 원칙이 적용된 것이다.

17 동남컨설팅의 모든 컨설팅 용역은 책임연구원 1명과 보조연구원 2명이 수행하고 있다. 동남컨설팅의 컨설팅 용역 수행에 관한 20X4년 1월과 2월의 예산과 실제 자료는 다음과 같다.

구 분	책임연구원 1명당	보조연구원 1명당
시간당 예산공헌이익	₩100,000	₩50,000
매월 예산투입시간	140시간	180시간
1월 실제투입시간	?	171시간
2월 실제투입시간	?	153시간

동남컨설팅의 모든 연구원이 컨설팅 용역을 수행하는데 실제 투입한 총시간은 20X4년 1월과 2월

에 각각 450시간씩인 것으로 파악되었다. 컨설팅 용역 수행에 투입된 시간에 의할 경우, 공헌이익을 기준으로 계산한 책임연구원과 보조연구원의 1월과 2월 매출배합차이는 각각 얼마인가?

▸ 공인회계사

	20×4년 1월		20×4년 2월	
	책임연구원	보조연구원	책임연구원	보조연구원
①	₩1,800,000 불리	₩900,000 유리	₩1,800,000 유리	₩900,000 불리
②	900,000 불리	1,800,000 유리	900,000 불리	1,800,000 유리
③	1,800,000 유리	900,000 불리	1,800,000 불리	900,000 유리
④	900,000 유리	1,800,000 불리	900,000 유리	1,800,000 불리
⑤	1,800,000 유리	900,000 유리	1,800,000 불리	900,000 불리

18 공주(주)의 甲사업부의 작년도 ROI는 15%이었다. 甲사업부의 최저필수수익률은 10%이다. 만약 작년도 甲사업부의 평균 영업용 자산이 ₩450,000이었다면 잔여이익은 얼마이었겠는가? ▸ 세무사

① ₩67,500 ② ₩22,500 ③ ₩37,500 ④ ₩45,000 ⑤ ₩35,000

19 (주)서울의 A부문의 회계 자료는 다음과 같다.

매 출	₩1,000,000
변동비	600,000
고정비(추적 가능원가)	100,000
평균투하자본	200,000
부가이자율(최저필수수익률)	6%

위의 자료에 따라 잔여이익을 구하면 얼마인가? ▸ 세무사

① ₩168,000 ② ₩202,000 ③ ₩288,000 ④ ₩312,000 ⑤ ₩420,000

20 (주)세광의 3월 예산 대비 실적 자료는 다음과 같다. 동 자료를 토대로 당초 예상보다 영업이익이 ₩200만큼 줄어든 원인을 (i) 판매가격차이, (ii) 변동원가차이, (iii) 고정원가차이 이외에 중요한 차이항목인 매출조업도차이(net sales volume variance: 일명, 순판매수량차이)를 추가하여 경영진에게 의미 있게 요약 · 보고하고자 한다. 매출조업도차이의 금액은 얼마인가? (단, 유리한 차이는 (F)로 불리한 차이는 (U)로 표시한다.) ▸ 공인회계사

	3월 실적(actual)	3월 예산(budget)
판매수량	400개	300개
매 출 액	₩7,200	₩6,000
변동원가	4,800	3,000
고정원가	1,400	1,800
영업이익	1,000	1,200

① ₩1,800(F) ② ₩600(F) ③ ₩1,000(U) ④ ₩1,800(U) ⑤ ₩1,000(F)

객관식 해답
01 ④ 02 ③ 03 ④ 04 ③ 05 ③ 06 ④ 07 ① 08 ③ 09 ③ 10 ③
11 ③ 12 ⑤ 13 ⑤ 14 ① 15 ⑤ 16 ③ 17 ① 18 ② 19 ③ 20 ⑤

14 관리회계분석

1절 SWOT 분석

경영전략은 외부환경과 내부환경의 분석 결과를 토대로 수립하게 되는데, 이때 전략이라 함은 넓게는 기업의 미션과 비전, 목표, 각 단계별 전략 등이 모두 포함된다. SWOT 분석은 강점(Strengths), 약점(Weaknesses), 기회(Opportunities), 위협(Threats) 등에 대한 상황적 분석이며, 외부의 기회와 내부의 강점 간에 전략적인 적합성을 찾아내는 동시에 외부적인 위협에 대처하고 내

SWOT 분석구조

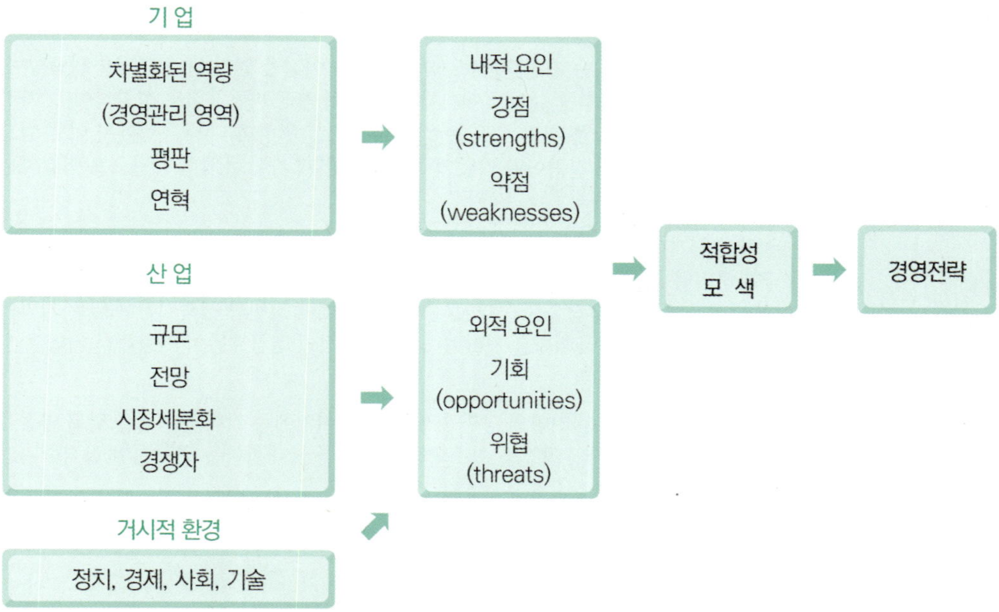

자료: C. Montgomery, *Corporate Strategy*, 1997.

부적인 약점을 보완하는 길을 모색하는 과정이다.

SWOT 분석을 통해 경쟁 우위의 원천이 될 수 있을 기업의 차별적인 역량을 찾아내는 것도 중요하지만, 적절한 자원의 부족으로 현재는 활용하지 못하는 기회 요소를 파악하는 것도 중요하다. 현재 주어진 내부 능력으로만 달성 가능한 기회를 찾게 되면, 장기적이고 전향적인 발전을 추구할 수 없게 되는 문제가 있기 때문이다.

SWOT 분석의 가장 큰 강점은 경영환경의 내부와 외부의 측면들을 동시에 분석하고 판단할 수 있다는 것이며, 분석 자체가 간단하기 때문에 사업수행상에 발생할 수 있는 문제점을 비교적 수월하게 파악할 수 있다는 것이다.

1. SWOT 분석과 경영전략

(1) SWOT 분석의 목적

① 외부환경분석을 통한 기회 요인과 위협 요인 파악

② 내부분석을 통한 강점과 약점의 파악

③ 강점을 강화하고 약점을 극복하는 전략 수립

④ 기업의 전체 상황을 평가

(2) SWOT 분석에 의한 전략과제

전 략	내 용
강점-기회 (SO)	기회와 강점이 다 같이 많은 기업, 다시 말하면 기회의 이점을 얻기 위해 강점을 활용할 수 있는 상황으로 강점과 기회를 같이 극대화 하는 전략이 가장 바람직하고 성공적이다. 따라서 모든 경영자는 이 전략을 취할 수 있는 위치에 있기를 원하며 다른 유형에서 이 유형으로 옮기려 한다. 성공적인 전략이란 기업의 능력을 기회에 가장 유익한 방법으로 연결하는 전략이기 때문이다.
강점-위협 (ST)	기업은 강점을 지니고 있으나, 환경의 위협에 직면한 기업의 상황을 말하는데, 여기서는 위협을 극복하거나 회피하기 위해 강점을 극대화 하고 위협을 최소화하는 전략이 바람직하다. 이와 같은 상황은 시장점유율 증대에서 커다란 장애에 직면한 성숙시장에 있는 기업의 전형적인 형태로 이윤의 극대화를 기할 수 있고 단기적인 현금흐름이 가능하나 기업은 서서히 쇠퇴한다.
약점-기회 (WO)	기회는 많으나 약점이 있는 기업의 상황을 말하는데, 여기에는 기회의 이점을 얻고 약점을 극복하는 전략이 필요한 바, 약점을 최소화하고 기회를 극대화하는 전략이 바람직하다.
약점-위협 (WT)	약점을 지닌 기업이 위협에 직면한 상황을 말하는데, 여기서는 위협을 회피하고 약점을 축소하여 위협과 약점을 최소화할 수 있는 경영전략이 바람직하다.

(3) SWOT 분석절차

① **경영전략 목표 수립** SWOT 분석을 통하여 목표로 하는 경영전략을 명확히 한다.

② **SWOT 분류** 기업 외부환경이 분석 기업의 사업에 영향을 미치는 요소를 분류하여 이들 요소들을 기회 요인과 위협 요인으로 나누어 정리하고, 분석 기업의 역량에 대해 외부환경 및 경쟁사와 비교하여 지니고 있는 강점과 약점을 분석하여 주요 요소들을 강점과 약점으로 분류한다.

③ **SWOT 매트릭스 작성** 외부환경 변화의 기회 요인, 위협 요인과 기업 자원 및 능력의 강점과 약점을 상호 연계시켜 전략적인 대안을 개발하기 위해 SWOT 매트릭스를 작성한다.

(4) SWOT 분석 내용

외부환경분석

기회(Opportunities)	위협(Threats)
• 새로운 시장의 등장 • 충족되지 않은 수요 • 신제품 컨셉 혹은 기술 • 기존 경쟁자의 퇴출	• 새로운 경쟁자 출현 • 기업 활동을 제한하는 법률 입법 • 고객 요구(needs)의 변화 • 대체상품 출시

내부환경분석

강점(Strengths)	약점(Weaknesses)
• 신기술, 특허 등 보유 • 높은 고객충성도 및 마케팅 능력 • 저가 생산능력, 지리적 이점 • 새로운 기회를 추구할 자원 보유	• 높은 원가구조, 자금 부족 • 낮은 브랜드 인지도 • 유통시스템 낙후

⬇

강점 (Strengths)	강점-기회(SO) 전략 기회를 활용하기 위해 강점을 이용하는 전략	강점-위협(ST) 전략 위협을 회피하기 위해 강점을 이용하는 전략
약점 (Weaknesses)	약점-기회(WO) 전략 약점을 극복함으로써 기회를 활용하는 전략	약점-위협(WT) 전략 위협을 회피하고 약점을 최소화하는 전략

2. SWOT 분석의 유용성과 한계

① **주관적인 작업** 환경인식의 기법이나 예측, 분석 방법이 제대로 갖춰지지 않을 경우, 환경에 대한 자의적인 선별과 해석으로 중요한 환경 요소들이 간과될 수 있다. 그리고 각 요인들을 SWOT 중의 하나로 정하고, 그 결과 기업이 SWOT 매트릭스의 어떤 사분면에 위치하는가를 결정하는 것은 상당히 주관적인 작업이다. 현실적으로 한 가지 요소를 사람에 따라 강점 혹은 약점으로 볼 수도 있고, 한 가지 요소가 실제로 위협이 되는 동시에 기회 요소일 수도 있기 때문이다.

② **경영자의 관점이 중요** 경영자들이 자신의 강점과 약점을 어떻게 생각하고 있는가에 따라서도 환경의 위협과 기회 요소에 대한 평가가 달라진다. 사실 여부와는 달리 내부적인 강점을 많이 지니고 있다고 생각하는 경영자는 외부에서 일어나는 일들을 기회로 생각하고, 공격적이고 과감한 결정을 내릴 확률이 많고, 내부적으로 약점이 많다고 생각하는 경영자는 같은 현상을 오히려 위협으로 느껴 소극적이고 방어적인 전략을 추진할 확률이 높다. 기업능력에 대한 검토에 있어서 강점과 약점에 대한 명확한 인식이 쉽지 않다. 더욱이 미래시점에서 기업의 강점 및 약점에 대한 작업은 다분히 자의적인 해석에 의해 좌우되며, 시장 지능, 기술 지능, 정보 지능 등의 지적 능력에 대한 관점도 결여될 수 있다.

③ **구체적인 전략창출의 불투명성** 전략들이 전반적인 방향을 제시하지만, 구체적인 전략의 내용들은 아니다. 더욱이 외부 기회와 내부 강점만을 가진 기업들이 아주 드물듯이, 외부 위협과 내부 약점만을 가진 기업들도 많지는 않다. 오히려 대부분의 기업들은 외부환경으로부터 위협과 기회 요소들의 혼합된 상황에 직면할 것이고, 내부적으로는 강점과 약점의 조합을 보유한 상태에 있을 것이다. 따라서 많은 기업들은 사분면 중 어느 한 곳에 정확하게 위치하는 것이 아니라 중심점 쪽으로 몰리는 현상이 나타나게 된다. 그 결과, 명확한 전략보다는 서로 모순되는 복수의 전략으로 결론이 날 가능성이 높다.

강점인가 약점인가에 대한 해석도 명확하지 않다. 강점과 약점의 판단은 기업이 실제로 그 상황에 직면해야 비로소 인식될 수 있기 때문이다.

3. SWOT 분석 사례

(1) 맥도널드의 SWOT 분석

○ 강점

1) 성공적인 광고와 브랜드명
2) 코카콜라와의 제휴
3) 깨끗한 매장과 아이들을 위한 놀이 시설
4) 종업원의 전문적인 훈련
5) 경쟁력 있는 가격

○ 약점

1) 제품 개발력
2) 프랜차이즈 관리, 조인트벤처 관리

○ 기회

1) 현재 세계인구의 1%에게만 제공되고 있어 세계화 가능성 높음
2) 증가하는 외식 시장

○ 위협

1) 건강에 민감한 소비자 증가
2) 다양한 나라의 현지 경쟁자의 위협(주. 한국의 롯데리아 등)
3) 전세계적인 경제 불황
4) 성수기에 접어든 포화된 사업 내에서 사업 영위

(2) 코카콜라의 SWOT 분석

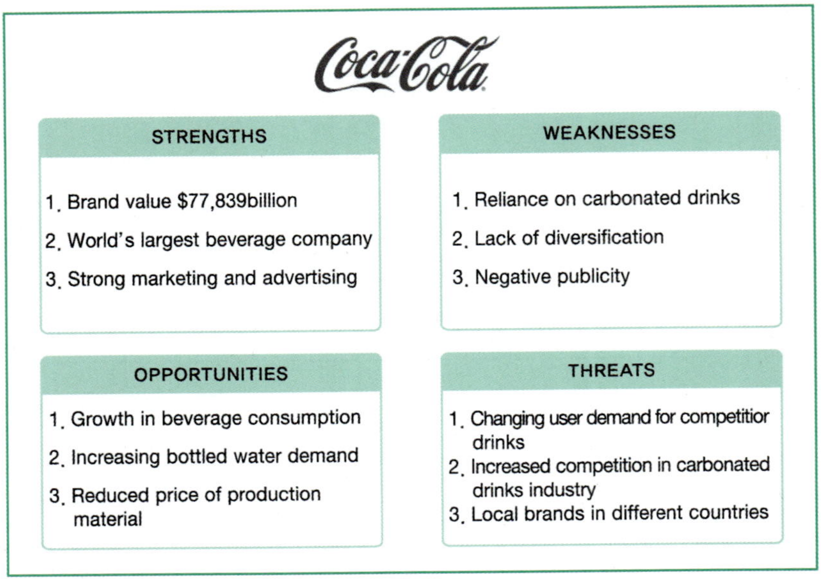

○ 강점

1) 높은 브랜드 가치
2) 세계에서 가장 큰 음료회사
3) 강력한 마케팅 및 광고

○ 약점

1) 탄산음료에 치중
2) 다각화 부족(주. 펩시는 스낵, 외식 쪽으로 폭넓게 다각화되어 있음)
3) 부정적인 평판

○ 기회

1) 음료 소비 성장세
2) 생수 수요 증가
3) 생산 재료 가격의 하락

○ 위협

1) 경쟁자 음료를 찾는 변화된 수요
2) 탄산음료 산업에서 경쟁 심화
3) 국가별로 강력한 현지 브랜드 존재

자료: 삼성경제연구소

2절 게임이론

게임(game)은 상호 간에 이익이 상충되는 경쟁적 상황에 있는 복수의 의사결정자들의 전략적 선택을 연구하는 분야다. 게임에 참가한 선수들은 게임에서 승리하는 것이 최종 목적이며, 선수들은 승리하기 위해 최적의 전략을 수립하여 게임에 최선을 다한다. 게임에 참가한 선수들은 상대 선수가 어떤 전략을 갖고 게임을 운영하고 있는지를 정밀하게 분석함으로써 승리할 확률을 높이기 위해 최선을 다하게 되는데, 이러한 전략적 행동을 분석하여 최적의 의사결정전략을 검증하고 시행하는 것이 게임이론(game theory)이다.

게임이론에서 의사결정 시에 고려해야 할 변수는 성과(outcome)의 불확실성과 성과의 경쟁자인 상대방도 최적의 선택을 하고, 경쟁자들의 선택에 따라 의사결정자의 최종 성과가 확정된다는 점이다. 성과를 달성하려는 경쟁자들도 자신들이 추구하는 목적이 있고, 의사결정자와 경쟁자들의 결정은 상호간의 성과에 동시에 영향을 미치므로 의사결정자는 경쟁자들의 목적과 전략을 합리적으로 고려하여 의사결정해야만 한다. 게임이론은 갈등과 협력적 상황에서 의사결정에 필요한 전략을 연구하는 이론이며, 의사결정자들의 전략이 상호 의존적일 경우에 적용될 수 있다.

1. 게임이론의 개념

(1) 게임의 3요소

게임이론이 의사결정 과정에서 중요한 이유는 동일한 시장에서 경쟁하는 기업들의 전략적 행동이 게임과 동일한 상황이기 때문이다. 기업들이 무한경쟁 속에서 매출액 및 순이익 등의 재무전략, 생산량, 제품 가격, 시장개척, 인사관리 등에 필요한 최적의 전략을 수립하는 것은 기업이 시장에서 생존하기 위한 필수조건이다. 예를 들면, 노사 간의 임금협상도 게임이론을 적용할 수 있다. 임금협상의 주체는 경영자와 노동조합이다. 노동조합은 임금인상, 태업, 파업 등 노동조합에서 취할 수 있는 각종 전략을 적절히 구사함으로써 근로자의 이익을 극대화하려고 한다. 반면에 경영자는 임금인상률, 복지, 비전 등의 경영전략으로 노동조합의 전략에 대응하며 기업의 이익을 극대화하려는 전략을 펼치게 된다. 여기서 경영자와 근로자는 경기자(player), 경영자와 노동조합이 선택할 수 있는 행동은 전략(strategy), 임금협상에 의해 획득되는 경영자와 노동조합의 결과물이 성과(outcome)이다.

① **경기자** 모든 게임에서 공통적인 것은 게임의 주체가 있는데, 이를 경기자(player)라고 한다. 경기자는 정해진 규칙과 순서를 준수하며 게임에 임하고, 게임은 경기자가 주어진 상황에서 자신에게 가장 유리한 전략을 선택하여 의사결정하면서 진행된다.

② **전략** 게임 참가자들은 두 개 이상의 전략(strategy)이 존재해야만 한다. 게임에서 선택 가능한 전략이 하나뿐이라면 게임이 성립되지 않는다. 게임에 참가한 경기자들은 자신들에게 적합한 최적의 전략을 구사하게 되는데, 최적의 의사결정을 위해서는 각 경기자들의 전략을 평가하는 것이 선행되어야 한다. 경기자는 게임의 상대방인 각 경기자들의 전략을 평가하여 게임에서 승리할 수 있는 전략을 수립하는 것이 게임이론의 핵심 사안이다.

③ **성과** 성과(outcome)는 게임의 각 참가자들이 자신이 선택한 전략에 의해 최종적으로 획득할 수 있는 수익이다. 게임 참가자들의 성과는 자신이 선택한 전략과 상대방의 전략에 따라 영향을 받아 최종적으로 결정된다.

(2) 게임이론의 가정

게임이론은 각 게임 참가자들이 모두 합리적으로 의사결정하고, 효용의 극대화를 추구한다고 가정한다. 게임이론에서 합리성은 모든 게임 참가자들이 자신들에게 가장 유리한 성과를 달성할 수 있는 전략을 선택한다는 것이다. 게임이론이 전개되는 가정은 상호의존성이다. 게임 참가자들의 전략적 선택에 따른 성과는 상대방이 선택한 전략에 영향을 받으므로 자신의 최종 전략을 결정하기 위해 게임 상대방의 전략을 고려해야만 한다.

게임이론의 가정

기본 가정	내 용
합리성	참가자는 최적 조건으로 의사결정
효용극대화	성과(수익) 극대화
상호 의존성	각 참가자들의 결정은 상호 간에 영향을 미치므로 상대방의 전략에 따라 성과 차이 발생

(3) 게임이론 활용

게임이론은 기업의 경제적 의사결정의 핵심 변수로 활용될 수 있다. 설비투자 결정 시에 경쟁기업의 설비확장전략, 확장시점 등을 고려해야 하고, 기술개발투자 결정은 기존 개발자의 시장 경쟁력, 산업표준, 특허 경쟁 등을 감안해야 하며, 신제품 개발, 가격정책 등 다양한 전략적 의사결정 시에 응용하여 활용될 수 있다.

게임이론의 발전

이론 정립	이 론	내 용
폰 노이만 (John Von Neumann)	Minimax principle	선택 가능한 전략에서 최악의 결과 기대, 최악의 결과에서 최선의 결과 선택
존 내쉬 (John Nash)	Nash equilibrium	경쟁자의 전략에 대응한 최적반응(best response), 경쟁자 상호 간에 균형상태 유지
레인하트 젤텐 (Reinhart Selten)	부분게임, 완전균형 (sub-game perfect equilibrium)	부분게임 완전성은 "신빙성이 없는 위협"을 없애기 위해 내쉬 균형을 정밀화하고, 전개형 게임에서 플레이어의 행동에 대해 최적 조건 설정
존 하사니 (John C. Harsanyi)	불완전정보 하의 게임이론	의사결정을 하는 플레이어가 그 때까지 실행한 플레이의 역사에 관한 정보를 충분히 가지고 있지 않은 상황(비선형 가격차별, 협상모형, 최적 경매 등에 활용)

2. 게임의 종류

① 2인게임과 다인게임 게임은 상호 작용하는 1명 이상의 상대 참가자가 반드시 존재한다. 게임에 참가한 수가 2명일 때는 2인게임(two-person game), 3명 이상이 참가하는 경우를 다인게임(n-person game)이라고 한다. 실전에서는 대부분 2인게임이 발생하며, 게임이론의 기초가 되고 있다.

② 영화게임과 비영화게임 영화게임(zero-sum game)은 게임의 각 참가자가 선택한 전략의 결

과로 획득하는 수익의 합이 “0”이 되는 게임이고, 비영화게임(non-zero-sum game)은 각 참가자들이 획득한 수익의 합이 “0”이 되지 않는 게임이다. 예를 들면, 영화게임은 화투, 포커, 노사협상 등이고, 비영화게임은 기업 간의 가격경쟁, 광고, 연구개발 등이다.

③ **정적게임과 동적게임** 정적게임(one stage game)은 게임 참가자들이 전략을 한번 선택한 후 게임이 종료되는 게임이고, 동적게임(multistage game)은 각 참가자가 전략을 선택한 후에 게임 결과에 따라 다시 전략을 선택하는 과정을 반복하여 성과를 획득하는 게임이다. 동적게임을 반복게임, 정적게임을 비반복게임이라고 한다.

④ **협력게임과 비협력게임** 협력게임(cooperative game)은 게임 참가자들이 게임을 시작하기 전에 상호 구속력 있는 협약을 맺고 진행하는 게임이고, 비협력게임(noncooperative game)은 사전에 상호 구속력 있는 협약없이 참가자들이 효용을 극대화하기 위하여 합리적으로 최선의 전략을 모색하는 게임이다.

협력게임의 핵심 이슈는 협력이 진행되는 과정이 아니고, 협력의 결과로 각 게임 참가자들이 획득하게 될 성과를 규정하는 것이다. 내쉬는 협상력에 비례하여 협동의 성과를 배분하는 해법을 제시하였다. 게임의 참가자가 자신의 이익만을 고려하는 비협력게임에서는 합의 및 균형이 이루어지는 과정이 중요하며, 기업경영에서 발생하는 게임은 대부분이 비협력게임이다.

⑤ **전략형게임과 확장형게임** 전략형게임(strategic form game)은 정상형게임이라고도 하며, 게임에 참가한 각 참가자들이 선택한 결과로 얻어지는 성과로 구성된다. 확장형게임(extensive-form game)은 게임의 진행 과정을 확인할 수 있도록 표시한 게임으로 동적게임 분석에 유용하게 활용된다.

⑥ **완전정보게임과 불완전정보게임** 완전정보게임(complete information game)은 참가자, 전략, 성과 등 각 참가자의 정보를 모두 인식하고 시작하는 게임이고, 불완전정보게임(incomplete information game)은 참가자 정보를 적어도 어느 한 쪽은 모르고 시작하는 게임이다. 비대칭정보게임(asymmetric information game)은 참가자 한 쪽은 상대방의 정보를 모두 알고 있으나, 상대방은 일부를 모르는 경우의 게임이다.

3. 게임의 해법

(1) 해법 절차

1단계	경쟁자분석	게임의 상대방 파악
2단계	경쟁자 전략분석	상대방이 선택 가능한 전략 파악
3단계	핵심 불확실변수분석	게임 당사자가 통제할 수 없는 변수로 게임 과정에서 발생할 수 있는 경우의 수 분석
4단계	실행 타이밍 확인	전략적 선택 타이밍
5단계	정보구조 확인	게임 참가자의 성과, 전략, 불확실성 등의 인식 정보
6단계	성과측정	게임 성과에 대한 전략적 분석
7단계	확률 결정	불확실성 사건의 확률 결정
8단계	민감도분석	게임 성과에 대한 민감도분석

(2) 해법전략

게임에서 각 참가자들의 결정을 예측할 수 있게 해주는 규칙을 게임의 해법(solution concept)이라고 한다. 게임이론의 목적이 게임 참가자들의 합리적 선택을 예측하는 것이라면 게임의 해법은 모든 게임 참가자들의 합리성을 만족시켜야 한다.

① **내쉬균형(Nash Equilibrium)** 내쉬균형은 게임의 모든 참가자들이 최적 전략을 수행함으로써 균형을 이루는 상태이다. 게임 참가자는 상대방의 전략이 결정된 상황에서 자신에게 최선이 되는 대안을 선택하는 것이 합리적인데, 이러한 합리성을 만족하는 게임의 해법이 내쉬균형이다.

내쉬균형 상태에서는 특정 참가자가 전략을 수정하지 않는 한 균형 상태는 지속되므로 두 명 이상의 참가자가 참여하는 게임에서 최적 전략이 된다. 전략적 상호작용이 존재하는 게임 상황에서 내쉬균형은 의사결정에 대한 성과를 최적 상태로 만들기 위한 참가자의 전략을 선택하는 해법을 제시할 수 있다.

② **우월전략(Strategic Dominance) 균형** 우월전략은 게임의 상대방이 어떤 전략을 구사하더라도 나의 성과를 높여주는 전략이다. 우월전략의 짝을 우월전략균형(내쉬균형)이라고 한다. 이와 반대로 상대방이 어떠한 전략을 선택하든지 간에 그 결과보다 더 우수한 성과를 달성할 수 있는 전략이 하나라도 존재하면, 그러한 전략이 열등전략(inferior strategies)이다. 게임이론에서 합리성의 가정은 게임 참가자가 결코 열등전략을 선택하지 않는 것을 의미하며, 게임의 상대방도 자신의 전략을 선택할 때 참가자의 합리성을 고려하여 의사결정한다. 그러므로 게임 과정에서 열등전략은 고려 대상에서 제외된다.

예를 들면, 특정 장소에 주유소 A와 B가 있다고 가정한다. 두 주유소가 가격 이외의 조건은 동일하고 매출 상관성은 제로섬게임 관계에 있으며, 가격전략은 고가전략과 저가전략 두 종류가 있다. 두 주유소의 성과표는 다음과 같다.

구 분		B	
		고가전략(₩2,000)	저가전략(₩1,000)
A	고가전략(₩2,000)	50% / 50%	0% / 100%
	저가전략(₩1,000)	100% / 0%	50% / 50%

주: 1. 주유소 B가 고가전략을 선택하고, 주유소 A가 저가전략을 선택하면 시장점유율이 50%에서 100%로 확대된다.
2. 주유소 B가 저가전략을 선택하고, 주유소 A는 저가전략을 쓰면 시장점유율이 0%에서 50%로 확대된다.

따라서 주유소 A는 주유소 B의 전략에 상관없이 저가전략을 구사하는 것이 유리한데, 이것이 우월전략이다. 주유소 B 역시 주유소 A의 전략에 관계없이 저가전략을 수행하는 것이 유리한 상황이다. 이러한 상황이 우월전략균형이다.

③ **미니맥스(Minimax) 균형** 게임이론상의 전략 선택원리로 참가자가 선택 가능한 모든 전략 중에서 가상적으로 각각 전략을 선택했을 때 최악의 결과를 기대하고, 그 최악의 결과들 중에서 최선의 결과를 가져오는 전략을 선택하는 원리를 말한다. 예를 들면, A와 B 두 사람이 각각 두 가지 전략을 갖고 있는 다음의 경우를 가정한다.

구 분		B	
		B_1	B_2
A	A_1	5	3
	A_2	4	1

성과표에서 Ai, Bi(i = 1, 2)는 각각 A와 B가 선택할 수 있는 전략이고, 성과는 A와 B가 각각 해당 전략을 선택했을 때 B가 A에게 지급하기로 되어 있는 금액(원)을 나타낸다. 이것을 영계(零計) 2인게임(zerosum two preson game)이라고 한다. 만일 A가 미니맥스원리에 따라 선택할 때, A가 전략 A_1을 선택한 경우, B가 B_1을 선택하면 5원, B_2를 선택하면 3원을 받는다. 따라서 A는 미니맥스원리에 따라 A_1을 선택하면 B로부터 3원을 받게 될 것이라고 기대하고, A_2를 선택하면 B로부터 1원을 받게 될 것이라고 기대한다. 결과적으로 A는 전략 A_1의 최소치 3원과 전략 A_2의 최소치 1원 중의 최대치 3원을 획득할 수 있는 전략 A_1을 선택하게 된다. 미니맥스원리는 의사결정의 위험(risk)을 최소화할 수 있는 방법으로 활용될 수 있다.

④ **가격전쟁** 영화게임에서는 게임 참가자들의 이해가 상반되므로 게임에 참가한 한 쪽에 수익이 발생하면, 게임 상대방은 동일한 양의 손실이 발생한다. 그러나 비영화게임(non-zero-sum game)에서는 게임 참가자들이 서로 경쟁적인 동시에 상호 보완적인 이해관계를 갖는다. 예를 들어, 기업 A는 재고자산 감축을 위하여 할인정책을 추진한다고 가정한다. 기업 A는 판매가격 10% 인하 및 20% 인하 방안을 검토하고 있으며, 이때 경쟁기업인 B도 동일한 수준의 할인정책을 선택할 것으로 분석되었다. 성과표가 다음과 같을 때 기업 A의 최적전략은 다음과 같다.

구 분		B	
		10% 인하	20% 인하
A	10% 인하	5억 / 5억	- 4억 / 10억
	20% 인하	10억 / - 4억	- 1억 / - 1억

기업 A는 경쟁기업 B가 10% 인하 및 20% 인하 등 어떤 전략을 선택하더라도 20% 인하하는 선택이 우월전략이 된다. 경쟁기업 B도 동일한 논리가 적용된다. 결과적으로 기업 A 및 B 모두 20% 인하정책을 선택하게 되고, 그 결과 두 기업 모두 1억 원의 손실이 발생된다.

위와 같은 경우에 두 기업은 상호 협력하여 10% 인하 방안을 선택함으로써 각각 5억 원의 수익을 실현하는 것이 최적의 결정이 된다. 그러나 기업 A와 B 중 어느 일방이 협조를 파기하고 20%를 인하할 경우, 협조를 파기한 기업은 10억 원의 이익이 발생하고, 상대방은 4억 원의 손실이 발생하게 된다. 결과적으로 협력전략은 불안정성을 내포하고 있으며 균형전략이 되지 못한다.

4. 게임이론 사례

(1) 피자 나누기

우리 사회는 살아가면서 분쟁을 겪고, 판단을 내려야 할 상황에 자주 직면하게 된다. 예를 들면, 두 아이가 피자를 갖고 그것을 공정하게 나누는 문제로 서로 다툼이 생기는 경우가 있다. 만일 자원이 무한하다면, 두 아이들이 배가 불러서 도저히 먹을 수 없을 만큼 충분히 사주는 것도 문제를 해결하는 방법 중의 하나이다. 그러나 자원의 유한성 때문에 항상 합리적인 배분이 필요하게 된다. 두 아이의 피자 다툼에 대한 최적의 해법은 배분권과 선택권을 각각 부여함으로써 상호 견제 속에서 자율적으로 가장 공정하게 피자를 나누게 만드는 것이다. 즉, 한 아이에게는 피자를 나눌 수 있는 배분권을 주고, 다른 한 아이에게는 나누어진 피자를 우선 선택할 수 있는 권한을 주는 것이다.

배분권과 우선 선택권을 잘 활용하면 주관적 인식의 문제와, 여기에 따르는 분쟁을 풀 수 있다. 이 방식에 따르면 배분권을 가진 아이는 상대방에게 우선 선택권이 있음을 알기 때문에 피자를 최대한 똑같은 크기로 공정하게 나누려고 한다. 그리고 피자의 우선 선택권을 가진 아이는 나누어진 피자 중에 가장 큰 피자를 선택하게 된다. 이렇게 되면, 배분권을 가진 아이는 자신이 생각하기에 똑같이 나누었기 때문에 상대방이 우선 선택권으로 얻게 되는 몫과, 자신의 몫이 똑같다고 여기게 된다. 또 우선 선택권을 가진 아이는 자신이 똑같거나 더 큰 몫을 가졌다고 생각하게 된다. 결론적으로 두 아이는 주관적 인식에 따른 다툼을 벌이지 않고, 객관적으로 절반씩 균형 잡힌 나눔을 갖게 된다.

이러한 파이 나누기가 실제로 활용된 분야로 국제사회의 심해저 개발 사업과 관련된 유엔 해양법 협약(1973년)을 들 수 있다. 당시 해저개발 능력을 지닌 선진국은 배분권을, 해저개발 능력을 보유하지 못한 저개발국은 국제 심해저개발 기업을 앞세워 우선 선택권을 갖는 방식으로 협약을 맺었다.

(2) 목동게임(공유지의 비극)

미국의 생물학자인 가렛 하딘도는 목동게임을 이용해 남획(濫獲)현상을 수학적으로 증명했다. 마을에 소를 기를 수 있는 마을 공동의 초지가 있으며, 모든 농가는 이곳에서 소를 기를 권리가 있다. 초지의 수용능력은 100마리의 소이다. 그 이상의 소를 기르면 풀이 다시 자라지 못해 황폐해진다. 따라서 총 100마리가 넘지 않는 선에서 소를 방목해야만 한다. 하지만 추가 방목으로 얻는 이익은 추가로 방목한 농가가 혼자 차지하고, 그 비용은 다른 농가와 함께 부담하는 구조에서 농가는 개인이익의 극대화를 위해 앞 다투어 소를 더 기르게 된다. 결국 이런 현상이 계속되어 공유 초지는 어떤 소도 기를 수 없는 황무지가 된다는 이론이다. 즉, 개인의 이익 추구로 결국 모두의 이익이 사라지는 현상이 발생한 것이다. 이런 현상은 비단 공유 초지에서만 일어나는 것은 아니다. 지하자원, 물, 공기, 바다 어자원 등 모두가 함께 사용해야 할 자연을 함부로 사용해 고갈될 위험에 처하는 경우가 나타난다.

노벨 경제학상을 받은 엘리너 오스트롬은 미국, 캐나다, 터키, 일본 등의 많은 지역에서 주민들이 자발적으로 공유 자원을 잘 관리해 "공유지의 비극"을 해결한 사실을 발견했다. 대표적인 사례가 미국 메인주 연안의 바닷가재 잡이 어부들이었다. 이 지역은 1920년 대 이미 남획으로 인해 바닷가재가 멸종될 위기에 처했으나, 어부들은 바닷가재 통발을 놓는 규칙과 순서 등에 대한 자치 규율을 만들어 바닷가재 잡는 양을 조절했다. 그 결과 다른 지역이 남획으로 바닷가재가 사라졌을 때, 이곳만은 바닷가재 어장을 유지할 수 있게 되었다.

(3) 사슴사냥게임

사슴사냥게임은 조건을 달리하면 협동이 일어날 수 있다는 것을 보여 주는 이론이다. 사슴사냥은 반드시 두 명의 사냥꾼이 필요하다. 토끼사냥은 사냥꾼 한 명이 할 수 있다. 사슴을 잡으면 8을 얻고 토끼를 잡으면 2를 얻는다. 사냥꾼 두 명이 함께 사슴사냥을 하고 있는데, 옆으로 토끼 한 마리가 지나간다. 이때 토끼와 사슴 중 무엇을 잡아야 할까? 함께 사슴을 잡으면 둘 다 4씩의 이득을 얻는다. 하지만 한쪽이 배반하고 토끼를 잡으면 배반하는 사람만 2를 얻는다. 둘이 협력하면 둘 다 4의 이익을 얻지만, 배반하면 2밖에 얻지 못하므로 결국 협력을 하게 된다는 게임이론이다.

(4) 죄수의 딜레마(prisoner's dilemma)

죄수의 딜레마는 게임이론의 유명한 사례로 경제학뿐만 아니라 심리학, 국제정치학 등 다양한 방면에 활용되고 있는 개념이다. 죄수의 딜레마는 양자의 협력적인 선택이 최선임에도 불구하고 자신의 이익에 치중한 선택으로 인해 서로에게 나쁜 결과를 야기하게 되는 현상을 의미한다.

죄수의 딜레마는 비제로섬게임(non-zero-sum game)의 일종으로, 비영화게임으로도 불린다. 비제로섬게임이란 상호 의존적 관계에서 한 사람이 매우 큰 이득을 얻게 되더라도 다른 한 사람에게 큰 손해를 유발시키지 않는 경우를 말한다. 반면에 제로섬게임(zero-sum game)은 비제로섬게임과는 다르게 서로 영향을 주고 받는 상호 의존적인 상황에서 모든 이득의 총합이 제로가 되는 경우를 말한다. 예컨대 도박은 돈을 잃은 사람들이 투입한 금액이 승자에게 분배된다는 점에서 제로섬게임에 해당된다고 볼 수 있다. 이러한 특성으로 인해 제로섬게임은 참여자들 사이에 경쟁을 심화시킬 수 있다.

죄수의 딜레마는 다음과 같은 상황을 가정한다. 두 명의 범죄 조직원이 체포되어 왔다. 이 범죄자들은 각각 독방에 수감되었다. 경찰로서는 두 명의 공범을 기소하기 위한 증거가 부족한 상황이다. 이러한 상황에서 경찰은 이들에게서 자백을 받아 범죄를 입증할 계획을 세우고 각 범죄자들을 대상으로 심문을 한다. 이때 경찰은 두 공범에게 동일한 제안을 한다. 다른 한 명의 공범에 대해 자백을 하면 자백한 사람은 석방하는 반면, 다른 공범은 징역 3년을 받게 된다는 것이다. 이는 상대편 공범이 자백을 했을 경우에도 마찬가지이다. 즉, 누구든 자백을 하면 자백을 한 그 사람은 석방되지만 상대편 공범은 3년의 징역을 받는다. 그러나 두 공범이 모두 자백을 하면 각각 징역 2년을 받으며, 둘 다 자백하지 않고 묵비권을 행사하면 각각 징역 6개월을 받게 된다.

상대방이 배신하지 않고 또한 자백하지 않을 것이라는 강한 믿음을 가지고 있다면, 두 공범은 묵비권을 행사할 가능성이 높다. 그러나 상대방을 믿지 못하면 상대방이 자백을 해서 당신 혼자만 구형을 받는 일이 일어날까 봐 두려울 것이다. 결국 두 사람은 서로를 믿지 못하고 서로를 배신하는 자백을 하게 되고 두 사람 모두 징역 2년을 선고받을 가능성이 높다. 대부분의 사람들은 자신의 이익만을 고려하여 서로가 아닌 자신에게 최선인 선택을 하게 된다. 그래서 서로를 배신하지 않고 협조했을 때의 결과보다 더 나쁜 결과를 맞게 된다.

죄수의 딜레마 상황은 일상생활에서도 쉽게 발견할 수 있다. 친구들과 저녁 식사를 하는 상황을 가정한다. 이때 자기가 주문한 음식의 값을 각자 내기로 할 수도 있고, 함께 먹으니까 1/n로 계산하자는 제안에 따라 돈을 똑같이 나누어 낼 수도 있다. 글랜스와 허버만(Glance & Huberman, 1994)은 이러한 상황에서 발생할 수 있는 딜레마를 '저녁 식사의 딜레마(dinner's dilemma)'라고 불렀다. 이것은 의사결정 과정에서 여러 사람이 참여하는 일종의 죄수의 딜레마와 같다. 여럿이 식사를 하는 상황에서 값을 똑같이 나누어 치르기로 했다면, 옆의 친구는 비싼 스테이크를 주문하는데 나는 샐러드를 주문할 이유가 없다. 그래서 모든 사람이 상대적으로 값비싼 메뉴를 주문하고 그 결과 혼자 밥을 먹을 때보다 더 비싼 비용을 지급하게 되는 현상이 나타난다.

저녁 식사의 딜레마를 실험으로 증명한 연구자들이 있다. 유리 그니지(Uri Gneezy), 에르난 하루비(Ernan Haruvy), 하다스 야페(Hadas Yafe) 등은 이스라엘 대학 캠퍼스 근처의 근사한 레스토랑에서 현장 실험을 수행했다. 연구자들은 대학생 여섯 명을 모집했으며, 실험 참가자들이 식당에 도착하면 음식을 주문하도록 했다. 이때 한 조건의 참가자들은 자신이 주문한 음식은 각자 계산하도록 했고, 다른 조건의 참가자들은 전체 음식 값을 여섯 명이 똑같이 나누어 내도록 했다. 그리고 마지막 조건의 참가자들은 연구자가 음식 값을 계산할 테니 마음껏 주문하라고 했다.

세 조건의 실험 참가자들 가운데 1인당 가장 비싼 음식 값을 지급한 사람들은 자신이 음식 값을 지급할 필요가 없었던 마지막 조건의 사람들이다.

딜레마 상황에 빠져 결국 모든 참가자가 손해를 보는 결과를 초래하는 것은 교육 같은 사회적 문제에도 적용될 수 있다. 옆집, 뒷집, 앞집 아이들이 모두 학원을 다니거나 사교육을 받을 때 우리 집 아이만 안 받을 수 없어 사교육을 시키고, 그 결과 사교육 과열 현상으로 인한 폐해가 모두에게 영향을 미치게 된다. 죄수의 딜레마 상황은 상대방의 선택에 응수하기 위해 선택한 자신의 선택을, 상대방이 다른 전략을 사용하거나 다른 선택을 하기 전에 자신도 변경할 필요가 없는 내쉬균형을 이루게 된다는 점에 주목해야 할 필요가 있다. 모든 사람에게 최선인 내쉬균형을 이루려면 서로에 대한 신뢰를 회복해야 하고, 상호 신뢰를 바탕으로 배반하지 않겠다는 믿음이 굳건히 지켜질 때에 상호 가장 좋은 결과를 얻을 수 있다.

3절 협상이론

협상은 이해 당사자들이 상호 작용을 통하여 최적의 선택을 만들어가는 의사결정의 특수 형태이다. 일반적인 의사결정은 경쟁 상대방을 감안하지 않고 자신의 성과를 극대화시키는 대안을 선택하거나, 경쟁 상대방을 감안한다 하더라도 의사결정 과정에서 상호간에 합리적인 의견을 교환하지 않는다. 그러나 이해 당사자들이 상호 입장을 설명하면서 자신들에게 최적이 되는 방안을 모색하는 경우가 있는데, 이를 협상을 통한 의사결정이라고 한다.

다자간 의사결정

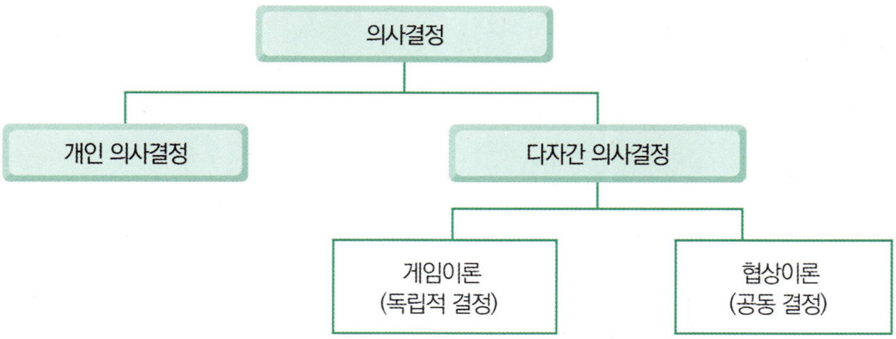

1. 협상의 특성

협상은 의사결정에 참여하는 당사자들이 공동 의사결정목표의 타결에 대한 기대를 일치시켜 나가는 과정이다. 협상은 공동 의사결정으로 다음과 같은 특성이 있다.

첫째, 협상은 상호 의존성(interdependence)의 특성이 있다.

협상은 혼자서 하는 것이 아니고 반드시 상대방이 있다. 그렇기 때문에 협상의 목표는 협상에 참여하고 있는 당사자들의 기대치를 일치시키는 전체적 과정을 상호간에 합리적으로 진행하는 것이다.

둘째, 협상은 공동 의사결정의 목적을 타결하는 데 그 목적이 있다.

협상이 타결되기 위해서는 협상의 대상이나 협상 타결에 대한 기대가 일치되어야 한다.

셋째, 협상은 구체적인 협상전략이 필요하다.

협상은 타결에 대한 기대가 중요한 요소이므로 협상 당사자들의 심리, 상황 등과 연관되는 전략 및 전술의 수립이 필요하다.

넷째, 협상은 타결되기까지의 과정(process)이다.

협상은 일조일석에 끝나는 것이 아니고, 목표에 도달할 때까지 시간이 소요된다. 협상은 사전협상, 본협상, 후속협상 등의 과정으로 진행된다.

협상은 복수의 의사결정자 모두가 합의할 수 있는 대안을 함께 만들어 가는 공동 의사결정(joint cooperative decision)이다. 협상전략의 핵심은 문제의 본질을 파악하는 것이며, 각 협상 당사자의 성과는 상호 간의 선택에 따라 결정된다.

협상이론의 질적 특성

특 성	내 용
공동 의사결정	• 참가자가 하나의 집단 • 강제력 및 구속력 없음 • 합의안 성과 보장 • 합의안에 이행 강제력 부여
의사소통	• 당사자 간의 직접 의사소통 • 선의에 의한 정보 교환이 기초
공동 성과	• 각 참가자의 성과를 참가자들이 함께 결정 • 배분협상(distribute negotiation) • 통합협상(integrative negotiation) • 협상에 실패하면 성과는 "0" • 성공한 협상은 "협상 참가자 모두 이익을 획득한 경우"
창조성	• 협상 과정에서 공동의 이익을 위한 창의적 대안개발 • 협상가는 이해관계자들의 선택 대안 등을 구체적으로 고려 • 당사자 간의 협력 기회 보유

2. 협상 요인

교섭은 합의에 이르기 위해 노력하는 과정이며, 협상 대상자들이 제안을 하고 다시 수정 제안을 하는 과정을 거친다. 협상이론의 주요 목적은 협상 잉여의 합리적 배분과 협상 결과의 효율성을 추구하는 것이다. 협상에서 참가자의 협상력은 성과에 큰 영향을 미치며, 협상력 결정에 영향을 미치는 요인은 다음과 같다.

협상에 영향을 미치는 요인

협상 요인	내 용
인내심	• 협상 지연되면, 협상 비용 발생 • 협상 시간이 지나면, 교섭타결의 순잉여가치 감소 • 인내심 강하면, 협상력 제고 • 협상비용이 낮을수록 협상력 제고
위험 성향	• 협상결렬 위험(외생적 요인으로 협상 중단) • 협상 지연되면, 협상결렬 위험 제고 • 위험회피 정도가 높은 참가자는 협상결렬 위험회피를 위해 협상의 순잉여를 더 많이 양보
외부옵션 내부옵션	• 외부옵션은 충분히 매력적인 경우에 협상력 제고 • 내부옵션 가치가 클수록 협상력 증가
공언전략	• 공언은 협상 상대방에게 신호 제시 • 협상을 반대하는 시위는 협상팀의 협상력 제고
마감시한	• 협상력 제고를 위해 마감시한 비밀 유지 • 유리한 협상 진행을 위해 협상지연 비용 비밀 유지

3. 협상의 기본 과정

협상은 다자간 공동 의사결정이다. 협상 참가자들은 협상을 통해 자신의 이익을 극대화하기 위하여 상대방을 설득해야만 한다. 그러므로 상대방에 대한 이해와 상대방을 설득하기 위해 무엇을 양보할 것인지를 세부적으로 생각해야 한다.

(1) 협상의 기본 요소

협상의 효율성을 제고하고, 협상 당사자로서 목표로 하는 기대치를 성공적으로 달성하기 위해서는 상세한 전략적 협상 프레임을 개발하고 추진해야 한다. 이러한 전략적인 프레임을 수립하기 위해 협상 전에 검토해야 할 기본적인 요소는 다음과 같다.

협상전략 수립

협상 요인	내 용
최적 협상안	• 협상은 합의 과정 • 합의가 유리한 것으로 판단되어야 합의 가능 • 합의가 안되면, 선택 가능한 최선의 대안은 최적 협상안 (Best Alternative To Negotiate Agreement) • 협상 당사자는 양보 가능한 최저 기준 보유 • 유가격(reservation price) • 협상 가능 영역(매수자 유보가격과 매도자 유보가격 차이)
협상 상대방	• 협상 상대방의 권한위임 관계 확인 • 구속력 있는 최종 합의(혹은 잠정적 합의) 확인
협상 목적	• 재무적 이익 • 단기적 유동성과 장기적 자본이익의 균형 • 경제적 가치 제고 • 상황이 변하면, 협상목적도 수정
협상 가치	• 상대방의 협상목적 확인 • 대부분의 협상에서 다수의 주제 포함 (협상자가 판단하고 있는 가중치에 따라 상호 양보)
장애 요인	• 자신의 이익을 확대하기 위한 전략적 행동 • 심리적 · 인간관계적 측면 • 협상에 성공하려면 감정 통제 가능(감정은 쉽게 상승하여 협상의 본질을 망각) • 제도적 장애 극복
협상력	• 협상구조를 유리하게 하는 방안 모색 • 잠재적 인수자를 찾으면 협상력 제고 • 상대방의 최적 협상안 공격하면 협상력 강화 • 협상력은 협상의 지식과 기술이 좌우
협상 윤리	• 유보가격 비밀 준수 • 협의안의 공정성 • 자신의 협상원칙을 준수하여 협상전략 수립

효과적인 협상은 의사결정 방법과 목적을 효율적으로 연계할 수 있는 통합된 전략 프레임을 필요로 한다. 협상 당사자들은 최적 협상안을 정확히 파악하고 이해해야 하며, 협상에서 물러날 경우의 결과에 대한 예측은 협상을 진행하는 데 중요한 요소이다.

그리고 효율적인 협상을 추진하기 위해서는 합의에 이르지 못할 경우의 장벽들이 무엇인지 분석하여 이에 대한 대응방안을 전략적으로 검토해야만 한다.

(2) 협상전략 준비

성공적인 협상을 수행하기 위해서는 협상력을 제고해야만 한다. 협상력은 협상에 참여한 상대방의 협상 타결에 대한 기대치를 자신에게 유리한 방향으로 변화시킬 수 있는 능력을 의미한다. 협상 참가자들은 자신의 협상력을 제고함으로써 협상이 타결된 후에 자신에게 배당되는 몫이 가장 크게 돌아오게 하기 위해 최선을 다하게 된다.

협상준비절차

단계	내용	세부사항
1단계	협상문제 이해	• 상대방의 협상의도 파악 • 양보수준 결정 • 협상실패 시의 선택 대안 마련
2단계	협상 상대방 정보분석	• 상대방의 협상 목적 • 유보가격(유보가치) • 상대방의 협상 스타일 • 상대방이 알고 있는 우리 정보수준
3단계	불확실성 추정	• 불확실한 요소 구분 및 평가 • 불확실성에 영향을 미치는 요인 • 협상 상대방의 불확실성 평가 방법
4단계	협상전략 수립	• 협상팀 구성 • 협상안 개발(프레임 설정) • 최적 협상안 및 유보가격 결정
5단계	협상전략	• 상대방의 최적 협상안 및 유보가격 추정 • 정착과 조정(anchoring and adjustment) (특정한 변수 값을 추정할 때 초기값을 설정하고 상황을 고려하여 초기값 수정)

(3) 협상의 3단계

협상은 사전협상, 본협상, 후속협상 등의 3단계로 구분하여 진행된다. 모든 협상이 단계적으로 명확하게 구분되는 것은 아니지만, 협상을 단계별로 구분하여 분석하고 대응함으로써 협상 준비 및 진행에 있어 전략적인 프레임을 수립하는데 있어 전체적인 과정을 리드할 수 있는 장점이 있다.

① **사전협상** 본격적인 협상이 진행되기 전에 예비적으로 이루어지는 모든 논의 및 진행 상황을 의미한다. 협상의 진행 과정에 있어서 사전협상과 본협상의 단계를 명확히 구분하기는 어려움이 있으나, 협상 당사자들의 문제 및 갈등 등을 해결하기 위해 공식적인 협상을 진행하기 전에

수행된 모든 단계를 사전협상단계로 이해할 수 있으며, 일반적으로 말하는 예비협상도 사전협상단계에 포함할 수 있다.

사전협상단계에서는 협상 당사자들이 탄력적이고 유연한 자세를 견지함으로써 본협상 자체를 유도할 수 있는 상황을 만드는 것이 중요하다. 협상 당사자들은 협상에 필요한 정보를 수집하여 검토하고, 자신의 협상전략을 수립하여 상대방이 협상에 나설 수 있도록 환경을 조성한다.

② **본협상** 우리가 일반적으로 협상이라고 표현하는 단계가 본협상단계이다. 본협상단계에서 협상 당사자들은 자신들의 협상전략 및 방법을 총 동원하여 협상을 자신에게 유리한 방향으로 진행하는 것이 핵심적인 협상전략이 된다. 본협상에서는 협상력을 높일 수 있는 모든 방법을 강구해야만 하고, 협상 당사자들은 합리적인 선에서 비탄력적인 협상 자세를 견지하는 것이 협상력 제고에 도움이 된다. 본협상에서 탄력적인 협상 자세를 보이면, 상대방이 자신만의 목적을 위해 무리한 요구를 할 수 있는 개연성이 있고, 그럼으로써 협상 자체가 실패로 돌아갈 위험이 있기 때문이다.

③ **후속협상** 후속협상은 본협상에서 도출되거나 합의된 결론들을 해결 및 정리하는 단계이다. 후속협상단계가 제대로 진행되지 않으면 협상 전체의 평가가 어려워 질 수 있다. 협상의 진정한 성공은 합의 결과가 이행될 때 달성되는 것이므로 최종 협상 결과에 서명하고 서명 내용의 완결 때까지 모든 과정을 성공적으로 마무리해야만 한다.

4. 협상이론 사례

(1) 돈 나누기 협상

현금 ₩10,000을 두 사람에게 주고, 합리적으로 나누어 갖게 하는 협상인데, 만일 한 사람이 ₩8,000 이상을 받아 오면 성과급을 지급한다는 조건이 있다고 가정한다. 이를 협상이론으로 설명하면 다음과 같다.

이 사례의 핵심적인 문제는 두 사람 모두 ₩5,000씩 나누면 가장 공정하다고 생각하는 프레임을 변경할 수 있는 합리적인 협상전략을 수립해야만 한다는 것이다. 그러기 위해서는 협상의 프레임을 확장시킬 필요가 있다.

첫째, 협상 대상을 ₩10,000의 배분이라는 한정된 범위에서 확장해야 한다.

협상 대상의 범위를 확장하여 자신이 ₩8,000을 가져가는 것에 대한 협상 상대방의 불이익을 해소할 수 있는 방안을 마련하는 것이다. 만일 ₩10,000의 배분이라는 협상 대상이 전부라고 생각한다면, 협상 당사자들이 동시에 만족할 수 있는 해법(solution)을 찾기는 매우 어렵기 때문이다.

둘째, 협상 타결의 범위를 확대해야 한다.

₩10,000의 배분이라는 협상 타결의 범위를 늘려 금전의 형태가 아니라 비금전적 보상을 통해서라도 상대방의 불이익을 해소할 수 있는 방안을 강구할 수 있다.

이 외에 설득, 협박, 호소 등의 방법을 이용할 수 있으나, 이는 성공 확률에 대한 신뢰를 측정할 수 없는 것으로 합리적으로 권장할 수 있는 방법은 아니다.

(2) 가격협상

투자용으로 매입했던 거주용 아파트 1동을 매도하려고 한다. 매수인이 아파트에 관심을 갖고 매도가격을 문의해 왔다고 가정하고, 협상이론으로 해법을 도출해 보자.

우선 협상 당사자인 아파트 매도인은 매수인에게 다음과 같은 협상 자세를 견지할 수 있다.

① 판매 가능하다고 생각하는 최대의 매도가격을 제시한다.

② 아파트 매도를 위하여 가격을 최대한 낮추어 제시한다.

③ 매수인이 생각하고 있는 매수가격이 얼마인지 문의한다.

④ 경제 상황 등을 감안한 최소 매도가격의 타당성을 설명한다.

매도인의 협상전략별 대응

전략	협상전략	협상목적	유용성 및 한계
①	최대가격 제시	수익창출	지나치게 높은 가격은 협상 소멸
②	최저가격 제시	아파트 매도	시작가격에 대한 재협상 시도
③	매수가격 문의	최적가격 협상	협상의 주도권 상실
④	매도가격 타당성	매매 가능가격 도출	가격 조정의 유연성 확보

위 아파트 매도가격 협상과 같은 경우에 가장 합리적인 협상전략은 ④안(경제 상황 등을 감안한 최소 매도가격의 타당성을 설명)으로 판단된다.

④의 방법으로 협상할 경우, 우선 협상 상대방에게 일단 높은 가격을 제시할 수 있다는 것이다. 제시한 가격에 대한 매수인의 반응이 좋지 않을 경우에는 즉시 다른 상황 등을 설명하면서 타당성 있는 근거를 제시하면서 매도가격을 조정할 수 있고, 그럼으로써 매수인과 다시 한 번 매도가격 협상을 할 수 있는 기회를 갖게 된다. 결론적으로 협상전략의 관점에서 상대방의 매도가격의 수용범위를 파악할 수 있는 기회를 가질 수 있으며, 현장에서 협상 상대방의 의중을 확인하고 합리적인 가격결정을 시도할 수 있다는 장점이 있다.

(3) 대한민국의 협상문화(협상과 전략, 김홍기 지음)

"협상가는 회색분자다." 한국 사회에서 사회적 문제를 협상에 의해 해결하려던 사람들은 한 두 번씩 이런 욕을 먹는다. "당신은 도대체 누구 편"이냐는 것이다. 협상은 편 가르기가 아닌데, 하지만 협상의 당사자는 "내 편을 들어주지 않으면 당신은 저쪽 편"이라고 주장한다. 전형적인 흑백논리이다. 1970년대와 1980년대의 한국 사회에서 흑백논리는 민주화를 추진하는 원동력의 하나였다. 민주세력의 결집을 이뤘기 때문이다. 하지만 이제는 아니다. 21세기 정보화 시대에 흑백논리는 첨예한 이해관계를 조정할 수 없기 때문이다.

협상 분위기를 저해하는 것은 이뿐 아니다. "어른의 뜻이야"라는 말 한마디가 가지는 위력을 우리는 안다. "어린놈이 왜 말이 많아"라는 말이 가지는 의미도 안다. 그래서 유교적 이념에 근거한 장유유서와 권위주의는 아직도 결정적 순간에 효력을 발휘한다. 많이 약해지기는 했지만 유교적 이념이 완전히 사라지지 않았기 때문이다. 간혹, 장유유서는 사회적 갈등을 해소하는 수단으로 사용될 수도 있다. "나이가 많은 사람의 뜻"에 따라 문제가 해결되기 때문이다. 하지만 이것은 "갈등의 해소"가 아니라, "갈등의 미봉"에 불과하다. 또 있다. 목소리 키우기다. 사소한 자동차 접촉사고가 있을 때 누가 잘못했는가는 그리 중요하지 않다. 다짜고짜, "야" 하면서 목소리를 키우는 것이 매우 중요하다. 그래서 자조적으로 이야기 한다. "한국 사회에서 살아남기 위해서는 목소리를 좀 키워야 해", 이런 문제 해결 패턴은 조폭의 문제 해결과 매우 흡사하다. 논리와 합리 대신 "억지"라는 속성이 끼어들기 때문이다. 주위를 한 번 둘러보자. 은연중 이를 조장하는 풍토가 있는 것은 아닌가. 신은경의 돌려차기(조폭 마누라), 집단 패싸움(신라의 달밤), 그리고 이제 고마해라(친구)에 이르기까지 …

결국 이런 모든 현상은 한국 사회 저변에 비합리성이 매우 만연되어 있다는 것을 의미한다. 제대로 된 협상문화가 정착되기 위해서는 사람과 사람의 관계, 사람과 일의 관계, 그리고 일과 일의 관계가 합리적으로 이루어질 필요가 있다.

하지만 사람과 사람 사이, 사람과 일 사이, 일과 일 사이의 비합리성은 명확히 구분되는 것은 아니다. 사람과 사람 사이의 관계가 뒤틀리게 되면 나머지 두 종류의 관계 역시 뒤틀리기 때문이다. 그런 점에서 사람과 사람 사이의 비합리성을 만연시키는 "우리가 남이가(지역주의)"와 "아우 먼저 형님 먼저(연고주의)"는 한국의 협상문화 확산을 저해하는 치명적인 병폐이다.

연습문제

REVIEW EXERCISES

주관식

01 SWOT 분석의 목적과 기능을 논술하시오.

02 SWOT 분석 방법과 유용성을 기술하시오.

03 SWOT 분석 결과에 의한 경영전략을 설명하시오.

04 게임이론의 개념과 요소를 설명하시오.

05 게임이론의 기본 가정과 활용에 대하여 논술하시오.

06 게임의 종류를 각 유형별로 구분하여 설명하시오.

07 게임의 해법 절차와 전략을 설명하시오.

08 협상이론의 개념 및 특성을 기술하시오.

09 협상 준비절차 및 기본구조를 논술하시오.

10 다음의 개념을 설명하시오.

① 부분게임, 완전균형

② Minimax Principle

③ 2인게임, 다인게임

④ 영화게임, 비영화게임

⑤ 전략형게임, 확장형게임

⑥ 내쉬균형(Nash Equilibrium)

⑦ 우월전략균형

Management Accounting

부 록

〈부표 1〉 복리이자 요소

기간	이 자 율									
	1%	2%	3%	4%	5%	6%	7%	8%	9%	10%
1	1.0100	1.0200	1.0300	1.0400	1.0500	1.0600	1.0700	1.0800	1.0900	1.1000
2	1.0201	1.0404	1.0609	1.0816	1.1025	1.1236	1.1449	1.1664	1.1881	1.2100
3	1.0303	1.0612	1.0927	1.1249	1.1576	1.1910	1.2250	1.2597	1.2950	1.3310
4	1.0406	1.0824	1.1255	1.1699	1.2155	1.2625	1.3108	1.3605	1.4116	1.4641
5	1.0510	1.1041	1.1593	1.2167	1.2763	1.3382	1.4026	1.4693	1.5386	1.6105
6	1.0615	1.1262	1.1941	1.2653	1.3401	1.4185	1.5007	1.5869	1.6771	1.7716
7	1.0721	1.1487	1.2299	1.3159	1.4071	1.5036	1.6058	1.7138	1.8280	1.9487
8	1.0829	1.1717	1.2668	1.3686	1.4775	1.5938	1.7182	1.8509	1.9926	2.1436
9	1.0937	1.1951	1.3048	1.4233	1.5513	1.6895	1.8385	1.9990	2.1719	2.3579
10	1.1046	1.2190	1.3439	1.4802	1.6289	1.7908	1.9672	2.1589	2.3674	2.5937
11	1.1157	1.2434	1.3842	1.5395	1.7103	1.8983	2.1049	2.3316	2.5804	2.8531
12	1.1268	1.2682	1.4258	1.6010	1.7959	2.0122	2.2522	2.5182	2.8127	3.1384
13	1.1381	1.2936	1.4685	1.6651	1.8856	2.1329	2.4098	2.7196	3.0658	3.4523
14	1.1495	1.3195	1.5126	1.7317	1.9799	2.2609	2.5785	2.9372	3.3417	3.7975
15	1.1610	1.3459	1.5580	1.8009	2.0789	2.3966	2.7590	3.1722	3.6425	4.1772
16	1.1726	1.3728	1.6047	1.8730	2.1829	2.5404	2.9522	3.4259	3.9703	4.5950
17	1.1843	1.4002	1.6528	1.9479	2.2920	2.6928	3.1588	3.7000	4.3276	5.0545
18	1.1961	1.4282	1.7024	2.0258	2.4066	2.8543	3.3799	3.9960	4.7171	5.5599
19	1.2081	1.4568	1.7535	2.1068	2.5270	3.0256	3.6165	4.3157	5.1417	6.1159
20	1.2202	1.4859	1.8061	2.1911	2.6533	3.2071	3.8697	4.6610	5.6044	6.7275
21	1.2324	1.5157	1.8603	2.2788	2.7860	3.3996	4.1406	5.0338	6.1088	7.4002
22	1.2447	1.5460	1.9161	2.3699	2.9253	3.6035	4.4304	5.4365	6.6586	8.1403
23	1.2572	1.5769	1.9736	2.4647	3.0715	3.8197	4.7405	5.8715	7.2579	8.9543
24	1.2697	1.6084	2.0328	2.5633	3.2251	4.0489	5.0724	6.3412	7.9111	9.8497
25	1.2824	1.6406	2.0938	2.6658	3.3864	4.2919	5.4274	6.8485	8.6231	10.835
30	1.3478	1.8114	2.4273	3.2434	4.3219	5.7435	7.6123	10.063	13.268	17.449
40	1.4889	2.2080	3.2620	4.8010	7.0400	10.286	14.974	21.725	31.409	45.259
50	1.6446	2.6916	4.3839	7.1067	11.467	18.420	29.457	46.902	74.358	117.39
60	1.8167	3.2810	5.8916	10.520	18.679	32.988	57.946	101.26	176.03	304.48

*CVIF > 99.999

CVIF $= (1+r)^n$ (n = 기간, r = 기간당 이자율)

기간	이 자 율									
	12%	14%	15%	16%	18%	20%	24%	28%	32%	36%
1	1.1200	1.1400	1.1500	1.1600	1.1800	1.2000	1.2400	1.2800	1.3200	1.3600
2	1.2544	1.2996	1.3225	1.3456	1.3924	1.4400	1.5376	1.6384	1.7424	1.8496
3	1.4049	1.4815	1.5209	1.5609	1.6430	1.7280	1.9066	2.0972	2.3000	2.5155
4	1.5735	1.6890	1.7490	1.8106	1.9388	2.0736	2.3642	2.6844	3.0360	3.4210
5	1.7623	1.9254	2.0114	2.1003	2.2878	2.4883	2.9316	3.4360	4.0075	4.6526
6	1.9738	2.1950	2.3131	2.4364	2.6996	2.9860	3.6352	4.3980	5.2899	6.3275
7	2.2107	2.5023	2.6600	2.8262	3.1855	3.5832	4.5077	5.6295	6.9826	8.6054
8	2.4760	2.8526	3.0590	3.2784	3.7589	4.2998	5.5895	7.2058	9.2170	11.703
9	2.7731	3.2519	3.5179	3.8030	4.4355	5.1598	6.9310	9.2234	12.166	15.917
10	3.1058	3.7072	4.0456	4.4114	5.2338	6.1917	8.5944	11.806	16.060	21.647
11	3.4785	4.2262	4.6524	5.1173	6.1759	7.4301	10.657	15.112	21.199	29.439
12	3.8960	4.8179	5.3503	5.9360	7.2876	8.9161	13.215	19.343	27.983	40.037
13	4.3635	5.4924	6.1528	6.8858	8.5994	10.699	16.386	24.759	36.937	54.451
14	4.8871	6.2613	7.0757	7.9875	10.147	12.839	20.319	31.691	48.757	74.053
15	5.4736	7.1379	8.1371	9.2655	11.974	15.407	25.196	40.565	64.359	100.71
16	6.1304	8.1372	9.3576	10.748	14.129	18.488	31.243	51.923	84.954	136.97
17	6.8660	9.2765	10.761	12.468	16.672	22.186	38.741	66.461	112.14	186.28
18	7.6900	10.575	12.375	14.463	19.673	26.623	48.039	85.071	148.02	253.34
19	8.6128	12.056	14.232	16.777	23.214	31.948	59.568	108.89	195.39	344.54
20	9.6463	13.743	16.367	19.461	27.393	38.338	73.864	139.38	257.92	468.57
21	10.804	15.668	18.822	22.574	32.324	46.005	91.592	178.41	340.45	637.26
22	12.100	17.861	21.645	26.186	38.142	55.206	113.57	228.36	449.39	866.67
23	13.552	20.362	24.891	30.376	45.008	66.247	140.83	292.30	593.20	1178.7
24	15.179	23.212	28.625	35.236	53.109	79.497	174.63	374.14	783.02	1603.0
25	17.000	26.462	32.919	40.874	62.669	95.396	216.54	478.90	1033.6	2180.1
30	29.960	50.950	66.212	85.850	143.37	237.38	634.82	1645.5	4142.1	10143.
40	93.051	188.88	267.86	378.72	750.38	1469.8	5455.9	19427.	66521.	*
50	289.00	700.23	1083.7	1670.7	3927.4	9100.4	46890.	*	*	*
60	897.60	2595.9	4384.0	7370.2	20555.	56348.	*	*	*	*

〈부표 2〉 연금의 복리이자 요소

기간	이자율									
	1%	2%	3%	4%	5%	6%	7%	8%	9%	10%
1	1.0000	1.0000	1.0000	1.0000	1.0000	1.0000	1.0000	1.0000	1.0000	1.0000
2	2.0100	2.0200	2.0300	2.0400	2.0500	2.0600	2.0700	2.0800	2.0900	2.1000
3	3.0301	3.0604	3.0909	3.1216	3.1525	3.1836	3.2149	3.2464	3.2781	3.3100
4	4.0604	4.1216	4.1836	4.2465	4.3101	4.3746	4.4399	4.5061	4.5731	4.6410
5	5.1010	5.2040	5.3091	5.4163	5.5256	5.6371	5.7507	5.8666	5.9847	6.1051
6	6.1520	6.3081	6.4684	6.6330	6.8019	6.9753	7.1533	7.3359	7.5233	7.7156
7	7.2135	7.4343	7.6625	7.8983	8.1420	8.3938	8.6540	8.9228	9.2004	9.4872
8	8.2857	8.5830	8.8923	9.2142	9.5491	9.8975	10.260	10.637	11.028	11.436
9	9.3685	9.7546	10.159	10.583	11.027	11.491	11.978	12.488	13.021	13.579
10	10.462	10.950	11.464	12.006	12.578	13.181	13.816	14.487	15.193	15.937
11	11.567	12.169	12.808	13.486	14.207	14.972	15.784	16.645	17.560	18.531
12	12.683	13.412	14.192	15.026	15.917	16.870	17.888	18.977	20.141	21.384
13	13.809	14.680	15.618	16.627	17.713	18.882	20.141	21.495	22.953	24.523
14	14.947	15.974	17.086	18.292	19.599	21.015	22.550	24.215	26.019	27.975
15	16.097	17.293	18.599	20.024	21.579	23.276	25.129	27.152	29.361	31.772
16	17.258	18.639	20.157	21.825	23.657	25.673	27.888	30.324	33.003	35.950
17	18.430	20.012	21.762	23.698	25.840	28.213	30.840	33.750	36.974	40.545
18	19.615	21.412	23.414	25.645	28.132	30.906	33.999	37.450	41.301	45.599
19	20.811	22.841	25.117	27.671	30.539	33.760	37.379	41.446	46.018	51.159
20	22.019	24.297	26.870	29.778	33.066	36.786	40.995	45.762	51.160	57.275
21	23.239	25.783	28.676	31.969	35.719	39.993	44.865	50.423	56.765	64.002
22	24.472	27.299	30.537	34.248	38.505	43.392	49.006	55.457	62.873	71.403
23	25.716	28.845	32.453	36.618	41.430	46.996	53.436	60.893	69.532	79.543
24	26.973	30.422	34.426	39.083	44.502	50.816	58.177	66.765	76.790	88.497
25	28.243	32.030	36.459	41.646	47.727	54.865	63.249	73.106	84.701	98.347
30	34.785	40.568	47.575	56.085	66.439	79.058	94.461	113.28	136.31	164.49
40	48.886	60.402	75.401	95.026	120.80	154.76	199.64	259.06	337.88	442.59
50	64.463	84.579	112.80	152.67	209.35	290.34	406.53	573.77	815.08	1163.9
60	81.670	114.05	163.05	237.99	353.58	533.13	813.52	1253.2	1944.8	3034.8

$* \ CVFa > 99.999$

$$CVIFa = \frac{(1+r)^n - 1}{r}$$

기간	이 자 율									
	12%	14 %	15 %	16 %	18 %	20 %	24 %	28 %	32 %	36 %
1	1.0000	1.0000	1.0000	1.0000	1.0000	1.0000	1.0000	1.0000	1.0000	1.0000
2	2.1200	2.1400	2.1500	2.1600	2.1800	2.2000	2.2400	2.2800	2.3200	2.3600
3	3.3744	3.4396	3.4725	3.5056	3.5724	3.6400	3.7776	3.9184	4.0624	4.2096
4	4.7793	4.9211	4.9934	5.0665	5.2154	5.3680	5.6842	6.0156	6.3624	6.7251
5	6.3528	6.6101	6.7424	6.8771	7.1542	7.4416	8.0484	8.6999	9.3983	10.1461
6	8.1152	8.5355	8.7537	8.9775	9.4420	9.9299	10.9801	12.1359	13.4058	14.7987
7	10.089	10.730	11.067	11.414	12.142	12.916	14.615	16.534	18.696	21.126
8	12.300	13.233	13.727	14.240	15.327	16.499	19.123	22.163	25.678	29.732
9	14.776	16.085	16.786	17.519	19.086	20.799	24.712	29.369	34.895	41.435
10	17.549	19.337	20.304	21.321	23.521	25.959	31.643	38.593	47.062	57.352
11	20.655	23.045	24.349	25.733	28.755	32.150	40.238	50.398	63.122	78.998
12	24.133	27.271	29.002	30.850	34.931	39.581	50.895	65.510	84.320	108.44
13	28.029	32.089	34.352	36.786	42.219	48.497	64.110	84.853	112.30	148.47
14	32.393	37.581	40.505	43.672	50.818	59.196	80.496	109.61	149.24	202.93
15	37.280	43.842	47.580	51.660	60.965	72.035	100.82	141.30	198.00	276.98
16	42.753	50.980	55.717	60.925	72.939	87.442	126.01	181.87	262.36	377.69
17	48.884	59.118	65.075	71.673	87.068	105.93	157.25	233.79	347.31	514.66
18	55.750	68.394	75.836	84.141	103.74	128.12	195.99	300.25	459.45	700.94
19	63.440	78.969	88.212	98.603	123.41	154.74	244.03	385.32	607.47	954.28
20	72.052	91.025	102.44	115.38	146.63	186.69	303.60	494.21	802.86	1298.8
21	81.699	104.77	118.81	134.84	174.02	225.03	377.46	633.59	1060.8	1767.4
22	92.503	120.44	137.63	157.41	206.34	271.03	469.06	812.00	1401.2	2404.7
23	104.60	138.30	159.28	183.60	244.49	326.24	582.63	1040.4	1850.6	3271.3
24	118.16	158.66	184.17	213.98	289.49	392.48	723.46	1332.7	2443.8	4450.0
25	133.33	181.87	212.79	249.21	342.60	471.98	898.09	1706.8	3226.8	6053.0
30	241.33	356.79	434.75	530.31	790.95	1181.9	2640.9	5873.2	12941.	28172.
40	767.09	1342.0	1779.1	2360.8	4163.2	7343.9	22729.	69377.	*	*
50	2400.0	4994.5	7217.7	10435.6	21813.	45497.	*	*	*	*
60	7471.6	18535.	29220.	46058.	*	*	*	*	*	*

〈부표 3〉 현가이자 요소

기간	이 자 율									
	1 %	2 %	3 %	4 %	5 %	6 %	7 %	8 %	9 %	10 %
1	0.9901	0.9804	0.9709	0.9615	0.9524	0.9434	0.9346	0.9259	0.9174	0.9091
2	0.9803	0.9612	0.9426	0.9246	0.9070	0.8900	0.8734	0.8573	0.8417	0.8264
3	0.9706	0.9423	0.9151	0.8890	0.8638	0.8396	0.8163	0.7938	0.7722	0.7513
4	0.9610	0.9238	0.8885	0.8548	0.8227	0.7921	0.7629	0.7350	0.7084	0.6830
5	0.9515	0.9057	0.8626	0.8219	0.7835	0.7473	0.7130	0.6806	0.6499	0.6209
6	0.9420	0.8880	0.8375	0.7903	0.7462	0.7050	0.6663	0.6302	0.5963	0.5645
7	0.9327	0.8706	0.8131	0.7599	0.7107	0.6651	0.6227	0.5835	0.5470	0.5132
8	0.9235	0.8535	0.7894	0.7307	0.6768	0.6274	0.5820	0.5403	0.5019	0.4665
9	0.9143	0.8368	0.7664	0.7026	0.6446	0.5919	0.5439	0.5002	0.4604	0.4241
10	0.9053	0.8203	0.7441	0.6756	0.6139	0.5584	0.5083	0.4632	0.4224	0.3855
11	0.8963	0.8043	0.7224	0.6496	0.5847	0.5268	0.4751	0.4289	0.3875	0.3505
12	0.8874	0.7885	0.7014	0.6246	0.5568	0.4970	0.4440	0.3971	0.3555	0.3186
13	0.8787	0.7730	0.6810	0.6006	0.5303	0.4688	0.4150	0.3677	0.3262	0.2897
14	0.8700	0.7579	0.6611	0.5775	0.5051	0.4423	0.3878	0.3405	0.2992	0.2633
15	0.8613	0.7430	0.6419	0.5553	0.4810	0.4173	0.3624	0.3152	0.2745	0.2394
16	0.8528	0.7284	0.6232	0.5339	0.4581	0.3936	0.3387	0.2919	0.2519	0.2176
17	0.8444	0.7142	0.6050	0.5134	0.4363	0.3714	0.3166	0.2703	0.2311	0.1978
18	0.8360	0.7002	0.5874	0.4936	0.4155	0.3503	0.2959	0.2502	0.2120	0.1799
19	0.8277	0.6864	0.5703	0.4746	0.3957	0.3305	0.2765	0.2317	0.1945	0.1635
20	0.8195	0.6730	0.5537	0.4564	0.3769	0.3118	0.2584	0.2145	0.1784	0.1486
21	0.8114	0.6598	0.5375	0.4388	0.3589	0.2942	0.2415	0.1987	0.1637	0.1351
22	0.8034	0.6468	0.5219	0.4220	0.3418	0.2775	0.2257	0.1839	0.1502	0.1228
23	0.7954	0.6342	0.5067	0.4057	0.3256	0.2618	0.2109	0.1703	0.1378	0.1117
24	0.7876	0.6217	0.4919	0.3901	0.3101	0.2470	0.1971	0.1577	0.1264	0.1015
25	0.7798	0.6095	0.4776	0.3751	0.2953	0.2330	0.1842	0.1460	0.1160	0.0923
30	0.7419	0.5521	0.4120	0.3083	0.2314	0.1741	0.1314	0.0994	0.0754	0.0573
40	0.6717	0.4529	0.3066	0.2083	0.1420	0.0972	0.0668	0.0460	0.0318	0.0221
50	0.6080	0.3715	0.2281	0.1407	0.0872	0.0543	0.0339	0.0213	0.0134	0.0085
60	0.5504	0.3048	0.1697	0.0951	0.0535	0.0303	0.0173	0.0099	0.0057	0.0033

＊소수점 넷째 자리까지 0임

$$P = \frac{1}{(1+r)^n} \quad (n = \text{기간},\ r = \text{기간당 이자율})$$

기간	이 자 율									
	12%	14 %	15 %	16 %	18 %	20 %	24 %	28 %	32 %	36 %
1	0.8929	0.8772	0.8696	0.8621	0.8475	0.8333	0.8065	0.7813	0.7576	0.7353
2	0.7972	0.7695	0.7561	0.7432	0.7182	0.6944	0.6504	0.6104	0.5739	0.5407
3	0.7118	0.6750	0.6575	0.6407	0.6086	0.5787	0.5245	0.4768	0.4348	0.3975
4	0.6355	0.5921	0.5718	0.5523	0.5158	0.4823	0.4230	0.3725	0.3294	0.2923
5	0.5674	0.5194	0.4972	0.4761	0.4371	0.4019	0.3411	0.2910	0.2495	0.2149
6	0.5066	0.4556	0.4323	0.4104	0.3704	0.3349	0.2751	0.2274	0.1890	0.1580
7	0.4523	0.3996	0.3759	0.3538	0.3139	0.2791	0.2218	0.1776	0.1432	0.1162
8	0.4039	0.3506	0.3269	0.3050	0.2660	0.2326	0.1789	0.1388	0.1085	0.0854
9	0.3606	0.3075	0.2843	0.2630	0.2255	0.1938	0.1443	0.1084	0.0822	0.0628
10	0.3220	0.2697	0.2472	0.2267	0.1911	0.1615	0.1164	0.0847	0.0623	0.0462
11	0.2875	0.2366	0.2149	0.1954	0.1619	0.1346	0.0938	0.0662	0.0472	0.0340
12	0.2567	0.2076	0.1869	0.1685	0.1372	0.1122	0.0757	0.0517	0.0357	0.0250
13	0.2292	0.1821	0.1625	0.1452	0.1163	0.0935	0.0610	0.0404	0.0271	0.0184
14	0.2046	0.1597	0.1413	0.1252	0.0985	0.0779	0.0492	0.0316	0.0205	0.0135
15	0.1827	0.1401	0.1229	0.1079	0.0835	0.0649	0.0397	0.0247	0.0155	0.0099
16	0.1631	0.1229	0.1069	0.0930	0.0708	0.0541	0.0320	0.0193	0.0118	0.0073
17	0.1456	0.1078	0.0929	0.0802	0.0600	0.0451	0.0258	0.0150	0.0089	0.0054
18	0.1300	0.0946	0.0808	0.0691	0.0508	0.0376	0.0208	0.0118	0.0068	0.0039
19	0.1161	0.0829	0.0703	0.0596	0.0431	0.0313	0.0168	0.0092	0.0051	0.0029
20	0.1037	0.0728	0.0611	0.0514	0.0365	0.0261	0.0135	0.0072	0.0039	0.0021
21	0.0926	0.0638	0.0531	0.0443	0.0309	0.0217	0.0109	0.0056	0.0029	0.0016
22	0.0826	0.0560	0.0462	0.0382	0.0262	0.0181	0.0088	0.0044	0.0022	0.0012
23	0.0738	0.0491	0.0402	0.0329	0.0222	0.0151	0.0071	0.0034	0.0017	0.0008
24	0.0659	0.0431	0.0349	0.0284	0.0188	0.0126	0.0057	0.0027	0.0013	0.0006
25	0.0588	0.0378	0.0304	0.0245	0.0160	0.0105	0.0046	0.0021	0.0010	0.0005
30	0.0334	0.0196	0.0151	0.0116	0.0070	0.0042	0.0016	0.0006	0.0002	0.0001
40	0.0107	0.0053	0.0037	0.0026	0.0013	0.0007	0.0002	0.0001	*	*
50	0.0035	0.0014	0.0009	0.0006	0.0003	0.0001	*	*	*	*
60	0.0011	0.0004	0.0002	0.0001	*	*	*	*	*	*

〈부표 4〉 연금의 현가이자 요소

기간	이 자 율									
	1 %	2 %	3 %	4 %	5 %	6 %	7 %	8 %	9 %	10 %
1	0.9901	0.9804	0.9709	0.9615	0.9524	0.9434	0.9346	0.9259	0.9174	0.9091
2	1.9704	1.9416	1.9135	1.8861	1.8594	1.8334	1.8080	1.7833	1.7591	1.7355
3	2.9410	2.8839	2.8286	2.7751	2.7232	2.6730	2.6243	2.5771	2.5313	2.4869
4	3.9020	3.8077	3.7171	3.6299	3.5460	3.4651	3.3872	3.3121	3.2397	3.1699
5	4.8534	4.7135	4.5797	4.4518	4.3295	4.2124	4.1002	3.9927	3.8897	3.7908
6	5.7955	5.6014	5.4172	5.2421	5.0757	4.9173	4.7665	4.6229	4.4859	4.3553
7	6.7282	6.4720	6.2303	6.0021	5.7864	5.5824	5.3893	5.2064	5.0330	4.8684
8	7.6517	7.3255	7.0197	6.7327	6.4632	6.2098	5.9713	5.7466	5.5348	5.3349
9	8.5660	8.1622	7.7861	7.4353	7.1078	6.8017	6.5152	6.2469	5.9952	5.7590
10	9.4713	8.9826	8.5302	8.1109	7.7217	7.3601	7.0236	6.7101	6.4177	6.1446
11	10.3676	9.7868	9.2526	8.7605	8.3064	7.8869	7.4987	7.1390	6.8052	6.4951
12	11.2551	10.5753	9.9540	9.3851	8.8633	8.3838	7.9427	7.5361	7.1607	6.8137
13	12.1337	11.3484	10.6350	9.9856	9.3936	8.8527	8.3577	7.9038	7.4869	7.1034
14	13.0037	12.1062	11.2961	10.5631	9.8986	9.2950	8.7455	8.2442	7.7862	7.3667
15	13.8651	12.8493	11.9379	11.1184	10.3797	9.7122	9.1079	8.5595	8.0607	7.6061
16	14.7179	13.5777	12.5611	11.6523	10.8378	10.1059	9.4466	8.8514	8.3126	7.8237
17	15.5623	14.2919	13.1661	12.1657	11.2741	10.4773	9.7632	9.1216	8.5436	8.0216
18	16.3983	14.9920	13.7535	12.6593	11.6896	10.8276	10.0591	9.3719	8.7556	8.2014
19	17.2260	15.6785	14.3238	13.1339	12.0853	11.1581	10.3356	9.6036	8.9501	8.3649
20	18.0456	16.3514	14.8775	13.5903	12.4622	11.4699	10.5940	9.8181	9.1285	8.5136
21	18.8570	17.0112	15.4150	14.0292	12.8212	11.7641	10.8355	10.0168	9.2922	8.6487
22	19.6604	17.6580	15.9369	14.4511	13.1630	12.0416	11.0612	10.2007	9.4424	8.7715
23	20.4558	18.2922	16.4436	14.8568	13.4886	12.3034	11.2722	10.3711	9.5802	8.8832
24	21.2434	18.9139	16.9355	15.2470	13.7986	12.5504	11.4693	10.5288	9.7066	8.9847
25	22.0232	19.5235	17.4131	15.6221	14.0939	12.7834	11.6536	10.6748	9.8226	9.0770
30	25.8077	22.3965	19.6004	17.2920	15.3725	13.7648	12.4090	11.2578	10.2737	9.4269
40	32.8347	27.3555	23.1148	19.7928	17.1591	15.0463	13.3317	11.9246	10.7574	9.7791
50	39.1961	31.4236	25.7298	21.4822	18.2559	15.7619	13.8007	12.2335	10.9617	9.9148
60	44.9550	34.7609	27.6756	22.6235	18.9293	16.1614	14.0392	12.3766	11.0480	9.9672

$$P_n = \frac{1 - \frac{1}{(1+r)^n}}{r}$$

기간	이 자 율									
	12%	14 %	15 %	16 %	18 %	20 %	24 %	28 %	32 %	36 %
1	0.8929	0.8772	0.8696	0.8621	0.8475	0.8333	0.8065	0.7813	0.7576	0.7353
2	1.6901	1.6467	1.6257	1.6052	1.5656	1.5278	1.4568	1.3916	1.3315	1.2760
3	2.4018	2.3216	2.2832	2.2459	2.1743	2.1065	1.9813	1.8684	1.7663	1.6735
4	3.0373	2.9137	2.8550	2.7982	2.6901	2.5887	2.4043	2.2410	2.0957	1.9658
5	3.6048	3.4331	3.3522	3.2743	3.1272	2.9906	2.7454	2.5320	2.3452	2.1807
6	4.1114	3.8887	3.7845	3.6847	3.4976	3.3255	3.0205	2.7594	2.5342	2.3388
7	4.5638	4.2883	4.1604	4.0386	3.8115	3.6046	3.2423	2.9370	2.6775	2.4550
8	4.9676	4.6389	4.4873	4.3436	4.0776	3.8372	3.4212	3.0758	2.7860	2.5404
9	5.3282	4.9464	4.7716	4.6065	4.3030	4.0310	3.5655	3.1842	2.8681	2.6033
10	5.6502	5.2161	5.0188	4.8332	4.4941	4.1925	3.6819	3.2689	2.9304	2.6495
11	5.9377	5.4527	5.2337	5.0286	4.6560	4.3271	3.7757	3.3351	2.9776	2.6834
12	6.1944	5.6603	5.4206	5.1971	4.7932	4.4392	3.8514	3.3868	3.0133	2.7084
13	6.4235	5.8424	5.5831	5.3423	4.9095	4.5327	3.9124	3.4272	3.0404	2.7268
14	6.6282	6.0021	5.7245	5.4675	5.0081	4.6106	3.9616	3.4587	3.0609	2.7403
15	6.8109	6.1422	5.8474	5.5755	5.0916	4.6755	4.0013	3.4834	3.0764	2.7502
16	6.9740	6.2651	5.9542	5.6685	5.1624	4.7296	4.0333	3.5026	3.0882	2.7575
17	7.1196	6.3729	6.0472	5.7487	5.2223	4.7746	4.0591	3.5177	3.0971	2.7629
18	7.2497	6.4674	6.1280	5.8178	5.2732	4.8122	4.0799	3.5294	3.1039	2.7668
19	7.3658	6.5504	6.1982	5.8775	5.3162	4.8435	4.0967	3.5386	3.1090	2.7697
20	7.4694	6.6231	6.2593	5.9288	5.3527	4.8696	4.1103	3.5458	3.1129	2.7718
21	7.5620	6.6870	6.3125	5.9731	5.3837	4.8913	4.1212	3.5514	3.1158	2.7734
22	7.6446	6.7429	6.3587	6.0113	5.4099	4.9094	4.1300	3.5558	3.1180	2.7746
23	7.7184	6.7921	6.3988	6.0442	5.4321	4.9245	4.1371	3.5592	3.1197	2.7754
24	7.7843	6.8351	6.4338	6.0726	5.4509	4.9371	4.1428	3.5619	3.1210	2.7760
25	7.8431	6.8729	6.4641	6.0971	5.4669	4.9476	4.1474	3.5640	3.1220	2.7765
30	8.0552	7.0027	6.5660	6.1772	5.5168	4.9789	4.1601	3.5693	3.1242	2.7775
40	8.2438	7.1050	6.6418	6.2335	5.5482	4.9966	4.1659	3.5712	3.1250	2.7778
50	8.3045	7.1327	6.6605	6.2463	5.5541	4.9995	4.1666	3.5714	3.1250	2.7778
60	8.3240	7.1401	6.6651	6.2492	5.5553	4.9999	4.1667	3.5714	3.1250	2.7778

〈부표 5〉 정규분포표

Areas in One Tail of the Normal Curve

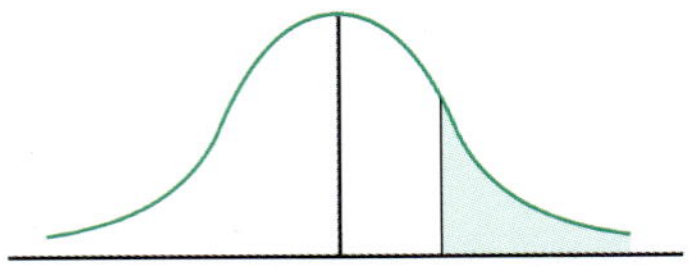

z	0.00	0.01	0.02	0.03	0.04	0.05	0.06	0.07	0.08	0.09
0.0	0.5000	0.4960	0.4920	0.4880	0.4840	0.4801	0.4761	0.4721	0.4681	0.4641
0.1	0.4602	0.4562	0.4522	0.4483	0.4443	0.4404	0.4364	0.4325	0.4286	0.4247
0.2	0.4207	0.4168	0.4129	0.4090	0.4052	0.4013	0.3974	0.3936	0.3897	0.3859
0.3	0.3821	0.3783	0.3745	0.3707	0.3669	0.3632	0.3594	0.3557	0.3520	0.3483
0.4	0.3446	0.3409	0.3372	0.3336	0.3300	0.3264	0.3228	0.3192	0.3156	0.3121
0.5	0.3085	0.3050	0.3015	0.2981	0.2946	0.2912	0.2877	0.2843	0.2810	0.2776
0.6	0.2743	0.2709	0.2676	0.2643	0.2611	0.2578	0.2546	0.2514	0.2483	0.2451
0.7	0.2420	0.2389	0.2358	0.2327	0.2296	0.2266	0.2236	0.2206	0.2177	0.2148
0.8	0.2119	0.2090	0.2061	0.2033	0.2005	0.1977	0.1949	0.1922	0.1894	0.1867
0.9	0.1841	0.1814	0.1788	0.1762	0.1736	0.1711	0.1685	0.1660	0.1635	0.1611
1.0	0.1587	0.1562	0.1539	0.1515	0.1492	0.1469	0.1446	0.1423	0.1401	0.1379
1.1	0.1357	0.1335	0.1314	0.1292	0.1271	0.1251	0.1230	0.1210	0.1190	0.1170
1.2	0.1151	0.1131	0.1112	0.1093	0.1075	0.1056	0.1038	0.1020	0.1003	0.0985
1.3	0.0968	0.0951	0.0934	0.0918	0.0901	0.0885	0.0869	0.0853	0.0838	0.0823
1.4	0.0808	0.0793	0.0778	0.0764	0.0749	0.0735	0.0721	0.0708	0.0694	0.0681
1.5	0.0668	0.0655	0.0643	0.0630	0.0618	0.0606	0.0594	0.0582	0.0571	0.0559
1.6	0.0548	0.0537	0.0526	0.0516	0.0505	0.0495	0.0485	0.0475	0.0465	0.0455
1.7	0.0446	0.0436	0.0427	0.0418	0.0409	0.0401	0.0392	0.0384	0.0375	0.0367
1.8	0.0359	0.0351	0.0344	0.0336	0.0329	0.0322	0.0314	0.0307	0.0301	0.0294
1.9	0.0287	0.0281	0.0274	0.0268	0.0262	0.0256	0.0250	0.0244	0.0239	0.0233
2.0	0.0227	0.0222	0.0217	0.0212	0.0207	0.0202	0.0197	0.0192	0.0188	0.0183
2.1	0.0179	0.0174	0.0170	0.0166	0.0162	0.0158	0.0154	0.0150	0.0146	0.0143
2.2	0.0139	0.0136	0.0132	0.0129	0.0125	0.0122	0.0119	0.0116	0.0113	0.0110
2.3	0.0107	0.0104	0.0102	0.0099	0.0096	0.0094	0.0091	0.0089	0.0087	0.0084
2.4	0.0082	0.0080	0.0078	0.0075	0.0073	0.0071	0.0069	0.0068	0.0066	0.0064
2.5	0.0062	0.0060	0.0059	0.0057	0.0055	0.0054	0.0052	0.0051	0.0049	0.0048
2.6	0.0047	0.0045	0.0044	0.0043	0.0041	0.0040	0.0039	0.0038	0.0037	0.0036
2.7	0.0035	0.0034	0.0033	0.0032	0.0031	0.0030	0.0029	0.0028	0.0027	0.0026
2.8	0.0025	0.0025	0.0024	0.0023	0.0023	0.0022	0.0021	0.0021	0.0020	0.0019
2.9	0.0019	0.0018	0.0018	0.0017	0.0016	0.0016	0.0015	0.0015	0.0014	0.0014
3.0	0.0013	0.0013	0.0013	0.0012	0.0012	0.0011	0.0011	0.0011	0.0010	0.0010
3.1	0.0010	0.0009	0.0009	0.0009	0.0008	0.0008	0.0008	0.0008	0.0007	0.0007
3.2	0.0007	0.0007	0.0006	0.0006	0.0006	0.0006	0.0006	0.0005	0.0005	0.0005
3.3	0.0005	0.0005	0.0005	0.0004	0.0004	0.0004	0.0004	0.0004	0.0004	0.0003
3.4	0.0003	0.0003	0.0003	0.0003	0.0003	0.0003	0.0003	0.0003	0.0003	0.0002
3.5	0.0002	0.0002	0.0002	0.0002	0.0002	0.0002	0.0002	0.0002	0.0002	0.0002
3.6	0.0002	0.0002	0.0001	0.0001	0.0001	0.0001	0.0001	0.0001	0.0001	0.0001
3.7	0.0001	0.0001	0.0001	0.0001	0.0001	0.0001	0.0001	0.0001	0.0001	0.0001
3.8	0.0001	0.0001	0.0001	0.0001	0.0001	0.0001	0.0001	0.0001	0.0001	0.0001
3.9	0.0000	0.0000	0.0000	0.0000	0.0000	0.0000	0.0000	0.0000	0.0000	0.0000
4.0	0.0000	0.0000	0.0000	0.0000	0.0000	0.0000	0.0000	0.0000	0.0000	0.0000

찾아보기

[ㅅ]

[ㅇ]

[ㅈ]

[ㅊ]

[ㅋ]

[ㅌ]

[ㅍ]

[ㅎ]

[기타]

저자 약력

정재권(鄭在權)

• 건국대학교 경영학과 졸업
• 서울대학교 대학원 경영학과 수료(경영학석사)
• 건국대학교 대학원 경영학과 수료(경영학박사)
• 미국 일리노이대학교 객원교수
• 충북대학교 경영대학장 겸 경영대학원장
• (사)글로벌경영학회 회장
• (사)글로벌경영학회 법인이사장
현) 충북대학교 경영대학 경영학부 명예교수

〈저서 및 주요 논문〉
– 최신 원가회계, 무역경영사, 2021
– 쉽고 재미있는 창업회계, 무역경영사, 2019
– 의사결정회계, 무역경영사, 2011
– "리스회계정보의 기업부실판별력에 관한 실증적 연구" 외 논문 다수

서한결(徐한결)

• 연세대학교 기계공학과 졸업
• 카이스트 기술경영학과박사(통) 졸업 (관리회계 전공)
• 한국전자통신연구원 기술정책연구본부 연구원
• 한국회계정책학회 사무국장, 한국관리회계학회 편집위원 등
현) 충북대학교 경영학부 조교수

〈저서 및 주요 논문〉
– 최신 원가회계, 무역경영사, 2021
– 관리 및 원가회계 관련 국내외 논문 다수

곽종민(郭鍾旻)

• 국민대학교 경영학과 졸업
• 충북대학교 대학원(경영학석사 및 박사)
• 기술신용보증기금
• 충북대학교 초빙교수
현) 글로벌경영학회 부회장
충북대학교 국가미래기술경영연구소 편집위원장(기술경영)
경영지도사(재무)

〈저서 및 주요 논문〉
– 최신 원가회계, 무역경영사, 2021
– 쉽고 재미있는 창업회계, 무역경영사, 2019
– 기술경영, 도서출판 하린, 2017
– 의사결정회계, 무역경영사, 2011
– The Validation of Correlation between Firm Value of KOSPI Listed Companies and Global Value Chain 외 다수